Zu diesem Buch

Das Buch von Matthias Waltz gibt der unvermindert heftig geführten Debatte über die Moderne, über ihre Entstehung, ihre Eigenart und ihre Zukunft eine neue Wendung. Die uns so vertraute soziologische Auffassung des Modernisierungsprozesses ist selbst ein Produkt dieses Prozesses und stellt diesen schon in der Wahl der Grundbegriffe (Rationalisierung, funktionale Ausdifferenzierung, Verlust kultureller Traditionen etc.) in einer sehr parteiischen Weise dar. In präzisen Werkanalysen wird gezeigt, daß in der Literatur eine implizite Theorie des Sozialen enthalten ist, die die klassische Begrifflichkeit der Soziologie unterläuft, sich dagegen mit Vorstellungen verbinden läßt, wie sie in der strukturalen Erzähltheorie (Greimas), der Ethnologie (Marcel Mauss, Lévi-Strauss) und der Psychoanalyse (Lacan) entwickelt worden sind. Hier geht es nicht um Funktionieren und um Konflikte, auch nicht um Interessen und deren Legitimierung, sondern um »Spiele«, die Namen und Wünsche erzeugen, z. B. die Spiele der Ehre und der Gewalt, die nicht nur für die vorbürgerliche Welt wichtig sind. Die Frage, wie die »Ordnung der Namen« sich artikuliert, die die symbolische Struktur der wirklichen Lebenswelt ausmacht, ist das Thema einer zwischen exemplarischen Analysen und theoretischen Skizzen wechselnden Geschichte des Modernisierungsprozesses, die von Homer bis Sartre reicht.

Der Autor

Matthias Waltz, geboren 1935 in Heidelberg, studierte Physik und Romanistik. Nach der Promotion (1964) war er Assistent bei Erich Köhler in Heidelberg. Seit 1972 ist er Professor für französische Literaturgeschichte und später zugleich für Kulturwissenschaften in Bremen. Er hat am *Grundriß der romanischen Literaturen des Mittelalters* mitgearbeitet und ist durch zahlreiche Veröffentlichungen auf dem Gebiet der altfranzösischen Epik und der Kulturtheorie hervorgetreten.

MATTHIAS WALTZ

Ordnung der Namen

Die Entstehung der Moderne: Rousseau, Proust, Sartre

FISCHER TASCHENBUCH VERLAG

FISCHER WISSENSCHAFT

Originalausgabe
Veröffentlicht im Fischer Taschenbuch Verlag GmbH,
Frankfurt am Main, Dezember 1993

Umschlaggestaltung: Buchholz/Hinsch/Hensinger
Gesamtherstellung: Clausen & Bosse, Leck
Printed in Germany
ISBN 3-596-11920-0

Gedruckt auf chlor- und säurefreiem Papier

Für Erika und Emilia,
Emanuel und Alexis

Inhalt

Vorwort

Auf die Frage: »Wer sind Sie?« antwortet man mit dem Namen. Der Name ist das Leerste, bedeutet nichts, trotzdem ist er das, was uns am nächsten liegt. Er hat einen guten Namen, er hat einen Namen zu verlieren; er hat sich einen Namen gemacht, z. B. in der Brauereibranche, in der internationalen Numismatik. Der Name ist ein Etikett, das über einer Sammlung von Informationen steht, die Aussehen, Herkunft, Leistungen, Verfehlungen, Eigenschaften etc. betreffen. Aber wer sammelt diese Informationen, wer sondert die wichtigen von den unwichtigen, wer bewahrt sie auf? Offenbar, in unseren Beispielen, die Brauereibranche, die internationale Numismatik. Diese Institutionen haben, neben den Aufgaben, deren Erfüllung man eigentlich von ihnen erwartet, noch die zusätzliche Funktion des Namengebens, sie sind eine Aufmerksamkeit, die die Person verfolgt, die nach einem bestimmten Code ihr Verhalten bewertet und die, vor allem, diese Bewertungen in einem Gedächtnis speichert. So daß, wenn das Subjekt »ich« sagt, es zu einem wesentlichen Teil das meint, was an solchen Orten von ihm aufbewahrt ist. Diese Aufmerksamkeit, die unter dem Namen ein Register der Leistungen und Verfehlungen führt, ist gewöhnlich erwünscht und gesucht; wer sich in der Numismatik einen Namen gemacht hat, kennt den einschlägigen Code; er hat die Regeln von vorneherein akzeptiert, hat sich von ihnen leiten lassen. Wenn er den Namen schließlich hat, wird er selbst ein Teil dieser Aufmerksamkeit, kann von einem jungen Kollegen sagen: »Man wird ihn im Auge behalten müssen.«

Der Name verweist auf ein »Spiel«, das ihn entstehen läßt. Es gibt leichte Spiele und sehr harte Spiele; solche, die gewählt und wieder verlassen werden können, und solche, in die man hineingeboren wird und in denen ein einziger Name das ganze Leben beherrscht, wie die mittelalterliche Ehre. Manche haben eine symmetrische, egalitäre Struktur; derselbe, der einen Namen sucht, kann auch Teil der namengebenden Instanz sein; andere sind extrem asymmetrisch, wie das Spiel des Puritaners, der an einem einzigen Namen interessiert war: dem, den er in dem Buch des Jüngsten Gerichts wiederzufinden hoffte. Sehr oft kennt das Subjekt den einschlägigen Code und hat die Regeln akzeptiert. Das gilt auch noch für den Puritaner, der einem Code unterworfen ist, der ihm undurchschaubar bleibt, aber den er für gerecht hält. Für Josef K. in Kafkas *Prozeß* ist, was in den Akten des Gerichts gespeichert ist, eine fremde Person, die mit dem, was er für sich selbst ist, nichts zu tun hat; allerdings ist es nicht sicher, ob er mit dieser Auffassung recht hat.

Man sieht: Es gibt unzählige Spiele mit den verschiedenartigsten Regeln. Aber trotzdem haben alle diese Spiele eine gemeinsame Form, eine Grundregel, die unendlich variiert wird – wie lernt man diese Regel aller Regeln? Man kennt die Geschichte des Jungen, an dem Freud den Ödipuskomplex entdeckt hat, die Geschichte des kleinen Hans. In einer bestimmten Phase seines Lebens konzentriert sich sein ganzes Interesse auf einen einzigen Gegenstand, den Wiwimacher (sein Name für den Penis). Alle Dinge, denen er begegnet, ein Tisch so gut wie ein Pferd, untersucht er daraufhin, ob sie mit diesem Objekt ausgestattet sind. Der Wiwimacher ist dann auch der Gegenstand, an dem die Rivalität mit dem Vater ausgetragen wird. Ein Traum besiegelt das Ende der ödipalen Auseinandersetzung: Ein Klempner schneidet das zu klein geratene Stück mit einer großen Zange ab und setzt ihm ein neues, größeres an. Und der Vater bestätigt, daß der Traum, wenn auch erst in der Zukunft, in Erfüllung gehen wird. Das abtrennbare Glied ist so etwas wie ein Abzeichen, an den ein Name sich heften kann; etwas wie das Wappenschild, das die mittelalterlichen Ritter im Turnier tragen: Am Anfang bedeutet es nichts; aber jeder Sieg heftet an das Wappen den Baustein für einen Namen. So wird sich der kleine Hans, der vorher in seinen Spielen König, Verbrecher und Polizist, alles und jedes und namenlos gewesen war, sich jetzt nur noch für Wettspiele interessieren, in denen es um die Rivalität der Namen geht und wo sich sein leeres Schild auffüllt.[1]

Was treibt den kleinen Hans auf diesen mühsamen Weg? Die Geschichte, die uns die Psychoanalyse erzählt – wir haben keine andere –, sagt das Folgende. Eine Weile lang war der Junge – im guten wie im bösen – für die Mutter das Einundalles gewesen, mit niemandem verglichen und daher keines Namens bedürftig; eines Tages entdeckt er, daß, was die Mutter wirklich interessiert, die Abzeichen sind, daß er nur als

Träger eines Abzeichens ihres Interesses sicher sein kann. Diese Entdeckung führt ihn zuerst einmal zu einer grotesken Überschätzung dessen, was er besitzt, dann in die Rivalität mit dem Vater, die über Furcht und Schrecken in der Demütigung endet. Diese Demütigung schickt ihn in das Spiel der Benennungen.[2]

Die Systeme der Benennung operieren nicht im Leeren; Geschäfte machen, Turniere besuchen, Fußball spielen oder wirkliche Kriege führen – die Systeme der Benennung stützen sich auf Tätigkeiten, die sie als Medium benützen, auf denen sie den Code aufbauen, der die Bewertungen bestimmt. Der Code läßt sich aus der Tätigkeit nicht ableiten – man denke nur, wie fremd uns die Puritaner sind, die das uns so vertraute Medium des ökonomischen Erfolgs für Spiele der Benennung einsetzen, in denen es um die göttliche Gnade ging – aber ohne Medium gibt es kein Spiel. Die vorbürgerlichen Gesellschaften haben einfach die soziale Welt selbst, das Netz von Rechten und Pflichten, in dem jeder durch seine Familienzugehörigkeit situiert war, als Medium benützt. Insofern er die Abstammung bezeichnet, ist hier der Eigenname auch der *wahre Name*, ein Wappen, in das die wesentlichen Inhalte von Anfang an eingetragen waren. Das speichernde Gedächtnis, das jedes Namensspiel braucht, ist das Register der Familien und der ihnen zugeordneten Rechte und Pflichten, das diese Gesellschaften auf das sorgfältigste führen. Name und Ehre sind hier fast Synonyme; was dem einzelnen zu tun bleibt, ist dem Namen, den er von Geburt an besitzt, Ehre zu machen.

Der erste, phallische Name, den der kleine Hans findet, ist von außen gegeben; der kleine Mann hat nicht die Wahl, er muß sich über sein Geschlecht benennen und in die Welt des Vergleichs eintreten. Die Benennung in der Alten Welt ist grundsätzlich von derselben Art: »Ich taufe dich im Namen des Vaters ...« Das ist ein »du bist ...«; und das »ich bin ...« ist nur ein zweiter Takt, eine Bestätigung und Übernahme: »Ja, ich will der sein.« Alle Riten der Initiation, die in den vorbürgerlichen Gesellschaften so wichtig sind, variieren diesen Dialog. Wenn hier von *Gesellschaft* gesprochen wird, so ist das gemeint: die Instanz der Benennung, an die jeder durch seine Sorge um Namen und Ehre gebunden ist.

In der bürgerlichen Welt ist *Gesellschaft* etwas ganz anderes, der Ort der Interessen, ihrer Verbindungen und ihrer Konflikte. Wenn diese Gesellschaft die Menschen formt, dann sicher nicht zuerst in der Weise, daß sie ihnen Namen gibt.

Es gehört zum Wesen der Systeme der Benennung, daß sie sich in sich selbst abbilden. Was wir hier summarisch über die Alte Welt gesagt haben, ist – aus einem gewissen Abstand formuliert – nichts anderes als die Theorie, die diese Welt von sich selbst hat. Das Bürgertum hat eine konkurrierende Theorie entwickelt: Das Subjekt ist nicht mehr über die Beziehung zu seinen Namen und zu der namengebenden Instanz definiert, sondern durch Sachbeziehungen, Bedürfnis und Interesse. Die Beziehung der Menschen untereinander wird in einen rationalen und einen irrationalen Bereich geschieden: hier die – im 18. Jahrhundert nach dem Vertragsmodell gedachte – Einigung über gemeinsame Interessen, dort Bedürfnisse, die direkt auf den Mitmenschen zielen, sexuelle Triebe und das unübersichtliche Reich der Gefühle. Im Bereich der Namen sieht es auf den ersten Blick so aus, als ob das Bürgertum (wenigstens dem Prinzip nach) das Reich der Freiheit eingeführt hätte. Dem alten »du bist« ist, wenn nicht die faktische Macht, so doch die legitimierende Kraft genommen; das Wesen der Person ist unabhängig geworden von der sozialen Position. Jeder kann und muß sich selbst einen Namen machen; und nur dieser Name, nicht der ererbte, ist der wirkliche. Dieser selbstgewählte Name ist aber nicht von derselben Art wie der vorgegebene in der Alten Welt. Der Aristokrat sollte für seine Ehre leben; der bürgerliche Künstler, Politiker, Wissenschaftler soll das gerade nicht; er soll *in der Sache aufgehen*, der er sich verschrieben hat, und an seinen Namen nicht denken. Wenn später, am besten nach seinem Tod, die Straßen seinen Namen tragen, so ist das nicht die Belohnung, für die er gelebt hat, sondern die Anerkennung einer Größe, der es darauf gerade nicht angekommen war. Nur die Spießbürger, die das anspruchsvolle Bürgertum verachtet, identifizieren sich mit Rang und Namen. *Seinen Namen gegenüber souverän sein* – das ist der erste Imperativ, der an den Bürger gerichtet ist.[3]

Von diesem Imperativ aus wird die Dimension der Namen unter Begriffe wie Eitelkeit und Ehrgeiz gefaßt und dem Bereich der Gefühle und Leidenschaften zugeordnet. Entsprechend wird auch die Alte Welt auf die Seite des Irrationalen gestellt; sie gilt als beherrscht von der blinden Macht des Überkommenen, von den Gefühlen, die aus langem und nahem Zusammenleben entstehen, von der irrationalen Kraft der Religion.

Die neue Theorie hat das alte Wissen, dessen Grundlage die Spiele der Benennung sind, mit der Rücksichtslosigkeit von Kolonisatoren in

Besitz genommen. Der Status eines wirklichen Wissens wird ihm nicht zugebilligt; was in den Begriffen der Benennungsspiele dargestellt ist, gilt als nicht erklärt; der Grundbegriff selbst wird in die eigene Begriffssprache übersetzt und auf Interesse und psychologische Motive zurückgeführt. Im folgenden will ich versuchen dieses kolonialistische Verhältnis aufzuheben. Es soll – in einem Satz zusammengefaßt – die These entwickelt werden, daß der Mensch, bevor er ein Bedürfniswesen wird, ein Namenswesen ist, daß die Sphären der Lebenswelt und der Sozialisation durch die Spiele der Benennung strukturiert werden, daß es in dem Feld der Namen eine Rationalität gibt, die nicht auf die Rationalität der Interessen und der Verständigung zurückgeführt werden kann. Das heißt nicht, daß das Verhältnis der beiden Theorien einfach umgekehrt würde; es sind zwei globale Theorien[4], die in einem noch zu klärenden Verhältnis wechselseitiger Umfassung stehen.

Aus dieser These folgt, daß die Begrifflichkeit der Aufklärung selbst ein System der Benennung ist, das sich nicht als solches kennt. Konkret, daß man den Grundimperativ des aufklärerischen Denkens – die allgemeine Sache zu seiner eigenen zu machen – von der Ordnung der Benennung aus verstehen muß, als einen Imperativ, der sich auf den Bereich der Benennung bezieht: der Verlockung der Namen zu widerstehen.[5] Dann gibt es zwischen den beiden Dialogen, die das Denken der Aufklärung als einzige kennt, der Verständigung zwischen bedürftigen und interessierten Subjekten und der Sprache des Gefühls, einen dritten, merkwürdigen Dialog zwischen dem Subjekt und der Instanz der Benennung, wo es um das Verhältnis des Subjekts zu seinem Namen geht, merkwürdig deshalb, weil die benennende Instanz in der quasi-göttlichen Position dessen ist, der dem Subjekt sein Wesen schenkt; ein Dialog, der trotzdem eine ganz spezifische Rationalität hat, in dem nach Gründen und nach Legitimität gefragt wird. Diese Rationalität setzt eine Auffassung des Subjekts voraus, die der Aufklärung fremd ist; sie unterscheidet zwischen der *Person*, die einen Namen hat und *im Innern* von Spielen der Benennung handelt, und dem *Subjekt*, das nur ein *Verhältnis zu* seinen Namen und zur namengebenden Instanz ist.

Wir suchen den Zugang zum Feld der Benennung über das Werk dreier Schriftsteller, denen gemeinsam ist, daß ein psychisches Trauma ihnen den Weg verstellt hat, der zur Unterwerfung unter die ersten Namen führt. Sie sind dem Namen nicht verbunden, an den sich heftet, was sie können, getan haben, besitzen, oder, was dasselbe ist, es gibt kein Gedächtnis, das sie achten.[6] Wenn sie *ich* sagen, meinen sie nie etwas von dem, was unter irgendwelchen Namen irgendwo gespeichert ist, sondern immer eine Fähigkeit, der Wirklichkeit außerhalb der Namen zu begegnen, oder gerade den Willen, jede Benennung zu bekämpfen. *Sartre* hat ein Vergnügen daran, die Begegnung mit der Gewalt der Namen immer wieder zu suchen und immer wieder zu beweisen, daß er sich ihr entziehen kann. Da er sich den normalen Regeln nicht unterwerfen will und sie verwirft, erfindet *Rousseau* Gegenmodelle von Kollektiven, die nach ganz anderen, ihm genehmen Spielregeln funktionieren. Aber vor allem versucht er, die liebevollen Namen, die von der Mutter kommen, in der Wirklichkeit durchzusetzen und liefert sich damit der Gewalt der Benennung in ihrer furchtbarsten Gestalt aus. *Proust* ist ein Meister darin, in alle Namen zu schlüpfen, die ihm angeboten werden. Von diesen Masken geschützt, kann er in einem Bereich *vor* den Namen leben und – als Schreibender – das genießen, was für ihn allein wirklich ist: die Wünsche, die das namenlose Subjekt in die Spiele drängen, zu denen der Name den Zugang gibt.

Sich der Benennung zu verweigern, ist nicht eine einmalige Handlung, es ist eine Form zu leben. Die Ablehnung ist ein unausgesetztes Hin und Her zwischen dem Wunsch, den Zugang zu der Welt der anderen zu finden, »geboren«, »Mensch unter Menschen« zu werden, wie Sartre es ausdrückt, und der harten Verneinung, wenn es darum geht, den Preis dieser Geburt zu bezahlen.

Wer sich auf kein Spiel der Benennung einläßt, der sieht, in welchem Maß die ganze Welt von diesen Spielen beherrscht wird. Beruf und Karriere, das Verhältnis zwischen Mann und Frau, der Eltern zu ihren Kindern – immer sind es Namen, die miteinander in Beziehung treten. Seit man über Lebenswelten nachzudenken begonnen hat, ist klar, daß »Welt« ein gemeinsames und unbefragtes Wissen ist. Dieses Alltagswissen über Beziehungen, Werte, Motive, das in den Spielen der Benennung entsteht, ist für die neurotischen Autoren[7] ein falsches Wissen. Ihre Welt ist nach anderen Prinzipien aufgebaut: Einerseits sind ihnen die Beziehungen *vor* den Namen noch vertraut, andererseits treffen sie immer wieder auf die Konstellation der ersten Benennung, in der Menschen, die ihnen begegnen, eine unerträgliche, in ihr Inneres greifende Macht haben. Von gewöhnlichen Neurotikern unterscheidet die Autoren, daß sie sich der Übermacht des Normalen nicht gebeugt, sondern ihr Wissen zu einer allgemeinen Wahrheit ausgebaut haben.

Diese natürlich sehr verschiedenartigen Theorien haben einen gemeinsamen Kern, den man in einigen Thesen zusammenfassen kann:

- Die empirisch gegebene Gesellschaft ist ein System von Spielen der Benennung.
- Es gibt keine Instanz, die das Recht und die Macht hätte, dem Menschen zu sagen, was er ist und was er zu sein hat. Alle Namen sind Betrug und Selbstbetrug.
- Andererseits gibt es überhaupt keine menschliche Welt ohne Bindung an die Namen.
- Für dieses Dilemma haben die Autoren verschiedene Lösungen. Für Proust ist die Welt unausweichlich Illusion, und nur die Kunst gibt den Zugang zu einer außerweltlichen Wirklichkeit. Rousseau und Sartre haben Konstruktionen ausgearbeitet, in denen das Kollektiv mit der Allmacht der benennenden Instanz ausgestattet ist und das Subjekt als Teil dieses Kollektivs sich selbst den Namen gibt, an den es gebunden ist.

Die Autoren haben auf dieser Grundlage Lehrgebäude errichtet, für die sie – auch Proust, der in dieser Hinsicht wenig ernst genommen worden ist – universale Geltung beansprucht haben. Neben den theoretischen Ausarbeitungen stehen immer der Autobiographie benachbarte literarische Texte. Sie erzählen die Suche, auf der die Lehre entstanden ist; sie berichten, wie die Namen und mit ihnen das Wissen, das die Welt trägt, sich auflösen; sie beschreiben die beiden Erfahrungen, in denen hinter dieser Auflösung Gewißheit entsteht: das Verhältnis zu der Wirklichkeit hinter den Namen und die immer wiederholten Begegnungen mit der Gewalt der Benennung.

Wenn man die Lehre von diesen Erzählungen her liest, dann kann man den Ort, die Frage, den Wunsch zu wissen verstehen, die die Lehre hervorgebracht haben. Man sieht dann, daß nicht das Staatsrecht, die Philosophie, die Kunsttheorie etc. den eigentlichen Gegenstand dieses Wissens ausmachen; es ist ein Wissen über die Welt als Feld der betrügerischen Benennung, wie es an dem Ort der Ablehnung der Namen erscheint.

Dieses Wissen wird in verschiedene Richtungen ausgearbeitet.

Sartres Texte lese ich zuerst als Analysen seines eigenen Weltwissens in der Auseinandersetzung mit dem »normalen«. Die Strukturierung einer gewöhnlichen erotischen Begegnung, Sätze wie »ich als Arzt glaube...« oder einfach »ich will« werfen schwer lösbare Probleme auf. Das zeigt aber, daß das normale Alltagswissen, auch wenn es das nicht weiß, diese Aufgaben in einer bestimmten Weise gelöst hat. Sartre selbst führt alle diese Probleme zurück auf »Urszenen«, Begegnungen mit der Instanz, die benennt, die durch bestimmte Konstellationen und durch sich wiederholende Bahnen organisiert sind. In deren Darstellung wird sichtbar werden, welche Bahnen in die Welt Sartres und welche in die Bejahung der Namen und in eine stabile Welt führen. Das Feld der Benennung ist seinem Wesen nach verdeckt. Man kennt die Namen nicht, weil man in ihnen und durch sie die Welt kennt. Wir verwenden den Blick Sartres, für den die Namen das erste und dauernde Problem sind, um diese Verdeckung aufzulösen.

Man kann weder sagen »ich will« noch »ich liebe dich«, wenn dieses »ich« in jeder Begegnung neu entstehen kann. Die Frage, wie Namen binden können, ist die zentrale Frage Sartres. Nun zeigt er in der überzeugendsten Weise, daß es Namen gibt, die auf Betrug und nackter Gewalt beruhen, wie der Name, den der Antisemit findet, indem er einen anderen zum Juden macht. Das heißt aber umgekehrt, daß die Regeln im Feld der Benennung ethische Regeln sind. Es gibt falsche und es gibt wahre Namen, solche, deren Bejahung man, jedenfalls im nachhinein, begründen kann.

Aber wie soll man sich legitime Regeln der Benennung vorstellen? Für uns sind Gesetze legitim dadurch, daß die Betroffenen an ihrer Gestaltung mitwirken können und ihre Interessen in ihnen aufgehoben wissen. Die Regeln, nach denen Namen vergeben werden, sind Beziehungsregeln. Das Gesetz der Ehre, das verlangt, daß eine Kränkung gerächt wird, ist nicht ein Gesetz, in dem es um ein allgemeines Interesse, etwa die Erhaltung der Ordnung geht; es richtet sich nur an den Gekränkten selbst; wenn dieser es nicht einhält, fällt die Sanktion auf ihn.

Wie können Gesetze, die eine solche Form haben, legitimierbar sein? Die Antwort suche ich dort, wo die Gesellschaft als ganze über Spiele der Benennung organisiert ist, in der Alten Welt. Auf die Frage, mit welchen Verfahren die Alte Welt ihre Institutionen legitimiert, gibt es eine klassische Antwort: die Religion; ergänzend verweist man auf die

Macht des Überkommenen, die Bindungen, die aus langem und nahem Zusammenleben entstehen. Wenn dies die fundamentalen Formen der Legitimierung sind, dann sind sie jedenfalls mit der Alten Welt aufgelöst, und die Antwort ist für uns unbrauchbar. Es gibt eine zweite Antwort, die in den soziologischen Theorien der Alten Welt nur eine marginale Bedeutung hat; in ihr ist die Form einer Beziehungsregel mit einem universalen ethischen Imperativ verknüpft. Diese Regel besagt: Wer ein Geschenk annimmt, ist dem Schenkenden verpflichtet. Marcel Mauss und Claude Lévi-Strauss haben gezeigt, daß man die Ordnung der Stammesgesellschaften als Institutionalisierung des Prinzips des Tauschs verstehen kann. In einer Lektüre des *Essays über die Gabe* und der *Elementaren Strukturen der Verwandtschaft* will ich darstellen, wie in einer Ordnung des Tauschs die Positionen im Tauschsystem zum Material der Namen werden und wie der ganze Bereich der Produktion und Verteilung der Güter als »Einsatz« in einem Spiel der Benennung verwendet wird. Ein Kapitel über das System der Rache in der Epik soll zeigen, daß eine ständische Gesellschaft nach denselben Prinzipien aufgebaut ist.

Der Name ist eine Gabe; jeder Mensch hat einen fundamentalen Namen, dem er verpflichtet ist, den ererbten Namen, der eine Position im System des Gütertauschs bezeichnet. Das ist das Prinzip, wie die Alte Welt die Menschen an die Namen bindet.

Der Rückblick auf die Alte Welt gibt uns einerseits eine Antwort auf die Frage, wie es legitime Spiele der Benennung geben kann; er ist andererseits wichtig für die historische Dimension dieser Arbeit, die Beschreibung des Prozesses der Entstehung der Moderne in den Kategorien einer Theorie der Namen. Nur wenn man sieht, daß die Alte Welt den ganzen Bereich des Austauschs mit der Natur benützt hatte, um das soziale Band als ein im Tausch begründetes Spiel der Benennung zu knüpfen, versteht man, was die Einführung des neuen – durch den Warentausch und den Staat hergestellten – Bandes bedeutet: die Befreiung von der Gewalt, die dem Menschen seine Position in den Beziehungen des Tauschs als sein innerstes Wesen aufzwingt; und zugleich den Verlust der Legitimität der Namen.

Rousseau hat es verstanden, seine neurotische Feindschaft gegen die Namen mit dem historischen Prozeß der Auflösung der alten Namen zu verbinden. Wie keinem anderen unter den Aufklärern hat ihm sein Blick von außen auf das Alltagswissen erlaubt, in sehr vielen Bereichen den alten Formen neue entgegenzusetzen. Für den Staat, den Vater, das Verhältnis zum Tod, zu Gott, zur Zeit, für die Liebe, für die Wünsche und die Bedürfnisse, für den Umgang mit Häusern, mit dem Essen, mit Gärten und mit Tieren hat er neue Bilder geschaffen, die in einem komplexen, in sich konsistenten System geordnet sind. Der Kernpunkt dieses Denkens ist die konsequente Trennung der Beziehungen zu den Dingen und der Beziehungen der Menschen untereinander – der beiden Sphären, in deren Verknüpfung die Spiele der Benennung entstehen. Diese Spiele haben im Leben eines aufgeklärten Erwachsenen keinen Platz; sie sind den Kindern und anderen Unmündigen überlassen. Der Angelpunkt, auf den sich die Entmachtung der Namen stützt, ist die gleichzeitig persönliche und historische Erkenntnis, daß Spiele der Benennung ein Außen haben, endlich sind und untergehen können. Die alte Geschichte vom Vergehen und von der Neuentstehung der Reiche verwandelt sich bei Rousseau in eine Geschichte vom Vergehen und Entstehen der Welten. Der Bürger der Republik ist dadurch ein verantwortlicher Bürger, daß er sein Leben um das Bewußtsein herum organisiert, daß das Gemeinwesen, dem er sein innerstes Sein verdankt, immer bedroht ist. Dieses Wissen macht ihn allen Spielen der Benennung gegenüber souverän.

Das – neue und nicht mehr rückgängig zu machende – Bewußtsein, daß Namen sterblich sind, ist der Angelpunkt, von dem aus sich die Herrschaft des Denkens der Aufklärung über das Feld der Benennung durchsetzen konnte. Im Innern dieses Denkens kommt dieses Wissen nicht mehr vor; es kann in den neuen Begriffen auch gar nicht mehr gefaßt werden. Bei Rousseau, der die Problematik der Namen nie vergessen kann, ist es überdeutlich zu erkennen. Nur von diesem Punkt aus kann man die beiden Theorien des Sozialen gleichzeitig wahrnehmen und die moderne Problematik der Namen erkennen: daß sie (in einer im nachhinein klar faßbaren Weise) historisch produziert und vergänglich und trotzdem unhintergehbar sind. Hier liegt das Recht des Denkens der Aufklärung und sein »Fehler«: daß es dieses Dilemma in eine Richtung hin auflöst.

Die Verkennung der spezifischen Rationalität des Feldes der Benennung ist in die Struktur des Denkens der Aufklärung eingebaut; nur eine Auflösung dieser Verkennung kann uns heute den Zugang zu diesem Feld geben. Eine Lektüre von Habermas soll zeigen, daß seine Grundbegriffe in einer nicht diskutierten Weise immer noch auf den ursprünglichen Setzungen der Aufklärung beruhen, die die Dimension der Namen zum Verschwinden bringen.

Die drei Autoren stellen alle die grundsätzliche Frage, wie Namen entstehen und was man für sie zu zahlen hat, aber sie analysieren zugleich auch die historisch konkreten Benennungsspiele, in denen sie aufgewachsen sind, in die sie hineingezwungen wurden oder die sie fasziniert haben. Aus diesen Analysen ergibt sich das Bild eines Systems der Spiele der Benennung in der bürgerlichen Welt, das ich im letzten Kapitel des ersten Teils zusammenfasse. Die Zentralfigur dieses Systems ist der Bürger (im Sinn von Bourgeois), der seinen Namen auf der ererbten Position begründet. Diese Zentralfigur erscheint immer begleitet von dem Urteil: Es ist nicht möglich, und es ist zu wenig, ein Bürger zu sein. Aus der Flucht vor diesem Bürger, als der jeder geboren ist, entsteht das widersprüchliche System der gesuchten und gut oder schlecht begründeten Namen. Das sind zuerst die betrügerischen Namen, die sich aus einer Figur kollektiver Allmacht ableiten: der Antisemit, der Faschist, der Snob. Es gibt zwei legitime, aber paradoxe Namen[8]: der des Aufklärers, der sich einer allgemeinen Sache verschrieben hat und einen Namen findet, den er nicht gesucht hat; und der des Künstlers, das heißt desjenigen, der, wie die Autoren selbst, hinter die Namen schauen und diese in Frage stellen kann.

Das ist ein ganz provisorisches Schema, aber einige allgemeine Überlegungen kann man doch daran anschließen.

Der Grundgedanke ist: Es gibt keine wahren Namen. Die beiden Figuren, die begründen können, warum sie suchen, was sie suchen, sind asketische Figuren, die sich der Lust am Besitz von Namen verweigern. Aber hinter diesem Satz, den unsere Autoren immer wiederholen, liegt ein anderer unausgesprochener, dessen Träger der Bürger ist. In unseren Texten ist der Bürger eine stumme Figur; er kann in keiner Weise von sich reden, die irgendwie ernst zu nehmen wäre. Aber wenn er auch von sich nicht sprechen kann, so hat er doch den geerbten Namen, von dem er sein Leben leiten läßt. Wenn die Bürgersöhne diesen Namen aufgeben, dann können sie ihn nur durch etwas ersetzen, das dieselbe Kraft hat, durch etwas, was das ganze Leben bestimmen kann; Teilwahrheiten zählen nicht, es gibt nur ganze Wahrheiten.

Es ist die verborgene Herrschaft des Eigennamens, des ererbten Familiennamens, die das bürgerliche System der Benennung noch an die Alte Welt bindet und die ihr die so anstrengende und so produktive

Askese gegenüber den Namen aufzwingt. Unsere Gesellschaft ist nicht mehr bürgerlich; sie ist nicht mehr der Verband von guten Familien; nur ganz wenige erben noch Namen. Das ist nicht das Ende einer Eigentümlichkeit des 19. Jahrhunderts, es ist das verzögerte Ende des alten Systems der Benennung. Jeder hat heute viele Namen, und es gibt keinen Anspruch mehr, der der Lust an den Spielen entgegensteht. Die Postmoderne ist der historische Ort, von dem aus das bürgerliche Feld der Namen beschrieben werden kann; und umgekehrt gibt die Theorie der Benennung einen Zugang zu dem Verständnis des historischen Prozesses, in dem die Postmoderne entsteht.

Im ersten Teil dieser Arbeit ging es uns darum, das Feld der Benennung in einer historischen und systematischen Weise zu erschließen; die neurotische Situierung haben wir dabei als Umweg benützt, um den Zugang zum Verständnis der normalen Spiele zu finden. Im zweiten Teil folge ich mehr der Logik der Texte und ihrer Darstellung der neurotisch strukturierten Welten und der Wirklichkeit vor den Namen.

Die Ordnungen, die aus der fehlenden Bejahung der Namen entstehen, sind ein wichtiger Bestandteil der bürgerlichen Welt. Vieles von dem, was Sartre über die Verfahren sagt, wie der Antisemit seinen Namen findet, kann man auch in den Studien über den autoritären Charakter lesen; auch die Arbeiten über den Narzißmus gehören in den Bereich, mit dem wir es zu tun haben. Diese Texte sind aber fast durchgehend *von außen* geschrieben, aus einer Position des überlegenen Wissens, in der sich die meist verwendeten psychoanalytischen Begriffe notwendig in Klassifizierungen verwandeln; die Verfasser wissen oder zeigen nicht, wie weit sie in ihren Gegenstand selbst verflochten sind. Sartre und Proust sind durch die Illusionen der falschen Namen hindurchgegangen und haben sie von innen aufgelöst; sie haben Positionen gefunden, von denen aus sich große Bereiche des Felds überblicken lassen, und sie haben Strukturen herausgearbeitet, die dieses Feld ordnen. Mit ihnen wird sichtbar, wie tief das neurotische Wissen mit allen Bereichen der bürgerlichen Kultur verbunden ist.

An Sartre interessiert uns dabei besonders die Beziehung zwischen dem politischen Denken und der Problematik der Namen. Ich will zeigen, daß die ganze Thematik des Engagements und der Geschichtsentwurf der *Kritik der dialektischen Vernunft* auch und sehr wesentlich auf Probleme antwortet, die aus dem Feld der Benennung kommen.

Proust ist derjenige, der die am radikalsten asketische Position eingenommen hat und der vor allem über die Sphäre *vor* den Namen am meisten weiß. Das große Thema seines Werks ist die Frage, warum Namen so sehr begehrt werden. Dabei wird eine Problematik sichtbar, die in dieser Arbeit andauernd, aber zu sehr am Rande auftaucht, die Verflechtung des Felds der Namen mit der Geschlechterbeziehung. Die Geschlechterbeziehung ist strukturiert als eine Beziehung von Namen. Daher ist das Begehren nach den Namen – das ist es, was Proust zeigt – zuerst ein Begehren nicht nach dem anderen Geschlecht, sondern nach dem Begehren zwischen den Geschlechtern.

Man weiß schon lange, daß Theorien der Gesellschaft abhängig sind von dem, was sie beschreiben wollen. Der Marxismus hat diese Abhängigkeit in den Bereich der Interessen situiert und einen Ort zu finden geglaubt, wo die Interessen und der Wille, die Dinge zu erkennen, wie sie sind, zusammenfallen. Das eigentliche Problem entsteht erst auf der erkenntnistheoretischen Ebene, wenn man sieht, daß nicht hintergehbare Kategorien der Wirklichkeitserfassung mit der Situierung des Denkens in dieser Wirklichkeit vorgegeben sind. Habermas' Theorie des argumentativen Konsenses ist ein Versuch, den Zirkel auch auf dieser Ebene aufzulösen und einen Ort der wahren Erkenntnis außerhalb des Gegenstandes zu finden. Ich glaube, wie viele heute, daß es keinen Ort außerhalb gibt, von dem aus das ganze Feld sich überblicken ließe, und daß das Sicheinlassen auf die Selbstbezüglichkeit des Wissens ein Kennzeichen des gegenwärtigen Denkens ist. Das bedeutet dann allerdings, daß jedes Wissen mit einer nicht begründbaren Setzung beginnt, mit der Wahl eines Ortes und eines mit diesem verbundenen Wissenwollens. So hat Lacan auf einer solchen Setzung, dem »Begehren Freuds«, eine Theorie der Psychoanalyse als eines spezifischen Orts des Wissens ausgearbeitet. Es gibt den Ort »Foucault«, von dem man vielleicht sagen kann, daß er Setzungen von Nietzsche und Bataille ausarbeitet; Luhmann schafft einen Ort durch eine »spielerische« Setzung von Problemen, z. B. dem der Komplexität.

Solche Theorien haben einen totalen, aber keinen universalen Charakter; sie erfassen die ganze Wirklichkeit, aber (um in unserer räumlichen Metaphorik zu bleiben) von einem bestimmten Punkt aus; daher können sie auf universale Geltung keinen Anspruch machen. Die Beziehung solcher Theorien untereinander ist schwer zu bestimmen; sicher ist sie komplizierter als das klassische Verhältnis von Polemik und wechselseitiger Einverleibung.[9]

Man könnte versuchen, was ich hier ausarbeite, unter einem Titel zu fassen wie *Die Theorie des Sozialen bei Rousseau, Proust und Sartre*. Das würde einen Standpunkt voraussetzen, von dem aus diese Theorie des Sozialen sich überblicken ließe. Die Ablehnung der Namen eröffnet aber das Feld eines konsistenten und totalen Wissens, in dem die anfängliche Setzung situiert und verstanden werden kann. Es in ein anderes Feld einordnen, hieße es in seinem Wesen zu verändern. Diese Setzung und die Form, in der ich sie ausgearbeitet habe, steht dem Denken Lacans nahe; sie liegt in demselben theoretischen Feld, in der Begegnung der phänomenologischen Analysen der intersubjektiven Konstitution von Welt, dem Strukturalismus, vor allem auch in der soziologischen Bedeutung, die Lévi-Strauss ihm gegeben hat, und der Psychoanalyse. Lacans Theorie des Symbolischen und sein Begriff der Identifikation bilden den theoretischen Horizont dieses Buchs. Aber die Achse, um die die Konstruktionen von Lacan organisiert sind, ist doch das psychoanalytische Setting; die Frage unserer Autoren – in der ich ihnen folge – öffnet sich auf das Feld des Sozialen. Der Versuch, die hier entwickelten Gedanken in Lacans Systematik einzubauen, hätte dieses Buch mit einer schwierigen Diskussion und mit der für unsere Zwecke überkomplexen Terminologie Lacans belastet. Es wäre unmöglich gewesen, die Beziehung zwischen einer »poststrukturalistischen« Theorie der Benennung und dem Denken auf der Grundlage von Bedürfnissen und Interessen in einer für alle wissenschaftlichen Positionen zugänglichen Weise darzustellen. Ich habe es vorgezogen, von dem Gegenstand selbst, d. h. von Sartres Konzept der Intersubjektivität einerseits, von der Idee des Tauschs andererseits auszugehen und aus der Begegnung dieser beiden Vorstellungen eine eigene Begrifflichkeit zu entwickeln.[10]

Dem wissenschaftlich trainierten Leser, der gewohnt ist, Begriffe sofort einzuordnen, wird damit Geduld abverlangt. Erst am Ende des ersten Teils werden die Grundkonzepte in ihrer inneren Struktur und in ihrer Situierung im zeitgenössischen Feld des Wissens klar werden.

Wie jede Arbeit, hat auch diese Arbeit viele Mitautoren. Zuerst einmal sind es diejenigen, durch die ich gelernt habe, die Dinge sich ordnen zu lassen und mich in ihnen wiederzufinden. In den gemeinsamen Veranstaltungen mit Helga Gallas haben viele Gedanken ihre erste Form angenommen; die Lust, mit der sie sie aufgenommen hat, hat mir die Ausarbeitung leichter gemacht. Dem Lacankreis und vor allem

Hans-Dieter Gondek schulde ich wichtige Anregungen; seine insistierenden Fragen haben mich gezwungen, mit den Begriffen etwas weniger »literarisch« umzugehen, als es meinem Naturell entsprochen hätte. Meinem alten Freund Raymond Joly danke ich für seine akribischen und treffenden Kommentare, Wietold Ehrler für seine phantasievolle Lektüre. An den Bemerkungen von Sigrun Kornitschky konnte ich ablesen, was in diesen Seiten an Vitalität übrigbleibt, wenn das Leben, das ihnen aus der wissenschaftlichen Diskussion zufließt, abgezogen ist. Bettina Weltin-Foroughi hat mir bei den Abschlußmühen in kompetenter und umsichtiger Weise geholfen.

ANMERKUNGEN

1 An diesem Punkt habe ich die Geschichte des kleinen Hans im Interesse meiner Demonstration ergänzt.

2 Was wir hier mit »Name« bezeichnen, liegt, wie man sieht, nahe an dem Begriff der Identifikation. Dieser Begriff ist gleichzeitig so beladen und so verwaschen, daß man ihn kaum noch gebrauchen kann.

3 Wo es bewußt inszenierte Namensspiele im bürgerlichen Leben gibt, wie z. B. in der Figur des Dandy, dann sind es ironische Spiele, in denen immer ein Moment der Selbstdistanzierung liegt.

4 Wenn wir hier von »Theorien« sprechen, von der »Theorie der Alten Welt« oder von dem »Denken der Aufklärung«, so meinen wir die präreflexive Ordnung der Begriffe, die die Wahrnehmung eines Gegenstandes ordnet und die diesem selbst anzugehören scheint; in wissenschaftlichen Theorien interessiert uns in der Regel nicht deren Ausarbeitung, sondern das dieser vorausliegende undiskutierte Wissen.

5 Die Beziehung dieser zu den klassischen Formulierungen des aufklärerischen Imperativs sieht man leicht, wenn man bedenkt, daß der Bereich der Namen hier unter den beiden Begriffen des Partikularinteresses und der Leidenschaften gefaßt wird.

6 Für den Namen in der Literatur, der einen besonderen Status hat, gilt das nur mit Einschränkungen.

7 »Neurotisch« und »normal« bezeichnen hier zwei verschiedene Bahnen des Zugangs zu den Namen. Wenn wir unsere Autoren Neurotiker nennen, so wollen wir damit zwei Dinge in Erinnerung halten: Für sie ist eine absolute Grenze gesetzt, die sie nicht überschreiten und jenseits der sie auch nichts erkennen können. Und sie haben ihre ganze Energie darauf verwendet, das Wissen auszuarbeiten, das durch diese Grenzsetzung entsteht. Normal im Alltagssinn ist bekanntlich eine bunte Mischung von dem, was wir hier neurotisch und normal nennen.

8 Name ist hier in dem oben bestimmten Sinn verwendet: es ist der Name, den man findet, gerade weil man ihn nicht sucht.

9 Ein Beispiel für eine solche Beziehung würde sich ergeben, wenn man die entsprechenden Abschnitte dieses Buchs mit dem Rousseau- und Proustkapitel aus Paul de Mans *Allegories of Reading* vergliche. Dort steht am Anfang eine Interpretation der Werke als in sich konsistentes Wissen; die Arbeit zielt auf den Nachweis, daß dieses Wissen sich im Gang seiner Konstruktion unausgesetzt selbst auflöst. Ich stelle eine in sich widersprüchliche, nicht einholbare Setzung an den Anfang, die ihrer Logik nach nur brüchige Gebilde produziert. Die Frage ist dann, wie überhaupt Zonen von konsistentem Sinn entstehen können.

10 Dieses Verfahren führt zu einer Rekonstruktion der Begriffe des Symbolischen und des Imaginären, wie sie Lacan in seinen frühen Seminaren entwickelt hat, wobei die eigentlich psychoanalytische Dimension ausgeklammert ist.

Teil I
Die alten und die neuen Namen

Der Zugang zu den Namen

DIE NEUROTISCHE FRAGE

Der Unterschied zwischen Träumen und Wünschen

1730 kommt ein junger Mann namens Vaussore de Villeneuve nach Lausanne, er läßt verbreiten, er komme aus Paris, sei ein guter Musikkenner, wolle in Lausanne sich eine Weile aufhalten, Musikstunden und ein Konzert mit eigenen Kompositionen geben. Das Konzert wird auch gegeben und endet mit einem großen Gelächter; der junge Mann kann weder komponieren noch spielen. Es stellt sich heraus, er war nie in Paris, heißt in Wirklichkeit Jean-Jacques Rousseau und stammt aus einer bürgerlichen Genfer Familie. Den Namen hat er sich von einem Freund entliehen, der mit seinen musikalischen Fähigkeiten großen Beifall geerntet hatte.[1]

Eine pubertäre Entgleisung, aber da es sich um Rousseau, um einen der Großen unserer Kultur handelt, liegt es nahe, diese Aktion etwas ernster zu nehmen und sich zu überlegen, welche Art Revolte sich in ihr ausdrückt, welche Regeln hier außer Kraft gesetzt werden sollen. Musik kann nur machen, wer es gelernt hat – anscheinend eine simple Tatsache –, aber gibt es nicht einen Zugang zu der Wirkung der Töne, der unabhängig ist von dem lähmenden Zwang der Regeln und Notierungen, mit denen man die Schüler quält? Er heißt nicht Vaussore de Villeneuve, sondern Rousseau – warum gegen einen Namen revoltieren? Aber man kann auch sagen: Wer gibt der Gesellschaft das Recht, mich festzulegen darauf, daß ich der aus der Lehre davongelaufene Sohn des Isaac Rousseau bin. Warum kann ich nicht selbst sagen, wie ich heißen will, was meine wahre Herkunft ist? Dieses Scharmützel hat Jean-Jacques verloren, ist in Tränen ausgebrochen und hat bei einem gutherzigen Mann Zuflucht gefunden. Den Kampf hat er nicht aufgegeben, aber gelernt, die Waffen besser zu wählen: Die Musik hat er gelernt, aber ganz unterworfen hat er sich nicht, er hat sein eigenes System der Musiknotierung entwickelt; er hat schließlich komponiert, sogar mit großem Erfolg, aber nicht nach den Kunstregeln seiner Zeit, sondern eine Musik, die aus dem Herzen kam und zu den Herzen sprach; und er hat ein großes philosophisches System entwickelt, in dem er selbst die Koordinaten festlegte, von denen aus er, Jean-Jacques, zu definieren war: der Naturzustand auf der einen Seite, die ideale Republik auf der anderen. Was er war, war jetzt Produkt seines eigenen Werks, der Bestimmung der Zeitgenossen entzogen. Wenn er seine Werke als *citoyen de Genève* signierte, so hatte er selbst definiert, was *citoyen* hieß und welche Republik Genf gemeint war. Es war ihm schließlich doch gelungen, sich eine eigene Abkunft zu schaffen.

Die Gewalt, der sich Jean-Jacques entziehen will, erkennen wir kaum als Gewalt, weil wir wir selbst geworden sind gerade dadurch, daß wir sie akzeptiert haben. Der Wunsch und die Anstrengung, etwas zu sein, ist so groß, daß wir nicht sehen, was wir dafür bezahlt haben. Trotzdem weiß jeder genau, wie teuer ihn sein Platz im Leben gekommen ist; das wird sichtbar, wenn der Wert dieses Platzes in Frage gestellt wird, z. B. von den eigenen Kindern. Rousseau wiederholt immer wieder, wieviel Gewalt diesem manchmal hungrigen, dann satten, begehrlichen, dann trägen, aber immer sorglosen Tier angetan wird, das der Mensch von Natur ist, wenn es auf Gedeih und Verderb angekettet wird an Rang und Besitz, an die es immer denken muß, die es immer zu verlieren fürchtet und deren Erhaltung und Vermehrung es in einen Dauerkampf mit den Artgenossen verwickelt, zu denen das Tier wechselhafte, aber im ganzen wohlwollende Beziehungen unterhielt. Das ist eine Gewalt, die noch vor allem liegt, was wir gewöhnlich als gesellschaftliche Gewalt ansehen, vor der Gewalt des Stärkeren, der Ungerechtigkeit, der Ausbeutung; sie trifft den Reichen wie den Armen, den Reichen vielleicht sogar noch stärker.

Rousseaus Unterscheidung zwischen dem, was man für die anderen und dem, was man für sich selbst und »eigentlich« ist, gehört als fester Bestandteil zu unserem Denken. Im folgenden will ich mich provisorisch auf die Begrifflichkeit von G. H. Mead beziehen, die vor allem durch die Verwendung, die Habermas von ihr gemacht hat, wieder bekannt geworden ist. Mead stellt dem festen *me*, dem was der Mensch für die anderen ist (die Summe seiner Positionen und Rollenbeziehungen), das immer in Bewegung befindliche *I* gegenüber, das lebendige, dem Organismus verbundene, innovatorische, nicht fixierbare Subjekt. Für *I* setze ich hier *Subjekt* und für *me* den *Namen* ein bzw. alles, was im jeweiligen Zusammenhang das Ich-für-die-anderen bedeutet, den Platz in der Gesellschaft, den Körper, das Geschlecht. Die Beziehung zwischen dem *I* und dem *me* ist für Mead selbstverständlich die einer engen Verbindung; die beiden wohnen sozusagen in einem Haus und haben sich zu vertragen. Die Ungetrübtheit dieses Bundes für das Leben ist die unausgesprochene Voraussetzung einer ganzen Denkrichtung; z. B. taucht bei Habermas ebensowenig wie bei Mead die Idee auf, es könne da interne Zwistigkeiten grundsätzlicher Natur geben.

Uns interessieren hier die schlechten Beziehungen zwischen dem Subjekt und seinem Platz, in sich selbst, aber auch, weil man von den schlechten aus die guten besser versteht. Nehmen wir zwei literarische Beispiele: Madame Bovary ist eine Frau, die mit ihrem Platz in der Welt ganz und gar unzufrieden ist. Unzufriedene Frauen gibt es viele in der Literatur des 19. Jahrhunderts, z. B. Madame de Bargeton in Balzacs *Illusions perdues*: Sie ist verbannt in den leblosen Adelszirkel eines Provinznestes, wo sie doch weiß, daß sie in Paris eine große Rolle spielen könnte. Was tut sie? Sie schmiedet Pläne, scheitert, lernt, macht neue Pläne und findet schließlich den Weg. Was macht Madame Bovary in einer vergleichbaren Situation? Sie kauft sich Pariser Journale, zieht sich an, richtet sich ein wie eine Pariser Dame sich einrichten, sich anziehen würde und verfällt nach einer Weile in Depression. Sie liest Romane und nimmt sich Liebhaber, spielt die großen romantischen Ehebruchsgeschichten nach. Was ist der Unterschied? Nicht nur das, was Freud die Unterwerfung unter das Realitätsprinzip nennt, die Geduld, die Umwege zu gehen, die für die reale Befriedigung der Wünsche nötig ist. Das Problem ist, daß die Wünsche der Madame Bovary sich auf überhaupt nichts in der Realität richten. Sie wünscht sich nicht, *als Madame Bovary*, die Frau des Arztes in Yonville, irgend etwas zu erreichen; ihr Wunsch reißt diese reale Person mit sich; sie wünscht sich einfach, *eine andere* zu sein und realisiert diesen Wunsch in der einzig möglichen Art: indem sie *spielt*. In der Meadschen Terminologie: Als *I* wünscht sie ein anderes *me*. Dieses andere *me* verwirklicht sie, indem sie die Gesetze, nach denen sich ein soziales Selbst aufbaut, ignoriert; sie lebt nach den Prinzipien, die das Tagträumen leiten. Von den Mitteln, die sie dabei einsetzt, ist die Liebe das erfolgreichste. Im Raum des Kollektivs legen feste Gesetze die Gestalt fest, in der das Subjekt den anderen erscheint. Die Liebe besitzt dagegen tatsächlich diesem Gesetz gegenüber eine Art Zaubermacht: Ohne Grund und ohne jede Leistung kann die Geliebte für den Liebhaber das Wichtigste und Schönste in der Welt sein.

Die Wünsche der Madame Bargeton gehen von dem *me* aus. Als die Provinzadlige mit dieser bestimmten Herkunft, diesem Vermögen, diesen Talenten begehrt sie das, was ihr als das erreichbare Bessere zugänglich ist. Sie konzentriert sich auf den jeweils nächsten Schritt, dann auf den folgenden; es entsteht ein Horizont von Wünschen und Schritten – eben das, was man eine Welt nennt –, wo man sich täuschen, lernen, darüber diskutieren kann, was zweckmäßig und unzweckmäßig ist. Auch wenn sie sich verliebt, verwendet sie die Liebe nicht, um aus den sozialen Bestimmungen ihrer Welt auszusteigen. In der Auswahl des Mannes, in der Einschätzung ihrer Chancen, in dem, was sie in der Liebe sucht, bleibt sie die Adlige in einem durch bestimmte soziale Werte und Handlungsmöglichkeiten bestimmten Feld.

Für Madame Bovary gibt es keine solche räumlich und zeitlich strukturierte Welt, in der ihre Wünsche Gestalt gewinnen. Es gibt nur die Wiederholung einer Bahn: zuerst das depressive Grau des Alltags, dem sie fremd bleibt; das Auftauchen eines Bildes, das sie ergreift; das Glück des realisierten Tagtraumes, ein Glück außerhalb der von den anderen geteilten Welt; schließlich die Enttäuschung. Über die falschen Wünsche der Madame Bovary und die Welt, die diese organisieren, ist viel gedacht und geschrieben worden, nichts dergleichen bezüglich Madame Bargeton und der vielen, die ihr ähnlich sind. In dieser Arbeit wollen wir die Lokalisierung umkehren, uns neben Madame Bovary stellen, und die Fragen von dem Ort aus stellen, wo sie sich befindet. Das Rätsel ist jetzt die normale Frau. Ihre Wünsche sind die ihres Platzes, ob ein Gericht ihr schmeckt, ein Kleid ihr gefällt, ein Mann sie anzieht, es ist der Platz, der entscheidet. Das ist nicht eine künstlich aufrechterhaltene Oberfläche, es sind wirkliche, oft sehr leidenschaftliche Wünsche. Von Madame Bovary aus gesehen: Sie selbst wünscht sich, eine andere zu sein, sie will das Wunderbarste, was sie sich denken kann, sein und haben. Durch welchen Zauber ist die andere Frau geblendet, daß sie nur noch sieht, was sie bekommen kann und was ihr den Beifall ihrer Umwelt einbringt? Wir wissen alle, daß Wünsche nicht auf Gründe hören; aber immerhin gibt es Wege, auf denen wir uns vorstellen, daß Wünsche lernen können: Den Weg der Mäßigung – es ist aber offensichtlich, daß es kein Prozeß der Mäßigung ist, der von Madame Bovary zu Madame Bargeton führt. Und den Weg der Enttäuschung; die Wünsche lernen zu unterscheiden zwischen Bahnen, die ins Leere und solchen, die zur Befriedigung führen. Aber auch das ist keine Erklärung. Die Befriedigung, die Madame Bovary immer für eine gewisse Zeit aus ihren Spielen zieht, ist unübertreffbar. Und was das dauerhafte Glück angeht, so predigt man seit Jahrtausenden, daß es Madame Bargeton auf ihrem Weg auch nicht findet. Der Unterschied liegt nicht in der Art, mit den Wünschen umzugehen, er liegt *vor* der Entstehung der Wünsche und bestimmt deren Anlage.

Beiden Damen ist der Platz, den ihnen Geburt und Schicksal in der Gesellschaft gegeben hat, zuwider. Aber bei Madame de Bargeton liegt *vor* dieser Ablehnung eine Bejahung; sie akzeptiert, daß sie ist, was der Platz sagt; diese Bejahung ist so tief, daß sie auch die Gestalt ihrer Wünsche bestimmt. Madame Bargeton von Madame Bovary aus verstehen heißt, nach den Bahnen zu fragen, auf denen diese Bejahung zustande kommt, nach den Bedingungen, die sie ermöglichen.

Was wir von Madame Bargeton gesagt haben, gilt für alle Personen Balzacs; sie sind an ihre Welt *gebunden*. Die Häuser, in denen sie wohnen, sind *ihre* Häuser; sei es, daß sie sie nach ihrem Wesen geschaffen haben, sei es, daß sie selbst geprägt sind von der Seele, die die Vorfahren ihren Häusern gegeben hatten. Was sie getan haben, sind *ihre* Taten; aus ihren Handlungen entsteht ein Name, in dem sich die Personen – gern oder ungern – wiedererkennen. Auch ihre soziale Position, Familie, Rang, das Netz der Beziehungen, in die sie hineingeboren sind, das alles mag ihnen lieb oder verhaßt sein, es ist ihnen nie etwas Äußerliches. Es gibt *Geschichten*, wenn man als Geschichte die Darstellung von Handlungen versteht, die in ihrer realen Auswirkung bedeutsam sind und zugleich etwas vom Wesen des Handelnden mitteilen. In einem Satz: Die Personen sind *sichtbar*: in ihren Taten, in ihren Beziehungen, in ihrer Umgebung; und sie erkennen in dem Bild, das die anderen von ihnen haben, das wahre Bild ihrer selbst wieder.

»Sichtbarkeit« und Bindung an eine Welt von Objekten, deren Bedeutung kollektiv festgelegt ist, gehören zusammen; selbst wenn die Sichtbarkeit – z. B. bei einem religiösen Asketen – sich in der Ablehnung der Bindungen zeigt, dann muß deren Möglichkeit gegeben sein, um die Ablehnung zu einem Akt zu machen, in dem sich die Person zeigt. Für die hier skizzierte Dimension der Welt – ihr Funktionieren als Medium, in dem Menschen füreinander sichtbar werden – verwenden wir im folgenden den Ausdruck *mediale Welt*.[2]

Wenn wir dem Zeugnis der Literatur trauen, hat die vorbürgerliche Welt ihre mediale Funktion problemlos erfüllt. Seit Montaigne gibt es einige isolierte Individuen, die das Funktionieren bezweifeln; in der Literatur des 17. und 18. Jahrhunderts werden die Krisensymptome zunehmend häufiger. *Madame Bovary* ist der erste Roman, der sich systematisch und konsequent außerhalb der medialen Welt situiert. Der Roman stellt sich dar als das gelegentliche Sichöffnen von Sonderwelten, in denen Madame Bovary einer und nur einer Person (ihrem jeweiligen Liebhaber) sichtbar wird. Zu der kollektiv geteilten Welt hat sie keinen Zugang. Ihr Name ist nie *ihr* Name; ihr Leben macht keine Geschichte; Gestalt gewinnen kann es nur mittels der von Flaubert erfundenen neuen Romantechniken, die die gemeinsame Welt der früheren Romane in eine Sicht der anderen und eine Sicht von innen auflösen, die unvermittelt nebeneinanderstehen.

In seinem ersten Seminar kommentiert Lacan einen Analysebericht Balints:

»Es handelt sich diesmal um eine charmante Patientin, die den, in bestimmten englischen Filmen gut veranschaulichten, Typ des *chatter* aufweist, *reden-reden-reden-reden um nichts zu sagen*. So verstreichen die Sitzungen. Sie hat schon lange Analysestrecken bei andern zurückgelegt, bevor sie in die Hände von Balint gekommen ist. Dem ist wohl klar – und es wird sogar von der Patientin eingestanden –, daß, wenn etwas sie ärgert, sie es ausfüllt, indem sie etwas x-beliebiges erzählt.

Wo liegt die entscheidende Wendung? Eines Tages, nach einer beschwerlichen Stunde des *chatter*, schließt Balint, indem er den Finger auf das legt, was sie nicht sagen will. Sie will nicht sagen, daß sie von einem Arzt unter ihren Freunden ein Empfehlungsschreiben für eine Anstellung bekommen hat, das besagte, sie sei eine Person, die vollkommen *trustworthy* sei. Drehmoment, von dem aus sie sich um sich selber dreht und sich auf die Analyse wird einlassen können. Balint gelingt es in der Tat, die Patientin zum Eingeständnis zu bringen, daß es für sie seit jeher genau darum geht – man darf sie nicht für *trustworthy* halten, das heißt für jemanden, für den sein Sprechen verbindlich ist. Denn wenn ihre Worte für sie verbindlich sind, so wird es nötig werden, daß sie sich an die Maloche macht, [...] daß sie in die Welt der Arbeit eintritt, das heißt der homogenen erwachsenen Beziehung, des Symbols, des Gesetzes.

Das ist klar. Seit jeher hat sie sehr gut den Unterschied verstanden, den es zwischen der Art gibt, wie man das Sprechen eines Kindes aufnimmt, und der Art, wie man das Sprechen eines Erwachsenen aufnimmt. Um nicht gebunden zu sein, situiert in der Welt der Erwachsenen, wo man immer mehr oder weniger auf Sklaverei reduziert ist, schwätzt sie, um nichts zu sagen, und möbliert ihre Sitzungen mit Wind. [...]

> In einer Übertragungssituation [...] geht es um den Wert des Sprechens, diesmal nicht mehr, sofern es die fundamentale Ambiguität schafft, sondern sofern es Funktion des Symbolischen, des Vertrags ist, der die Subjekte miteinander in einer Handlung verbindet. Die menschliche Handlung *par excellence* ist ursprünglich begründet in der Existenz der Welt des Symbols, das heißt in den Gesetzen und den Kontrakten. Und um eben diese Ordnung läßt Balint, wenn er beim Konkreten, in seiner Funktion als Analytiker ist, die Situation zwischen ihm und dem Subjekt sich drehen.
>
> Von jenem Tag an kann er ihr alles Mögliche bemerklich machen – die Art zum Beispiel, wie sie sich an ihren Orten verhält, das heißt, daß sie sich, sobald sie das allgemeine Vertrauen auf sich zu versammeln beginnt, genau so einrichtet, daß sie aufgrund einer Kleinigkeit vor die Tür gesetzt wird. Sogar die Form der Arbeiten, die sie findet, ist bezeichnend – sie ist am Telephon, sie empfängt Sachen oder schickt die andern, irgendwelche Sachen zu erledigen, kurz sie macht Weichensteller-Arbeiten, die ihr erlauben, sich außerhalb der Situation zu fühlen, und schließlich richtet sie sich immer so ein, daß sie entlassen wird.«[3]

Um was geht es hier? Wie bei Rousseau und Madame Bovary um die Weigerung, sich in einem Platz wiederzuerkennen. Ob es Namen oder Fähigkeiten sind, die Position der Arztfrau auf dem Land, oder ein Arbeitsplatz, dem Zwang, jeden Tag derselbe zu sein, können sich die Personen nicht beugen. Rousseau und Madame Bovary haben erkennen lassen, wie diese Weigerung einen Stil des tagtraumartigen Wünschens und Lebens hervorbringt, der die Medialität der Welt auflöst. Über die Wünsche der charmanten Patientin wissen wir nichts; wir finden sie in einen Kampf verflochten mit den Forderungen nach Festlegung, die von den anderen ausgehen. Sie geht einen Vertrag ein und bricht ihn wieder, aus keinem anderen Grund, als weil sie ihn eingegangen ist, weil sie *keinen Vertrag ernst nehmen will*. Der Angelpunkt in der entscheidenden Wende, die die Analyse nimmt, ist das Wort *trustworthy*, ein Attribut, das eine Person beschreibt, *die ihre Worte festlegen*. Lacan bringt das *chatter* der Patientin in Zusammenhang mit dem Reden der Kinder (offenbar von Kindern, die sich vor bewundernden Erwachsenen produzieren), das außerordentlich viel ausdrücken kann, aber eben dadurch, daß es den Sprecher nicht festlegt. *Um was es hier geht, ist der Zugang zum Bereich der Wahrheit: binden Worte oder binden Worte nicht?* Das heißt nicht, daß die Patientin trügerische Versprechungen oder Zusagen macht; sie will den gesamten Bereich nicht betreten, wo es aufrichtige und trügerische Versprechen gibt. Andersherum ausgedrückt, sie lebt in einer Welt, in der die *Dimension* der Wahrheit ausgeschlossen ist.

Aber es geht nicht nur um die zwanghafte Wiederholung eines Handlungsschemas oder nur um einen Kampf. Es geht auch um einen Dialog; mit ihrem Spiel von vertrauenerweckender Bewerbung und Vertrauensbruch möchte die charmante Patientin denen, die sie einstellen, etwas mitteilen. Wir wollen diesem Dialog eine fiktive Gestalt geben. Nehmen wir an, ihr Chef wäre ihr freundlich gesinnt, machte sich Gedanken und wollte vor der Kündigung noch mit ihr sprechen; er würde nach einem Grund für ihr Verhalten suchen, sie fragen, ob sie sich ungerecht behandelt fühle oder im Augenblick vielleicht große persönliche Probleme habe oder ähnliches. Die Patientin wird auch auf dieser Ebene der Gründe antworten, vielleicht plausibel, aber irgendwie ohne Überzeugungskraft. Das Gespräch ginge ins Leere. Nehmen wir an, die Patientin wäre in ihrer Analyse ein Stück weiter, dann könnte sie sagen, es gebe keine realen Gründe dieser Art, sie hasse es einfach, sich zu binden. Der Chef könnte nun argumentieren, daß in dem Moment, wo sie redet und arbeitet, sie sich festlegt, daß das zum Wesen der Rede (und der Arbeit) gehöre. Dem müßte sie zustimmen, aber sie würde entgegnen, daß sie es bedaure, daß sie gar nicht die Absicht hatte, diesen durchaus sympathischen Menschen zu kränken, sie aber die Sprache und die Arbeit mit ihren Festlegungen zu nichts anderem verwende, als um das einzige auszudrücken, dessen sie sich sicher sei, nämlich daß sie das »ja und nein« nicht über sich verfügen lassen wolle. Worauf dem Chef nur die Antwort bleibt, daß mit einer solchen Person eine Zusammenarbeit nicht möglich sei.

In einem Aufsatz von Habermas findet sich ein fiktiver Dialog über eine Frage, die dem, worum es hier geht, sehr naheliegt[4]: Kann man sich der Aufforderung zur Argumentation einfach verweigern, wie es hier Balints Patientin in einer gewissen Weise tut? Habermas verneint die Frage; er weist darauf hin, daß (in unsere einfachere Sprache übersetzt) keine Welt ohne Bindung des Sprechenden an das Gesagte, ohne die Dimension der Wahrheit denkbar ist; die Verallgemeinerung des Grundsatzes: »Was geht mich mein dummes Geschwätz von gestern an?« würde jede denkbare Welt auflösen.

Für uns wird das Problem gerade da interessant, wo Habermas abbricht. Wer sich der Festlegung durch das *ja oder nein* ganz und gar entzieht – und für Habermas gibt es, an dieser Stelle und in seinem ganzen Werk nur das ganz und gar –, für den gibt es keine Verständigung mehr, ihn erwartet Selbstmord oder schwere Geisteskrankheit.[5] Ganz und gar entzieht sich unsere Patientin aber nicht; sie sagt ja und läßt dann dieses Ja in einer Menge von Widerspenstigkeiten sich auflösen. Sie benutzt das Ja und das Nein, die Sprache der Welt, um etwas *über* das Ja und das Nein zu sagen, über die Gründe, warum sie sich ihnen nicht unterwerfen will. Sie verwendet die Sprache der Welt, um über den Zugang zur Welt zu reden. Daher redet sie notwendig auf schiefe Weise und wird nicht verstanden; und würde sie verstanden, so würde es nichts nützen, weil man nicht gleichzeitig spielen und über die Spielregeln verhandeln kann. Daß diese Interpretation richtig ist, wird dadurch nahegelegt, daß die Patientin einen Ort außerhalb des Spiels sucht, wo jemand sitzt, der das Knäuel, in dem Welt- und Zugangsprobleme durcheinanderlaufen, entwirren kann. Für Habermas gibt es entweder die Unterwerfung unter das Ja und Nein oder Verrücktheit, zumindest gestörte Kommunikation und der Verweis auf den Therapeuten. Wir haben gesehen, das ist richtig, wenn man sich auf den Standpunkt der Welt und des Mitspielens stellt. Aber unsere Patientin steht uns dafür, daß es außerhalb des Spiels ein Subjekt gibt, das denkt und spricht, nicht verzerrt und unrichtig, sondern *über einen anderen Gegenstand*, nämlich über die Frage, ob es mitspielen soll und über das Spiel als Ganzes. Auch die Sprachverwendung ist offensichtlich korrekt, wenn man nur ihr Prinzip versteht. Das Prinzip ist aus der Literatur gut bekannt: Ein Term steht nicht für sich selbst, sondern für die semantische Achse, in der er steht. Ja bedeutet nicht ja im Gegensatz zu nein; sondern dasselbe wie nein, nämlich die Festlegung. Der Gegensatz zu ja oder nein ist in diesem Code die sprachlose Widerspenstigkeit, die jede Festlegung aufkündigt und die nur die Handlungen als »Worte« benützen kann.

Der Widerwille dagegen, sich durch die Welt festlegen zu lassen, ist wahrscheinlich so alt wie die Welt. In den *Elementaren Strukturen der Verwandtschaft*, in denen Lévi-Strauss die älteste uns noch zugängliche Ordnung der Welt der Plätze darstellen will, finden sich immer wieder Spuren der Revolte gegen diese Ordnung. Der antike Mythos des goldenen Zeitalters beschreibt sehnsüchtig eine glückliche Welt, ohne Bindung an den Besitz, ohne Ehre und Streit, ohne Ordnung der Liebe. Die antike Philosophie, das Christentum sind eine einzige Kritik an der Bindung der Person an einen Platz in der Welt, eine Kritik »von oben«, die die Unvernünftigkeit und Unmenschlichkeit dieser Welt aufzeigt: Die Wünsche, die in ihr herrschen, sind von Eifersucht und Neid bestimmt; gegenüber den Zielen, die die Vernunft als erstrebenswert ansieht, z. B. einen dauerhaften Zustand von Glück, sind sie gleichgültig; sie sind unersättlich und grenzenlos, und sie lassen die Befriedigung, die man hat, verachten; sie machen böse und verstellen den Blick auf den Mitmenschen; diese Welt ist ein Ort, aus dem man nur Erlösung suchen kann.

Was mit Rousseau zu sprechen beginnt, ist eine Weigerung, die nicht die Festlegung der Wünsche auf weltliche Dinge als etwas dem Menschen sozusagen Natürliches ansieht und sie zu überschreiten sucht, sondern eine Weigerung »von unten«, die Ablehnung, in diese Welt überhaupt erst einzutreten. Sie spricht in der bürgerlichen Gesellschaft an vielen Orten. Unsere Beispiele weisen auf die zwei Bereiche hin, die mir hier am wichtigsten sind. Auf der einen Seite ist der, der sich weigert, ein Kranker, ein Neurotiker; die charmante Patientin Balints bezeichnet sich selbst so, aber es liegt auch nahe, das Verhalten des jungen Rousseau in Lausanne und das der Madame Bovary in diesem Zusammenhang zu verstehen, und man hat es auch oft getan. Seit Freud sieht man in der Flucht vor der Realität einen Zug, der allen Neurotikern gemeinsam ist; der Neurotiker, der eine Therapie beginnt, erklärt sich als krank, er möchte den Schritt über die Schwelle tun und in der Welt mitspielen. Der Therapeut will der Helfer sein bei dieser verspäteten zweiten Geburt. Aber das Beispiel Rousseaus zeigt, daß in unserer Kultur die Weigerung auch in einem ganz anderen Ton sprechen kann: In der Literatur findet der »Neurotiker« einen Bereich, wo er an seiner Ablehnung festhalten, sie gegen die Realität als das Bessere behaupten kann. Und er kann damit Erfolg haben; sicher sind viele der großen Texte unserer Kultur – solche, denen wir noch am ehesten zutrauen, daß wir sie über die Wahrheit unserer Welt befragen können – durch diese Weigerung gekennzeichnet.

In dieser Position, die sie dank der Literatur einnehmen kann, produziert die Neurose, die Weigerung, einen gewissen Typ von Wissen über unsere Welt, ein etwas sonderbares Wissen, das beansprucht, in einem altmodisch umfassenden Sinn Wahres über das Wesen des Menschen und seine grundsätzliche Situation in der Welt zu sagen, so wie es sich die Wissenschaft schon lange nicht mehr getraut. Das gilt offensichtlich für die Literatur, das gilt aber auch für die Psychoanalyse. Die Aufmerksamkeit und der Respekt, den Freud den Worten – nicht nur wie ein Arzt den Symptomen – seiner Patienten entgegengebracht hat, erklären sich nur aus der Annahme, daß der Neurotiker in seiner aus aller Verbindlichkeit herausgenommenen Rede eine Wahrheit mitzuteilen hat, die für die Normalen gilt, aber bei ihnen nicht zu finden ist. In der Freilegung dieser Wahrheit, weit mehr als in therapeutischen Effekten, hat Freud den wesentlichen Wert der Psychoanalyse gesehen.

Was gibt aber der Neurose, die doch eine immer andere Verflechtung in persönliche Schicksale ist, den Status eines Orts der Erkenntnis? Bei Balints charmanter Patientin sind wir der Antwort begegnet. Es ist kein Zufall, daß es in einer entscheidenden Analyse-Stunde um das Verhältnis zu einem so abstrakten und fundamentalen Sachverhalt geht, wie es die Bindungskraft der Sprache ist. Von den traumatischen Erlebnissen wissen wir nichts; welcher Art sie auch gewesen sind, die Problematik, mit der sich die Patientin auseinandersetzt, ist von ihrem Inhalt unabhängig und bezieht sich auf die Grundstrukturen der Welt. Freud spricht von dem Realitätsverlust, der allen Neurosen gemeinsam ist.[6] Das eben unterscheidet ein neurotisches Trauma von einem schlimmen Erlebnis, das eine Narbe hinterlassen hat: Es war ein Erlebnis im schlechten Augenblick; es hindert den entscheidenden Schritt zu tun, an dem der Zugang zur Welt hängt.

Dem Neurotiker sind Dinge zugänglich, die sich dem, der mitspielt, verschlossen haben.[7] Andererseits aber steht er unter der Faszination des Spiels, von dem er ausgeschlossen ist. Es gibt keine größere Gier als die des Neurotikers nach Welt. Er entwickelt eine Vielzahl von Strategien, um in der Welt zu leben, ohne den Eintrittspreis zu zahlen. Die fundamentale Reaktion ist ein radikaler Konformismus: der Impuls des Fremden, die Regeln, die er nicht versteht, sklavisch genau, dem Buchstaben nach, zu befolgen. In der psychoanalytischen Literatur ist dieser Lebensstil beschrieben worden unter dem Titel des »Lebens als ob«. Wenn die Situation günstiger ist, versucht der Neurotiker, den Spieß umzukehren: Er versucht, seine Regeln in der Welt durchzusetzen. Entweder auf der Ebene der Interpretation, wie Rousseau es tut, der ein geschichtsphilosophisches System entwirft, das festlegt, nach welchen Prinzipien er zu beurteilen ist. Oder in der Realität selbst: der Rousseauismus der Französischen Revolution, der Surrealismus, solange er noch die Welt verändern wollte, viele Tendenzen in der Studentenbewegung der sechziger Jahre sind Versuche, die Herrschaft der Namen außer Kraft zu setzen und neue Regeln der Benennung zu erfinden.

In allen Aktivitäten, in denen sich der Neurotiker der Welt zuwendet – Sartre hat daraus ein Grundprinzip seiner Philosophie gemacht –, steckt immer etwas von Schauspielerei, er ist nie »ganz dabei«; was immer er tut, er könnte auch etwas anderes tun. Gegenüber der Frage, die immer jemand stellt: Was willst du eigentlich mit dem, was du tust? wird er unsicher und hilflos. So wird er, wenn er sich nicht dem Konformismus überlassen will, immer wieder hingetrieben zu dem einzigen Punkt, wo er Selbstgewißheit besitzt, zu dem Moment der Ablehnung. Hier ist er sicher, daß er eine unwiderrufliche Entscheidung getroffen hat, eine Entscheidung, die schon deshalb außerhalb jeder Spielerei ist, weil sie ihn zum Schauspieler gemacht hat.[8]

Aber dieser Ort der Selbstgewißheit ist kein Ort, wo der Neurotiker zur Ruhe kommt. Man widersetzt sich nicht so leicht dem universalsten aller gesellschaftlichen Imperative: Du sollst mitspielen! Ein Imperativ, der in den vielfältigsten Formen von außen kommt, und auch von innen, gestützt auf alle Wünsche, die zum Mitmachen verleiten. Der Imperativ, der auf die Ablehnung trifft, verwandelt sich in die Frage: »Wenn du von dem allem nichts willst, was willst du eigentlich?« Der Neurotiker kann nicht antworten, indem er das vorzeigt, was er ist: seinen Besitz, seine Interessen, seine Wünsche, seine Gewohnheiten. Sein stereotypes »Das will ich nicht« befriedigt die anderen und ihn selbst nicht und muß immer wiederholt werden. Gegenüber der unablässigen Frage muß er sich unablässig rechtfertigen: Wenn er sich nicht festlegen läßt durch das, was die anderen festlegen, wer ist er dann? Was ist es in ihm, was ihn abhält, sich festzulegen, eine Sache zu wählen, wie es jeder tut? Ein Defekt, eine Angst, ein Trauma, oder daß er mehr will als die anderen, daß ihm die Angebote zu kümmerlich sind? Der Druck dieser Fragen produziert ein charakteristisches Produkt der bürgerlichen Literatur, die großen Autobiographien mit ihrem Grundprinzip von Unabgeschlossenheit und endloser Wiederholung: von Montaigne über Rousseau zu Sartres biographischem Werk und zu Leiris.

Gleichzeitig richtet sich die Frage auf die Welt. Die ihm selbst nicht verständliche Weigerung mitzuspielen, verwandelt die Welt gerade da, wo sie am trivialsten ist, in ein Rätsel, das jeder Anstrengung undurchsichtig bleibt. Die Spielregeln des gesellschaftlichen Lebens kennt er ausgezeichnet; da er sie nicht in sich hat, muß er sie gründlich studieren.

Wenn es richtig ist, daß man über *trial and error* lernt, dann lernt er besonders viel, da er sich dauernd und drastisch irrt. Aber eine noch so gute Kenntnis der Regeln nützt kein bißchen zur Beantwortung der Frage, *warum* man überhaupt spielt. Wenn er die offensichtlichen Vorteile des Mitspielens sieht – daß es den Zugang eröffnet zu allen Gütern der Welt –, dann versteht er sich selbst nicht; wenn er das Opfer sieht, das zu bringen ist –, dieses merkwürdige Opfer, das so schwer zu benennen ist, was Rousseau die natürliche Freiheit nennt, die Psychoanalyse die präödipale Mutterbeziehung, was auch einfach erscheinen kann als der unbegrenzte Horizont der Möglichkeiten, den jede Festlegung verschließt, und die Lust am Träumen – und wie wenig man dafür bekommt, welche widerwärtigen Kriege für dies Wenige ausgefochten werden müssen, und daß im Tod das Ganze verschwunden ist, dann hat er die Tendenz, sich für den Vernünftigen und die Anderen für die Verrückten zu halten.

Wir sehen, warum der Neurotiker am Wissen interessiert ist. Er steht unter dem Druck einer Frage, die von den Mitmenschen, von den Anderen in ihm selbst und von seinem eigenen Wunsch mitzuspielen, unablässig gestellt wird. Eine Frage, auf die er die geforderte Antwort, nämlich zu sagen, was er will, und etwas zu *tun*, nicht geben kann. Statt Handlungen liefert er Worte, Rechtfertigungen, Vorwürfe. Das Wissen, das dabei produziert wird, ist von einem gewissen Typ, der auch in seiner inneren Struktur von dem Ort seiner Entstehung bestimmt ist. Es geht immer um die Ordnung der Wünsche und die totale, von ihnen gar nicht wahrgenommene Unterwerfung, mit der sich die »Normalen« dieser Ordnung fügen, um die Bindung an die Welt.

Der Neurotiker kann nichts tun als reden. Auch wenn er etwas tut, so will er damit nicht einen Zweck erreichen, sondern etwas mitteilen, wie wir es bei Balints Patientin gesehen haben; er macht aus Handlungen Worte (die meist niemand versteht). Dabei spricht er immer über dasselbe, über die Welt als ganze oder den Zugang zu ihr. *Tu parles, tu parles c'est tout ce que tu sais faire* – Zazies berühmter Satz ist die vollständige Beschreibung des neurotischen Verhaltens. Der »Normale« zeigt, was er ist, indem er handelt. Wenn der Neurotiker eine Gestalt finden will, so kann das nur in einem Bereich sein, wo Worte – nicht bindende, nicht in einen Handlungszusammenhang eingeschlossene Worte –, wo das *tu parles, tu parles* als Medium der Sichtbarkeit gilt, daher seine Nähe zur Literatur. Das heißt nicht, daß alle Literatur um Zugangsprobleme kreist, aber es heißt, daß die Welt der Bücher einer der Bereiche ist, wo der Neurotiker, der in der Welt immer abwesend bleibt, eine Welt finden und sichtbar werden kann. Eine Situation, die kaum besser zu bezeichnen ist als durch die beiden Titel von Sartres Autobiographie, dem ersten (verworfenen) *Jean sans terre* und dem endgültigen *Les mots*: das Fehlen des Platzes und des Namens als das Problem, das Schreiben als dessen Lösung.

In einer bestimmten Form ist die Geschichte der medialen Welt schon oft beschrieben worden: nämlich als Emanzipationsgeschichte. Schon die antike Philosophie bedeutet eine Lösung von der archaischen Bindung des Selbst und seiner Wünsche an die Plätze, das Christentum radikalisiert diese Lösung; und wenn der aufgeklärte Bürger sich durch seine Mündigkeit definiert, so ist er damit von politischen und religiösen Abhängigkeiten, aber auch von den Zwängen einer vorgegebenen Medialität, der des Standes und der Standesehre, befreit. Zumindest der Idee nach kann er über die Welt als Ausdrucksmedium verfügen; er kann entscheiden, was er sein, als was er sich zeigen will. Es ist zwar klar, daß jedes Medium eine Beschränkung darstellt und in einem gewissen Sinn eine Unterwerfung verlangt. Aber das ist ein begrenzter Preis, den der Bürger zahlen kann, ohne seine Selbstbestimmung zu verlieren. Der Unterwerfungsimperativ unter die mediale Welt gehört zu den vorbürgerlichen Epochen; im Bürgertum mag er zwar die soziale Wirklichkeit weitgehend beherrschen; dem entwickelten bürgerlichen Denken entspricht er nicht, und er ist nicht mehr legitimierbar. Die mediale Herrschaft über die ganze Person zerfällt in äußere Mächte einerseits und in ideologische Zwänge, die im Prinzip auflösbar sind, auf der anderen Seite. Zum Selbstverständnis des aufgeklärten Menschen gehört es, daß er den Umgang mit der Medialität, die Bewegung des Sicheinlassens und Sichdistanzierens beherrscht. Voltaire nennt diese Fähigkeit Ironie, in den fortgeschrittenen Entwicklungen des symbolischen Interaktionismus wird sie unter Stichworten wie Rollendistanz, *role-taking, role-making* empfohlen; das emanzipierte Subjekt soll seine Identität nicht in vorgegebenen Rollen finden, sondern sie sich auf dem Weg durch das Spiel mit den Rollen selbst aufbauen.

Uns interessiert, was in dieser Geschichte verdeckt ist und worauf unsere Autoren mit dem denkbar größten Nachdruck hinweisen: In der ersten Begegnung erscheint das Medium immer als Gewalt. Und dabei handelt es sich nicht um die natürlichen Einschränkungen, mit denen das Kind konfrontiert ist, sondern um die Gewalt eines anderen Subjekts, die Zustimmung verlangt und ihre Legitimität behauptet. Die archaischen Initiationsriten geben ein Bild dieses Verhältnisses; die Beziehung zwischen Gott und den Menschen, wie sie das Christentum sich denkt, kann auch als Veranschaulichung dienen: Gott läßt den Menschen die Freiheit der Unterwerfung oder der Ablehnung, aber dieser Freiheit bedienen kann er sich nur um den Preis der Selbstzerstörung.

Einer halb ironischen Selbstbezeichnung Sartres folgend, nennen wir unsere Autoren *Neurotiker*. Mit dieser bewußt unspezifischen Etikettierung wollen wir in Erinnerung halten, daß sie durch ein biographisches Ereignis – dessen Natur wir nicht kennen und für das wir uns auch nicht interessieren – auf die Ablehnung der Medialität festgelegt sind. Der Eintritt in die mediale Welt ist die Grenze, die alle ihre Werke mit unersättlicher Neugier und intensivem Haß umkreisen, der sie sich höchstens mit extremer Angst nähern. Dank dieser Situierung wird bei ihnen das Fundament sichtbar, auf dem die Welten des aufgeklärten Bürgers gebaut sind und das sie verdecken.

Wenn Rousseau oder die charmante Patientin einer medialen Anforderung begegnen, dann stehen sie (in der Meadschen Ausdrucksweise) auf dem Standpunkt des *I*, sie sehen immer das eine, den Feind, der ihnen das verhaßte *me* aufdrücken will. Der »Normale« hat selbst sozusagen sein *I* zum *me* hinübergezogen; er sieht die Gewalt nicht mehr, weil er sie in sich aufgenommen hat. Wenn er spricht, so reden in ihm die Imperative der Medialität. Jeder ihrer Anforderungen begegnet er von der Position des *me* aus. Damit ist die Zumutung, die die Neurotiker in die Rebellion treibt, verschwunden; in einer – im Vergleich zur dramatischen Lebensatmosphäre der Neurotiker – ruhigen Weise sieht er die Gegenstände *innerhalb* der Medialität, er sieht, wie weit die einzelnen Forderungen *jeweils* berechtigt sind oder nicht. Die archaischen Kollektive, die die mediale Gewalt für legitim hielten und bewußt und massiv ausübten, wußten, was der Eintritt in sie bedeutet und kannten seinen Preis; das zeigen die Initiationsriten. Der aufgeklärte Bürger hat sich der aktuellen Herrschaft vorgegebener Medien entzogen und hat aus der Medialität ein Mittel des Selbstausdrucks gemacht. Die fundamentale Verwandlung (der Mme Bovary in eine Mme de Bargeton) hat er damit nicht rückgängig gemacht; im Gegenteil, er hat sie verfestigt. Man muß sich der Medialität ganz und gar unterworfen haben, damit man mit ihr spielerisch und distanziert umgehen kann. In der Befreiung von allen aufgezwungenen Medien geht die Erinnerung an die erste Abhängigkeit verloren, die diese Befreiung ermöglicht hat. Wenn sich der aufgeklärte Bürger als autonom sieht, ist diese Einschätzung nicht einfach illusionär; in ihr ist aber die Grundlage vergessen, die diese Autonomie trägt: der Durchgang durch einen Moment fundamentaler Passivität, die Begegnung mit einer Gewalt, die sich legitimieren will und gegenüber der aufgeklärten Vernunft nicht legitimieren kann.

Die Neurotiker sehen alle diese Dinge; sie sehen sie sehr genau, aber notwendigerweise falsch, da sie die Grundlagen der Bejahung, die in die Welt hineinführt, nicht kennen. Wenn sie die mediale Welt nachkonstruieren – eine Tätigkeit, der sie viel Energie widmen –, so tun sie das mit ihren – also mit den falschen – Mitteln. Trotzdem sind diese Nachkonstruktionen für uns außerordentlich wichtig. Denn was sie hartnäkkig und immer wieder verfehlen, wird gerade dadurch als der Kern der medialen Welt sichtbar.

Man sieht: Über die Medialität gibt es nur unvollständige, entstellende Diskurse, die aber in einem Verhältnis der Komplementarität zueinander stehen. Die einen haben das Wissen in sich, aber können es nicht sehen und zum Gegenstand machen; die anderen starren auf den Gegenstand, aber sie besitzen den Schlüssel nicht, um ihn verstehen zu können.

Diese Komplementarität findet sich in der Realität der Diskurse wieder. Unsere Autoren sind alle fixiert auf Gestalten, die für sie die Weltbesitzer verkörpern: Rousseau auf seine erfolgreichen philosophischen Freunde, Proust auf die aristokratischen Salons, Sartre auf die anständigen Bürger und die sendungsbewußten Kommunisten. Andererseits sind unsere Neurotiker aber auch nicht einfach geschädigte Menschen; sie haben in unserer Kultur eine spezifische Rolle, die man mit den Attributen, die Sartre Genet beilegt, beschreiben kann, es sind Heilige oder Märtyrer, und es sind Wissende am Rand der etablierten Institutionen des Wissens. Offenbar deswegen, weil sie die Feindschaft gegen die Medialität, die zum Wesen des Bürgertums gehört – gegenüber der diese aber immer zu Kompromissen gezwungen ist –, in einer radikalen Weise leben und den vollen Preis dafür zahlen. Und bei ihnen findet der Bürger ein Wissen über das, was ihn bestimmt, ein Wissen, das ihn stört, aber auch fasziniert.

Das ist unser Thema: Die Freilegung der Diskurse über die mediale

Welt, die in diesem Paar des aufgeklärten Bürgers und des neurotischen Schriftstellers entwickelt werden. Das Gewicht dabei liegt bei den neurotischen Schriftstellern. Bei dem aufgeklärten Diskurs interessiert uns nicht so sehr, was er weiß – es ist ein falsches Wissen, von dem wir uns in einem ersten Schritt befreien müssen –, sondern das, was er auf der Grundlage dieses falschen Wissens tut. Nach der Auflösung der vorbürgerlichen Medialität hat einzig die Aufklärung wieder ein konsistentes, legitimierbares, über lange Zeit funktionierendes Weltkonzept geschaffen. Dieses Funktionieren der Aufklärung als mediale Welt möchten wir verstehen.[9]

Sartres *Nausée*: Die Welt als Lüge und als Versprechen

Sartres erster Roman, *La nausée*[10], beschreibt einen Weltzusammenbruch – »l'écroulement du monde humain« (S. 182).[11] Wie bricht eine Welt zusammen? Man kann es in einem Satz sagen: Der Zusammenhang, in dem jedes Ding seine Bedeutung hat, indem es auf ein anderes verweist, löst sich auf. Roquentin hebt einen flachen Kiesel auf, um ihn über eine Wasseroberfläche springen zu lassen. Plötzlich ist das »um zu« verschwunden, es bleibt in der Hand ein Gegenstand: trocken auf der einen, schlammig auf der anderen Seite (S. 10). Eine Gabel, ein Türgriff, eine Pfeife haben eine merkwürdige Art sich anzufühlen (S. 13), die Dinge verschwinden nicht mehr in ihrer Funktion (S. 22), die Wörter verlieren ihre Macht über die Dinge, ein Baum ist nicht mehr ein Exemplar der Gattung Baum, auch die Gestaltwahrnehmung löst sich auf, die macht, daß wir den Baum als Ganzes sehen, mit Wurzeln, Stamm und sich verzweigenden Ästen; jedes Stück Rinde ist für sich da ohne Bezug, als verschrundeter, feuchter, bräunlich-grünlicher Körper. Diese Wahrnehmung, die alles als reine, verweisungslose Gegenwärtigkeit sieht, dehnt sich bis zu einem gewissen Grad auch auf die Personen aus: Aus dem Sich-die-Hand-Geben verflüchtigt sich die Bedeutung der Geste, es bleibt ein fetter weißer Wurm, der, losgelassen, schlapp herunterfällt. Damit eine Welt entsteht, muß das Subjekt *festhalten*. Damit ein Weltraum entsteht, muß das Subjekt Orte festhalten, die es privilegiert: wo es »herkommt«, wo es »hinwill«, wo es »verweilt«, dazwischen »leere« Räume, nur zum Durchgehen. Roquentin hält keine Orte fest, er ist überall, wo er ist, anwesend, damit zerfällt die

Raumordnung in reines Nebeneinander. Dasselbe gilt für die Zeit. Die einfachste Zeitstruktur ist die des Vorhabens. Auch für sie ist vorausgesetzt, daß etwas festgehalten wird: der Moment des Entschlusses und das Ziel; dann erst entstehen Zeiten des Fortschritts, Hinderungen, Pausen etc. Sonst ist jeder Moment gleichwertig, es gibt weder Zukunft noch Vergangenheit, es gibt kein »um zu« mehr.

Die Festlegung des Subjekts auf einen Platz in Raum und Zeit – das ist die Voraussetzung dafür, daß eine Welt entsteht. Wie auf einem Spielbrett darf sich das Subjekt nur von Platz zu Platz bewegen; fängt es an zu gleiten, so löst die Welt sich auf – wie jedes Spiel, gleich nach welchen Regeln, wenn die Figuren die Einteilung des Feldes nicht mehr beachten. Die Plätze können wechseln, hier kann zum dort und dort zum hier werden, von jedem Punkt bei der Verfolgung eines Projekts aus kann ein ganz neues beginnen; aber die Bewegung muß diskontinuierlich bleiben.

Was wir hier als eine normale Leistung des Subjekts beschrieben haben, die Roquentin nicht mehr erbringen will, wird an anderen Stellen als eine Auflösung der Sprache verstanden: »... le mot... refuse d'aller se poser sur les choses« (S. 177).[12] Die Wörter verlieren ihre Kraft zu bezeichnen; zugleich entwickelt sich eine zügellose Metaphorik; die Samtbank ist tausendfüßiges Insekt, toter Esel (S. 177), die Hand ein Wurm, die Farbe Schwarz ein Sekret (S. 184f.). Die klassische Form der Metapher besteht darin, auf das verborgene Wesen einer Sache hinzuweisen; diese Metaphorik bildet endlose Reihen, in denen es keinen eigentlichen Sinn mehr gibt, es bleibt nur Verwirrung (S. 185).

Ein solcher Weltzusammenbruch ist natürlich nicht vollständig; das Tagebuch bleibt geschützt, und als Schreibender ist Roquentin ausgenommen; hier beherrscht er noch die Artikulationen von Raum und Zeit; die Worte legen sich noch folgsam auf die Dinge.[13] Was als Weltauflösung beschrieben wird, ist doch wieder nur ein Ereignis im Innern der Welt; aber dieses Ereignis führt in das Innen ein Außen ein, in dem sich die Welt als ganze spiegelt.

Der Weltzusammenbruch ist einerseits ein Ereignis; zugleich ist er in einer sehr bewußten und disziplinierten Weise (die Sartre später passive Aktivität nennen wird) gesucht. Ausgangspunkt der Suche ist die Erfahrung Roquentins, daß eine Welt – und nicht nur etwas in einer Welt – sterben kann. Viele Jahre hatte Roquentin auf abenteuerlichen Reisen in Asien verbracht. Als er das Angebot zu einer neuen großen Unternehmung erhält, merkt er, daß dieses ganze Leben tot ist. Tot nicht in dem Sinn, daß nun eine Phase des Lebens für ihn vergangen ist, und eine neue beginnt. Das Leben ist von einem rückwirkenden Tod erfaßt: Das Bedrohliche liegt nicht daran, daß die Vergangenheit den Weg alles Irdischen gegangen ist, sondern daß sie nie irdisch – das soll heißen: wirklich, lebendig und sterblich – gewesen ist. Es ist ein Tod nicht nur der Dinge, sondern auch der Erinnerung: Roquentin versteht nicht mehr, was es da zu begehren, was zu bekämpfen gegeben hatte; die Vergangenheit hat nie existiert. Dieses Ereignis veranlaßt ihn zu einer Suche nach dem, was eine stabile Welt begründet, die nicht vor ihm stirbt, sondern die ihn überlebt. Was Sartre Ekel nennt oder Existenz, ist das Ergebnis dieser Suche, ein Zustand, in dem die Illusion, es könne eine Vergangenheit geben, in die der Mensch Spuren eingezeichnet hat, von vornherein verschwunden ist. Der Ekel ist zwar ein kaum erträglicher Zustand; aber er ist der Ort einer absoluten Gewißheit. Der retroaktive Tod hat die früheren Welten, die so viel farbiger waren, als Trug entlarvt; mit dem Ekel ist das Wirkliche gefunden, in dem sich kein Spalt mehr auftun kann. Und er ist der Ort der Erkenntnis; von hier aus kann man die Welt der anderen durchschauen, sehen, was sie zusammenhält. Wenn Roquentin einsam durch Bouville streicht, dann ist er ein Halbverrückter; aber er ist das Auge, in dem sich die Welt in ihrer Wirklichkeit spiegelt.

Das ganze Personal der *Nausée* ist den beiden Kategorien der Gleitenden und der Festgelegten, der Weltbesitzer zugeordnet; wobei es bei den vom Ekel Befallenen Unterschiede gibt: Der Autodidakt baut als Fassade in die Leere eine rührend zerbrechliche Welt der Menschenliebe, andere tragen den Ekel für alle sichtbar wie eine Krankheit. Roquentin ist der Außenseiter als Held, er nimmt den Ekel auf sich, trägt ihn mit Stolz.

Ein großer Teil des Romans handelt von dem Kampf, besser dem Krieg zwischen den Gleitenden und den Weltbesitzern. Der homosexuelle Autodidakt wird das wehrlose Opfer des Kriegs, den wahrzunehmen er nicht einmal die Kraft hat. Andere suchen selbst Zuflucht bei den Weltbesitzern; es ist für sie eine Erleichterung, wenn sie von dem Blick des Mannes, »der seine Leute kennt«, an ihren – erbärmlichen – Platz gestellt werden. Roquentin – in dem ja auch ein bißchen Humphrey Bogart steckt – ist der einzige, der den Kampf aufnimmt, der den Herren, die ihn in ihre Welt einordnen wollen, wieder mit dem Blick antwortet.

Der ganze Roman stellt sich dar als ein Kampf der Blicke: Der Ekel selbst ist der Verlust des Herrenblicks, der die Dinge auf ihren Platz stellt; er findet seinen Höhepunkt in dem Moment, wo in den Dingen ein Lächeln erscheint und sie selbst zu schauen beginnen. Eine zentrale Szene des Romans ist die Konfrontation des Menschen, der den Herrenblick verloren hat, mit den wirklichen Herren der Welt. Der Ort dieser Konfrontation ist der große Saal im Museum von Bouville, wo die Portraits der bürgerlichen Elite der Stadt versammelt sind. Auch diese Konfrontation ist ein Kampf der Blicke. Normalerweise sind Bilder Gegenstände der Betrachtung. Diese Bilder sind Subjekte; beim Eintritt fühlt Roquentin den Blick von 150 Augenpaaren auf sich gerichtet. In den Augen der Portraitierten begegnet er einem Urteil, das ihn durchdringt wie ein Schwert, das ihn in Frage stellt, bis hin zu dem Recht zu existieren.

Auf was stützt sich dieser weltproduzierende Herrenblick? Zuerst natürlich auf den Besitz. Aber Besitz nicht von Macht, Handlungsmöglichkeiten, Genuß, sondern Besitz als Kern eines Systems von Rechten und Pflichten. Um diesen Kern lagern sich abgeleitete Rechte, die des Vaters, des Ehemanns, auch noch die Erfahrungen des gealterten Mannes bilden einen Schatz, aus dem sich Rechte ableiten. Diese Reeder, Bürgermeister, Professoren haben sich in der Chronik von Bouville einen Namen gemacht; sie haben das Hafenbecken erweitert, die Fischereiflotte modernisiert, eine technische Hochschule gegründet. Besitz ist die Organisation von Gegenständlichem als Element eines Netzes von Beziehungen; er ist der Kern einer medialen Welt. Der Blick, der aus den Bildern kommt, ist genauso mächtig wie der von lebenden Personen; wenn Roquentin bedeutet wird, daß er weder Vater ist noch Ehemann, keine Steuern zahlt, nicht wählt, ohne vernünftige Arbeit lebt, nur der Schatten einer Person, dann ist es der Blick des Mediums selbst, der diese Urteile ausspricht. Die portraitierten Bürger tun nichts anderes, als diesen Blick in individueller Weise zu tragen. Was Roquentin von den Abgebildeten denken kann, ist »nur Psychologie« (S. 122); ihr Urteil über ihn liegt in einer anderen Dimension.

Den Kampf der Blicke kann man sich in verschiedener Weise vorstellen. Ein Kommunist würde dem Besitz eine andere Medialität entgegenstellen: das Recht, das aus der Arbeit kommt, den Einsatz in einem Kampf für Gerechtigkeit. Der Kampf Roquentins liegt auf einer anderen Ebene. Er wendet sich gegen die Medialität überhaupt, setzt gegen den weltartikulierenden Blick den weltlosen, amedialen.

Mit welchen Mitteln löst Roquentin den medialen Blick auf? »... lorsqu'on regarde en face un visage éclatant de droit, au bout d'un moment, cet éclat s'éteint,... un résidu cendreux demeure: c'était ce résidu qui m'intéressait« (S. 128).[14] Die Gestalt ist geprägt von dem Medium, das sie trägt. Aber diese Prägung ist doch eine Inszenierung. Wenn der Betrachter die Inszenierung durchbricht, wenn sein Blick indiskret lang auf dem Gegenüber ruht, dann wird ein Rest sichtbar. Was bleibt, ist der Körper, aber ein Körper, der sich der Gestalt entzieht: »toute cette chair... sans défense, bouffie, baveuse, vaguement obscène« (S. 128).[15] Durch diesen Körper ist der Mensch unausweichlich mit den Dingen verbunden, wie sie im Ekel erscheinen, mit der unartikulierten gleitenden Existenz. Das Eigentum, die Rechte und Pflichten, die Familie, die Erinnerungen, die Welt überhaupt sind ein riesiges System der Abwehr gegen die unerträgliche Erfahrung der amorphen, traurigen und unbestimmten Existenz (S. 186).

Die *Nausée* beschreibt die einmalige Erfahrung eines einzelnen als den Zugang zu der wahren Sicht der Dinge. Sartre hat später diesen Anspruch philosophisch begründet, und lange Zeit hat man den Roman als literarische Ausführung theoretischer Thesen gelesen. Sartres Philosophie – im Sinn einer Lehre – ist verblaßt; wenn man heute die *Nausée* liest, nimmt man sie gewöhnlich als literarisches Werk, der Wahrheitsanspruch wird zum Stilelement.[16] Hier gehen wir einen dritten Weg. Der Wahrheitsanspruch entsteht in einem Dialog zwischen Roquentin und den angemaßten Herren der Welt, den Bürgern von Bouville – ein Dialog, der, wie wir sehen werden, in Sartres Werk immer wieder aufgenommen werden wird. Die philosophischen Werke entfalten ihre Lehre gewissermaßen aus der Perspektive Roquentins. Die literarischen Texte stellen den Dialog selbst dar und das Feld, in dem er sich entwikkelt. Uns interessiert, was an Wissen über das Feld und die in diesem möglichen Entscheidungen in dem Dialog sichtbar wird. Roquentins Sicht nehmen wir als eine parteiliche, durch eine spezifische Situierung verzerrte Sicht; wir bemühen uns, aus einer verzerrten Sicht das Feld insgesamt zu rekonstruieren, indem wir gerade auf die Widersprüchlichkeiten der Darstellung achten. Wir lesen das philosophische Werk von dem literarischen aus.

Roquentin sieht in den Bürgern das ganz Andere; sich selbst sieht er als den traurigen Helden, der die Last der Existenz auf sich genommen hat, die Bürger sind reine Inkarnationen ihrer Namen. Seinem Blick gelingt es, diese Reinheit aufzulösen, selbst in der Stilisierung der Gemälde findet er etwas, was in der Gestalt, die die Bürger hier vorführen, nicht aufgeht. Und dieser Rest gilt ihm als Beweis, daß der Ekel die Wahrheit hinter den Namen ist, daß das große Spiel der Rechte und Pflichten, der Leistungen und Anerkennungen nichts ist als Flucht und Verschleierung. Roquentin kann sich den Zugang zu den medialen Spielen nur als totale Verwandlung vorstellen; wenn das Medium nicht allmächtig ist, dann ist es gar nichts. Es wäre aber auch denkbar, daß der Abstand zwischen ihm und den Bürgern nicht so groß wäre, wie er sich das vorstellt, daß das Medium die Erfahrung nicht auslöscht, der er allein standzuhalten glaubt, daß man eine mediale Welt nicht aus Angst wählt, sondern für das, was diese *ermöglicht*. In der Unterwerfung könnte ein Element der Bejahung liegen; das ist ein Gedanke, der in Sartres Werk immer ausgeschlossen bleiben wird.

Mit der Unfähigkeit, den Zugang zu den medialen Spielen als eine Bejahung zu denken, verknüpft sich eine weitere implizite Voraussetzung, die das Medium selbst betrifft. Mit der Verbindung des Eigentums mit dem System der Rechte und Pflichten erfaßt die Nausée die mediale Welt in einem fundamentalen Zug, und wir finden in dem Roman eine Fülle sehr genauer, weitergehender Einzelanalysen. Andererseits glaubt Roquentin – und daran wird Sartre immer festhalten –, daß mediale Systeme verständlich werden aus den Motiven, deretwegen sie von dem Subjekt ergriffen wurden. Mediale Systeme haben aber eine innere Struktur. Man kann sie mit Spielen vergleichen wie Schach oder Fußball; die Regeln eines Spiels sind nie verständlich aus den Motiven, warum man es ergreift; im Gegenteil: Sie erzeugen ein eigenes System von Motiven; man kann sie nur verstehen im Vergleich mit anderen Spielen. Letzterem Verfahren folgt Sartre immer über lange Strecken; aber das Prinzip, daß mediale Welten Erzeugungen von Subjekten sind und von daher verständlich, kann er nicht aufgeben, weil der Ort des (jede Medialität ablehnenden) Subjekts der Ort ist, von dem aus er denkt. Nur weil er die Autonomie des Mediums nicht sieht und nicht glaubt, daß der Eintritt in das Medium das Subjekt verwandelt, kann Roquentins Entlarvungstechnik funktionieren. Er verhält sich wie diejenigen Religionskritiker, die durch die Schwächen der Priester beweisen wollen, daß eine Religion falsch ist. Der mediale Blick ist wirklich der Blick des Mediums, nicht der von Personen; er verliert seine Geltung nicht dadurch, daß seine Träger müde werden.

Was die Bewegung des Romans in Gang gesetzt hatte, war die Erfahrung, daß die Welten vor den Menschen sterben. Von daher leitet sich ein Anspruch ab: Die Welten sollen von den Personen unabhängig sein; sie sollen länger leben als diese; sie sollen von der Art sein, daß man *in* ihnen sterben kann. Die Welt, der Roquentin in der Portraitgalerie begegnet, ist von dieser Art; die Bürger sterben *in* ihr, das muß auch Roquentin zugeben (S. 128). Diese Welten haben auch die Kraft, Roquentin zu fassen, an einen Platz zu stellen. Es ist eine wirkliche, aber eine verfehlte Begegnung. Diese Szene wird Sartre in seinem Werk unzählige Male wiederholen.

Was macht die Begegnung zu einer verfehlten? Der Roman hat zwei Antworten. Das Medium ist eine Lüge, und Roquentin hat den Mut, der Wahrheit ins Gesicht zu sehen; er unterwirft sich keiner Lüge. Von den Portraits verabschiedet er sich mit dem Gruß »adieu, Salauds« (S. 135).[17] Es gibt eine zweite verborgene Antwort. Wenn das urteilende Auge auf Roquentin fällt, so sieht es ihn als einen, der im Sinne des Mediums gar nichts hat: als Nicht-Menschen, Stein, Pflanze, Mikrobe (S. 122). Ist dieses Urteil das Ergebnis von Roquentins Ablehnung, oder ist die Ablehnung Reaktion auf dieses Urteil? Der Roman entscheidet sich für die erste Antwort, aber er begründet seine Sicherheit nicht. Die Frage wird sich immer wieder stellen; und das spätere Werk Sartres zeigt, daß sie unentscheidbar ist.

Wenn man von der Szene im Museum auf die Erfahrungen der Existenz und des Weltzusammenbruchs zurückblickt, dann sieht man, daß in einer verhüllten, aber um so wirksameren Weise der mediale Blick in der Existenzerfahrung selbst noch herrscht. Der Kern dieser Erfahrung ist die Auflösung des artikulierenden Herrenblicks auf die Welt. Der Herrenblick – das haben wir gelernt – ist der Blick des Mediums. Die Portraits erscheinen Roquentin als die Subjekte, die Träger dieses Blicks. Aber – der Roman sagt es an vielen Stellen – die Bürger haben gelernt, sich zu sehen, wie sie von den anderen gesehen werden; sie leben unter dem allgegenwärtigen, in jedem Gegenüber, in ihnen selbst inkarnierten Auge des Mediums. Das allein macht es möglich zu sterben, ohne daß die Welt in den Tod hereingezogen wird.[18] Der Ekel müßte dann auch bedeuten, daß Roquentin nicht mehr als Gesehener lebt (es sei denn von dem unheimlichen Auge, das sich plötzlich in den Dingen selbst zeigt). Aber selbst in dem ekstatischen Gegenüber mit den gleitenden Dingen bleibt Roquentin einer, der kein Recht hat, er ist überflüssig (S. 186). Es ist jemand da, der ihn sieht und verurteilt; das Auge, das nach der Berechtigung zu leben fragt, verschwindet nie.

Wir haben jetzt die erste Vorstellung der Konstellation, in der der Roman Zusammenhalt und Auflösung der Welt erfaßt. Die normale Weltartikulation verdankt sich dem Medium von Eigentum, Rechten und Pflichten, das die Subjekte auf Plätze in einem Beziehungssystem festlegt, mit Eigenschaften, Wünschen, Zukunft und Vergangenheit ausstattet. Der Normalmensch schaut auf die Welt mit dem Auge des Mediums, er weiß sich von diesen Augen gesehen und sieht sich selbst so. Auch für Roquentin bleibt dieser Blick bestehen; er sieht sich als von ihm gesehen; aber es bleibt ein fremder Blick, er übernimmt ihn nicht. Er steht an einem anderen Ort. Von hier aus sieht er die Gegenstände und die Menschen seiner Art als reine Gegenwart, als aus aller Artikulation befreites Gleiten, gelöst von der Sprache, die ihrerseits in zügelloser Metaphorik forttreibt. In den Herren der Welt sieht er den medialen Blick als einen fremden und, trotz einer grundsätzlichen Verkennung, sieht er sehr genau den inneren Aufbau der medialen Welt.

Damit haben wir erst eine Dimension des Romans erfaßt. Die Welt ist für Roquentin das Abwehrsystem der Rechte und Pflichten, dem er bei den verhaßten Bürgern begegnet, es ist auch seine eigene Welt, die er verloren hat und diejenige, die immer wieder in dem zähen Fließen der Existenz als Versprechen auftaucht, als das Versprechen, mit dem das Buch sein hoffnungsvolles Ende findet.

Die verlorene Welt stellt der Roman nur ganz knapp als Roquentins eigene Vergangenheit dar; sie erscheint vor allem in der Begegnung mit seiner Geliebten Anny, die sich vor einigen Jahren von ihm getrennt hatte. Anny hat dasselbe erlebt wie Roquentin; die Welt ist gestorben, und sie hat sie überlebt. Aber im Gegensatz zu Roquentin, der dem Ekel den positiven Sinn der entdeckten Wahrheit gibt und die Hoffnung bewahrt, hinter ihm etwas Neues zu finden, ist für sie der Tod der Welt das endgültige Ende; sie »überlebt sich« (S. 204). Früher hatte Roquentin das »sonderbare Universum« (S. 203), in dem Anny sich aufhält, gefürchtet und geliebt, er hatte es nie verstanden. Und jetzt tut sie, was sie vorher nicht gewollt und nicht gekonnt hatte, sie erklärt ihm, wie es entstanden ist und welche Regeln in ihm herrschen. Am Anfang steht eine alte schwere Ausgabe der Geschichte Frankreichs von Michelet, die Anny als kleines Mädchen im Speicher las. Jeder der dicken Bände hatte drei oder vier ganzseitige Illustrationen; aus der Fülle der Ereignisse waren ganz wenige aus unerklärlichen Gründen ausgezeichnet und in ein *Bild* verwandelt worden. Diese Struktur hatte das Mädchen auf das wirkliche Leben übertragen; manche Augenblicke – z. B. das Sterben – hatten diesen Charakter einer privilegierten Situation, später kam der Liebesakt dazu oder der erste Kuß, der einen Pakt besiegelt (S. 208, 211). Die privilegierten Situationen begegnen in der Wirklichkeit, Annys moralische Pflicht – die wichtigste in ihrem Leben – war es, aus ihnen einen »vollkommenen Moment« zu machen. Sie und die anderen Beteiligten mußten sich in das verwandeln, was die Situation vorschrieb.

Man sieht, es geht um Sichtbarkeit, um ein Medium, aber von einer ganz anderen Art als das Medium von Eigentum und Rechten und Pflichten. Das wenige, was der Roman von der verlorenen Welt Roquentins erkennen läßt, liegt in derselben Dimension. Der Begriff, der Annys »vollkommenem Moment« entspricht, ist das Abenteuer.[19] Das »Abenteuer« ist nicht im gewöhnlichen Wortsinn ein besonderes Erlebnis; es bezeichnet einen Weltzustand, der es möglich macht, daß Abenteuer erlebt werden. So geht Roquentin nachts durch Bouville, und plötzlich ist er »im Abenteuer«. »Nichts hat sich verändert und dennoch existiert alles in einer anderen Weise; es ist wie der Ekel und trotzdem ist es gerade das Gegenteil... Ich bin glücklich wie ein Romanheld« (S. 81). Die Wirklichkeit ist wieder artikuliert; Roquentin ist das *ich* zurückgegeben worden, das der Ekel ihm weggenommen hatte (S. 81, 239). Dieses »Gefühl« war es, was Roquentin in seinem Leben vor dem Ekel gesucht hatte (S. 82). Der Kern von Roquentins Analyse dieses Weltgefühls ist: »Pour que l'événement le plus banal devienne une aventure il faut et il suffit qu'on se mette à le *raconter*« (S. 60f., Hervorhebung im Text).[20] Im »Abenteuer« lebt man wie in einer Erzählung. Roquentin – so faßt es das Ende des Buchs zusammen – war ein armer Kerl, der sich »in der Welt geirrt hatte« (S. 246). Er hielt sich auf, wo alle sich aufhalten, und er glaubte, er lebt in den Gemälden von Tintoretto, in den Romanen Stendhals.

Zwei Eigenschaften sind es, die den Romanhelden so vorteilhaft von dem Normalmenschen unterscheiden; er lebt unter einem Blick – dem des Lesers –, und er ist ohne jeden Rest das, was dieser Blick in ihm sieht. Auch im »Abenteuer« und in den »vollkommenen Momenten« geht es um das Sichtbarwerden; aber sichtbar für wen? Anny ist Schauspielerin, auf dem Theater konnte sie eine gewisse Zeitlang die »vollkommenen Momente« verwirklichen. »L'essentiel... c'était le trou noir... au fond duquel il y avait des gens qu'on ne voyait pas« (S. 214).[21] Das ist der Blick, auf den es ankommt; ein gegenwärtiger Blick, aber ein Blick, dessen Herkunft man nicht sehen kann, der Blick von niemandem. Das Ende der »vollkommenen Momente« besteht in der Erkenntnis, daß dieser Blick nur der des Zuschauers ist; die Wirklichkeit der »Momente« löst sich in einer wechselseitigen Spiegelung auf: Für die Schauspieler entsteht sie beim Publikum, für das Publikum liegt sie auf der Bühne; am Ende ist sie nirgends (S. 214f.). Es gäbe wohl einen »Beweis« ihrer Wirklichkeit; die restlose Verwandlung der Schauspieler in das, was sie spielen, in die reinen Bilder des Hasses oder des Todes (S. 211). Wenn das gelänge, würde der Blick sich herstellen; aber es gelingt nie, es bleibt ein Rest; und von diesem Rest gehen die Zweifel aus, die die Welt schließlich auflösen.

An der Gegenwart dieses »schwarzen Loches« hängt für die beiden Hauptpersonen die Möglichkeit, für andere etwas zu bedeuten. Dieser Blick hatte Anny erlaubt, die großen Szenen zu spielen, in denen Roquentin (in einer immer etwas mißglückten Weise) als Liebhaber auftreten konnte. Wenn der Blick sich zurückzieht, dann zerfällt das Spiel; wie attraktiv ein Mann auch sein mag, es gibt die Rolle nicht mehr, in der er auftreten könnte. Die von Ekel Befallenen sind auch miteinander allein; Anny und Roquentin trennen sich, weil niemand mehr da ist, vor dem und für den sie miteinander sprechen könnten.[22]

Der Ekel ist in einer doppelten Weise ein Ort der Gewißheit. Er ist eine Begegnung mit dem, was hinter der Welt liegt. In dieser Begegnung reduzieren sich alle Wünsche auf einen einzigen: in dem, was man wirklich ist, für die anderen etwas zu bedeuten. Dieser Wunsch hatte Roquentins Leben schon immer beherrscht; er hatte alles mögliche getan, um ihn zu befriedigen. Der Ekel macht jede Befriedigung unmöglich; und damit zeigt sich der Wunsch in seiner Reinheit als die unzerstörbare Antriebskraft des Lebens. Für Anny heißt das Trauer und Resignation. Roquentin schenkt der Roman am Ende einen Moment der Erleuchtung; an einer Jazzmelodie erkennt er, daß die Kunst das schaffen kann, was er immer gesucht hatte, eine vollkommen reine Gestalt. So bleibt ihm die Hoffnung, ein Buch zu schreiben; als dessen Verfasser hätte er teil am Reich der Gestalten.

Fassen wir zusammen:

1. In der Auffassung des Romans gibt es zwei mediale Strukturen von unterschiedlicher Kraft. Das starke Medium ist den Subjekten vorgegeben, Familie, Platz in der Gesellschaft, die sich daraus ableitenden Rechte und Pflichten werden übernommen, nicht gewählt. Diese Welt ist für die, die sie bewohnen, »dicht«. Roquentins mißtrauisches Auge sieht zwar die Lücken in ihr, aber das ist ein Blick von außen; im Inneren dieser Welt zeigt der Roman nirgends einen Zweifel, er zeigt keine Bahn, die aus ihr herausführt. Roquentin und Anny dagegen leben in einem schwachen Medium, das mit marginalen Tätigkeiten, die sie selbst gewählt haben, verbunden ist, große Reisen, Theater, Literatur. Die Faszination durch die Bilder in den Michelet-Bänden, die Suche nach dem »Abenteuer« als Welt-Gefühl zeigen, daß Sichtbarkeit etwas ist, das in der Regel fehlt und das man herstellen muß. Was sich im Ekel auflöst, ist ein Medium, das schon immer lückenhaft und unsicher funktioniert hat. Man kann den Blick wählen, für den man etwas sein will; aber man muß sich unausgesetzt anstrengen, damit dieser Blick sich nicht entzieht.

2. Dadurch, daß das Subjekt in ihnen seinen Namen und seine Gestalt[23] sucht, bekommen die Dinge Namen und Bedeutung; wenn er diese Suche aufgegeben hat, lösen sie sich auf in reine Gegenwärtigkeit. Die Welt der Gegenstände ist als mediale Welt artikuliert. Umgekehrt gibt es keine Beziehungen zwischen den Menschen, in denen das Subjekt sich unmittelbar auf ein Gegenüber bezöge. Wenn das Medium und seine Gegenständlichkeit verlorengeht, bleiben zwischen den Personen nur noch leere Rituale.

3. Der Roman sagt also – allerdings gegen die explizite Intention des Autors –, daß das Medium von Eigentum, Rechten und Pflichten die einzige Grundlage einer stabilen, artikulierten Welt ist.

4. Es gibt ein Außen der Welt, wo diese nicht mehr Lebensraum ist, sondern als ganze zum Gegenstand wird. Dieses Außen ist ein Ort der Angst, aber nicht der Panik; im Gegenteil, es ist ein Ort, wo das Subjekt seiner selbst gewiß ist, der Angst standhält und die Wirklichkeit ohne Selbsttäuschung sieht.

5. Der Roman – nicht der Erzähler – artikuliert Regeln für die Sichtbarkeit der Welt als Welt. Sichtbar ist immer nur die Welt der anderen bzw. die, die man verlassen hat; die Welt, in der man lebt, ist prinzipiell unsichtbar. Nicht weil sie sich in einem unbestimmten Horizont verliert und immer nur in Ausschnitten thematisierbar ist, sondern weil der Blick, der die Wirklichkeit als Welt artikuliert, nicht gesehen werden kann. Die Bürger sehen überhaupt keine Welt; sie tragen den medialen Blick und bleiben in ihm; was sie sehen, ordnen sie sofort in ihre Welt ein. Erst die Erfahrung, daß Welten sterben, erlaubt es, sie als ganze zu sehen. Das gilt aber nur für die Welt, die das Subjekt verloren hat; den Blick, für den er schreibt, kann Roquentin nicht sehen; er existiert nur als das »schwarze Loch«.

Einen Blick sehen heißt, ihn in eine Welt einordnen. Das würde aber nur bedeuten, daß jetzt ein anderer Blick herrscht. So löst sich auch die Widersprüchlichkeit, die mit der Vorstellung von einem Außen der Welt verbunden ist. Wenn Roquentin schreibt, so will er jemandem etwas sagen; er ist interessiert und ist *in* einer Welt (die er nicht kennt). Das Außen ist nie ein absolutes Außen.

Dieser Sachverhalt bestimmt auch die Anlage dieses Buches. Wenn ich hier von Welt spreche, dann meine ich das, was die neurotischen Schriftsteller sehen. An die Stelle einer Definition tritt die Beschreibung der gleichzeitigen Entstehung eines Ortes und eines Gegenstandes.[24] Der Ort ist für Rousseau die Natur, für Proust die *mémoire involontaire*, für Sartre der Ekel; dieser Ort erscheint den Personen selbst als ein Außen gegenüber der Welt der anderen und der Welt, in der sie früher lebten; von diesem Ort aus werden Welten zum Gegenstand und zum Problem.[25]

6. Was die Welt strukturiert, sind ethische Regeln. Es ist eine Verurteilung, der Roquentin im Museum von Bouville begegnet; es ist ein Verbrechen, sich dem System der Rechte und Pflichten zu entziehen. Und es ist im Namen der Ethik der Authentizität, daß Roquentin die normale Welt ablehnt. Die Suche, mit der der Roman endet, ist die Suche nach einer Welt, wo die mediale Festlegung nicht mit dem Preis der Lüge bezahlt ist.

Bedürfnis und »Dritte Sache«: Die Aufklärung als mediale Welt

Die *Nausée* stellt die Frage, was eine Welt ist, von dem Ort des Gleitens aus. Die Frage lautet daher: Wie kommt die Welt zu ihrer Artikulation, wie entstehen feste Objekte?

Die Antwort ist klar: Es ist das Medium – Plätze, Rechte, Pflichten –, das die Objekte schafft. Es ist die Ablehnung dieser medialen Festlegung, die auf die Bahnen drängt, wo die Welten sterblich sind und wo der Ekel der einzige Punkt bleibt, an dem Gewißheit entsteht. Die ganze Welt der Werkzeuge, der Mittel und Zwecke – die Häfen, die Werften, die Vereinigungen, in denen die Elite ihre Vormacht organisiert – haben ihre Bedeutung für die Subjekte daher, daß es Selbstobjekte, Bausteine für ihre Namen sind. Es ist die Brauchbarkeit oder Unbrauchbarkeit im System der Namen, die ferne Dinge nah macht und anwesende verschwinden läßt, die die grundsätzliche Abwesenheit der gegenständlichen Welt erzeugt, die vom Ekel rückgängig gemacht wird.

In der marxistischen Tradition, aber auch weit über sie heraus, denkt man die Entstehung der Weltobjekte in einem ganz anderen Zusammenhang. Objekte sind zuerst einmal Objekte für das Bedürfnis und dessen Befriedigung; der Hunger ist es, der die ersten Gegenstände herstellt. Was den Menschen zum Menschen macht, ist die Entwicklung von Werkzeugen, die sich zwischen die Bedürfnisse und ihre Befriedigung legen. Die Beziehungen zwischen den Menschen entstehen durch Kooperation und durch den Kampf um den Besitz der Werkzeuge. Natürlich sieht man, daß Objekte auch der Selbstdarstellung dienen können; aber – wie der Ausdruck schon sagt – ist das eine abgeleitete, pervertierte Verwendung; die fundierende Ebene ist die der Bedürfnisse.

Der Bedürfnisbegriff und seine historischen Vermittlungen sind in der komplexesten Weise ausgearbeitet worden. Hier kommt es mir nur auf einen Effekt an, der mit dem einfachsten Schema schon gegeben ist und durch keine Ausarbeitung beseitigt wird: Wenn man sich die Weltobjekte als durch Bedürfnisse konstituiert denkt, dann ist damit die ganze Problematik der medialen Welt zum Verschwinden gebracht. Die Bedürfnishaftigkeit gehört zur Naturausstattung des Menschen; in ihren Wurzeln hat er sie mit den Tieren gemeinsam. Wenn die Bedürfnisse der Welt ihre Grundartikulation geben, dann ist das Weltbesitzen auch Teil der Naturausstattung: Der Mensch hat von Natur eine Welt. Selbstverständlich sieht man die menschlichen Bedürfnisse als geschichtlich produziert; aber diese Geschichtlichkeit betrifft nur die Inhalte – die Formen, wie Weltobjekte gebildet werden, unterscheidet sich beim Menschen nicht von der, die man bei den Tieren zu finden glaubt.[26] In dieser Denkweise ist die Welt als Welt überhaupt kein Problem; in der marxistischen Tradition hat man sich auch nie mit solchen Dingen beschäftigt, sondern nur mit Problemen *in* der Welt.

Für Sartre ist die Welt eine menschliche *Konstruktion*, eine sehr weitreichende und tiefsitzende, aber doch eine Konstruktion; nur als solche kann sie zusammenbrechen, nur einer Konstruktion gegenüber, die den Menschen zwar erfaßt, aber ihm nicht einfach natürlich zugehört, gibt es einen Ort außerhalb. Wenn die Welt mit dem Bedürfnis gegeben ist, dann bleibt unfaßbar, daß ihre artikulierte Ordnung an der Haltung der Subjekte zu ihren Namen hängt; eine Weltauflösung ist dann allenfalls ein pathologisches Phänomen, Ergebnis einer individuellen oder historischen sozialen Deformation; sie kann etwas über den deformierenden Prozeß aussagen, über die Welt als ganze sagt sie nichts.

Wenn man, wie Habermas, den Marxschen Begriff der Arbeit durch den der Interaktion bzw. des kommunikativen Handelns ergänzt, so gewinnt man zwar einen Zugang zum Problem der Welt, aber die Problematik der Medialität ist immer noch insgesamt beseitigt. Auch bei Habermas – wir werden das später genauer sehen – sind die ersten Objekte Bedürfnisobjekte; die diskursive Verständigung ist im Kern Verständigung über den Ausgleich von Bedürfnissen und von Interessen, die aus diesen abgeleitet sind. Genauso wie für Habermas dieser Typ der Objektkonstitution undiskutierte Voraussetzung ist, ebenso selbstverständlich ist in der *Nausée*, daß der erste und ursprüngliche Wunsch nach dem Sein geht, nach dem Sein der Romanhelden und Melodien, einem Sein, das eine bedeutungsvolle Gestalt für die anderen ist. Nur wenn dieser Wunsch als ursprünglich gesetzt ist, bekommt der Zugang zum Medium seinen dramatischen Charakter: Das Medium enthält das absolute Versprechen – das Versprechen einer Gestalt und eines Namens –, und es verbindet die Erfüllung dieses Versprechens mit einer doppelten Willkür: eine absolute Willkür, indem es den Menschen zwingt, etwas Festes und Starres als sein Wesen in sich aufzunehmen; einer relativen, die sich in der Beliebigkeit der spezifischen Züge ausdrückt, die jeweils als das Wesentliche einer Person ausgewählt werden. Wenn man die Person zuerst über ihre Bedürfnisse definiert, dann ist die fundamentale Abhängigkeit vom Medium beseitigt. Kommunikatives Handeln ist ein Verhältnis zwischen Subjekten, die in dem, was sie sind und was sie wollen, von den anderen unabhängig sind, weil die Natur es ihnen sagt; von dem Drama des Zugangs zur medialen Welt bleibt die kulturelle Interpretation der Bedürfnisse und eine harmlose Problematik der intersubjektiven Anerkennung.

Der Bedürfnisbegriff funktioniert aber nicht nur als Verdeckung der fundamentalen Medialität; man könnte die Faszination, die er auf unsere Autoren ausübt, nicht verstehen, wenn man nicht sieht, daß er gleichzeitig Grundlage eines neuen Mediums ist. Ein Lied aus Brechts *Mutter* beschreibt diese Verwendung am deutlichsten:

Lob der dritten Sache
Immerfort hört man, wie schnell
Die Mütter die Söhne verlieren, aber ich
Behielt meinen Sohn. Wie behielt ich ihn? Durch
Die dritte Sache.
Er und ich waren zwei, aber die dritte
Gemeinsame Sache, gemeinsam betrieben, war es, die uns einte.
Oftmals selber hörte ich Söhne
Mit ihren Eltern sprechen.
Wieviel besser war doch unser Gespräch
Über die dritte Sache, die uns gemeinsam war
Vieler Menschen große, gemeinsame Sache!
Wie nahe waren wir uns, dieser Sache
Nahe! Wie gut waren wir uns, dieser
Guten Sache nahe!

Wenn man Bedürfnis als Motiv des menschlichen Handelns ansieht, dann denkt man an den Wunsch nach Befriedigung. Man kann aber auch den Standpunkt wechseln, nicht mehr vom Befriedigungswunsch ausgehen, sondern von dem Wunsch nach einem Sein-für-andere, wie es Brechts *Mutter* an dieser Stelle tut; von hier aus gesehen wird das gemeinsame Bedürfnis zur »dritten Sache«, zur Sache, der man sich verschreibt; und damit wird es zum Medium, das die Personen verbindet. Der Bedürfnisbegriff behauptet, die Welt sei in ihrem Wesen amedial, aber auf der Grundlage dieser Behauptung konstruiert er eine Medialität – und zwar gegenüber der Welt der Plätze eine unvergleichlich bessere.

In der *Nausée* kommen zwei Welten vor, die der Plätze und die aus der Ablehnung entstandene. Das im 18. Jahrhundert entdeckte System mit den Grundbegriffen des Bedürfnisses und der dritten Sache ist eine dritte Welt, eine (als Welt) über Jahrhunderte erfolgreiche und – im Gegensatz zur Welt der Plätze – eine legitimierbare. Sie ist in einem gewissen Sinne die Antwort auf die Frage der Neurotiker; daher sind diese so sehr von ihr angezogen.

Die Aufklärung hat die handfeste Welt der Bedürfnisse geschaffen im Kampf gegen die Religion, die das Diesseits als einen Ort des Durchgangs und der Prüfung entwertet hatte. Der Satz, daß Bedürfnis, Befriedigung, der Wunsch nach Glück die Wirklichkeit des Menschen ausmachen – obwohl eigentlich eine Aussage über einen Sachverhalt – hatte von Anfang an einen imperativen Ton: Daran hatte man sich zu halten, alles andere war religiöses Spintisieren, Suche nach etwas, was es nicht gibt, Rückzug aus der Gemeinschaft der Menschen. »Die Bedürfnisse sind das Wirkliche« heißt auch: Man soll sich auf diesen Boden stellen, wo man sich selbst und die Gemeinsamkeit mit allen anderen Menschen findet. Wie die Welt der Plätze, der Roquentin im Museum begegnet, ist das System, in dem die Bedürfnisse als Medium im Sinne der dritten Sache verwendet werden, eine Welt, die als imperativer Blick auftritt und Zugehörigkeit fordert.[27]

SARTRE I: DIE MISSGLÜCKTE BEGEGNUNG MIT DEM ANDEREN

Die beiden Sackgassen

Die Nausée beschreibt die Weltbesitzer und die Namenlosen als zwei Klassen von Menschen, zwischen denen es kein Gespräch gibt außer dem stummen Kampf der Blicke. Aber was hat die Bürger zu Bürgern gemacht, was hat Roquentin auf den Weg gedrängt, an dessen Ende der Ekel und das Schreiben steht? Wieso ist Sartre Sartre, und nicht wie der imaginäre Bruder, den er sich in *L'enfance d'un chef* gegeben hat, ein Chef geworden? Sartres Werk umkreist diese Frage immer aufs neue. Wenn wir dieser Bewegung folgen, wird die Konstellation des Feldes sichtbar werden, in dem diese Entscheidungen fallen; wenn wir darauf achten, an welchen Stellen die Bewegung sich immer wieder festfährt, können wir erkennen, was Sartre gerade nicht sehen kann, welche Bahn zu der Bindung an die Namen führt.

Sartre hat vier Biographien von Schriftstellern geschrieben, von Baudelaire, von Genet, von Flaubert und seine Autobiographie[28]; mit Ausnahme der Baudelairebiographie gehören sie zu seinen wichtigsten Werken. Alle Biographien sind um ein zentrales Ereignis herum konstruiert: es gibt eine traumatische Situation, an die die Affekte der Personen gebunden sind und um deren immer neue Verarbeitung ihr Leben kreist. Das hindert Sartre nicht, wie z. B. im *Flaubert*, eine weiträumige Welt aufzubauen, in die sehr viel aus der zeitgenössischen Realität eingeht, der Triumph der romantischen Schule, die 48er Revolution, die Entdeckung des Proletariats, das Ende des bürgerlichen Fortschrittsoptimismus und die resignierte Flucht in den Schutz der Militärdiktatur. Aber soweit all dies Teil einer *zusammenhängenden* Welt ist, ist es Material in einer Konstruktion, deren allgemeine Architektur durch diese originäre Situation bestimmt ist.

Baudelaire lebt in glücklicher Symbiose mit seiner verwitweten Mutter. Als sie wieder heiratet, erfährt er sich zum erstenmal – und zwar in der Ablehnung – als singuläre Person. Fast immer werden solche Situationen im Kontrast zu einer »normalen« Entwicklung dargestellt. Flaubert ist der zweite Sohn. Er ist von vornherein benachteiligt durch die Zweitgeburt und durch die Kühle der Mutter, die sich von ganzem Herzen eine Tochter gewünscht hatte. In einer Familie von glänzenden Schülern hat er Schwierigkeiten, lesen zu lernen, die Großmutter will es ihn lehren, der Vater selbst versucht es und scheitert. Hier begegnet er dem Urteil, das festlegt: er ist der Idiot der Familie. Die Verweigerung eines Platzes, ein Ausschluß. An dieses Urteil bleibt Gustave gefesselt, in der Revolte dagegen oder in dem paradoxen Versuch, es anzunehmen.

Bei Flaubert ist es der Idiot, bei Genet ist es der Dieb. Der äußere Ablauf ist dieser: Der kleine Genet, ein Findelkind, ist bei einer Bauernfamilie in Pflege. In einer Welt, in der das Sein sich durch das Haben bestimmt, ist er derjenige, der nichts hat. Nichts von dem, was er bekommt, steht ihm zu; alles ist Geschenk, für das er dankbar sein muß. Um etwas zu haben, was ihm gehört, beginnt er zu stehlen. Eines Tages spielt er in der Küche. Er wird von der Angst überfallen, jener spezifischen Angst, die vom Stehlen besänftigt wird. Eine Schublade geht auf, eine kleine Hand gleitet nach vorn. »*Pris la main dans le sac:* quelqu'un est entré qui le regarde. Sous ce regard l'enfant revient à lui. Il n'était encore personne, il devient tout à coup Jean Genet... Une voix déclare publiquement: »Tu es un voleur.«[29] Am Anfang steht die Verweigerung des Platzes: als Findelkind und Fürsorgezögling ist er nichts in dieser Welt; und zugleich der Wunsch nach dem Platz, der auf Bahnen gelenkt wird, die der Ordnung der Welt widersprechen. Als normaler Sohn würde er sich als zukünftiger Besitzer sehen, er wüßte, was er sein wird. Für den kleinen Genet ist das Stehlen ein Akt, der ihn zum Besitzer macht, der das Fehlen des Platzes für einen Moment ausgleicht – wobei in einer charakteristischen Weise, auf die wir noch zurückkommen werden, Reales und Imaginäres sich durchdringen. An Genets Beispiel kann Sartre am eindringlichsten die Gewalt zeigen, die in dem identifikatorischen Akt enthalten ist; eine doppelte Gewalt. Aus dem Vorbeiziehenden und Belanglosen – für das Kind waren die Diebstähle unwichtig und schnell vergessen – wird ein Akt ausgewählt und als das allein Wesentliche festgehalten. Und von allen Bedeutungen, die dieser Akt hatte – im wesentlichen folgte er einem »guten« Wunsch, zu sein wie die anderen, in die Gemeinschaft integriert zu sein –, greift die Willkür des identifizierenden Auges einen einzigen Zug heraus, der ab jetzt die Maske formt, die alle auf dem Gesicht des Kindes sehen: die Maske des Bösen, der die Ordnung der Welt nicht achtet. Das ganze Buch ist voller pathetischer Bilder, die die Gewalt der Identifikation beschreiben, so z. B. das der Zigeuner, die ihre Kinder an Kopf und Gliedern einschnüren, so daß sie zu monströsen Krüppeln aufwachsen, die man auf Jahrmärkten zur Schau stellen kann. Hier spricht die Anteilnahme an einem besonderen Leben, aber durch diese Anteilnahme hindurch spricht auch sehr hörbar Sartres eigener Haß gegen diese Gewalt. Dieser Haß ist uns wichtig; er *bezeugt* die Wirklichkeit dessen, wovon er spricht. In der Unzahl von psychologischen und soziologischen Publikationen zum Begriff der Identifikation sieht es aus, als gäbe es diese Gewalt, diesen Haß nicht. Außerdem ist der Haß ein Erkenntnisinstrument: bezüglich der Dinge, die er grell beleuchtet; noch mehr bezüglich der Dinge, die er zu sehen verbietet.

Wenn Sartre, in philosophischen oder in literarischen Werken, die fundamentale Beziehung des Subjekts zum Anderen darstellen will, so kommt er immer auf diese Struktur: der Blick, der mich auf das festlegt, was ich in mir hasse. Nicht zufällig ist die bekannteste Stelle aus *Das Sein und das Nichts* die Beschämung des ertappten Voyeurs; in den *Überlegungen zur Judenfrage* ist es der Jude, der festgelegt wird auf das Widerliche in sich, was der Antisemit als den Juden sieht. Alle seine Biographien beschreiben Personen, die durch eine Identifikation dieses Typs bestimmt sind. Obwohl vor allem der *Flaubert* den Anspruch stellt, eine universale Methode der Beschreibung eines menschlichen Lebens auszuarbeiten, so entwickeln in Wirklichkeit die Biographien Sartres die immer gleiche Struktur eines Lebenslaufs, der spiralförmig dasselbe fundierende Erlebnis umkreist, die Verweigerung des Platzes durch die Person, die berufen ist, in die Welt einzuführen.

Sartres Autobiographie ist genauso um einen zentralen Punkt organisiert, genau so wenig »erzählt« wie seine Biographien; und daß es dabei wieder um die Verweigerung des Platzes geht, zeigt schon der erste Titel des Werks: *Jean sans terre*. In dem feststehenden Rahmen gibt es erhebliche Varianten. Der Platz wird Jean-Paul nicht eigentlich verweigert, sondern gewissermaßen gar nicht angeboten. Sein Vater tut ihm den Gefallen, kurz nach seiner Geburt zu sterben; so bleibt er von dem Schicksal der *Söhne* verschont, die ihren Vater wie Aeneas lebenslänglich auf dem Rücken schleppen müssen. Für seinen Großvater, der nun an die Stelle des Vaters tritt, ist er nicht mehr der Erbe, das Kind wird nicht Lebensplänen unterworfen, die für es zum Schicksal werden.[30] Der Großvater genießt ihn, ohne ihn besitzen zu wollen.[31] Er sieht in ihm das Wunderkind, weil es ihm gefällt, als glücklich verzauberter Großvater seine Tage zu enden – eine fotogene Komödie auf dem Hintergrund der Angst vor dem nahenden Tod. So wird Sartre auf eine weniger dramatische, weniger kränkende Weise zu »einem ohne Land« gemacht, in eine Beziehung gestellt, die sich nicht auf eine Welt und eine Zukunft öffnet; und er wird festgelegt auf zwar nicht negative, aber durch und durch irreale Eigenschaften, die Fähigkeit, das Entzücken eines schauspielernden alten Mannes zu erwecken. Das genügt, um dieselbe Spirale in Gang zu bringen, die das Leben Baudelaires, Genets, Flauberts beherrscht, die Bewegung (die wir aus der *Nausée* kennen), die zwischen Suche nach Welt, Aufbau zerbrechlicher Welten und Ablehnung hin und her geht, die Spirale, die erst das Leben entwirklicht, dann dem Unwirklichen, Imaginären Wirklichkeit verschafft und die schließlich in der Literatur so etwas wie eine zweite Wirklichkeit findet.

Fast immer wird diese negative, abgelehnte Identifikation im Kontrast zu einer »normalen« Entwicklung dargestellt. Manchmal ist das nur ein gedachtes Gegenbild. In den *Wörtern* evoziert Sartre die andere Person, zu der er ohne den frühen Tod seines Vaters geworden wäre. Der Hintergrund für Genets Entwicklung ist der Bauernjunge, dem der Platz des Vaters zusteht. Im *Flaubert* existiert dieses Gegenbild wirklich, Gustaves Bruder, der Erstgeborene. Auf ihm lastet der Vater mit dem ganzen Gewicht seiner Erwartungen, erdrückt ihn und nistet sich in ihm ein. Der Bruder wird Arzt wie der Vater, übernimmt dessen Gesten, dessen eigentümliche Kleidung; sein ganzes Leben hält er an den väterlichen Ideen fest.

Das sind die beiden Arten, in denen Sartre die Identifikation sieht: die »positive« erzeugt das ehrenwerte Mitglied der Gesellschaft, gibt das Gefühl, einen Auftrag zu haben, notwendig zu sein, beschützt vor der Last der Freiheit, davor, sich den Sinn des Lebens selbst suchen zu müssen. Der Preis dieser Annehmlichkeiten besteht darin, daß man einen Fremden in sich aufgenommen hat und ihn für sich selbst hält. Positiv kann man diese Identifikation nennen, weil der Wirt seinen Parasiten liebt, seine Urteile bejaht. Sartre haßt diese Menschen, in seinen Werken werden sie fast nur von außen und einigermaßen marionettenhaft dargestellt; wonach er bei ihnen mit sympathetischer Feindseligkeit Ausschau hält, sind die Lücken in dem Panzer, in die die Angst eindringen und das so provozierend selbstsichere, aber leere Gerüst zum Einsturz bringen kann.

> »Mais je leur demanderai d'abord s'ils sont bien sûrs d'être eux-mêmes. Cette paix qui règne en eux, sais-je s'ils ne l'ont pas obtenue en faisant leur soumission à un protecteur étranger qui règne à leur place? Celui que j'entends une fois prononcer ces mots: ›Nous médecins...‹, je sais qu'il est en esclavage. Ce *nous médecins* est son moi, créature parasitaire qui lui suce le sang. Et ne fût-il que lui-même, il y a mille façons d'être livré à soi comme aux bêtes, de nourrir avec sa propre chair une idole invisible et insatiable. Car il n'est permis à personne de dire ces simples mots: je suis moi. Les meilleurs, les plus libres peuvent dire: j'existe. C'est déjà trop. Pour les autres, je propose qu'ils usent de formules telles que: ›Je suis Soi-même...‹ ou: ›Je suis un Tel *en personne*‹. S'ils ne visent pas à changer de peau c'est que la poigne qui les gouverne ne leur en laisse pas le loisir, c'est surtout que la société a reconnu depuis longtemps et consacré cette symbiose en accordant au couple formé par le malade et son parasite la gloire ou simplement l'honorabilité: c'est un enfer légitime. Pour moi, je m'écarte d'eux si je puis: je n'aime pas les âmes habitées.«[32]

Identifikation ist Unterwerfung unter einen Parasiten. Zu Hause, in seinem Element fühlt sich Sartre in der Welt – es ist tatsächlich eine andere Welt, die sich hier auftut – der zweiten, der negativen und abgelehnten Identifikation. Aber die Biographien erlauben auch eine umgekehrte Lektüre. Während in der positiven Identifikation etwas gegeben, ein Platz zugeteilt wird, mit dem das Subjekt »arbeiten« kann, so fixiert die negative auf ein Urteil, einen Ausschluß. Die Zuweisung des Platzes identifiziert das Kind mit bestimmten Eigenschaften in ihm, die es als ihm wesentlich eigen ansehen, auf die es seinen Stolz, sein Selbstgefühl gründen kann, die von dem Platz verlangt werden. Das Urteil »Familiendepp« legt Gustave auf das fest, was er in sich verachtet, auf seine Langsamkeit und Passivität, auf Eigenschaften, mit denen man nichts anfangen kann, die keine Zukunft, keine Welt eröffnen.

Das ist die Grundform der zwischenmenschlichen Beziehung bei Sartre: auf die Faszination durch den Blick des Anderen folgt der Kampf, der sich gerade gegen diese Macht der Faszination richtet, der Kampf darum, wer schaut und urteilt, den anderen in seine Welt einordnet, und wer das Objekt des Blicks, des Urteils, der Einordnung wird. Für den Sieger schließlich – und das Sartresche Subjekt bleibt in diesem Kampf immer Sieger – ist auch das Versprechen, das in der Faszination lag, erloschen. Andererseits wünscht das Subjekt sich nichts dringlicher als etwas zu sein, festgelegt zu sein, eine Welt zu besitzen. Festgelegt kann es nur werden, wenn es ein Objekt für jemand anderen ist. Daher sucht das Subjekt den Blick des Anderen, um sich in ihm zu finden. Aber was findet es dann? Den Anderen als seinen Herrn, der es zum Objekt seiner Welt macht und ihm die fremde Gestalt aufdrückt. Damit sind wir wieder beim Kampf der Blicke. Das Subjekt wird sich wehren, es wird siegen, und es wird wieder auf sein Subjektsein zurückgeworfen sein.

Aber es gibt Lösungen, die aus dieser leeren Wiederholung herausführen, oder doch etwas, was Lösungen ähnlich sieht. Das Ende der *Nausée* deutet einen Weg an. Roquentin will ein Buch schreiben, dessen Held er selbst ist. Mit den Mitteln der Kunst wird er den Leser so faszinieren und gängeln können, daß dieser ihn so sieht, wie er gesehen werden möchte. Der Andere macht ihn zum Objekt, aber Roquentin als Künstler wird ihn dazu bringen, daß *er ihn zu dem Objekt macht, das er selbst sein will*. Dieser Satz beschreibt die Grundstruktur von allem, was

Sartre sich als wünschbar vorstellen kann. Der Gebrauch, den er von Politik oder Literatur macht, seine Autobiographie, seine Biographien variieren diese Struktur.

Das Sein und das Nichts[33] stellte diese Lösung an einer Analyse der Liebe dar. Der Geliebte ist damit einverstanden, das Objekt zu sein, in das der Blick des Liebenden ihn verwandelt. Denn dieses Objekt ist nicht ein Gegenstand *in* der Welt der Liebenden, sondern, wie es in der Liebessprache heißt, das *Einundalles*, die *ganze* Welt, genauer, der Horizont, worauf sich alles in der Welt jetzt bezieht und woher es seinen Sinn bekommt. Der Geliebte akzeptiert es, für sich und in seinem Wesen das zu sein, was er für den anderen (den Liebenden) ist; so wie der Arzt in dem oben zitierten Abschnitt aus dem *Saint Genet* es akzeptiert, für sich und in seinem Wesen das zu sein, was er für andere ist, nämlich sein Beruf. Damit hat er die ersehnte Festlegung, auf der sich eine Welt aufbauen läßt. Aber indem er Herr ist über den Blick, der ihm sein Sein verleiht – was der Arzt gerade nicht ist –, ist er Herr über sein eigenes Sein, er ist der, der sich selbst zu dem machen kann, was er sein will; wie Sartre es ausdrückt, er ist *cause de soi* oder *Gott*.[34] Aber auch die Liebe ist eine Sackgasse. Die Gründe liegen in der beschriebenen Struktur selbst. In sie ist ein Widerspruch eingebaut, der es dem Anderen unmöglich macht, dem zu entsprechen, was von ihm erwartet wird, auch wenn er es wollte: er muß gleichzeitig frei und abhängig sein. Das ist aber nur in dem einen köstlichen Moment des Übergangs möglich, wo die Freiheit ihre Freiheit aufgibt. Später findet der Geliebte den Liebenden entweder als abhängig von sich – dann hat aber sein Blick die Kraft verloren, ihn zum Objekt zu machen und festzulegen; oder als unabhängig, dann ist der Geliebte wieder dem fremden Anderen ausgeliefert.[35]

Die *Nausée* hatte Welten auf dem Hintergrund der Weltlosigkeit und des Hungers nach Welt gezeigt. Das Begehren nach Welt kann der Roman nicht eigentlich zum Thema machen, weil er es noch für erfüllbar hält. Von außen sieht man zwar leicht, daß die Kunst eine Lösung von derselben Art ist wie das »Abenteuer« oder die »außerordentlichen Momente«. Aber Roquentin (und der Autor) sehen in ihr einen neuen Weg. In *Das Sein und das Nichts* sind alle solche Erwartungen enttäuscht; das Begehren, in dem Welten entstehen, ist jetzt dechiffriert: es ist das unmögliche Begehren, sich selbst eine Gestalt zu geben, *cause de soi*[36] und Gott zu sein (S. 715, 653).

Am Anfang haben wir gesagt, daß die Ablehnung der Festlegung durch das Medium ein Ort der Erkenntnis ist: sie macht das Wesen der Medialität sichtbar. Wir sehen jetzt, welche zusätzlichen Bedingungen erfüllt sein müssen, damit dieser Satz wirklich gilt. Zuerst einmal muß der »Neurotiker« dem trauen, was ihn seine Neurose sehen läßt; er darf sich nicht in das Wissen der anderen flüchten. Der zweite Schritt ist der schwierigere und der seltene. Die Neurose sucht Welten, und es gelingt ihr auch, sie zu schaffen – das sagt uns die in der *Nausée* angedeutete Vorgeschichte und die Perspektive, in die der Roman mündet. Es braucht die radikale Enttäuschung über diese Bahn und die Verarbeitung dieser Enttäuschung, um an den Punkt zu gelangen, wo Welten als Welten und das Prinzip ihrer Produktion sichtbar werden.

Das Fazit der Bahn, die Sartre gegangen ist, besagt: *l'homme est une passion inutile.* (S. 708)[37] Das bedeutet beides: eine Leidenschaft, die das ganze Leben trägt und der sich niemand entziehen kann, und eine Leidenschaft, die in die Leere führt.

Was man an diesem Ort *tun* kann, bleibt eine offene Frage, die Sartre in einem zweiten nie geschriebenen Buch zu beantworten verspricht. Hier interessiert uns, was das Subjekt an diesem Ort *sieht*. Die Antwort finden wir in Sartres eigenartigem Begriff der Freiheit. Tun zu können, was man will – in diesem Bereich spricht man gewöhnlich von Freiheit. Für Sartre bedeutet Freiheit etwas ganz anderes; wenn man von dieser alltäglichen Bestimmung herkommt, müßte man sagen: im Bereich nicht der Wahl von Handlungen, sondern der Wahl von Handlungsmotiven (S. 12). Man ist immer frei, auch in Fesseln, weil man es immer selbst ist, der die reine Faktizität der Fesseln um den Körper zu einer Situation macht, die von jedem in einer ganz spezifischen Weise empfunden ist, Bestandteil einer ganz spezifischen Welt ist. Dieser Freiheitsbegriff enthält einen eigenartigen Appell. Normalerweise leben wir *in* der Welt, wir orientieren uns an Dingen, deren Bedeutung eindeutig ist: ein Gefängnis ist ein Gefängnis. Um sich frei zu fühlen, wie Sartre es meint, um die Freiheit zu leben, muß man den Ort einnehmen, wo die Welt als durch das Subjekt ununterbrochen geschaffene sichtbar wird. Wie ist das möglich? Nehmen wir als Beispiel eine Analyse Sartres (S. 530ff.). A. macht eine Bergtour mit Kameraden. Die Anstrengung wird immer drückender. Nach einer Weile wirft A. den Rucksack weg und sagt, er könne nicht mehr, er müsse sich ausruhen. Wie kommt man von einem so banalen Verhalten zur Weltkonstitution?

Man kann sagen, A. war erschöpft. Diese Antwort ist unbefriedigend; seine Freunde waren genauso angestrengt. Man kann sagen: er hat einen schwachen Charakter und kann einer Anstrengung nicht standhalten. Das ist offenbar nur ein Etikett. Für Sartre geht es um die Wahl einer bestimmten Einstellung gegenüber der Anstrengung. Der Freund z. B. ist auch angestrengt; aber er *liebt* seine Anstrengung als eine Art, die Umgebung zu entdecken; die Mühsal setzt ihn in Beziehung zu dem steilen Weg durch die Berge, zur grellen Sonne auf den Steinen; sie ist eine Art, in die Landschaft einzutauchen. A. dagegen haßt es, seinen Körper zu *fühlen*; dieser soll reines Instrument sein, ein intensives Körpergefühl ist ein zerstörerischer Einbruch in seine Welt; damit er seine Orientierung wiederfindet, muß erst einmal dieses Gefühl zum Verschwinden gebracht werden.

Man sieht das Verfahren: erst ist zu zeigen, daß die Situation ganz verschiedene Antworten erlaubt; daß diese kleine Wahl Element einer umfassenderen Wahl ist, hier der Wahl einer Beziehung zum Körper und zur Umwelt als Körpererfahrung. Von da geht die Analyse zu der ursprünglichen Wahl, zu dem *projet fondamental*, wo das Subjekt in einem sich und eine Welt wählt.

Adam ist nicht frei, den ihm angebotenen Apfel abzulehnen – es wäre ein anderer Adam, der das täte –, die Freiheit liegt in der Wahl Adams durch sich selbst (S. 547). Es ist eine eigenartige Wahl, in der das Subjekt, das wählt, in der Wahl erst entsteht.[38] Wenn dieser Begriff eine moralische Bedeutung haben soll, dann müßte die erste Wahl im nachhinein einholbar sein und sich in eine bewußte Entscheidung verwandeln lassen. Das Ende von *Das Sein und das Nichts* spricht der *psychoanalyse existentielle* die Fähigkeit zu, dieses Ziel zu erreichen, den Menschen in Übereinstimmung mit seiner Leidenschaft zu bringen.[39] In den *Wörtern* wird Sartre zeigen, daß dem Autor von *Das Sein und das Nichts* seine eigentliche Leidenschaft – das, was ihn zum Schreiben treibt – völlig verdeckt war: er sah sie nicht, weil er durch sie die Welt sah (S. 211). Die Hoffnung, die grundsätzliche Blindheit gegenüber der eigenen Welt aufzuheben, ist in den *Wörtern* aufgegeben (S. 213).

Der Begriff Freiheit ist also sehr problematisch, wenn ihn das Subjekt auf sich selber bezieht; er hat aber einen klaren Sinn, wenn es ihn auf die anderen anwendet oder auf den anderen, der es einmal war. Es ist der Rückgang zu dem Ort der ersten Wahl, der es Sartre möglich macht, seine Biographien zu schreiben. Gewöhnlich nehmen Biographien die

Wirklichkeit als Welt vorgegebener gemeinsamer Bedeutungen und beschreiben, wie ein Mensch in dieser sich einrichtet und was er in ihr tut. Bei Sartre wird dargestellt, wie ein Mensch sich selbst und eine ihm eigene Welt von Bedeutungen produziert, nach dem Schema, das wir am Beispiel des müden Wanderers skizziert haben.

Sartres Urszene

Noch bevor Sartre seine Biographien beginnt, hat er eine Wahl getroffen, immer dieselbe: er beschreibt das Findelkind und nicht den legitimen Sohn, den Idioten der Familie und nicht das Kind, auf das der Vater seine Hoffnungen setzt – ihn interessiert nur, wer zum Medium der Plätze keinen Zugang gefunden hat. Sartres Auswahl seiner Protagonisten wiederholt die Wahl, die diese selbst getroffen haben und in der sie zu dem geworden sind, was sie sind: es ist die Entscheidung gegen die Medialität. Die lange Auseinandersetzung, die Sartre mit den Identifizierten führt, endet immer wieder in der Feststellung, daß die Differenz sich nur einer Täuschung verdankt: alle Menschen sind Bastarde, nur, viele wissen es nicht. Wir wollen die Möglichkeit offenhalten, daß die legitimen Söhne einen grundsätzlich anderen Weg gehen als die Bastarde. In Sartres Urszenen wollen wir die Punkte suchen, wo dieser andere Weg sich andeutet.

Im Zentrum von *Das Sein und das Nichts* steht wie in den Biographien die Beschreibung einer mißglückten Begegnung, die berühmte Analyse des beschämenden Blicks.[40] Die Begegnung ist in einem doppelten Sinn mißglückt. Einmal, weil das Subjekt, was an Möglichkeiten sich öffnet, im folgenden wieder zunichte macht. Und dann in einem philosophischen Sinn: der neue Gedanke, der hier entwickelt wird, wird später wieder in die alten Bahnen umgebogen.[41] Ich möchte im folgenden diese Szene mit der »Urszene« aus dem *Saint Genet* ergänzen, um so ein vollständiges Bild der Konstellation zu gewinnen, in der die Begegnung abläuft. Dann läßt sich erkennen, wie Sartre diese Konstellation ausfüllt, welche Möglichkeiten er auswählt und welche er übersieht. Auf dem Hintergrund der verfehlten kann das Gegenbild der geglückten Begegnung sichtbar werden.

Und von dem anderen Weg aus können wir auch Sartres Bahn – in der er die Bestimmung des Menschen zu erkennen glaubt – als eine spezifische Bahn verstehen; wir können den Bereich situieren, den sein Denken erfaßt.

Sartre geht von einer konkreten Situation aus. Ein Mann ist irgendwie, aus Eifersucht z. B., dazu gebracht worden, an einer Türe zu lauschen und durch ein Schlüsselloch zu spähen. Er ist ganz selbstvergessen, ganz bei dem, was er sieht. Dann hört er Schritte auf dem Flur: jemand sieht ihn; er wird von der Scham überflutet. Hier bricht Sartre die Szene ab. Später evoziert Sartre ein Bild, das man sich zeitlich anschließend denken kann: das Subjekt wird gesucht, vielleicht mit einer Taschenlampe, von einem Verfolger, den es – das ist wichtig – nicht sehen, nicht lokalisieren kann. Mit dem Gefühl gesehen zu werden, bricht mit einem Schlag die Welt des Subjekts zusammen und baut sich um den Blick des Anderen als neuen Mittelpunkt wieder auf. Vorher war das Subjekt außerhalb seiner, bei einer Szene, die es sah, bei dem Ausdenken der Möglichkeiten, etwa besser zu sehen oder einzugreifen, in seinem eigenen Entwurf einer Zukunft. Der Blick ergreift es im Tiefsten seines Selbst (S. 302), macht es zu dem, was es ist, zu diesem Mann, der vor dem Schlüsselloch kniet. Das Subjekt kennt dieses Sein nicht; später kann es sich überlegen, welche Urteile dieser Blick enthalten haben mag, Empörung, Belustigung, aber in diesem Augenblick empfindet es die Beschämung voll und ganz, bevor das Wissen da ist. Aber dennoch ist die Scham ein Geständnis und eine Anerkennung: daß ich wirklich das bin, wozu der Blick mich macht.

Bei der Beschreibung des Phänomens der Beschämung geht es Sartre um den einen Moment, in dem das Subjekt ertappt ist, noch bevor es sich wieder »faßt«. In diesem Moment ist der Blick nur Blick; es braucht keine Person wahrgenommen zu werden, es genügt ein Knarren in der Diele. Der andere ist reine Gegenwart, nicht in die Welt des Subjekts einzuordnen; erst später wird es sagen können: das ist ja nur der A.

In diesem Augenblick hat das Subjekt vergessen, was es will; es ist nicht mehr das Zentrum seiner Welt. Es sieht sich als Gegenstand in einer Welt, die von dem Blick des Verfolgers organisiert ist; was ihm als Versteck erscheinen könnte, ist vielleicht gerade eine Falle, dieser Ausweg führt gerade zum Verfolger. Der Raum hat keine Orte mehr für ihn, er kann keine Ziele mehr bilden; seine Welt ist »ausgelaufen«, alles hat sich zu dem Blick hin orientiert; es ist weltloses Objekt in einer Welt, deren Meister der Andere ist.

Wessen schämt sich das Subjekt? Es geht nicht um eine spezifische erniedrigende Situation, sondern um den »Sündenfall«, der darin besteht, Objekt für andere zu sein (S. 349). Die besondere Inszenierung, die der Text aufbaut, hat zwei Funktionen. Einmal schafft sie der ersten Lektüre eine vordergründige Plausibilität; aber vor allem dienen Tür und Schlüsselloch dazu, die notwendige Konstellation der Blicke zu garantieren: das Subjekt muß sehen, ohne gesehen zu werden.

Aber nicht jeder, der überraschend angeschaut wird, schämt sich. Es bleibt die Frage, woher kommt die »Nacktheit« des Subjekts? Wieso ist es so durchlässig für den Blick des Anderen? Was auch immer hinter der Tür sich abspielen mag, offensichtlich ist es ein intensives Begehren, das das Auge zu dem Schlüsselloch hinzieht. Das Subjekt hat seine ganze Aufmerksamkeit in dieser einen Szene versammelt; seine ganze Welt ist jetzt hier konzentriert, und die zumindest defensive Aufmerksamkeit, mit der wir immer die Welt um uns besetzen, ist vollständig abgezogen. Daher die Ungeschütztheit und der traumatische Schock, der diese Nacktheit und den vernachlässigten Raum plötzlich zum Bewußtsein bringt. Man muß also sagen: das, was beschämt, ist nicht die Durchbrechung eines Verbots, sondern es ist das Begehren als Verbotenes; genauer, wenn man berücksichtigt, daß es sich hier um die Konstitution der Dimension des Für-andere handelt, das Begehren, das die Dimension erlaubt-verboten noch nicht kennt.

Die Szene wird in folgender Weise aufgelöst. Unter dem Gewicht der Beschämung gibt das Subjekt auf, was es begehrt hatte; es wendet sich dem Anderen zu. Zuerst schildert Sartre die Situation einer Verfolgung, in der das Subjekt Objekt für den überlegenen Anderen bleibt. Dann wendet es sich zurück; es kommt zum »Kampf der Blicke«, den wir aus der *Nausée* kennen: das Subjekt macht den Anderen, der es zum Objekt gemacht hatte, nun seinerseits zum Gegenstand.

Im Zusammenhang des Buchs beschreibt die Szene den Moment, wo das Subjekt, das vorher nur in seinem Verhältnis zur Welt der Dinge betrachtet wurde, auf die anderen trifft. Von hier leitet sich die Darstellung der Dimension des Für-andere ab und zugleich die Verwandlung des Ich in einen »Menschen unter Menschen«, seine Situierung in der gemeinsamen Welt. Als Beschreibung der Konstitution des Menschen ist der Text wirklich eine »Urszene«.

Man kann den Text aber auch buchstäblich nehmen, als Darstellung der Beziehung, die zwischen dem Begehren und der Beschämung besteht. Die beiden Lesarten widersprechen sich nicht. Die Beschämung hat für Sartre ihren besonderen Stellenwert gerade daher, daß jede Beschämung die Entstehung der Dimension des Für-andere wiederholt. Mit dieser zweiten Lesart wollen wir hier beginnen.

In die Szene ist eine Finalität eingezeichnet, so etwas wie ein »normaler Ausgang«. Wenn es ein Begehren zwischen Menschen geben soll, dann muß es von der Art sein, daß es das Angeschautwerden ertragen kann. Dabei macht es keinen Unterschied, ob das Subjekt die Tür öffnet und dem Blick des begehrten Objekts begegnet, oder ob es sich dem Verfolger stellt: ob in dem dazukommenden Dritten oder im Gegenüber, es ist immer der Blick des Anderen, dem gegenüber das Subjekt seinem Begehren eine Gestalt geben und es zur Anerkennung bringen muß. In diesem Sinn ist die Szene bei Sartre in einer radikalen Weise mißglückt: das Subjekt hat nicht einmal den Versuch gemacht, vor dem Blick des Anderen sein Begehren festzuhalten. Wie demgegenüber der »normale Ausgang« aussieht, möchte ich an einer Szene aus einem Roman des 18. Jahrhunderts, Marivaux' *Vie de Marianne*, verdeutlichen.

Es ist die erste Begegnung des Liebespaares. Marianne hat sich den Knöchel verstaucht, und der junge Mann kümmert sich um sie. In dem wechselseitigen Begehren ist die Beschämung in zweifacher Weise gegenwärtig. Valville beugt sich mit dem Arzt in sehr indiskreter Weise über den entblößten Fuß des Mädchens. Einen Moment lang ist er selbstvergessen und aufgesogen von dem Gegenstand, wie Sartres Subjekt von der Szene hinter der Tür; er hat den Blick des Anderen auf sich vergessen und sich dadurch der Beschämung ausgesetzt – die das Mädchen für ihn fürchtet und ihm durch ihr Wegsehen taktvoll erspart. Das Begehren bekommt Gestalt, indem es *sich erklärt*, d. h. indem das Begehren nach einem Körper in eine Bindung zwischen Personen übersetzt wird. Wenig später wird Valville sich besinnen, die »Erklärung« (in diesem Fall ohne Worte) nachholen. Die Liebenden können sich begehrend in die Augen sehen. Die Verbindung von Begehren und Angeschautwerden, die für Sartre – wie für Proust und Rousseau – immer unzugänglich bleibt, ist geglückt. Allerdings liegt vor diesem Glücken noch die Gefahr einer zweiten Beschämung, die der Text Marianne zuordnet. Es geht um das *Begehrenswerte*. Marianne fürchtet sich, dem adligen jungen Herrn ihr wenig feines Domizil und damit ihren niederen Stand bekannt machen zu müssen. Sie fürchtet das »Quoi, ce n'est que cela«[42], mit dem sie den Status eines begehrenswerten Objektes verlieren würde. Man sieht, daß der begehrende Blick des jungen Mannes ein medialer Blick ist; er begehrt mit dem Körper auch zugleich den Platz, und die Bindung, in die die »Erklärung« das Begehren verwandelt, hängt in ihrer konkreten Form vom Verhältnis der Plätze ab. Sie ist ganz anderer Art, je nachdem, ob es sich um ein »Fräulein« oder ein Mädchen aus dem Volk handelt. Marianne löst die Situation, indem sie zu weinen beginnt und so ihre Beschämung mitteilt. Aus einem vornehmen Fräulein wird sie zu einem schönen Mädchen in unverschuldetem Unglück und ist auf diese Weise noch interessanter als vorher. Man sieht: für das Begehren gibt es einen Code, der bestimmt, wer begehrenswert ist und zu was Begehren verpflichtet; in diesem Medium findet es die Gestalt, die es vor der Beschämung schützt. Marianne hat schließlich Erfolg, weil der Code des Romanesk-Interessanten den der Plätze – der bei Marivaux schon seine Verbindlichkeit zu verlieren beginnt – ersetzen kann.

Die Episode läßt sich also vollständig in Sartres Konstellation einzeichnen, wenn man nur beachtet, daß die drei Grundpositionen der Konstellation in verschiedener Weise besetzt werden können: Mariannes nackter Fuß ist das Objekt hinter dem Schlüsselloch, das die »Selbstvergessenheit« – in Wirklichkeit das Vergessen der Gegenwart des Anderen – auslöst, mit dem Sartre die Szene beginnen läßt. Der ganze Rest der Episode, auch schon Mariannes Sorgen, zeichnet den »normalen« Ausgang aus Sartres Szene. Von diesem »normalen« Ausgang her können wir manches in Sartres Szene genauer verstehen. Worüber schämt sich der Beschämte? Wir hatten das Moment des Vergessens der Gegenwart des anderen hervorgehoben. Es ist zwar richtig, daß man den anderen nicht vergessen darf; es ist immer etwas peinlich, wenn man dabei ertappt wird. Aber die Beschämung des begehrenden Subjekts geht weiter. Aus Marivaux' Liebesszene können wir die Antwort ablesen. Der Blick, der das Subjekt befragt, fragt nach dem *Begehrenswerten*; die beschämende Nacktheit des Subjekts liegt darin, daß es auf diese Frage nach dem *Recht des Begehrens* nichts vorzuweisen hat. Marianne und Valville haben »Kleider« für das Begehren: die Plätze und die persönlichen Eigenschaften, die der kulturelle Code als Ideale diesen Plätzen jeweils zuordnet. Das sexuelle Begehren muß gelegentlich die »Kleider« vergessen, aber es braucht sie als Zeichen des Rechts zu begehren. Die Spannung unserer Szene kommt daher, daß diese »Kleidung« durch Mariannes zwiespältige soziale Position an einigen

Stellen in Unordnung geraten ist. Das Subjekt Sartres besitzt keine »Kleider«; daher ist die Beschämung vollständig und ohne Ausweg.

Es ist lohnend, den »normalen« Ausgang noch einmal in einer modernen und abstrakten Version kennenzulernen. In einer kritischen Lektüre unserer Szene macht Axel Honneth[43] Sartre einen Vorwurf, den wir, ohne ihn zu verfälschen, auf die Formel bringen können: warum beschreibt Sartre die Beschämung nicht so, wie Marivaux es tut? Nach Honneth geht es in derartigen Situationen und Wertungen um »moralisch gehaltvolle Interaktionen«; der wirkliche Bedeutungsreichtum werde von Sartre gewaltsam auf die verdinglichende Wirkung des Angeblicktwerdens reduziert (S. 78f.). Und vor allem: Das Subjekt könne die »vermutete Erwartungshaltung (des Beschämenden) selbst zum Thema seiner Reaktion machen, indem es sich des Mittels der sprachlichen Verständigung bedient« (S. 80). Honneth hat recht: es ist »normal«, daß die Szene in ein Sprechen – die Tränen Mariannes, die Erklärungen Valvilles – mündet. Damit verliert die Beschämung den Status der totalen Katastrophe und wird als ein Ereignis unter anderen in die Welt eingeordnet; der beschämende Blick verliert seine Allmacht und wird zum Blick einer Person unter anderen. So beschreibt es Marivaux: Marianne gesteht weinend die Ursache ihrer Scham, die eben dadurch begrenzt und erträglich wird.

Warum übersieht Sartre so offensichtliche Dinge? Die Ursache liegt nach Honneth in den Kategorien, mit denen Sartre das Subjekt beschreibt. Was dem Sartreschen Subjekt fehle, sei ein normatives Verständnis seiner selbst; hätte es das, so würde es den Blick des Anderen als einen dem reflexiven Blick, den es auf sich selbst wirft, verwandten Blick ansehen; es könnte sich in seinem »handlungsleitenden Selbstverständnis bekräftigt oder hinterfragt, ermutigt oder kritisiert sehen« (S. 79), kurz, es würde ein Gespräch entstehen. Honneth übersieht allerdings völlig den Stellenwert der Szene. Sartre will die Konstitution der menschlichen Welt in der Begegnung mit dem Anderen beschreiben; der reflexive Blick des Subjekts auf sich selbst entsteht für ihn gerade erst im Zusammenhang mit dieser Begegnung und in der Abwehr des Blicks des Anderen.

Aber vor allem: mit dem Anderen darüber zu reden, wie sich sein Bild von mir zu meinem Bild von mir verhält, setzt voraus, daß beide Bilder von der gleichen Art sind und zugleich, daß ich in einer fundamentalen Weise dem Anderen das Recht gegeben habe, in mir zu sehen, was ich wirklich und für mich bin. Sartre macht das in der Analyse des Stolzes deutlich, eines der möglichen (unauthentischen) Ausgänge aus der Beschämung: um stolz auf das zu sein, was der andere in mir sieht, ist eine grundsätzliche Anerkennung des anderen vorausgesetzt, die für Sartre nur als Resignation denkbar ist. »... il faut que je me sois d'abord résigné à n'être à n'*être que cela*« (S. 351, Hervorhebung im Text).[44] Eine solche Resignation enthielte aber den unmöglichen Verzicht auf die eigene Freiheit. Honneth täuscht sich, wenn er meint, Sartre besitze nicht die Kategorien, um eine Subjektivität in seinem Sinn zu erfassen; er besitzt sie und er beschreibt diese Subjekte oft: es sind die Identifizierten, die Bürger oder selbstsicheren Kommunisten, die den Blick des Anderen in sich aufgenommen haben und selbst mit dessen Augen schauen – auf die Anderen und auf sich. Die Kritik Honneths liegt auf der Ebene des »Kampfs der Blicke«; wie die Bürger im Museum von Bouville wirft er Sartre vor, sich nicht dem Blick des Anderen unterworfen zu haben; wie diese weiß er nicht, daß sein eigener Blick auf sich selbst der des Anderen ist.

Die Realisierung des Begehrens, die Verwandlung der Beschämung in Anerkennung ist nur möglich, wenn das Subjekt sich grundsätzlich damit abgefunden hat, das zu sein, was die Anderen in ihm sehen. Es muß sich dem Code unterworfen haben, der das Begehrenswerte regelt. Der Roman sagt es genau: Marianne verdankt ihre Rettung aus der Beschämung der Tatsache, daß sie aus dem noch herrschenden Code der Plätze in den anderen des Romanesk-Interessanten hinüberwechseln kann. Anerkennung des Begehrens setzt eine mediale Gestalt voraus.

Marianne gehört in die Reihe der Bürger von Bouville und der »bewohnten Geister«, derjenigen, die wir die positiv Identifizierten genannt haben. Sartre glaubt zu wissen, wie man zu dieser Position kommt, durch den Verzicht auf die eigene Freiheit, der notwendig (weil man auf die Freiheit nicht verzichten *kann*) mit der *mauvaise foi* verbunden ist. Damit ist auch gesagt, daß es keine Anerkennung des Begehrens geben kann; daß »der Konflikt der ursprüngliche Sinn des Seins-für-andere« ist. Eine solche Auffassung widerspricht ersichtlich dem Gemeinverstand. Das weist darauf hin, daß für Sartre ein Weg in der Weise versperrt ist, daß er ihn nicht nur nicht gehen, sondern auch nicht sehen kann. Sein Haß auf die Namen gibt ihm den Zugang zu der Frage (die die moderne Vorstellung des Individuums verkennt), unter welchen Bedingungen es bejahte Identifikationen gibt, aber sie verstellt ihm die Antwort. Um zu verstehen, wo genau der Punkt der Blockierung liegt, werden wir den Text ein zweites Mal als Darstellung des Zugangs zu den Namen lesen, wobei wir die biographische Version aus dem *Saint Genet* als Kommentar benützen.

Zuerst ist die Begegnung mit dem Blick des Anderen eine Katastrophe. Der Blick ergreift mich im Tiefsten meines Selbst (S. 309), aber um mich mir wegzunehmen. Meine Ziele, mein eigener Zugriff auf die Dinge wird mir geraubt; ich finde mich in einer Welt, die der andere beherrscht.

Aber die Begegnung ist auch etwas anderes: sie ist der Ansatz zur Realisierung des fundamentalen Wunsches, der in der ersten Hälfte des Buchs entwickelt worden ist und der das ganze Werk Sartres beherrscht, des Wunsches nach dem Sein, nach der Gestalt. Der Andere enthüllt mir das Sein, das ich bin (S. 430). In *Das Sein und das Nichts* wird diese Richtung bald abgebrochen; die Begegnung mündet schnell im »Kampf der Blicke«.[45] Aber der *Saint Genet* gibt der Szene der Beschämung einen anderen Ausgang, er betont, was das frühere Werk unterdrückt.[46] Was den Inhalt des hier besprochenen Textes ausmacht, ist im *Saint Genet* vorausgesetzt und wird nicht thematisiert: in der Szene des Diebstahls braucht Genet nicht zu entdecken, daß er nackt ist; das Findelkind weiß das schon lange. In der Welt der Bauern, in der er aufwächst, ist es so massiv wie sonst nirgends das Eigentum, das das Sein-für-andere bestimmt. Wenn das Kind stiehlt, das Gestohlene in Nahrung umsetzt und in einer feierlichen Zeremonie aufißt, so will es sich einverleiben, was die anderen haben, es will den Platz. Bei der Verwirklichung dieses Wunsches begegnet es dem Anderen, dem endgültigen Satz: Du bist ein Dieb. Der Andere hat hier feste Konturen gewonnen; er hat, was dem Kind fehlt. Aber nicht einen Platz unter vielen. Gegenüber dem, der nichts hat, ist der, der etwas besitzt auch der, der absolut besitzt, der Herr der Welt; und gegenüber dem angehenden Verbrecher ist er »der Gute«. Genets ganzes zukünftiges Leben wird an diese Konstellation gefesselt bleiben: er muß *nichts* sein, damit er einem Anderen begegnen kann, der *alles* ist, so daß er diesem Herrn sein Sein stehlen kann.

An dieser vollständigen Weiterführung der Szene wird sichtbar, welche Form für Sartre die Begegnung mit der identifizierenden Gewalt hat. Es ist eine Gewalt, die in das Innerste des Subjekts eindringt und in ihm etwas, was ihm zugleich ganz eigen und ganz fremd ist, zu seinem

Wesen erklärt; die ihm eine Gestalt verspricht, aber eine Gestalt, die das Subjekt sich nie zu eigen machen kann. Das Werk Sartres ist voller Beispiele für die vergeblichen Anstrengungen, sich das Sein anzueignen, als das man sich von dem Anderen gesehen sieht. So etwa die Beschreibung des Leidens in *Das Sein und das Nichts* (S. 135 ff.). In jedem Leiden liegt der Wunsch nach dem »richtigen«, dem »wahren« Leiden, wie es uns in einem Portrait, im Gesicht einer Statue, in einer tragischen Maske entgegentritt. Wir Menschen dagegen leiden daran, nie genug zu leiden; das Bewußtsein in uns schwätzt unaufhörlich *vom* Leiden und hindert uns, es zu sein. Wir stöhnen, wir schreien, damit das Leiden an sich existiert; aber wir sind nur die Komödianten unseres Leidens. Für die anderen können auch wir als diese Statue des Leidens existieren, aber nur für sie; für uns können wir dieses Sein nicht realisieren.

Sartre kennt nur einen Ausgang aus der Urszene. Wenn das Subjekt schließlich seine Augen auf den Beschämenden richtet, so wird es erkennen, daß der unfaßbare Blick der eines Menschen gewesen ist. Damit hat das Subjekt zwar seine Freiheit wiedergewonnen, aber zugleich die Hoffnung auf die Gestalt verloren. Und sein innigstes Bemühen wird darauf gehen, sich wieder einen Herrn zu suchen, bzw. durch die Inszenierungen, in denen Genet Meister ist, zu schaffen. Das Subjekt wird im Zyklus von »Transfiguration« und »Degradation« (S. 358) hin- und hergetrieben. Wir verstehen jetzt die Merkwürdigkeiten im »Kampf der Blicke«, die uns früher rätselhaft geblieben waren. Die Bürger von Bouville sind für Roquentin Götter, in deren Augen er die absolute Verurteilung liest; der kleinste Riß in der Gestalt, die sie verkörpern wollen, raubt ihnen die Allmacht, ohne die sie nichts sind. Die Szene im Museum ist die Beschreibung einer »Degradation«.

Sartres Urszene ist die Darstellung eines gescheiterten Zugangs zur Welt, die bindet, zu einer bejahten Identifikation. Wir sehen auch den Punkt der Blockierung. Im Moment der Beschämung ist der Andere derjenige, der das Subjekt im Innersten verwandelt, er ist »das Subjekt, das in keiner Weise zum Objekt werden kann«; er ist »Gott« (S. 350). Wenn die Identifikation Bestand haben soll, dann muß dieser Status des »Subjekts, das nie zum Objekt werden kann«, erhalten bleiben, auch wenn das Ich in dem anderen den Menschen erkennt. Es ist der Moment der Desillusionierung, und das Paar des Beschämten und des »Herrn der Welt«, das wir betrachten müssen, um den anderen Ausgang beschreiben zu können.

Man kennt die Bedeutung von solchen Paaren in Sartres Werk: der Jude und der Antisemit, die Nutte und der ehrbare Bürger, der Schwarze und der Weiße, der Bastard und die rechtmäßigen Erben, der Folterer und seine Opfer – das sind nur die massivsten Beispiele, in denen die Struktur unmittelbar einsichtig ist. Wichtig ist, daß in Beziehungen diesen Typs der einzige Weg liegt, der zu dem Bewußtsein führt, eine Gestalt zu besitzen. Absolut jeder, der sagt: *je suis moi*[47], kann es nur dadurch, daß er eine solche Beziehung herstellt. Wenn bei Sartre jemand »wir Ärzte« sagt, dann ist das einer, der aus der »Tiefe seiner Erfahrung mit Leid und Tod« zu den gewöhnlichen Menschen spricht.[48] Wer so redet, braucht sein Gegenüber, um sich eine Gestalt zu beschaffen, genau wie der Antisemit den Juden braucht, um »echter Franzose« zu sein. Man versteht, warum für Sartre Identifikation die absolute Sünde ist. Die Bürger von Bouville sind *Salauds*; nicht weil sie ein behagliches Leben auf Kosten der Arbeiter führen; sie sind Ausbeuter auf der Ebene des Seins. Sie verschaffen sich eine Gestalt, indem sie auf die Freiheit des Gegenüber den Stempel des Beschämenden drükken: des Bösen, des Erbärmlichen oder des Abstoßenden. Dieses »Spiel« – es ist ein Spiel, eine Inszenierung – ist die schlimmste Gewalt, weil sie in das Innerste des Gegenüber greift und dort ihre betrügerische Macht einpflanzt. Ob man »wir Ärzte« sagt oder Widerstandskämpfer foltert[49] – es ist dasselbe Spiel, das gespielt wird.

Wenn man solche Aussagen auf der psychologischen Ebene versteht, sagen sie, was über den autoritären Charakter und die Bedeutung, die für diese Projektionsmechanismen und Schwarz-Weiß-Bilder haben, auch anderswo oft gesagt worden ist. Sartre glaubt aber, daß jede Beziehung zwischen Menschen von dieser Struktur bestimmt ist.[50] In dieser Konstellation und nur in ihr kann ein Mensch »ich bin« sagen, das Bewußtsein seiner Gestalt gewinnen. Daran ist richtig und wichtig, daß jede Identifikation Identifikation für ein Gegenüber und an eine ganz bestimmte Konstellation gebunden ist.[51] Und es ist ohne Zweifel eine fundamentale identifizierende Konstellation, die Sartre beschreibt. Allerdings ist es sicher nicht die einzige.

In einer Kritik an Stendhals Vorstellung von einer natürlichen und ungeschminkten Selbstdarstellung hat Valéry das Problem, um das es hier geht, in einer treffenden Weise ausgeführt.[52] Stendhal will natürlich, ehrlich und ungehemmt sagen, was er ist. Valéry weist darauf hin, daß jedes Reden sich an jemanden wendet und eine Absicht hat; der

Versuch, ohne Rücksicht auf den Adressaten und absichtslos zu schreiben, führt nur dazu, daß der Schreibende zum Schauspieler seiner selbst wird; er ist natürlicher als die Natur und spielt die Komödie der Ehrlichkeit. Die Unterscheidung zwischen dem Subjekt des Aussagens und dem Subjekt, über das etwas ausgesagt wird, entspricht Sartres Unterscheidung zwischen der Freiheit des Für-sich und dem Sein. Wenn Valéry darüber hinaus sagt, daß Selbstaussagen immer Selbstdarstellung, immer adressiert, immer ein Spiel mit sich selbst sind, dann sagt er, was Sartre in unzähligen Texten ausführt – die Verurteilung zum Schauspielen ist bekanntlich eines seiner großen Themen. Wer Arzt *sein* will, muß das Arztsein spielen; und gerade damit ist er nicht Arzt, sondern das Subjekt, das den Arzt spielt. Es bleibt aber die Frage, ob aus der Tatsache, daß eine Selbstaussage immer das sprechende Subjekt spaltet und immer von der Beziehung zum Adressaten bestimmt ist, notwendig folgt, daß sie in die Dimension der Schauspielerei oder der *mauvaise foi* gerät.

Wir wollen versuchen, eine andere Konstellation zu konstruieren. Stellen wir uns einen Unfall vor. Ein Mann kommt hinzu, sagt: Ich bin Arzt. Bei Sartre entsteht das Arzt-Sein aus der absoluten Differenz in einer Zweier-Beziehung, aus der Position des Wissenden gegenüber dem Unwissenden. Hier verweist der Satz auf eine Verpflichtung, auf deren Einhaltung die Betroffenen rechnen können, auf ein Wissen, das sie brauchen, auf Rechte; er beruft sich auf eine Institution, die Plätze vergibt. Beide Aussagen betreffen etwas dem Subjekt Wesentliches; aber die erste versucht tatsächlich, die Spaltung zwischen dem Subjekt des Aussagens und dem der Aussage aufzuheben; im Kern heißt sie: ich bin, was du nicht bist. Die zweite Aussage bewahrt die Spaltung; »ich bin Arzt« heißt, ich komme *hier* als Arzt. »Ich bin« ist nicht eine Aussage über mein Wesen, das sich in allem, was ich sage, ausdrückt – was Sartre mit Recht für unmöglich hält; es ist ein Performativ, die Wiederholung einer Bejahung: ich übernehme in dieser Situation die Rechte und Pflichten eines Arztes.

Die Garantie dieses »ich bin« ist nicht, wie im ersten Fall, der Blick des konkreten Gegenüber; sie liegt in der medialen Anerkennung und der damit verbundenen Zuschreibung von spezifischen Beziehungen, von Rechten und Pflichten. In der Konstellation des »alles oder nichts« muß das Subjekt den Blick *produzieren*, der ihm sein Sein gibt – darin liegt das Wesen der Sartreschen »Spiele«. Der mediale Blick ist dem

Subjekt vorgegeben; in jedem Gegenüber kann der Arzt den Forderungen begegnen, die sein Beruf stellt. Hinter diesen einzelnen liegen Kodifizierungen, in den ständischen und akademischen Institutionen, dahinter wiederum Regeln, wie der hippokratische Eid, dahinter noch ältere Bestimmungen einer Gestalt, die sich auf der Beziehung zwischen einem privilegierten Wissen und dem Wunsch nach Heilung stützt.[53] Der mediale Blick kann in jedem begegnen, er findet seine Stütze[54] an vielen Orten, aber er ist der Blick von niemandem.[55]

Der Satz, ich komme als Arzt, hat einen Preis: die Übernahme einer lebenslangen Verpflichtung. Hier liegt der zweite Grund, warum für Sartre dieser Satz undenkbar ist.

An einer Stelle der *Wörter*[56] beschreibt Sartre, mit welchem Vergnügen er alles abschüttelt, woran die meisten Menschen so intensiv festhalten: die Vorlieben (etwa für Bilder oder für Landschaften), die Kindheit, die Bücher, die er geschrieben hat. Dann kommt er zu seinem Umgang mit der Schuld; wie verhält er sich, wenn er jemanden gekränkt und ihm Unrecht getan hat? Nun, auch hier ist er *Verräter*. Mit Wonne nimmt er das ganze Unrecht auf sich und gesteht seine Fehler ein. Aber das bedeutet nichts. Er behandelt seine früheren Fehler wie die eines anderen, mit dem er nichts mehr zu tun hat. Er überläßt den anderen die leere Hülse seiner alten Person und genießt das Vergnügen, sich als »Kind (zu fühlen), das eben geboren wird«.[57] Der andere ist betrogen; mit seinen Vorwürfen hatte er eine (symbolische) Wiedergutmachung bezweckt; er begegnet jemandem, der ihm bedeutet, daß das Ganze ihn nichts mehr angehe. Eine Schuld anerkennen, heißt sich gebunden zu fühlen, sich durch das festlegen zu lassen, was man getan hat. Mit seiner ständigen Selbstdistanzierung lehnt Sartre das Prinzip der Schuld selbst ab. Damit verzichtet er natürlich auch auf die Rechte, die ihm aus vergangenen Handlungen zufließen könnten; aber das ist ihm gleichgültig: er will geben, nicht nehmen.

Als konkrete Beziehung zwischen Personen ist die Schuld beseitigt; aber wer Sartres Werk kennt, weiß, wie massiv es von der Allgegenwart einer »metaphysischen« Schuld beherrscht ist. In der *Nausée* hatten wir gesehen, daß noch hinter der Weltauflösung und der bedrängenden Präsenz der Dinge die quälende Frage nach dem Recht zu existieren stand. Die Wörter fassen dasselbe in eine Kinderphantasie.[58] Im Zug nach Dijon wird Poulou vom Kontrolleur geweckt und nach dem Billet gefragt, das er nicht hat. Sein einziger Ausweg ist, sich eine überaus wichtige Mission zuzuschreiben, die seine Anwesenheit in Dijon absolut nötig und das Fehlen des Billets belanglos macht. Solange er spricht, wird er nicht hinausgeworfen; also redet er und redet, und der Kontrolleur schweigt – bis sie in Dijon ankommen.

Der Kontrolleur ist ein Aspekt des Blickes, der in der Urszene begegnet. Der Preis, den er verlangt, ist genau der, den Sartre auf keinen Fall zahlen will oder kann: er soll die Hoffnung opfern, alles zu sein, sich in dem wiedererkennen, was er gibt oder schuldet. Poulou antwortet mit der Phantasie der Mission und der gloriosen Geburt; und nachdem Sartre, wie er am Ende der *Wörter* erzählt, diese Phantasie und den Versuch einer Antwort aufgegeben hat, sitzt er wieder – nun schweigend – dem jetzt milde gewordenen Kontrolleur gegenüber.[59]

Die Verpflichtung, die mit einem Namen verbunden ist, können konkrete Personen mit unabweisbaren Gründen einklagen. Die *Urschuld* begegnet zwar überall, aber kein wirklicher Mensch kann sich auf sie berufen. Wie Sartres Subjekt mit dem gestaltgebenden Anderen spielen kann (und allerdings auch spielen muß), ihm als Gott begegnet und dann zu nichts macht, so kann es mit der Urschuld spielen, ihr selbst die Inhalte geben. Nie kann ein anderer Mensch kommen und sagen: »das mußt du tun«.

Sartres Weg zur Gestalt war versperrt, weil der Andere, der im Moment der Beschämung begegnet, das »Subjekt, das in keiner Weise zum Objekt gemacht werden kann«, sich auflöst; und er löst sich auf, weil Sartre nur die eine identifizierende Konstellation des »alles oder nichts« kennt. Es gibt aber eine andere Konstellation, es gibt den Blick, der allgegenwärtig ist und nie zum Objekt gemacht werden kann, den Blick des Mediums. Die banalste aller Identifikationen – mit den Plätzen – ist Identifikation für diesen Anderen. Wir können für das in der Moderne problematische Platzmedium seine vollständige institutionalisierte und anerkannte Form einsetzen: das aristokratische Medium der Ehre und der Ränge, die mit ihnen verbundenen Rechte und Pflichten. Hier ist das für Sartre unauflösbare Problem der Verbindung von Objektsein und Freiheit offenbar gelöst. Ehre und Rang sind ein Sein; in seiner Gestalt für die anderen erkennt das Subjekt sein innerstes Wesen wieder. Aber sie sind nicht ein Sein, mit dem man verschmelzen muß, damit es existiert, wie Anny mit dem Bild verschmelzen muß, das ihr die »vollkommenen Augenblicke« vorhalten. Obwohl Rang und Ehre das Innerste der Person sind, bleiben sie doch ein Äußeres. Ein guter Teil der Literatur von der *Ilias* bis zu *Effi Briest* lebt von der Erzählung, wie eine Person ergreift oder verfehlt, was sie durch ihren Rang ist. Dieses Ergreifen heißt nicht »spielen«, wie der Kellner bei Sartre den Kellner spielen muß, um Kellner zu sein; Achill ist nicht Achill, weil er ein besonders guter Schauspieler seiner selbst ist, sondern weil er sich ganz dem medialen Anderen unterwirft, der ihm befiehlt, sein Wesen durch die ihm widerfahrene Kränkung zu bestimmen und die Rache über alles zu stellen. Das ist eine bewußte Wahl, er hätte auch die andere Möglichkeit gehabt:

> Einer Ehegenossin vermählt, der gebührenden Gattin,
> Mich der Güter zu freun, die Peleus der greise, gesammelt.[60]

Sartre hat recht, wenn er in der Identifikation den fundamentalen ethischen Akt sieht. Aber dieser Akt braucht nicht eine Verneinung zu sein, in der medialen Konstellation kann nicht nur die Ablehnung, es kann auch die Bejahung einer vorgegebenen Welt ein Akt der Freiheit sein.

Wir können jetzt in Sartres Urszene den »anderen Ausgang« einzeichnen, den Ausgang, der zu den festen Welten und zu der Bejahung des Anderen führt. In den Biographien ist der Andere der ersten Begegnung immer der »Vater« im alten Sinne des Wortes, derjenige, der den Sohn in die Welt der Plätze einführen soll. Diesen »Vater« also können wir in die Szene der Beschämung einsetzen. Der erste Moment ist der des philosophischen Textes: der Blick läßt das Subjekt empfinden, was ihm fehlt. Den zweiten Moment geben uns die Biographien: das Subjekt wendet sich an den Beschämenden, den Herrn der Welt; dieser soll seinen Mangel ausfüllen. Ob sie nun abweisend oder wohlwollend sind, immer benützen die »Väter« der Biographien die Ohnmacht des Kindes, um selbst eine Gestalt zu gewinnen. Das Kind muß sich im Nichtsein einrichten; oder es wird Inszenierungen lernen, durch die man für andere »alles« wird. Wenn sich – wie es notwendig geschieht – der Gott als Komödiant erweist, dann wird das Subjekt sich durch neue Spiele neue Götter schaffen. Auch der Weg zu der medialen Gestalt führt durch eine Enttäuschung, aber eine begrenzte Enttäuschung, die nicht vom *alles* zum *nichts*, sondern vom *alles* zu *etwas* führt. Die *Wörter* sind voller Erbitterungen über den Betrug, dessen Opfer der kleine Jean-Paul geworden ist; von dem Herrn bleibt nur der Popanz und der Betrüger. Wenn aber der »Vater« seine Gestalt auf den Blick des Mediums stützt, dann wird etwas die Enttäuschung überleben, nämlich das, was der Vater als wirklich Begehrenswertes besitzt, also – wenn man an das Medium der Plätze in seiner alten Gestalt denkt – sein Rang und die Art, wie er ihn ausfüllt. Hier situiert sich der Moment der »Verwandlung«, der Unterwerfung unter den Blick des Anderen. Dem Begehren des Kindes nach der Gestalt antwortet der Vater mit der Gabe des Platzes, dem Versprechen der Nachfolge, mit allen Rechten und Pflichten, die damit verbunden sind. Wenn der Sohn diese Gabe als seine wahre Gestalt annimmt, die ihm den Zugang zur Welt des Begehrens öffnet, dann hat er damit auch den Blick des medialen Anderen anerkannt; denn für diesen Blick, und nur für ihn, ist er, was er ist. Es ist das sich selbst definierende Gebilde entstanden, das wir die bindende Welt nennen. Damit hat das Subjekt auf die Hoffnung verzichtet – die in Sartres Universum immer, und wenn auch als durchschaute Illusion, festgehalten wird –, selbst ganz und gar begehrenswerte Gestalt sein zu können; es hat hingenommen, daß nur ein Teil von ihm – das, wofür sich der Andere interessiert, Gestalt gewinnt, daß ein Rest bleibt, den es opfern muß. Es hat auf die Freiheit im Sinne Sartres verzichtet, die ja genau darin besteht, jeden Tag neu geboren zu werden und sich seine Gestalt selbst geben zu können. Es hat dabei auch gewonnen: es kann sich (der Möglichkeit nach) über die ganze Welt ausdehnen; was es ißt und trinkt, die Häuser, die Erde, die Frauen, alles kann es zum Teil eines ins Unbegrenzte erweiterten zweiten Selbst machen. Es sieht, wozu die Welt gut ist; und sieht allerdings auch, daß sie schon ganz und gar verteilt ist. Es lernt die Regeln, nach denen die Teile vergeben werden; wie Madame de Bargeton und Marianne lernt es, sein Begehren an Dinge in der Welt zu knüpfen und um dessen Anerkennung zu kämpfen. Aus dem Bereich der Träume ist es in den Bereich der Wünsche gewechselt.[61]

Sartres umfangreich ausgeführte Überzeugung, daß die Welt im starken Sinn – die Welt, die bindet – »unmöglich« ist, hat uns befreit von dem Glauben an die Selbstverständlichkeit der Welt und das Problem der Medialität als Problem sichtbar gemacht. Aber die Frage, was eine mediale Welt ausmacht, ist weitgehend offengeblieben. Um die Umrisse einer Antwort zu gewinnen, wollen wir einen Weg gehen, der in Sartres Werk nahegelegt wird.

Die Beispiele für mediale Welten, die wir angetroffen haben, sind immer aus der alten Welt der Plätze genommen. Die Bürger und Bauern

Sartres sind nicht Eigentümer im modernen Sinne, die ihren Besitz frei zur Verfolgung individueller Interessen einsetzen. Eigentum begründet einen Bereich von Rechten und Pflichten, an die die Subjekte immer schon gebunden sind. Anders kann Eigentum auch nicht als Gestaltmedium funktionieren. Das moderne freie Eigentum kann Gestalten ermöglichen, aber keine schaffen; es kann nicht das Medium sein, dessen Blick die Subjekte sich unterwerfen müssen.

Wir wollen hier den Anregungen, die Sartre gibt, folgen. Es ist eine Trivialität, daß die vorbürgerlichen Welten die Subjekte an die Plätze binden. Ein Mitglied einer Stammesgesellschaft *ist* ein Abkömmling seines totemistischen Ahnen, wie ein mittelalterlicher Graf ein Graf und ein Leibeigener ein Leibeigener *ist*. Die vorbürgerliche Welt ist im ganzen eine mediale Welt, und das Medium sind die Plätze.

Wir wollen im folgenden die Alte Welt als Beispiel einer medialen Welt in ihren frühen und einfacheren Formen untersuchen. Dann werden wir verstehen können, wie die Aufklärung über eine Kritik des Platzmediums die medialen Konstruktionen errichtet, in denen wir uns immer noch – wenn auch mit zunehmender Unsicherheit – aufhalten.

ANMERKUNGEN

1 Genaugenommen ist der Name zusammengesetzt aus einem Teil des Namens des Freundes und einem Anagramm von Rousseau.

2 Der Begriff wird im folgenden näher bestimmt werden. Vgl. Anmerkung 24.

3 Jacques Lacan, *Das Seminar von Jacques Lacan. Buch I (1953–1954): Freuds technische Schriften*, Olten und Freiburg im Breisgau 1978, S. 290f.

4 Jürgen Habermas, »Diskursethik – Notizen zu einem Begründungsprogramm«, in: ders., *Moralbewußtsein und kommunikatives Handeln*, Frankfurt a.M. 1983, S. 108–112. Die Argumentation von Habermas ist für den Zweck dieser Einführung sehr verkürzt und etwas verschoben. Eine genauere Auseinandersetzung findet man im vorletzten Kapitel.

5 Ebd., S. 120 u. 122.

6 Sigmund Freud, »Der Realitätsverlust bei Neurose und Psychose«, in: *Gesammelte Werke*, Bd. XIII, S. 363–368. Gewöhnlich verbindet man den Begriff des Realitätsverlustes mit der Psychose. Freud meint hier aber mit Realitätsverlust nicht die Verkennung der Realität und den Aufbau eines Wahns, sondern den Abzug des Interesses. Der Neurotiker sieht die Welt wie die anderen auch; er weiß nur nicht, was *er* in ihr tun soll.

7 Für Rousseau z. B. die Momente zeit- und weltlosen Glückes, der reinen Lust am Existieren.

8 Das Wort Spiel wird hier und im folgenden in zwei Bedeutungen gebraucht. Einerseits bezeichnet es eine von Regeln geleitete Tätigkeit, die für den Betrachter, der von außen schaut, einen selbstzweckhaften Charakter hat. In diesem Sinn können dem Neurotiker die Tätigkeiten des Normalen als Spiel erscheinen. Andererseits bedeutet Spielen Schauspielen, d. h. für Zuschauer eine Rolle spielen, die für den Spielenden selbst die Rolle eines anderen bleibt. Wie wir bei Sartre sehen werden, entspricht diese Doppelverwendung des Wortes der Weltsicht des Neurotikers, der an den Ernst nicht glaubt.

9 Die konservativen Weltkonzepte sehen wohl die grundsätzliche Passivität des Subjekts beim Eingang in die Welt. Insofern stehen sie den Neurotikern näher als die Aufklärung. Aber sie naturalisieren die mediale Gewalt, und sie verkennen die spezifische Vernunft, die im Bereich des Zugangs herrscht. Was sie so gerne verherrlichen, die Bejahung der Passivität, der vorgegebenen Bindungen, ist eine konformistische Bejahung. Durch ihren Haß auf diese falsche Bejahung stehen unsere Autoren, wenn auch in problematischer Weise, doch ganz und gar auf der Seite der Aufklärung.

10 Jean-Paul Sartre, *La nausée*, Paris 1957. Auf diese Ausgabe beziehen sich die Seitenangaben im Text. Alle Übersetzungen stammen, soweit nicht anders angegeben, aus den jeweiligen Bänden von: Jean-Paul Sartre, *Gesammelte Werke in Einzelausgaben*. In Zusammenarbeit mit dem Autor und Arlette El Kaim-Sartre. Hrsg. von Traugott König, Reinbek bei Hamburg 1984. Wenn der Zusammenhang es erfordert, habe ich die Übersetzung dem Originaltext angeglichen.

11 »den Zusammenbruch der menschlichen Welt« (S. 199).

12 »das Wort... weigert sich, sich auf dieses Ding zu legen.« (S. 194)

13 Der *Nouveau Roman* ist da konsequenter, indem er die Weltpathologie nicht von der Welt als Gegenstand her beschreibt, sondern sie die *Formen* der Beschreibung angreifen läßt. Aber auch hier finden wir den Dichter zumindest als Theoretiker und Kritiker, der uns die ganze Pathologie vernünftig erklärt, auf dem vertrauten Terrain der Normalwelt wieder.

14 »wenn man ein vor Recht leuchtendes Gesicht geradeheraus ansieht, erlischt nach einer Weile dieses Leuchten, es bleibt ein aschiger Rückstand; dieser Rückstand war es, der mich interessierte.« (S. 140)

15 »das ganze Fleisch ... wehrlos, aufgedunsen, teigig, irgendwie obszön...« (S. 140)

16 So in einer faszinierenden Vielfalt der Perspektiven Geneviève Idt in dem Vorwort zur Pleiadenausgabe von Sartres Romanwerk (Jean-Paul Sartre, *Œuvres romanesques*. Hrsg. von Michel Contat und Michel Rybalka, Paris 1981).

17 »lebt wohl, ihr Schweine.« (S. 148)

18 Man kennt die Bedeutung der Problematik des Todes in Sartres Werk, wie sie etwa in der Novelle *Le mur* ausgeführt wird. Für den Protagonisten zerstört die in der Gewißheit der Exekution im Morgengrauen verbrachte Nacht die Welt.

Nur wenn es einen welterhaltenden Blick außerhalb des Subjekts gibt, ist die Unsterblichkeit der Welt gesichert.

19 Vgl. S. 61–63, 80–85.

20 »damit das banalste Ereignis zum Abenteuer wird, ist es nötig und genügt es, daß man sich daran macht, es zu *erzählen*.« (S. 65)

21 »Das Wesentliche für uns alle war das schwarze Loch... in dem Leute saßen, die man nicht sah« (S. 235).

22 Diese Analyse der Liebe ist vollständiger als die, die *Das Sein und das Nichts* ausführen wird.

23 »Name« bezeichnet also hier und im folgenden die Identifizierung in einem starken, »Gestalt« diejenige in einem schwachen Medium. Der Gegensatz nimmt Lacans Unterscheidung von symbolischer und imaginärer Identifizierung auf.

24 Das heißt nicht, wie im folgenden deutlich werden wird, daß dieser Begriff der medialen Welt sich nicht in der aktuellen wissenschaftlichen Diskussion situieren ließe. Er verweist unmittelbar auf Lacans Begriffe des Symbolischen und des Imaginären (die hier allerdings in einen Zusammenhang gestellt werden, der Lacan nie interessiert hat). Er liegt sicher näher an Foucaults *diskursiven Formationen* als an der phänomenologischen Lebensweltanalyse. Probleme der Abgrenzung und der wechselseitigen Situierung sollen aber nicht diskutiert werden.

25 Das ist eine einseitige Darstellung. Am Ort des Ekels, der Natur, *der mémoire involontaire*, erscheinen nicht einfach neue Welten, die andere ersetzen, es sind Auflösungen, die nur über das Schreiben in eine Welt integriert werden. Man kann an diesen Orten nicht leben, nicht handeln; aber man kann von ihnen aus – und nur von ihnen aus – Welten sehen, gestorbene Welten erinnern. Welten werden sie nur durch das Schreiben und den Blick, den das Schreiben in sich trägt.

26 Man kann das nachprüfen an den Untersuchungen, die von Holzkamp und seinen Mitarbeitern zum Übergang vom Tier zum Menschen gemacht worden sind. Z. B.: Klaus Holzkamp, *Sinnliche Erkenntnisse – Historischer Ursprung und gesellschaftliche Funktion der Wahrnehmung*, Frankfurt a. M. 1971.

27 Damit ist die Problematik nur benannt, die wir mit Rousseau ausführlich diskutieren werden.

28 Jean-Paul Sartre, *Saint Genet. Comédien et martyr*, Paris 1952; ders., *L'Idiot de la famille*, 4 Bde. Paris 1971; ders., *Les mots*, Paris 1972.

29 Sartre, *Saint Genet*, a. a. O., S. 26. »Auf frischer Tat ertappt: jemand ist hereingekommen und beobachtet es. Unter diesem Blick kommt das Kind wieder zu sich. Es war noch niemand, plötzlich wird es Jean Genet... Eine Stimme erklärt öffentlich: »Du bist ein Dieb.« (S. 34)

30 Sartre, *L'Idiot de la famille*, a. a. O., Bd. 1, S. 107.

31 Sartre, *Les mots*, a. a. O., S. 22.

32 Sartre, *Saint Genet*, a. a. O., S. 100. »Aber ich frage sie zunächst, ob sie ganz sicher sind, sie selbst zu sein. Weiß ich denn, ob sie nicht diesen Frieden, der in ihnen herrscht, durch ihre Unterwerfung unter einen fremden Beschützer erlangt haben, der an ihrer Stelle herrscht? Ich weiß, daß sich der, den ich einmal die Worte:

»Wir Ärzte…« aussprechen hörte, in Sklaverei befindet. Dieses *wir Ärzte* ist sein Ich, ein parasitäres Geschöpf, das ihm das Blut aussaugt. Und selbst wenn er nur er selbst wäre, so gibt es doch tausend Arten, sich selbst wie wilden Tieren ausgeliefert zu sein, mit seinem eigenen Fleisch einen unsichtbaren und unersättlichen Götzen zu nähren. Denn niemandem ist es erlaubt, diese einfachen Worte zu sagen: ich bin ich. Die Besten, die Freiesten können sagen: ich existiere. Und bereits das ist zuviel. Den anderen schlage ich vor, Formeln wie diese zu gebrauchen: »Ich bin Sich-selbst…« Oder »Ich bin ein Soundso *in Person*.« Wenn sie nicht beabsichtigen, ihre Haut zu wechseln, so deshalb, weil die Faust, die sie regiert, ihnen keine Möglichkeit dazu läßt, vor allem weil die Gesellschaft seit langem diese Symbiose anerkannt und geheiligt hat, indem sie dem Paar, das aus dem Kranken und seinem Parasiten besteht, Ruhm oder einfach Ehrbarkeit verleiht: es ist eine legitime Hölle. Was mich betrifft, so gehe ich ihnen möglichst aus dem Weg: ich mag keine bewohnten Seelen.« (S. 136f.)

33 Im folgenden wird aus Jean-Paul Sartre, *L'être et le néant. Essai d'ontologie phénoménologique*, Paris 1943, mit Seitenangaben im Text zitiert. Die deutschen Übersetzungen stammen aus Jean-Paul Sartre, *Das Sein und das Nichts. Versuch einer phänomenologischen Ontologie*, übersetzt von Justus Streller, Karl August Ott, Alexa Wagner, Reinbek bei Hamburg 1982, und werden mit Seitenangaben hinter den Übersetzungen zitiert.

34 Vgl. Sartre, *L'être et le néant*, a.a.O., S. 432f., 653f., 715. In der Konstruktion von *Das Sein und das Nichts* ist das Begehren nach dem Sein als erste, nicht aus dem Sein-für-andere abgeleitete Bestimmung des Für-sich aufgefaßt. Das unmögliche Projekt, sich der Freiheit des Anderen zu bemächtigen, ist nicht als Weg zum Sein-für-andere, zur Gestalt gesehen, sondern als eine der möglichen Arten, das Sein (des An-sich) zu gewinnen. Wenn wir das Sein *immer* als Sein-für-andere interpretieren, so folgen wir dem, was die literarischen Texte sagen.

35 Wir haben aus Sartres komplexer Analyse der Liebe die für uns wichtige Argumentationslinie herausgelöst und sie auf das nackte Schema reduziert, das auf den Seiten 432f. zusammengefaßt ist.

36 »Ursache seiner selbst« (S. 777).

37 »Der Mensch ist eine nutzlose Leidenschaft.«

38 Man muß hinzufügen, daß Sartre nicht immer an diesem Begriff der Freiheit festgehalten hat.

39 Sartres Ausdruck lautet: *mettre au fait de sa passion* (S. 721).

40 Eine ausgezeichnete philosophische Lektüre, die ausgehend von Husserl genau das Problem behandelt, das uns hier interessiert, die intersubjektive Konstitution von Welt, und die für mich sehr nützlich gewesen ist, findet man bei Michael Theunissen, *Der Andere. Studien zur Sozialontologie der Gegenwart*, 2. Auflage Berlin und New York 1977. Theunissen beschreibt als ein Scheitern der Arbeit des Denkens, was für uns das Resultat einer Blockierung in der Dimension des Weltzugangs ist.

41 Diese Dimension hat Theunissen herausgearbeitet.

42 »Was, das ist es also!«

43 Axel Honneth, »Kampf um Anerkennung. Zu Sartres Theorie der Intersubjektivität«, in: *Sartre, Ein Kongreß*. Hrsg. von Traugott König, Reinbek bei Hamburg 1988, S. 73–83.

44 »... muß ich mich zuvor damit begnügt haben, *nur dieses zu sein*.« (S. 383)

45 Vgl. Theunissen, *Der Andere*, a. a. O., S. 223.

46 Es hat Sartre lange Jahre der Selbstanalyse gekostet, um von der Position von *Das Sein und das Nichts* zu der des *Saint Genet* zu kommen. Hier kommt es uns nur auf eine zeitlose Darstellung der möglichen Realisierungen einer Konstellation an.

47 Man erinnert sich an die schon zitierte Stelle aus dem *Saint Genet*, a. a. O., S. 100.

48 Man vergleiche die bösen Bemerkungen über die »Erfahrung« in der *Nausée*.

49 In dem Drama *Morts sans sépulture* wird die Beziehung der Folterer und der Gefolterten unter diesem Gesichtspunkt dargestellt.

50 Zusammenfassend etwa *L'être et le néant* a. a. O., S. 431.

51 Die Unterscheidung von zwei grundsätzlich verschiedenen Formen der Identifikation lehnt sich an Lacans Begriffen der imaginären und symbolischen Identifikation an. Im ganzen ist der wissenschaftliche Gebrauch des Wortes so verworren, daß es unmöglich ist, darauf Bezug zu nehmen.

52 Paul Valéry, »Stendhal«, in: *Œuvres*, Paris 1957, Bd. 1, S. 553–582.

53 Man versteht, warum Sartre gerade das Arzt-Beispiel bevorzugt. In der Beziehung des Leidenden zum Arzt liegt eine sehr große Differenz, die die Interpretation durch das »alles oder nichts« nahelegt – nahelegt, aber nicht nötig macht.

54 Es geht nur um eine Stütze; der mediale Blick ist nicht der (vielleicht internalisierte) Blick von Personen, etwa der Standesvertreter, und seine Macht hängt nicht davon ab, ob die, die ihn vertreten, ihn ernstnehmen. Eine Novelle aus dem *Decamerone* erzählt die Geschichte von der Bekehrung eines Juden, in der es um diesen Punkt geht. Nach einer Reise nach Rom, wo er den Unglauben und die Lasterhaftigkeit des hohen Klerus genau kennengelernt hat, entschließt sich der Jude zur Bekehrung. Einem Freud, der sich über den Widerspruch wundert, antwortet er: eine Religion, die mit solchen Priestern weiterlebt, könne nur die wahre sein.

55 Solche Sätze müssen in einem aufgeklärten Leser sofort ein tiefes Mißtrauen erregen. Dieses Gefühl hat gute Gründe; diese Gründe werden später unser Gegenstand sein. Im Augenblick wollen wir uns darauf beschränken, gegen dieses Mißtrauen mißtrauisch zu sein.

56 Sartre, *Les mots*, a. a. O., S. 201 f.

57 Ebd., S. 201.

58 Ebd., S. 95 f.

59 Ebd., S. 212.

60 *Ilias*, 9. Gesang, 399/400. Das Zitat entstammt der von Hans Rupé überarbeiteten Voss'schen Übersetzung (Berlin und Darmstadt 1960).

61 Indem ich die symbolische Ordnung der Plätze – also eine Realisierung dessen, was Lacan die symbolische Ordnung überhaupt nennt – als eine Lösung des phä-

nomenologischen Problems der intersubjektiven Konstitution der Welt dargestellt habe, eine Lösung, die Sartre beschreibt, aber ablehnt, ist der Bereich einer Philosophie des Subjekts verlassen, in dem sich Sartres explizites Denken bewegt. In dieser Überschreitung liegt der wesentliche Unterschied zu der Interpretation von Theunissen (die ebenfalls das Scheitern Sartres herausarbeitet), wobei Theunissen eine Lösung, die sich allerdings begrifflich nicht ausweisen kann, in der Philosophie des Dialogs sieht. Soweit der Wechsel des begrifflichen Rahmens das zuläßt, stimmt die hier gegebene Interpretation mit der von Theunissen überein.

Die Alte Welt: Die Spiele um die Namen

DER TAUSCH UND DIE NATUR ALS SCHATZ DER NAMEN

Wie kommt es, daß ein Mensch die ihm von außen aufgezwungene Gestalt als sein Selbst betrachtet, daß er bereit ist, sich so zu sehen, wie die anderen ihn sehen? Der Durchgang durch das Werk Sartres hat uns erlaubt, diese Frage genauer zu artikulieren, aber sie hat uns dabei in ein Dilemma geführt: Es gibt eine und nur eine Welt, in der das Subjekt seine Gestalt bejahen kann und die nicht unter dem Zeichen der Illusion steht, das ist die (abgelehnte) Welt der durch Rechte und Pflichten miteinander verbundenen Plätze. Das Denken des 17. und 18. Jahrhunderts hat aber die Legitimität dieser Welt in irreversibler Weise aufgelöst, und niemand, der heute an dem, was er ist und was er will, zu zweifeln begonnen hat, kann in den Rechten und Pflichten, die mit sozialen Positionen verbunden sind, die Grundlage einer Selbstgewißheit finden.

Aus diesem Dilemma könnten wir den Schluß ziehen, den Fehler in der Frage selbst zu sehen und sie aufzugeben.[1] Ich möchte hier die entgegengesetzte Hypothese verfolgen. Wenn das System der Plätze funktioniert, obwohl es sich nicht legitimieren kann, dann kann der Fehler auch in den Bedingungen liegen, die man an die Verfahren der Legitimation stellt. Anders gesagt: es kann eine Ebene der Legitimation geben, die hinter den Argumenten liegt, die die Moderne zuläßt und anerkennt. Diese andere Ebene der Begründung wollen wir im folgenden in den Verfahren suchen, mit denen die Alte Welt die Menschen an ihre Positionen bindet.

Auf die Frage, mit welchen Mitteln die vorbürgerlichen Gesellschaften ihre Strukturen legitimieren, gibt es eine Antwort, die seit der Romantik über Max Weber bis zu Habermas im wesentlichen die gleiche geblieben ist. Es ist die Unterwerfung unter die Tradition, die gefühlsmäßige Hingabe und vor allem die Religion, die die Menschen innerlich erfaßt und bindet. Diese Mittel hat aber die moderne Vernunft in einer Weise aufgelöst, gegen die es keine Einwände gibt; auf diese Auflösung stützt sie ihre Überzeugung, daß die Alte Welt nur zu einem behinderten und eingeschränkten Vernunftgebrauch fähig sei. Mit dem Begriff des (symbolischen) Tauschs haben Marcel Mauss und Claude Lévi-Strauss[2] eine zweite, ganz anders strukturierte Antwort entwickelt, die den rationalen Kern der Legitimationsverfahren der Alten Welt zu verstehen erlaubt. Unser Postulat, daß Identifikationen und Weltstrukturen begründet werden können, impliziert, daß Legitimationsverfahren gleichzeitig Prinzipien der Identifikation und des Weltaufbaus sind. In diesem doppelten Sinn soll im folgenden der Tausch in den Stammesgesellschaften als System der Weltbegründung dargestellt werden.[3]

Es ist ein extrem stilisiertes Bild der medialen Struktur der Stammesgesellschaften, das ich hier skizzieren werde; und es hat seine Berechtigung nur in dem Zusammenhang, in dem es steht. Wenn man den Prozeß der Entstehung der Moderne beschreiben will, dann kommt man nicht ohne die Setzung eines Anfangs aus, ohne eine »Theorie der Alten Welt«. Dieser Anfang ist notwendig ungesichert, eine theoretische Fiktion; er ist bestimmt von dem, was man jeweils für die Wesensmerkmale der Moderne hält; aber er bestimmt umgekehrt auch die Gesamtanlage der Theorie. Der *Prozeß der Zivilisation* von Norbert Elias setzt an den Anfang die »spontane Affektivität«[4], der Anfang bei Habermas ist die Kooperation bedürftiger Individuen, in der die Verständigung als Mittel der Handlungskoordination durch die Religion zugleich blockiert und ersetzt ist. Die folgende an Mauss und Lévi-Strauss angelehnte Skizze muß man als eine solche theoretische Fiktion sehen. Es kommt mir darauf an zu zeigen, daß man auf der Grundlage des Tauschs eine soziale Ordnung denken kann, die sich als *mediale* Ordnung, nach ganz anderen Prinzipien als die, an die uns das Denken der Aufklärung gewöhnt hat, rational legitimieren kann; und daß damit zugleich etwas beschrieben ist, was in den Begriffen der Aufklärung überhaupt keinen Sinn hat, eine *legitime Welt*, das heißt eine Welt, in der die Subjekte ihre Namen mit guten Gründen bejahen können.

Der Tausch als Vergesellschaftungsform

Zwei Männer, die sich nicht kennen, sitzen sich in einem billigen Lokal in einer französischen Kleinstadt gegenüber, mit der leichten Spannung, die Nähe ohne Beziehung immer erzeugt; jeder hat vor sich ein ähnliches Essen, eine Karaffe mit dem gleichen billigen Rotwein. Der eine schenkt dem Gegenüber ein. Dieser revanchiert sich, indem er das Glas des anderen füllt. Was ist geschehen? Anscheinend nichts; beide haben denselben Wein in ihren Gläsern. Aber die unbestimmte Spannung ist durch eine Beziehung ersetzt; dem Austausch der Getränke folgt der Austausch der Worte.

An dieser kleinen Szene demonstriert Lévi-Strauss in den *Elementaren Strukturen der Verwandtschaft* die Grundprinzipien des Tauschs: Die Gabe ist zwar freiwillig und scheint nichts zu fordern; in Wirklichkeit beruht sie auf der Grundlage der Gegenseitigkeit; man gibt, weil man weiß, es wird wieder gegeben. Aber der Sinn des Gebens ist nicht, etwas zu bekommen, was man nicht hat, der Sinn liegt in der Beziehung, die durch die Gabe hergestellt ist.

Die Banalität der Szene verweist auf die Universalität des Prinzips. Mit dem Geschenk von Glasperlen versuchten die Missionare, mit Menschen, mit denen sie nichts verband und die sie leicht hätten töten können, eine friedliche Beziehung herzustellen. Was wir schlicht »Beziehungen« nennen, den »Filz«, der die Rückseite jeder modernen Bürokratie ist, das uralte System der Klientel, in der ein Mächtiger Schwächere über Gaben an sich bindet und sich so ihre Unterstützung sichert, das in der römischen Geschichte so wichtig ist wie heute in mafiosen Gesellschaften, die feierliche Übergabe eines Landes an den Vasallen, der treue Dienste verspricht – die Grundlage des Feudalsystems also –, der Opfertod Christi, der die sündigen Menschen von ihrer Schuld loskauft – alles beruht auf dem Prinzip des Tauschs. Es ist die Allgegenwart des Tauschs, seine Banalität, die es so schwer macht, über ihn zu reden. Aber etwas kann man in der obigen willkürlichen Aufzählung schon erkennen: in der Alten Welt sind die ehrwürdigsten Institutionen auf dem Prinzip des Tauschs aufgebaut. Die Moderne begründet ihre offiziellen Institutionen auf dem Prinzip des Vertrags und einer allgemeinen Gesetzlichkeit und bekämpft den Tausch; er lebt fort als deren unvermeidliche schlechte Rückseite; legitim ist er nur in dem abgetrennten Bereich der persönlichen Beziehungen: weder eine Freundschaft noch eine dauerhafte Liebe können wir uns ohne die Bindungen denken, die der Tausch stiftet. Diese moderne Verdrängung des Tauschs wird uns später beschäftigen. Hier wollen wir – Mauss und Lévi-Strauss folgend – die vergleichsweise einfachen Tauschsysteme darstellen, durch die Stammesgesellschaften organisiert sind. Unser

Interesse ist dabei gegenüber dem der genannten Autoren verschoben; wir fragen, mit welchen Mitteln Tauschsysteme die Menschen an ihre Gestalten binden und wie sie die Gewalt dieser Zuordnungen legitimieren. Damit verbinden wir in gewisser Weise das Interesse der beiden Autoren. Mauss sieht in dem Tausch den »Felsen«, den letzten Grund, auf dem alle menschliche Gesellschaft aufgebaut ist (D, S. 148); ihn fasziniert das Problem, woher eine Moral, die von der modernen Moral der Vernunft und der Pflichten (D, S. 272) essentiell verschieden ist, ihre Bindungskraft bezieht. Eine befriedigende Auffassung des Phänomens mißlingt ihm, weil er versucht, den Tausch von den Individuen und ihren Motiven her zu denken, statt umgekehrt vom Tausch her die Entstehung von Subjekten und Motiven zu verstehen. Das genau ist auch der Vorwurf, den Lévi-Strauss Mauss macht.[5] Aber Lévi-Strauss sieht in den Ordnungen des Tauschs die Projektion der universalen Gesetze, die die unbewußte Aktivität des Geistes leiten, auf die Ebene des bewußten und sozialisierten Denkens[6]; damit hat er weder das Interesse noch die begrifflichen Voraussetzungen, die nötig sind, um die ethische und identifizierende Dimension der Ordnungen des Tauschs zu erfassen.[7]

Am klarsten erscheint das Prinzip der Vergesellschaftung durch den Tausch an dem Beispiel der Allianz zweier Phratrien, wie sie in nordamerikanischen oder australischen Stämmen vorkommen.[8] Ein System von Regeln und Verboten sorgt dafür, daß fast alle wesentlichen Güter nur durch Tausch zu bekommen sind. Wenn die Gruppe A bestimmte Pflanzen anbauen und Tiere jagen darf, dann darf nur die Gruppe B sie verzehren und umgekehrt. Bei jeder wesentlichen religiösen Funktion sind die Gruppen aufeinander angewiesen, dieses Prinzip setzt sich fort bis zur Organisation der Spiele.

Meist sind die Tauschstrukturen komplexer, die Güter gehen nicht hin und her, sondern zirkulieren in einem Ringtausch: B gibt an C weiter, was er von A erhalten hat, und so geht es weiter, bis sich der Kreis schließt. Aber immer sind alle wesentlichen Lebensbereiche so organisiert, daß jeder in ein dauerndes, vielfältiges Spiel von Geben und Nehmen verstrickt ist.

Neben dieser fundamentalen Dimension, wo die Austauschbeziehungen durch Verbote und Gebote gesichert sind, gibt es eine Form des Tauschs, die im Bereich nicht des zum Leben Notwendigen, sondern des Überschusses und der Feste liegt; hier kann man Tauschbeziehungen eingehen oder auch nicht; die Sanktionen sind hier nicht negativ, an Tabus geknüpfte Drohungen, sondern positiv: Prestige, Ehre, Macht werden mit dem Tausch verbunden. Am berühmtesten sind die Potlatsch der Indianer an der Nordwestküste Amerikas und, dank Malinowski, die Feste der Trobriander auf den pazifischen Inseln. Die spektakulärste Institution, der Höhepunkt eines umfassenden Systems von Leistungen und Gegenleistungen, ist der *kula*. Die Häuptlinge eines Stammes machen weite Schiffsreisen, um einen anderen Stamm zu besuchen, wo sie große Vermögen, vor allem Muschelketten und Armbänder als Gastgeschenke erhalten. Die Besucher kehren mit den Schätzen heim, die bei feierlichen Gelegenheiten zur Schau gestellt werden. Beim nächsten *kula* sind die Beschenkten die Gastgeber und Schenkenden für einen anderen besuchenden Stamm. So wandern die Schätze im Kreis durch die Inseln.

Bei dem *kula* geht es nicht nur um das Festigen, sondern um das Eingehen von Beziehungen. Die eigentlich großen Geschenke *müssen* angenommen werden, und sie begründen notwendig eine Beziehung[9]; aber es gibt einen intensiven Wettbewerb um den angesehensten und reichsten Tauschpartner; es gibt ein System von Vorgeschenken, die den Partner in die definitive Beziehung hereinlocken sollen und bei denen der andere frei ist, abzulehnen oder anzunehmen.

Unsere Feste (d. h. die Potlatsch-Feste) *sind die Bewegungen der Nadel, dienen dazu, die Teile des Strohdachs zu verknüpfen, um nur ein einziges Dach, ein einziges Wort daraus zu machen.*[10] Der Tausch ist ein Mittel, Gruppen miteinander zu verbinden. Zum Teil tut er das, indem er wechselseitige Abhängigkeiten schafft, so daß jede Gruppe die Bedürfnisse der anderen befriedigt. Der Tausch ist aber auch ein Instrument, Rivalität zu erzeugen und ihr Regeln zu geben, eine Form des Kampfes. Auf diese Form bezieht sich das obige Zitat; gerade als Rivalität, die bis zur Zerstörung der sozialen Existenz des Gegners gehen kann, ist der Tausch ein Mittel der Bindung. Riesige Reichtümer werden nicht nur verschenkt, sondern zerstört, Nahrungsmittel verbrannt, Kupferplatten ins Meer geworfen. Es gilt, den vorhergehenden Potlatsch an Reichtum und bedenkenloser Verschwendung zu überbieten, den Rivalen »platt« zu drücken (D, S. 202); davon hängt das Ansehen des Häuptlings, seiner Sippe, eventuell des ganzen Stammes ab.

Dieser »Krieg des Eigentums« (D, S. 200) benutzt die Schuld, die das Geschenk so lange bei dem Empfänger schafft, bis es zurückgegeben worden ist. Das Ziel des Kampfes ist es, den Gegner in die Situation zu bringen, daß er sich nicht »revanchieren« kann, was die extreme Demütigung bedeutet. Es gehört zur Struktur des Tausches, daß jede Gabe eine gefährliche Seite hat, was sich am prägnantesten in der etymologischen Nähe der Wörter »Gift« und »Gabe« ausdrückt (D, S. 252).

Die Potlatsch, wie fast alle der bei Mauss besprochenen Institutionen des Tauschs, haben einen fundamental egalitären Charakter; d. h. die Positionen des Gebenden und des Schuldners sind gleich verteilt; es gilt als Grenzfall des Systems, wenn ein Partner definitiv in die Rolle des Schuldners gedrängt wird. In ständischen Gesellschaften werden asymmetrische Beziehungen institutionalisiert. Der Patron einer römischen Klientel, der Feudalherr sind so reich, daß sie immer mehr geben als der Klient oder der Vasall je zurückgeben können. Die Beziehung ist die der auf Dauer gestellten Schuld.

Um den Zusammenhang zu verstehen, in dem der Tausch in den Stammesgesellschaften steht, kann man an die Missionare denken, mit der Todesangst im Herzen und den Glasperlen in den Händen. Lévi-Strauss beschreibt eine ähnliche Szene: zwei Stämme, die aufeinander zugehen; in der einen Hand die Pelze als Geschenke, in der anderen Hand die Messer für den Fall, daß die anderen sich nicht auf das Geben und Nehmen einlassen. Der Tausch ist Ökonomie, er reguliert die Zirkulation der Güter; er vertritt aber auch die Stelle, die bei uns die Staatsgewalt als Polizei einnimmt: er befriedet, er ist die Alternative für die nackte Gewalt. Oft befriedet er allerdings, indem er den Kampf in sich aufnimmt und ihm eine Tausch-Gestalt gibt. Aug' um Auge, Zahn um Zahn, die Blutrache, die Fehde des Mittelalters, die Ehrenhändel und Duelle des Barock – hier wird überall mit Kränkungen gerechnet wie mit Gaben: sie müssen um den Preis des Ehrverlusts erwidert werden. Auch hier muß man, wie wir sehen werden, den Kampf als eine Form der Verbindung verstehen.

Man hat lange Zeit, was wir hier beschreiben, als eine Vorform des Handels vor der Entdeckung des Geldes aufgefaßt. Nun ist aber in den Stammesgesellschaften die Arbeitsteilung so wenig entwickelt, daß ein Tausch, rein ökonomisch gesehen, nur in sehr begrenzten Bereichen notwendig wäre. Die Tauschsysteme entstehen durch die Einführung von künstlichen Tabus; wer die Güter beschafft, darf sie nicht genießen und umgekehrt. Der Tausch ist nicht als ein Mittel der Sphäre der Bedürfnisbefriedigung untergeordnet, sondern im Gegenteil: der ganze

Bereich der Bedürfnisbefriedigung wird den massivsten Einschränkungen unterworfen, damit er als Material für Tauschbeziehungen dienen kann.

Die Sprache der Natur

Bisher haben wir den Tausch beschrieben, als sei er ein in sich geschlossenes System, in dem jedes Element sich nur aus der Beziehung zum anderen erklärt, so daß es tatsächlich genügt, Buchstaben zur Beschreibung der Plätze zu verwenden. In Wirklichkeit haben die Gruppen aber Namen, sie heißen Clan der Taube mit den bronzefarbenen Flügeln, Clan des Teebaums, der stinkenden Schildkröte, der Sonne usw. – Bezeichnungen, die offensichtlich Beziehungen zu einem Bereich jenseits des Tauschs herstellen. Wir würden den Tausch selbst nicht richtig verstehen, wenn wir diese Beziehungen beiseite ließen.

In der klassischen Ethnologie hat man die Stämme, auf die sich der *Essay über den Tausch* und die *Elementaren Strukturen* beziehen, als totemistisch bezeichnet; im Totemismus glaubte man, den ersten Zustand der Menschheit fassen zu können. *Les formes élémentaires de la vie religieuse* von Durkheim [11] beginnen mit einer ausführlichen Darstellung, die ich hier kurz zusammenfasse. Ein Stamm ist in der Regel gegliedert in Phratrien, die wiederum in Clans zerfallen. Clans sind exogam; jeder hat ein oder mehrere Totems, Totems sind vorwiegend Tier- und Pflanzengattungen und Naturphänomene. Die Totems gelten als die Ahnen, von denen die Clans abstammen. Sie sind »heilig«, auf ihnen liegen Verbote der Berührung oder des Verzehrs. Bei Mauss sind wir der Form begegnet, daß ein Clan jagt bzw. anbaut, was nur der jeweils andere verzehren darf. Der Clan hat eine besonders enge Beziehung zu der Totemgattung, z. B. hat er oft die Aufgabe, durch rituelle Handlungen, die nur er vornehmen kann, die Fortpflanzung einer Gattung zu ermöglichen. Das Totem ist im Alltag des Clans überall sichtbar; durch Masken, durch oft außerordentlich reichen Schmuck, durch Körperbemalung und durch Tätowierung wird er zu einem Teil des Körpers. Auf der anderen Seite greift das Totem auf die ganze Welt aus; mit einem Totemtier sind andere Tiergattungen, Pflanzengattungen, Windrichtungen, Himmel (im Gegensatz zur Erde) usw. verbunden; so daß man über die Totems eines Stammes zu der Erfassung der ganzen Welt gelangt. Über die Mythologie, in der Totemvorfahren als Begründer des Stammes und seiner Einteilungen und damit als Schöpfer der Menschheit erscheinen, ist das kosmologische System vollständig.

Im 19. Jahrhundert war man sehr fasziniert von der Tatsache, daß die Eingeborenen die Grenze zwischen Mensch und Tier oder Pflanze (in einem im übrigen schwer zu bestimmenden Sinn[12]) überspringen, sich irgendwie für Tiere, die Tiere irgendwie für menschenähnlich halten; Lévy-Bruhl hat dafür die Begriffe der prälogischen Mentalität und der Partizipation geprägt. Für die neue Ethnologie ist der Begriff des Totemismus in Einzelelemente ohne notwendige Einheit zerfallen. Lévi-Strauss versteht das Wesentliche dessen, was man früher Totemismus nannte, als ein Klassifikationsverfahren; das *Wilde Denken* analysiert dieses Verfahren, zeigt, daß es nicht nur rational, sondern oft auch sehr raffiniert aufgebaut ist, daß es *anders* funktioniert als unsere Verfahren, aber durchaus *gut* funktioniert.

Uns interessiert an dieser Klassifikation nicht die Fähigkeit, die Natur beschreibend zu erfassen, sondern ihre Eigenschaft, die Klassifikateure mit zu klassifizieren, und zwar in einer ganz anders eingreifenden Art als etwa das moderne zoologische Ordnungssystem, wo die ganze Gattung Mensch als eine Gattung der Säugetiere erscheint.

Früher hat man immer das Verhältnis jeweils eines Clans zu einer Tierart isoliert für sich genommen und hat die Ähnlichkeit der Terme für das Wichtige gehalten. Lévi-Strauss zeigt nun, daß es viel ergiebiger ist, wenn man das Verhältnis Mensch – Tierarten als Beziehung zweier Reihen auffaßt:

Gattung 1	Gattung 2	Gattung 3 ...
Gruppe 1	Gruppe 2	Gruppe 3 ...

oder in einer stärkeren Formulierung:

Gruppe A: Gruppe B = Gattung Bär: Gattung Adler[13]

An das Totem Adler schließen sich dann auf mehr oder weniger durchsichtige Weise Weltbereiche an, z. B. Himmel, andere Vögel, Gestirne; der Weg kann aber auch über Blitz, Feuer, Kohle bis zur Erde gehen. Der Bär kann sich mit dem Luchs verbinden wegen der schwarzen Pfoten und beide mit den Kriegern, weil diese sich das Gesicht schwärzen. Eine Tierart ist also nicht einfach die reale Art, sie funktioniert als ein Bündel von Bedeutungselementen, daher hat sie ihre klassifikatorische Kraft.

Hinsichtlich der Natur handelt es sich um eine echte Klassifikation, nach Unterscheidungsmerkmalen, deren Auswahl uns gelegentlich überrascht, die aber tatsächlich bestehen. Auf den Menschen bezogen wirkt diese Klassifikation aber ganz anders, sie erfaßt keine bestehenden Unterschiede, sondern sie *produziert* Unterschiede, wo keine waren. Der Tausch verlangt Unterschiede, verlangt, daß der eine hat, was der andere begehrt. Manchmal sieht es so aus, als könnten im Tausch reine Signifikanten zirkulieren, willkürlich entstandene Spielmarken für Begehren und Schuld, wie die Muschelketten der *kula* oder ein großer Teil der Weihnachtsgeschenke in unserer Kultur. Aber die eine Gesellschaft tragenden Tauschsysteme verwenden nicht nur solche Marken als Medium; sie stützen sich auf die Bedürfnisse, auf Arbeit und Genuß. Dann entsteht aber das Problem der Herstellung und der Legitimation der notwendigen Unterscheidungen. In dem Kapitel »Totem et caste« der *Pensée sauvage* vergleicht Lévi-Strauss Stammes- und Kastengesellschaften unter dem Gesichtspunkt, wo sie jeweils die grundlegenden, die Gesellschafts- und Weltorganisation tragenden Unterscheidungen hernehmen. Die Kasten beruhen auf der Arbeitsteilung, sie sind Berufsgruppen; hier kann der Tausch sich auf real bestehende Unterschiede stützen. Aber die Arbeitsteilung ist selbst Produkt der Kultur; die Stammesgesellschaften, die fast ausschließlich vom Jagen und Sammeln leben, kennen sie nur in Ansätzen; in Wirklichkeit haben sie fast nichts zu tauschen. Hier springt die totemistische Klassifikation ein; sie benützt die realen Unterschiede der natürlichen Gattungen, um damit künstliche gesellschaftliche Unterschiede herzustellen, um den Mangel zu produzieren, der in der Wirklichkeit fehlt.

Ein Totem besagt, daß ein Clan mit einem Weltausschnitt »verwandt« ist; er ist also einerseits dafür zuständig – real oder mindestens in ritueller Form –, daß dieser sich reproduziert, gedeiht, zur Verfügung steht, daß die Pflanzen wachsen und der Regen fällt; andererseits darf er nichts aus diesem Bereich verzehren. Damit hat sich der Clan einen künstlichen Mangel und eine künstliche Macht geschaffen; das gilt entsprechend für alle anderen Clans auch. Auf der Ebene der Bedürfnisse ist dadurch eigentlich nichts geschehen; aber der Tausch, das Für-andere ist eingerichtet worden.

Die Moderne neigt dazu, das Naturverhältnis der Wilden in der Gefühlsdimension zu denken, die für ihr eigenes charakteristisch ist, entweder als Angst und Schrecken oder als Nähe und Vertrautheit. Nach Lévi-Strauss ist die Natur für die Wilden zuerst einmal eine Sprache –

die Sprache, die sie sprechen, aber vor allem die Sprache, die ihnen sagt, was sie sind. *Was die Wilden zuerst in der Natur finden, sind ihre Namen.* Diese sind gleichzeitig eine privilegierte Beziehung zu einem Naturbereich und eine Position im Tausch. Dadurch wird die Tauschgestalt zu einer Naturgestalt, und die Natur wird in das Tauschsystem einbezogen. Sie wird zu etwas, das geben oder verweigern kann, und nicht nur in der Dimension der Bedürfnisse, sondern in der der Namen.

Lévi-Strauss betont, daß das im wilden Denken gesammelte Wissen nicht nur unter dem Gesichtspunkt der Nützlichkeit steht. Die Verwendung der Natur zur Benennung geht weit über diese Dimension, die an den Tausch gekoppelt ist, hinaus. Die komplexen Ketten von Ähnlichkeiten und Oppositionen, mit denen die Wilden die ganze Natur überdecken, beziehen immer die Menschen mit ein, den Körper, die Gesundheit, die seelischen Eigenschaften. Von daher wendet sich alles, was der Wilde in der Natur entdeckt und benennt, zurück in eine Aussage über ihn selbst und seine Beziehung zu den anderen.[14] So umlagert die großen natürlichen Namen, die der Tausch der Bedürfnisobjekte herstellt, eine Fülle von kleinen Namen, die in den verschiedensten Formen Beziehungen schaffen.

Einen Mythos der Osage-Indianer kann man als Bild nehmen für die Entstehung der natürlichen Namen. »In der Epoche des Ganitha, des ›Chaos‹, kamen die Ahnen von den Sternen herab in den drei Großgruppen der 3 × 7 Feuerplätze von Himmels-, Land- und Wasserleuten. Bis dahin hatten sie eine schattenhafte Existenz geführt, und so suchten sie nach ihrer Herabkunft zunächst ein Stück Kosmos, »um daraus ihre Körper zu machen«, wie es in den Gensepen, den Wigies, erzählt wird. Um diesen Wunsch zu erfüllen, boten sich die einzelnen Erscheinungen und Gestalten irdischen Lebens zur Hilfe an: »Ich bin doch recht geeignet, falls die Kleinen (Sakralwort für ›Menschen‹) aus mir ihre Körper machen wollen; sie werden dann leben, bis sie die Zeichen hohen Alters auf ihrer Haut erblicken.« Und so drängten sich denn die Waschoigathe, »die Gegenstände, aus denen die Kleinen ihre Körper machen«, in unabsehbaren Scharen herbei, um den Ahnen zu menschlicher Dichte zu verhelfen: Schnappschildkröte, Kolbenschilfrohr, Süßwassermuschel, Rot-Zeder, Wasser, Riedgras, Hirsch, Eiche, Gras, Rechte Flußseite, Linke Flußseite, Flußbett, Rotfisch, Schwarzfisch, Otter, Männlicher Biber, Bogen, Pfeile, Spinne, Spreizotter, Büffelschlange, Schwarze Schlange, Klapperschlange, Kürbisrassel, Schmetterling; lange, fast atemberaubende Reihen.«[15] Am Anfang steht die schattenhafte Tauschgestalt, die reine Segmentierung; die Natur kommt dazu, um den Wunsch nach einem substantiellen Körper zu erfüllen. Körper ist hier nicht der natürliche Leib, sondern der tätowierte Körper, das, was man für die anderen und für sich dauerhaft ist, der Name.

Wir wundern uns über Menschen, die sich für Verwandte von Bären halten. Aber wenn wir darauf achten, mit welchen Unterscheidungen wir unsere Gestalt für andere definieren – mit den Automarken, die wir fahren, dem Typ von Nahrung, den wir zu uns nehmen, den wissenschaftlichen Theorien, die wir für richtig halten – so müssen wir zugeben, daß die Willkür hier und dort gleich groß ist. Das eigentliche Problem besteht darin, wie man überhaupt dazu kommt, ein Selbst auf Gegenständlichkeiten zu begründen, die Wahl der Gegenstände ist dieser Entscheidung gegenüber zweitrangig. Man sieht die Verwandtschaft zwischen Bär und Mensch gewöhnlich als ein schwer verständliches Naturverhältnis. Damit verkennt man, daß es dabei nicht in erster Linie um das Verhältnis zur Natur in ihrer Gegenständlichkeit geht – die Eingeborenen verhalten sich genauso umsichtig zu realen Bären, als wenn sie mit diesen nicht verwandt wären –, es geht um die Natur als ein Repertoire von Zeichen und damit um das Verhältnis zu den anderen Menschen; die Wilden brauchen die Verwandtschaft mit den Bären, damit sie etwas haben, was die anderen nicht haben, damit ihnen etwas fehlt, was die anderen haben. Auf dieser Ebene ist gegen die Lösung wenig zu sagen. Klar ist allerdings, daß dieser Gebrauch der Natur unser wissenschaftliches Verhältnis ausschließt; man kann die Natur nicht gleichzeitig als Medium der Selbstbenennung und als Forschungsgegenstand verwenden. Aber wenn man die Ebene des Medialen ins Auge faßt, und wenn man die Rationalität eines medialen Systems nach dessen systematischer Strukturierung, innerer Konsistenz und Durchsichtigkeit für die »Benutzer« bemißt, sind die Systeme der Stammesgesellschaften den unsrigen unstreitig an Rationalität weit überlegen.[16]

Die Herstellung der Namen, der Motive, der Zeit

Wir haben bisher den Tausch als ein Verfahren beschrieben, das erlaubt, zwischen Individuen oder Gruppen Beziehungen herzustellen. Das ist eine bequeme, aber ungenügende Beschreibung. Der Tausch schafft nicht Beziehungen zwischen Einheiten, die ohne ihn bestünden; er produziert mit den Beziehungen die Tauschobjekte und die Tauschenden. Auf der Oberfläche haben die Stammessegmente ihre Identität in der Verwandtschaft zu einem bestimmten Naturbereich; aber in Wirklichkeit hat diese Verwandtschaft ihren Sinn nur dadurch, daß sie das Segment zu anderen in ein Tauschverhältnis setzt. Ähnlich gilt das für alle sozialen Einheiten. Sicher sind es die »Blutsbande«, die eine Abstammungslinie verbinden; aber es ist der Tausch, der die Abstammungslinie zu einer Position macht, der Rechte und Pflichten zugeordnet sind, und der ihr damit ihre Bedeutung gibt. Der Tausch braucht Einheiten, auf die die Besitzstände verrechnet werden; das kann der einzelne Mensch sein, die Abstammungslinie oder ein Stammessegment. Diese Einheiten, die Positionen im Tausch, sind der Kern der Namen des Subjekts. Je nach der Art der Beziehung zu seinem Gegenüber tritt das Subjekt *im Namen von* »sich selbst«, der Familie oder des Stammessegments auf.

Das Wort »Tausch« verwenden wir also in zwei verschiedenen Bedeutungen. Einmal ist Tausch das System, das Objekte und Tauschende, und, wie wir sehen werden, Motive, Ziele und eine Zeit generiert. Andererseits bezeichnet das Wort konkrete Ereignisse, die in dem konstituierten System ablaufen; auf dieser Ebene sind die Tauschakte Handlungen von Personen, die von diesen Akten unabhängig existieren und sie aus bestimmten Motiven vollziehen.

Die Tauschobjekte sind oft Gegenstände, die durch Verbote dem Bedürfnis entzogen sind: was man tauschen will, darf man nicht konsumieren. Daraus darf man aber nicht schließen, daß der Tausch ein Umweg zum Genuß ist, daß es Bedürfnisobjekte sind, die getauscht werden. Die Ordnungen des Tauschs schieben zwischen die Hand, die pflückt, und den Menschen, der ißt, die Gegenwart der anderen; wer pflückt, darf nicht essen. Die Frucht, die man gibt, bezieht sich auf kein Bedürfnis, sondern auf eine Schuld und ein Recht. Gewiß kann sie sich beim Empfänger zurückverwandeln in das Ding, das man genießt; aber für die Beziehung, die durch sie hergestellt wird, ist das belanglos.

Zwar taugt zum Tauschobjekt nur, woran ein Mangel herrscht; und die Bedürfnissphäre ist der verläßlichste Produzent von Mangel. Aber nur in dieser formalen und allgemeinen Eigenschaft bezieht sich das Tauschsystem auf den Bereich der Bedürfnisse als ganzen; für jeden einzelnen Tauschakt ist die Beziehung zum Bedürfnis im Regelfall gleichgültig.[17]

Damit stellt sich die Frage, was eigentlich getauscht wird. Mauss stellt diese Frage in einer etwas anderen Form, nämlich was in der Gabe den Zwang zur Gegengabe bewirkt, worin ihre bindende Kraft liegt.[18] Für seine Antwort verwendet Mauss einen Begriff aus der Maori-Kultur: in einem Geschenk wohnt ein *hau*, eine Seele, die zu dem Gebenden zurückkehren will. Wenn die Gabe weitergegeben wird, so geht das *hau* auf den Gegenstand über, der für den ersten nach einer Frist zurückgegeben wird. Das *hau* besitzt Macht über den, der die Gabe erhalten hat, und kann ihm, falls er sie nicht erwidert, Schaden zufügen (D, S. 158f.). Mauss weist darauf hin, daß Gegenstände des persönlichen Gebrauchs oft als Gaben gegeben werden, und er stellt das in die Nähe zu magischen Praktiken, in denen der Besitz solcher Dinge Macht über die Person gibt; für ihn sind Gaben Teil der Person.[19] Wenn Mauss sagt, etwas geben heißt einen Teil von sich geben (D, S. 159), so hat er sicher recht. Er sagt aber gleichzeitig – ohne die Konsequenzen zu bedenken –, daß »die Persönlichkeiten in gewisser Weise dauernde Dinge des Clans sind« (D, S. 226); der Besitz gibt den Namen (D, S. 226f.); die Person ist, was sie gibt und schuldet. Aber schon mit seiner Bemerkung, daß das *hau* von einem Gegenstand auf den anderen überwechseln kann, macht der Maori-Informant deutlich, daß es nicht um physische Nähe geht (wie sie abgeschnittene Fingernägel, Kämme oder ähnliches besitzen). Was Mauss sieht und vergeblich zu erfassen versucht, ist die Tatsache, daß die Tauschobjekte Teile der Personen sind, weil die Dinge sich durch die Zuordnung zu Personen als Dinge, und die Tauschenden über die Bindung an Dinge sich als Personen konstituieren.

Der Tausch ist ein geschlossenes System von Zeichen; er produziert Namen, und was getauscht wird, sind Teile von Namen. Nur sind diese Zeichen nicht leer wie die der Sprache; sie sind verankert im Verhältnis zur Natur, in Hunger und Arbeit.

Wenn man eine Tauschkette, wie die der *kula*, von einem Subjekt aus betrachtet, das an einer bestimmten Position steht, so findet sich dessen Sein ständig im Wachsen oder im Abnehmen. Diesem zirkulären Wandel des Seins entspricht ein Wandel der Zukunftsperspektiven, die dem Subjekt gegeben sind. In dem Moment, wo es ein Geschenk vor kurzem erhalten hat, genießt es den Besitz, das Begehren des anderen und die Macht des Gebenkönnens: die Besitzer holen ihre Schätze heraus, betasten sie, beschauen sie stundenlang, fühlen sich heiter und stark (D, S. 181). Mit der Zeit allerdings wächst die Schuld; der Blick des anderen, der in der Gabe versteckt ist, wird fordernd; der Besitzer wird zu jemandem, der im Geben träge ist. Das Schenken selbst ist ein Moment zwischen den Zeiten, ein Fest; der Schenkende genießt die Macht des Gebens; der Beschenkte fühlt noch nicht die Schuld in der Gabe. Zu den Feiern gehören die Festmahle, in denen kostbare Speisen, die selbst zum Zyklus der Gaben und nicht zum Alltagskonsum gehören, verzehrt werden.[20] Solche Dinge sind an sich reine Zeichen und sollen nicht konsumiert werden. Wenn man sie doch verspeist, so hat das immer etwas von einer rauschhaften Durchbrechung von Verboten, die den Alltag beherrschen. Nach dem Fest schaut das in seinem Sein leer gewordene Subjekt mit Begehren auf den Besitz des nächsten in der Kette; das Begehren wird zu einer Forderung, die sich als berechtigt weiß. Damit ist der Kreis geschlossen.

Die Produktion von Zukunft und Vergangenheit ist gleichzeitig eine von Motiven. Der Wunsch nach den Namen, die die Dinge geben, die Bemühung, Schulden einzulösen, die Lust, in den großen Spielen mitzuspielen, liegen in einer anderen Dimension als alle Bedürfnisse. Es wäre auch absurd, sie als »kulturell interpretierte« Bedürfnisse zu verstehen; sie gehören einer Ordnung an, die *gegen* die Bedürfnisse errichtet ist, sind Produkte des Spiels, durch das der Tausch die Menschen verbindet, und haben ihren Sinn nur in ihm. Diese Motive sind *gebotene Leidenschaften*; der Wunsch nach dem großen Namen ist ebenso geboten wie die Anerkennung der Schuld.[21]

Neben dieser durch Begehren und Schuld perspektivierten Zeit schafft der Tausch ein entperspektiviertes Gedächtnis. Jedes Tauschsystem muß etwas von der Art eines Archivs in sich haben; in ihm sind die Tauschakte, der Stand der Schulden und der Rechte, die abgelaufenen Fristen festgehalten und auf die jeweils relevanten Positionen verrechnet.[22] Dieses Archiv ist um den aktuellen Zustand des Systems zentriert; es legt hinter ihn die Vergangenheit, aus der sich die Zukunft bestimmt. Um diese durch das System gegebene normative Zeit lagern sich die Geschichten dessen, was tatsächlich geschieht, als Abweichungen, die den Namen ihre Individualität geben.

In den Gegenständen und Positionen, die der Tausch herstellt, ist ein Blick angelegt, den sie notwendig provozieren: der Blick der anderen, die die Objekte begehren oder eine Schuld einfordern, der Blick, der in den Dingen ihre Ersetzbarkeit, den *Wert* sieht; der Blick des archivierenden Gedächtnisses, der die Positionen und den Stand ihrer wechselseitigen Verhältnisse festhält. Mit den verschiedenen Beziehungen, die das System schafft, ist jeweils ein Modus der einordnenden und bedeutungschaffenden Wahrnehmung gekoppelt, der so verläßlich hergestellt wird, daß die Bedeutungen als Eigenschaften der Dinge selbst erscheinen. Es sind nicht konkrete Menschen, die über diesen Blick verfügen, obwohl er in ihnen begegnet; er ist der vom System provozierte Blick.

Dieser Blick, der der Welt ihre Festigkeit gibt, hat seine Geltung nicht einfach daher, daß er immer schon da war. Zwar ist es richtig, daß in der Alten Welt das Bestehende als Bestehendes immer für sich Legitimität beanspruchen kann; aber nicht, weil das Alte *in sich* ehrwürdig wäre, sondern weil das Bestehende auf das Archiv verweist, in dem es als ein Produkt von Tauschakten dargestellt ist. Nicht jede Bedeutung eines Gegenstandes, jede Forderung an einen Menschen ist begründungsbedürftig, aber im Prinzip ist jede begründbar.

Jeder trägt diesen Blick, und jeder sieht sich von ihm aus in seiner wahren Gestalt gesehen. Das bedeutet aber nicht, daß die Subjekte einfach mit ihren Namen zusammenfielen. Die Namen sind in der Initiation *geschenkt*, das Subjekt soll sie bejahen, das bedeutet, es kann sie auch ablehnen, sich ihren Forderungen entziehen. Der für die ganze Alte Welt fundamentale Begriff der *Ehre* – den Mauss mit gutem Grund auch für die Tauschsysteme der Stammesgesellschaften verwendet – bezeichnet diese Dimension. Die Ehre ist einerseits das, was das Subjekt bei den anderen gilt, andererseits ist sie eine Forderung an das Subjekt selbst: die Forderung, den Namen über alles andere zu stellen. Die Spaltung, die das Subjekt seiner eigenen Gestalt gegenüberstellt, ist der Effekt von *bestimmten* Positionen im System. Die Beziehung zu seinem Gegenüber identifiziert das Subjekt mit dem, was der andere in ihm sieht. Auffällig ist das, wenn dieser Name dem Subjekt eigentlich gleichgültig ist – so zwingt die Begegnung mit dem Antisemiten den assimilierten Juden, sich wieder als Jude zu fühlen; das Subjekt, das seinen Namen bejaht hat, *ist* normalerweise dieser Name, es schaut nicht auf ihn, sondern durch ihn auf die anderen und die Welt. Wenn aber ein Geist einen Häuptling daran erinnert, daß es höchste Zeit sei, wieder einen Potlatsch zu geben (D, S. 208, vgl. auch S. 204), oder wenn ein Kwakiutl-Informant berichtet, ein Häuptling, der keine Feste gebe, werde Quelsem, »verfaultes Gesicht«, genannt, dann ist das nicht ein Vorwurf, in dem das Subjekt als der Vertreter eines bestimmten Namens angesprochen ist, die Mahnung eines Gläubigers etwa; der Vorwurf richtet sich an das Subjekt *im Verhältnis* zu seinen Namen; es wird aufgefordert, sich seinen Namen zu unterwerfen, die Verpflichtungen, die in diesen liegen, zu erfüllen.

Der Zugang zum Tausch

Die Institution, in der die Stammesgesellschaften den Zugang zu den Positionen im Tauschsystem fassen, ist die Initiation. Wir können uns in diesem Bereich nicht auf Untersuchungen stützen, die unserem Interesse nahestehen.[23] Da es mir hier auch wesentlich um die Konstruktion von Begriffen geht, also darum, zu zeigen, wie man ein in sich konsistentes und legitimes mediales System *denken* kann, will ich auf der Grundlage dessen, was allgemein als wesentliche Züge der Initiation in Stammesgesellschaften anerkannt ist, ihre Funktion im System rekonstruieren.

Allen Initiationsritualen sind folgende Züge gemeinsam: es sind Inszenierungen von Tod und Wiedergeburt. Die Wiedergeburt ist gleichzeitig die Schaffung eines nicht-natürlichen Körpers durch schmerzhafte Markierungen. Die Initianten werden Erfahrungen von Entbehrung und Schmerz ausgesetzt, die teilweise als Proben verstanden werden.

Der initiatorische »Tod« ist immer gleichzeitig eine Trennung von der Mutter. Bei Rousseau werden wir sehen, daß die Mutter eine zur Welt der Erwachsenen alternative mediale Welt aufbaut. In dieser bedeuten nur einzelne Handlungen, aber das Sein des Kindes als Ganzes ist nie – wie es in der Sartreschen Szene der Beschämung geschieht – in Frage gestellt; es ist durch den mütterlichen Blick garantiert, ohne daß das Kind dafür etwas zu geben hätte; die Gestalt ist nicht etwas, das verglichen wird und worum man sich zu sorgen hat. Genauer gesagt:

das Kind hat noch nicht seinen eigentlichen Namen; es gibt nicht die Spaltung, in der das Subjekt dem gegenübersteht, was es zu sein hat. In der Beziehung zu Gleichaltrigen lebt der Jugendliche zwar in verschiedenartigen Spielen, in denen es Rivalität, Vergleich, mediale Gestalten gibt. Aber dahinter steht die Mutter, die den Blick hat, der wie der des Dritten, Welt und Person trägt; nur daß sie noch nicht unterscheidet und vergleicht. Man darf nicht übersehen, daß auch diese »Mutter« Produkt des medialen Systems ist. Das »mütterliche« System unterscheidet sich von dem Tauschsystem dadurch, daß hier die absolute Differenz – diejenige, die Sartre immer sucht und auflöst – im Innern der Welt tatsächlich und in einer nicht auflösbaren Weise besteht: die Differenz zwischen den Erwachsenen, denen die Welt gehört, und den Jugendlichen, die von ihr ausgeschlossen sind. Daher ist die Initiation auch der Zugang zur Religion. Für die Jugendlichen stehen die Erwachsenen noch an der Stelle, die im System des Tauschs nur noch übermenschliche Wesen besetzen können.[24] Dieses System und die Figuren, die es hervorbringt, müssen sterben, damit der Eintritt in die Welt der Erwachsenen möglich wird.

Von dem Standpunkt aus, den wir gewählt haben – Sartres Ablehnung der Namen und seine Suche nach ihnen –, liegt das Motiv der Neugeburt so nahe, daß nur wenig dazu zu sagen bleibt. Das ganze Werk Sartres kreist um die fehlende zweite Geburt und die Suche nach einem Ersatz für diese. *Die Wörter* oder *Die Flieger* beschreiben die Leere – und die eigenartige Freiheit –, die entsteht, wenn die mütterlichen Götter sich auflösen, und nichts da ist, was an ihre Stelle tritt. Die Initiation ist der »andere Ausgang«, den wir in Sartres Urszene eingezeichnet haben, die Gabe der Gestalt nicht durch einen Menschen, sondern durch den Dritten.

Die Körpermarkierungen (Beschneidung, ausgeschlagene Zähne, Tätowierungen etc.) ordnen den Initianten einem Stammessegment und damit einer Position im Tausch zu. Zugleich symbolisieren sie den Preis, der für diese Position zu zahlen ist. In der gleichen Weise wie der Tausch die Frucht dem Genuß entzieht und sie zum Zeichen einer Schuld macht, wird in der Initiation der eigene Körper verwandelt. Vorher war er unmittelbar gegenwärtig, er war nichts als die Weise, in der das Subjekt in der Wirklichkeit ist; jetzt ist er, was der Dritte, die anderen und das Subjekt selbst mit dem Blick, der in den Zeichen festgelegt ist, in ihm sehen. Jedes mediale System muß in der Zuordnung der Menschen zu Positionen gewaltsam verfahren. In den Alten Gesellschaften, in denen den Subjekten ein für allemal gesagt wird, was sie zu sein haben, ist die Zuordnung die absolute Gewalt. Spätere Gesellschaften dehnen diesen Moment aus und mildern damit seinen Eingriff; in den Stammesgesellschaften ist nicht alles, aber doch sehr viel von dem Prozeß der Zuordnung im Moment der Initiation zusammengefaßt. Wir haben die Tendenz, nur solche Gewalt als notwendig und legitimierbar zu betrachten, die aus dem Naturverhältnis kommt: wir verstehen, daß ein Kollektiv von Büffeljägern seine Männer hart machen muß. Gewalt aus dem Sozialen selbst, denken wir, kann nur aus Ungleichheit kommen und ist nicht gerechtfertigt. Es gibt aber eine notwendige und legitime Gewalt, die aus der Medialität kommt. Einmal verbinden sich die Anforderungen an die Leidensfähigkeit, die von den natürlichen Lebensverhältnissen ausgehen, mit den Anforderungen des medialen Systems; es sind nicht die Büffel oder der Hunger, die die initiatorischen Schmerzproben verlangen, es ist die Verpflichtung, die auf jedem erwachsenen Mann liegt. Aber auch in Stämmen, die einen relativ milden Umgang mit der Natur haben, bleibt der strukturelle Kern der medialen Gewalt voll erhalten: der Imperativ, das Bedürfnis in den Dienst der medialen Beziehung zu stellen und einen bestimmten Namen als das eigene Selbst anzuerkennen.

Die Initiation ist ein Verhältnis der Gewalt zwischen den Vertretern des Systems und den Initianten. Aber durch diese hindurch – und nicht etwa trotz ihrer – ist sie ein dialogisches Verhältnis. Die Initiation ist nicht einfach ein Ereignis, das mit einem bestimmten Alter verbunden ist. Das Nichts-Sein des Jugendlichen in der wirklichen Welt ist ein Mangel. Die Gabe der Position füllt diesen Mangel aus, gibt den begehrten Namen. Die verstümmelnden Markierungen am Körper sind der Preis, der für die Gabe gezahlt wird, und durch die sie als Gabe anerkannt wird. Auf das Begehren nach dem Namen antwortet ein »das bist du«, das der Initiant bestätigt, indem er die Gabe annimmt. Er hätte sie auch ablehnen können – Initiationen können auch mißlingen und von der normalen Übernahme der Position weg auf Außenseiterbahnen führen. Wer aber sagt, »das bin ich«, akzeptiert das Geschenk, das ihn zu dem macht, was er ist; und mit dieser Bejahung anerkennt er zugleich das gesamte System.

An der Ermöglichung des Dialogs zwischen dem Subjekt, das seinen Namen gegenübersteht, und den Menschen, die von der Position des

Dritten aus reden, hängt die Rationalität eines medialen Systems. Wenn man immer wieder sagt, daß die Moderne gegenüber der Alten Welt eine bestimmte Form des Vernunftgebrauchs verloren hat, so hat das seinen Grund darin, daß die Moderne diesem Dialog keinen Raum schafft. Das Medium ist dem Menschen das Nächste, und man kann nicht nicht von Medialität sprechen: im Alltag gibt es diesen Dialog wie eh und je. Aber die ausgearbeiteten Diskurse über die Natur des Normativen und über Sozialisation sind gegenwärtig – wir werden das noch genauer sehen – durchweg antimediale Diskurse, in denen für einen solchen Dialog kein Platz ist. Und zumindest in ihrer Schauseite, dort wo sie sich legitimieren wollen, folgen die Institutionen den Diskursen. Die einzigen Bereiche, wo das Subjekt über den Zugang zum Medium sprechen kann und gehört wird, sind die therapeutischen Diskurse und die Kunst. Die Rationalität des Weltzugangs ist heute eine marginale Rationalität.

Die Initiation produziert eine Zeitdimension, die hinter der zyklischen Zeit des Tauschs und quer zu ihr liegt. Die Kindheit ist fast zeitlos, sie kennt nur die kleinen Zeiten der alltäglichen Rhythmen und der medialen Spiele. Das Begehren nach den Namen, auf das die Initiation antwortet, ist von einer anderen Art als die Wünsche im Tausch; es ist ein Begehren *nach* den Spielen, nicht eines, das in ihrem Inneren entsteht. Das bedeutet nicht, daß das, was in der Initiation geschehen ist, erledigt wäre; die Begegnung des Subjekts mit dem, was das System von ihm will, wiederholt sich immer, wenn es um die Ehre und den Verlust oder den Erhalt des Namens geht. Die Zeit der Initiation ist die der Wiederholung einer Begegnung, in der sich die zyklische Zeit begründet. Der Häuptling mit dem »verfaulten Gesicht« hat gleichzeitig seinen Namen verloren und die zyklische Zeit des Potlatsch verlassen.

Der Frauentausch

Bei Mauss erscheinen die Frauen nur als eines unter den Gütern, die getauscht werden. In den *Elementaren Strukturen der Verwandtschaft* zeigt Lévi-Strauss, daß der Tausch der Frauen aus mehreren Gründen eine das gesamte System begründende Bedeutung hat:

- Die Frauen sind das wertvollste Gut, das ein Kollektiv besitzt; alle anderen Güter sind irgendwie ersetzbar; an dem Besitz von Frauen hängt der Bestand der Gruppe.

- Der Tausch schafft sich seine Objekte durch Verbote; was getauscht werden soll, darf man nicht konsumieren. Auf die Frauen angewendet bedeutet diese Regel, daß das Inzestverbot als ein Exogamiegebot zu verstehen ist, als das Gebot, Frauen zu tauschen – eben das ist die Grundthese von Lévi-Strauss. Nun ist das Inzestverbot das einzige universal gültige Verbot. Das bedeutet, daß die Frauen das einzige Gut sind, für das der Tauschimperativ universal gilt: einzig Frauen *müssen* getauscht werden.
- Mit den Verboten gibt sich der Tausch Gegenstände und zugleich – da es verlockende Dinge sind, die nur über den Tausch zugänglich sind – verankert er mit ihnen seine Macht in den Herzen der Menschen. Indem er, wie Lévi-Strauss es ausdrückt, Reize in Zeichen verwandelt (SE, S. 73), werden die Zeichen, mit denen er arbeitet, in einer Weise begehrenswert, wie es reine Zeichen nie sein könnten. Daß die Frauen der erste und universale Gegenstand des Tauschs sind, bedeutet auch, daß die Sexualität sein erstes Material ist; das Sexuelle und das Soziale verbinden sich in dem Knoten, den das moderne Denken im Ödipus wiederentdeckt.
- In den *Elementaren Strukturen der Verwandtschaft* ist das Verhältnis von Allianz und Filiation ein zentrales Thema. Je nachdem, ob die Sippenzugehörigkeit oder der Wohnort der Kinder durch den Vater oder die Mutter festgelegt wird, entstehen andere Strukturen des Frauentauschs. Für uns ist dabei nur das allgemeine Prinzip wichtig: das Inzestverbot und die Institutionalisierung der Familie als Abstammungslinie bedingen sich wechselseitig. Nach der einen Seite hin ist das evident: wenn die Familienbande nicht normativ definiert sind, hat das Inzesttabu keinen Sinn. Aber der Satz gilt auch in der umgekehrten Richtung. Wenn eine Gesellschaft über Tauschprozesse organisiert ist, dann braucht sie überpersönliche Einheiten, auf die die einzelnen Akte verrechnet werden können. Für die übrigen Güter sind viele Möglichkeiten denkbar, solche Einheiten zu bilden, und viele sind in der Geschichte realisiert worden; aber der Tausch der Frauen kann nur auf eine einzige Einheit verrechnet werden, die Abstammungslinie. Den Frauentausch und die Institutionalisierung der Abstammungslinie als fundamentale Verrechnungseinheit im Tausch kann man nur als zwei Seiten derselben »Erfindung« verstehen.

Wenn Frauen Dinge im Tausch sind, so bleiben sie doch Subjekte; nicht außerhalb und nebenbei, sondern Subjekte, die ihren Namen als Objekte des Tauschs finden. Über diese Verwandlung der Frauen in Dinge hat man sich sehr aufgehalten.[25] Man hat kaum bemerkt, daß die Männer einer symmetrischen Verwandlung unterworfen sind. Als Männer werden sie bestimmt als diejenigen, die tauschen müssen, als die *Vertreter* der Linien. Diese Veränderung ist nicht weniger einschneidend: Die Männer sind an Namen gebunden, die sie als Gaben empfangen; sie kommen mit einer Schuld ins Leben. Diese Namen, an denen sie hängen, müssen sie als Einsätze in das Spiel des Tauschs einbringen; sie müssen sie an andere abgeben, von ihnen einfordern; sie können ihnen gewaltsam genommen werden und müssen verteidigt werden. Die Ehre verlangt von ihnen, daß sie etwas Äußeres, den Besitz, zu ihrem Inneren machen. Und indem sie ihre Namen als Schuld und Recht übernehmen, übernehmen sie den fordernden Blick des Dritten auf sich als den Blick, mit dem sie sich selbst sehen.

Die Frau als Gebärende ist von Natur Wert; ihre Gestalt wird ihr nicht geschenkt als eine Schuld, sie hat sie von selbst, ohne daß sie etwas dafür gibt. Ihre Gestalt bejahen heißt für sie nicht, eine Schuld auf sich nehmen, sondern sich den Regeln zu unterwerfen, durch die sie ein Wert ist[26]; daher ist so oft in der Alten Welt der Kern der weiblichen Ehre die Jungfräulichkeit und die sexuelle Treue. Da die Frau den Besitz nicht *vertreten* kann, besitzt sie im Sinn des Tauschs nichts und kann auch nichts schulden. Sie hat nur, was anderen gehört. Daraus ergibt sich umgekehrt, daß die Frau geben kann, ohne Schuld zu erzeugen. Das ist eben die Eigenschaft, der wir in der Systemfigur der »Mutter« begegnet sind. Das Kind empfängt, ohne geben zu müssen; es hat eine Gestalt ohne Schuld. Die Frau hat die Fähigkeit, eine solche Welt herzustellen.

Die Beziehung zwischen Tausch und Sexualität ist wechselseitig: nicht nur nährt sich der Tausch aus den Energien, die die Sexualität ihm zur Verfügung stellt; die Geschlechterbeziehung stützt sich auf die Motive, die aus dem Tausch kommen und erhält aus ihnen ihre spezifische Form. Der Tausch produziert Begehren: nach den großen Namen, danach, viel zu besitzen, um viel geben zu können, den Wunsch, an den großen Spielen teilzuhaben. Da die Frau vom Mann ihren Namen erhält und umgekehrt sein Name durch den Besitz einer Frau erst vollständig wird, verflechten sich die sexuellen Begierden mit dem Begehren nach den Namen. Aber das ist nicht alles. Der Besitz ist immer mit Schuld verbunden; die Namen sind immer Namen unter anderen. Das anfängliche Begehren, das in die Welt der Namen hineinführt, ging darauf, alles für den anderen zu sein, es war der Wunsch nicht nach dem begrenzten, sondern nach dem absoluten Unterschied. Es war das Festhalten an diesem ersten Wunsch, der Sartre den Zugang zu dem Bereich der Namen versperrt hatte. In der Begegnung der Geschlechter entsteht für eine kurze Zeit die absolute Differenz. Jeder ist für den anderen, was dieser nicht ist, er der Name, sie der Wert; jeder gibt dem anderen, was diesem fehlt. Noch die bürgerliche Kultur zelebriert dieses Geschlechterverhältnis, das sie verloren hat, in den historischen Romanen, in den Opern und Operetten: die Begegnung zwischen dem einen Wesen, das seinen Stolz dareinsetzt, sich in dem zu verlieren, was es besitzt, kann und tut, und diesem anderen mit dem entgegengesetzten Stolz, das weiß, daß es eine Kostbarkeit ist, und damit spielt; die Begegnung, in der jeder die Gestalt des anderen durch sich und seine eigene durch den anderen genießt.

Die Hochzeit ist das, was in den anderen Tauschzyklen das Fest des Schenkens ist; ein dem Tausch vorbehaltenes Objekt wird konsumiert.[27] Danach geschieht mit der Frau, was auch mit den anderen Gütern geschieht; sie wird zur Schuld. Für den Mann bedeutet sie die Schuld gegenüber der frauengebenden Sippe[28]; gleichzeitig verkörpert sie die Möglichkeit, daß der Mann wieder zum Schenkenden wird: er wird an die Söhne seine Position weitergeben, die Töchter verheiraten können. Grundsätzlich lebt die Frau in einer anderen Welt, in einer anderen Zeit als der Mann. Der Tausch ist ein Spiel, das Motive, eine bewegte Zeit schafft. An diesem Spiel hat die Frau keinen Anteil. In der Phase vor der Heirat gibt ihr der Tausch das Begehren nach der Gestalt: sie wartet auf die initiatorische Begegnung in der Hochzeit. Nachher stellt ihr der Tausch keine Zeit und keine Motive mehr zur Verfügung. Der Wert, den sie darstellt, geht an die nächste Generation über, ohne daß dieser Übergang ein Geschenk wäre. In diesem Bereich, den der Tausch nicht besetzt, liegt der »mütterliche« Raum, in dem die Kinder aufwachsen können. Wir interessieren uns für den Tausch als weltbildendes Spiel, für seine Rationalität; daher genügt uns hier die Feststellung, daß »die Frau« ein Bereich ist, wo diese Rationalität nicht ganz greift, wo das System in seinem Inneren Enklaven erzeugt, die es nicht strukturieren kann.

Wir lesen Mauss und Lévi-Strauss mit den Fragen, die sich von Sartres Texten her stellen: Wie heften sich die Bedeutungen an die Dinge und geben ihnen die Abwesenheit, die Weltdingen eigen ist und die der Ekel aufhebt? Wie kann man sich seiner zukünftigen Wünsche gewiß sein? Was gibt dem Begehren ein Recht, das das Gegenüber anerkennen oder bestreiten kann? Wie kann die Bindung an die Namen bejaht werden? Wenn der Blick, der der Welt ihre Festigkeit gibt, der eines allmächtigen Anderen ist, was kann dieser Andere sein, wenn nicht das Produkt einer Illusion?

Man kann den Tausch als einen Mechanismus beschreiben, der diese Fragen löst, der eine legitime Ordnung der Namen herstellt. Allerdings ist auch in der massiven Stilisierung dieser Skizze die Rationalität des medialen Systems nicht ohne Lücken. Die wesentliche liegt im System selbst. Zwar ist der Tausch ein absolut legitimierendes Prinzip. Aber ein Tauschsystem ist nichts ohne ein konkretes Medium, und die Wahl des Mediums enthält immer Willkür und Ungerechtigkeit. In dem Kollektiv der Büffeljäger wird der Schwache und Langsame nicht unbedingt weniger zu essen haben, aber er wird *weniger wert* sein. Das Medium verwandelt Verhältnisse zu Dingen in Eigenschaften der Namen; für das System ist diese Verwandlung zwingend; gegenüber dem Subjekt vor dem Eintritt in das Spiel kann sie nie legitimiert werden. Diese Art der Ungerechtigkeit scheint uns so selbstverständlich, daß wir sie kaum als solche wahrnehmen; die auffälligere Ungerechtigkeit liegt in der Ungleichheit der Namen, denen die Subjekte zugeordnet werden. In den weitgehend egalitären Stammesgesellschaften liegt hier die schwerwiegendste Willkür in der Scheidung von Mann und Frau und in der Verwendung der Frau als Tauschmaterial. In den späteren ständisch geordneten Gesellschaften wird das Ausmaß der Ungerechtigkeit drastisch zunehmen.

Wir haben das Verfahren kennengelernt, mit dem der Tausch seine legitimierende Kraft auf die Willkür der medialen Zuordnungen ausdehnt. Der Platz ist Gabe; wer die Gabe annimmt, hat damit das System als Ganzes anerkannt. Die Regeln der medialen Spiele in Frage stellen hieße, die eigenen Namen in Frage stellen – es gibt für diese Spiele kein Außen, von dem aus man *über* die Regeln reden könnte. Es hieße, während man spielt, die Regel verändern zu wollen, natürlich zu seinem Vorteil; es wäre ein Versuch, zu betrügen. Diese selbstreferentielle Struktur liegt hinter vielen Argumentationen, mit denen in der Alten Welt Kritikern der bestehenden Ordnung geantwortet ist. Sie gibt Legitimitätsdiskussionen (etwa zwischen Ketzern und Vertretern der Orthodoxie) eine spezifische Färbung; sie verbietet es grundsätzlich, wie wir es gewohnt sind, in einer Argumentation Genesis und Geltung zu unterscheiden; die Motive der Argumentierenden gehören grundsätzlich zur Argumentation. Keine Kritik kann dem Vorwurf der Interessiertheit entgehen, aber sie kann ihn umkehren; der Ketzer kann ihn gegen die Orthodoxen wenden. Das Argument wirkt also durchaus in der Weise, daß es die bestehende Welt wirklich legitimiert: die Ketzer wie die Orthodoxen haben die berechtigte Überzeugung, in einer legitimen Welt zu leben. Aber diese Legitimität legitimiert Inhalte nie eindeutig; sie gibt nur der Argumentation einen Rahmen und eine bestimmte Form.

Diese Form ist in der Logik des Tauschsystems vorgezeichnet. Man kann zwei wesentliche Richtungen unterscheiden. Die Tauschsysteme – und vor allem die komplexen – sind voller innerer Widersprüche; mit ihrer Hilfe kann das Betrugsargument gegen die Vertreter des Bestehenden gewendet werden. Zweitens sind Tauschsysteme generative Systeme, die auf verschiedenen Abstraktionsebenen erfaßt werden können und von denen, die in ihnen leben, auch tatsächlich erfaßt werden. Ein Beispiel kann das verdeutlichen: Ein in ein Lager verbrachter Stamm australischer Ureinwohner baut dort die alte Organisation nach Hälften wieder auf. In den veränderten Lebensumständen kann das nur eine ganze andere Organisation sein; die Struktur wird nicht in ihrer konkreten Ausprägung bewahrt, sondern auf einer bestimmten Abstraktionsstufe. Die ganze Argumentation der *Elementaren Strukturen* beruht auf diesem generativen Prinzip. Es ist nicht nur der Forscher, der die konkreten Organisationen aus der Grundform des Frauentauschs ableitet; die Kollektive können, wenn sie durch Umstände genötigt werden, sich auf der Basis von abstrakteren Formulierungen ihrer Bauprinzipien neu aufbauen; sie können sogar eventuell zwischen den grundlegenden Alternativen des reziproken oder des Kettentauschs wählen.[29] Da die abstrakteren Formulierungen des Systems immer die unter dem Gesichtspunkt der inneren Konsistenz reineren sind, lassen sich aus ihr leicht Argumente gegen die notwendig mit Kompromissen behaftete reale Inkarnation des Systems – die für sich wiederum das Argument der Existenz ins Feld führen kann – ableiten.

Die Legitimationsregeln der Alten Welt sind uns sehr fern. Wenn man sich dem Verständnis nähern will, dann muß man sich klarmachen, daß über den Tausch vergesellschaftete Kollektive grundsätzlich andere Verfahren verwenden als über Interessen vergesellschaftete. Man darf nicht versuchen, die einen als mangelhafte oder unbewußte Realisierung der anderen zu verstehen; man muß einen Ort finden, von dem aus beide Verfahren wahrnehmbar sind.

Aus zwei Gründen haben wir die Stammesgesellschaften als Beispiele eines medialen Systems gewählt. Einmal wegen ihrer relativen Einfachheit. Zweitens, weil die Wissenschaft, die sich mit den Stammesgesellschaften beschäftigt, die Ethnologie, schon durch die Fremdheit ihres Gegenstands dazu geführt wird, systematische Zusammenhänge herauszuarbeiten; wohingegen ständische Tauschgesellschaften Gegenstand der Geschichtsschreibung sind; Geschichtsschreibung geht aber von dem Prinzip aus, daß der Wissenschaftler einzelnes als einzelnes verstehen kann, ohne daß er genötigt ist, den Umweg über den systematischen Zusammenhang zu machen. Und wo die Geschichtsschreibung versucht, Totalitäten zu beschreiben, wie etwa in der marxistischen Tradition, dann legt sie immer hinter ihren Gegenstand eine moderne Theorie des Sozialen.

Der Nachteil dieser Auswahl liegt darin, daß die Stammesgesellschaften ein sehr spezifisches Bild eines Tauschsystems geben, in dem wir wenig von dem wiedererkennen, was wir aus den uns näherliegenden Bereichen, dem mittelalterlichen und absolutistischen Europa kennen. Daher will ich im folgenden zwei Figuren des Tauschs in ständischen Gesellschaften kurz darstellen, die Figur der Rache und die der großen Tat. Damit verbindet sich eine Diskussion der inneren Beziehung zwischen Tausch und Erzählung. Auf einige wesentliche und leicht sichtbare Unterschiede möchte ich hier schon hinweisen.

1. Stammesgesellschaften verankern die Positionen des Tauschs in einer für den heutigen Betrachter sehr künstlich anmutenden Weise in Klassifizierungen der Natur, die auf das Kollektiv zurückbezogen werden. Die Agrargesellschaften verwenden zu diesem Zweck den Landbesitz. Die durch Besitzansprüche abgegrenzte Karte eines Landes ist, sehr grob gesprochen, das Material, aus dem die Namen gebildet sind.

2. Die Stammesgesellschaften sind weitgehend egalitär, die Tauschbeziehung entsprechend symmetrisch (mit der einen großen Ausnahme der Geschlechterbeziehung). Die ständischen Gesellschaften produzieren vorwiegend asymmetrische Tauschbeziehungen. Der Feudalherr gibt ein Geschenk, das nicht erwidert werden, sondern eine dauernde Schuld – eben die »Treue« des Vasallen – erzeugen soll. Das Verhältnis von Bauer und Adligen ist durch eine noch tiefergehende Asymmetrie geprägt. In der Feudalbeziehung liegt diese in dem Umfang der Leistungen; zwischen den Ständen besteht ein Unterschied in der Qualität: bäuerische Abgaben können ihrem Wesen nach mit Leistungen im Krieg nicht verglichen werden, sie sind grundsätzlich von geringerem Wert. Bauern und Adlige spielen zwar im selben Spiel; ihnen stehen aber, wie im Schach, nicht dieselben Züge zur Verfügung.

3. Im alten Europa steht neben der »Welt«, die auf dem Tausch beruht, der christliche Glaube, der »nicht von dieser Welt« ist. »Nicht von dieser Welt« ist der Glaube dadurch, daß er mit einer unendlichen Schuld und einer unendlichen Gabe arbeitet; er entwertet jede unmittelbare mediale Beziehung und sucht zwischen den Menschen Beziehungen zu schaffen, die über das Verhältnis des einzelnen zu Gott vermittelt sind. Der Glaube wendet sich gegen die Welt der Plätze und bezieht sich eben dadurch auf diese – das erste christliche Gebet sagt: vergib uns unsere Schuld –, und umgekehrt räumt die »Welt« dem Glauben, der ihre Prinzipien aufhebt, in ihrem Inneren einen Platz ein. Dieses System, das seine eigene Negation in sich aufgenommen hat, ist von den Stammesgesellschaften in qualitativer Weise unterschieden.

4. Schon im Hochmittelalter gewinnen die modernen Formen der Vergesellschaftung über Ware und Staatlichkeit, die die alte Medialität auflösen, an Bedeutung. So entsteht eine neue Zone von Konflikten und Kompromissen.

Aber jenseits aller Differenzen gibt es einen Zug, der der ganzen Alten Welt gemeinsam ist. Das mediale System ist verankert im Kreislauf der biologischen Bedürfnisse mit der Natur. Es bestimmt die Positionen, zwischen denen getauscht wird, ökonomisch als Besitz von Produktionsmitteln, und es ordnet diesen Positionen Familien mit geregelter Nachfolge zu. Es verwendet also die Ökonomie als das fundamentale

Medium der Namen. Diese Verwendung haben wir das »Platzmedium« genannt.

Daraus leiten sich weitere Gemeinsamkeiten ab:

- Ökonomische und politische Beziehungen sind von derselben Art und sind immer zugleich auch *moralische* Beziehungen.
- Jeder Mensch – jedenfalls solange er in der »Welt« lebt – hat *einen einzigen Namen*, den er mit dem Eintritt in das erwachsene Leben übernimmt. Alle Namen, die er im Lauf seines Lebens erwerben oder verlieren kann, beruhen auf dieser Grundlage.
- Es ist keine Alternative zu dem in der Kopplung von Tausch und Ökonomie gegebenen Prinzip des Sozialen denkbar; damit hat die gesellschaftliche Ordnung den Charakter von etwas ganz und gar Natürlichem.[30]

Die historische These, die ich im folgenden entwickeln will, besagt, daß das Prinzip der Medialität, mit dem die Menschheit bisher gearbeitet hat, das Platzmedium, seit dem 18. Jahrhundert in Frage gestellt und in der entwickelten Moderne (in der »Postmoderne«) aufgegeben wird. Daher ist es berechtigt, wenn wir hier die ganzen komplexen Systeme der Alten Welt unter diesem einen extrem abstrakten Gesichtspunkt zusammenfassen. Daher können wir auch Sartres Suche nach einer legitimen Welt und die Systeme der Stammesgesellschaften unmittelbar in einer Logik von Frage und Antwort aufeinander beziehen. Und umgekehrt folgt aus dieser These: man muß die Logik der alten Tauschökonomie kennen, um zu verstehen, daß die Auflösung des letzten Kerns der mit ihr gegebenen Institutionen in der »Postmoderne« nicht nur in die Strukturen der Gesellschaft eingreift, sondern in das, was wir Wirklichkeit nennen, in den Aufbau der Welt.

ILIAS UND CHANSON DE GESTE: DAS SYSTEM DER RACHE

Die literarischen Werke, die wir lesen, als wären sie für uns geschrieben, die Denker, mit denen wir uns noch auseinandersetzen – »unsere Kultur« also – beginnt weitgehend in dem Moment, wo in der Welt der Plätze Systeme entstehen, die diese in Frage stellen und überlagern, in der Antike die griechische Philosophie, im 11. und 12. Jahrhundert das Eindringen des christlichen Denkens in die Gestaltung des Alltagslebens und die höfische Liebe.[31] In einem einzigen Bereich ist ein Stück der einfachen Tauschsysteme in unserer Kultur aufbewahrt, in der homerischen und in der mittelalterlichen Epik. Im folgenden möchte ich zeigen, daß man die in den Epen dargestellten Gesellschaften als Tauschsysteme beschreiben kann; ich beschränke mich dabei auf die zentrale Figur der Rache.

Wenn ich hier die griechische und die altfranzösische Epik als zusammengehörig betrachte, so folge ich einer langen Tradition. Seit der Romantik und Hegel sieht man die archaische Epik, die im Übergang von der oralen zur schriftlichen Literatur steht, als etwas Einheitliches; und bis heute hat sich eine Epenforschung, die die noch vor einiger Zeit lebendige jugoslawische Dichtung, die mittelalterlichen Heldenlieder und die homerischen Gesänge in Zusammenhang bringt, als fruchtbar erwiesen.

Die Epik ist Kampfdichtung; sie handelt von Spielen, deren Einsatz das Leben ist – jedenfalls gilt das für die Mehrzahl der Lieder, und auf diesen Teil beschränke ich mich hier. Die Figur, die diese Spiele beherrscht, ist die Folge von Herausforderung oder Beleidigung und Rache. Unsere Frage ist, in welcher Beziehung die Rache zum Tausch steht.

Die *Ilias*[32] verschränkt drei Kämpfe:

1. Die Achäer kämpfen gegen die Troer um Helena und um die Rache für den Bruch des Gastrechts. Dieser Kampf endet mit der Eroberung Trojas (auf die die Ilias nur verweist).

2. Achill streitet sich mit Agamemnon um Briseïs (die ihm widerrechtlich weggenommene Kriegsbeute) und will sich für die Kränkung rächen. Der Streit endet mit der Rückgabe des Mädchens und der Versöhnung zwischen Agamemnon und Achill.

3. Achill rächt an den Troern und besonders an Hektor den Tod seines Freundes Patroklos. Der Kampf endet mit dem Tod Hektors.

Drei Geschichten von Beleidigung, Rache oder Wiedergutmachung. Die erste Geschichte liefert den Rahmen, in dem die in dem Gedicht erzählten Geschehnisse Episoden darstellen. Die zweite und die dritte könnten unabhängige Erzählungen sein; die Verknüpfung ist erst einmal äußerlich. Eine Nebenepisode der zweiten Handlung (Achill kommt den von den Troern bedrängten Griechen so weit entgegen, daß er ihnen den Freund in seinen Waffen zu Hilfe schickt) wird zum Ausgangspunkt der dritten Geschichte. Es besteht aber doch auch ein innerer Bezug, eine Verschränkung der zwei Handlungen: es ist der Tod des Patroklos, der dem Zorn des Achill gegen Agamemnon ein Ende setzt. So wird ein hierarchisches Verhältnis der beiden Kränkungen sichtbar: gegenüber der zweiten ist die erste von geringem Gewicht und verschwindet.

Ein solches einfaches Grundmuster von Beleidigung, Rache (oder gelegentlich Wiedergutmachung) finden wir in sehr vielen Chansons de Geste wieder. Am einfachsten und eindrucksvollsten im *Garin le Lorrain*, einer Chanson de Geste aus dem Ende des 12. Jahrhunderts. Das Lied beschreibt nichts anderes als die Fehde zwischen den beiden mächtigen fürstlichen Sippen der Bordelesen und der Lothringer, eine Fehde, der der schwache König von Frankreich machtlos zusieht. Auch hier finden wir eine hierarchische Gliederung: In der ersten Phase folgt auf eine Beleidigung von seiten der Bordelesen ein maßvoll geführter Rachefeldzug der Lothringer, vergleichbar dem Streit zwischen Achill und Agamemnon, der sich auch in streng kontrollierten Formen abspielt. Der Krieg endet wie der Streit zwischen den beiden griechischen Helden mit Vertrag und Wiedergutmachung. Aber die Bordelesen hatten dem Frieden nur aus Not und halbherzig zugestimmt. Nach einigen Jahren bietet sich ihnen eine Gelegenheit zur Rache: sie erschlagen den geliebten und bewunderten Bruder des lothringischen Herzogs heimtückisch auf der Jagd. Der darauf folgende Rachekampf wird mit einer Grausamkeit und rücksichtslosen Erbitterung geführt, die mit der Rache Achills an Hektor vergleichbar ist, und führt zur Zerstörung von halb Frankreich.

Offensichtlich ist die Rache eine Grundfigur der epischen Welt. Sie ist ein mediales System wie die Gabe, arbeitet mit einem codifizierten medialen Material, erzeugt Motive. Das Verhältnis von Schädigung, die eine Schuld begründet, und Wiedergutmachung gehört offenbar in den Bereich des Tauschs. Eine Beleidigung ist aber mehr als eine Schädigung, sie öffnet einen Zyklus der Gewalt; und bisher hatten wir den Tausch als Alternative zur Gewalt angesehen.

Im modernen Denken spiegelt sich das System der Rache in zwei typischen Mißverständnissen, die zuerst benannt werden müssen:

1. Man versteht die Rache als Gefühl oder Leidenschaft, als einen Affekt. Es kann aber kein Zweifel daran bestehen, daß die Rache eine Pflicht ist; wer diese Pflicht verletzt, entehrt nicht nur sich, sondern auch die Gruppe, der er zugehört. In einer für uns merkwürdigen Weise ist sie auch ein Affekt: wer den Impuls zur Rache nicht in seinem Herzen spürt, ist ein niederer Mensch. Sie ist – in ähnlicher Weise wie die Schuld – ein ethisch gebotener Affekt.

2. Die Rache wird als die Vorform eines Rechts vom modernen Typ gesehen, das sich aus allgemeinen Prinzipien ableitet. Aber wie der Tausch ist die Rache eine Beziehung zwischen zwei Parteien. Wenn der Beleidigte die Rache einem anderen überläßt, ist er genauso entehrt, wie wenn sie gar nicht vollzogen wäre.

Das Verhältnis der Rache zum Tausch der Gaben ist zwiespältig. In mancher Hinsicht herrschen ähnliche Regeln:
- In der *Ilias* wird Liebe in derselben Weise mit dem Austausch von Geschenken gleichgestellt wie der Haß mit dem Austausch von Kränkungen.[33]
- Eine Kränkung zu rächen und eine Gabe zu erwidern sind Gebote des gleichen fundamentalen Rangs.
- Die Rache rechnet wie der Tausch: Aug um Auge, Zahn und Zahn; statt gleichwertiger Güter zirkulieren gleichwertige Schädigungen.
- Die Beleidigung bindet wie der Tausch; vielleicht noch stärker. Wie in der Gabe, so liegt in der Kränkung die Tendenz, einen Zyklus ohne Ende zu eröffnen.
- Wie der Tausch impliziert der Rachezyklus notwendig die Gegenwart eines Dritten. Die Beleidigung will gesehen werden, wie die Vergeltung gesehen werden muß. Die Rache ist erst vollständig, wenn der Dritte befriedigt ist.

Andererseits ist die Rache das Gegenteil des Tauschs. Der Raub der Helena ist ein Bruch des Gastrechts. Als Hektor vor dem letzten Kampf eine Abmachung treffen will – der Sieger soll die Leiche des Besiegten zurückgeben –, antwortet Achill:

So wie Löwen und Menschen kein Schwur der Treue verbindet,
...
So auch kann es nicht sein, daß wir uns lieben, und nimmer
Bindet uns beide der Schwur... (22,262–66)

Beleidigung und Rache sind Bruch des Rechts und Aufkündigung jeder Verbindlichkeit. Aber der Bruch, die Aufkündigung sind selbst noch Teil einer Wechselseitigkeit.

Oben hatten wir gesehen, daß Mauss und Lévi-Strauss die Gewalt als absoluten Gegensatz des Tausches ansahen, etwas außerhalb jeder Ordnung, eine Art Rückfall in die Natur. Für die Rache gilt das nicht; sie ist zwar Gewalt, aber Gewalt innerhalb von Regeln und Wechselseitigkeit.

Wir haben den Tausch als etwas Vorgegebenes und nicht Hintergehbares betrachtet. Muß man die Rache in derselben Weise sehen, so daß erst Tausch und Rache zusammen – nicht wie Mauss und Lévi-Strauss glauben – Tausch alleine, die Regel bilden, die den Menschen zum Menschen machen? Oder ist die Rache eine abgeleitete Figur?

Der Racheimperativ

Es ist nicht so, daß in der *Ilias* oder in den *Chansons de Geste* die Helden alle und immer vor Rachedurst brennen. Die *Ilias* macht im Gegenteil sehr deutlich, wie sehr die Achäer sich wünschen, dem Rachezwang entrinnen zu können: einmal laufen sie auf eine ganz anders gemeinte Aufforderung Agamemnons zu den Schiffen, um sie für die Heimkehr zu rüsten; das andere Mal suchen sie eine Lösung über den Zweikampf zwischen Paris und Menelaos. Beidemal braucht es das Eingreifen der Götter, um einen Krieg in Gang zu halten, den die Menschen je eher um so lieber beenden möchten. Die Rache ist ein ethischer Imperativ. Das zeigt sich in solchen Momenten; das gilt aber auch, wenn sie mit ganzem Herzen begehrt wird.

Woher kommt dieser Imperativ? Manchmal aus der Verletzung einer Tauschregel, wie im Fall des Raubs der Helena oder der Kränkung des Achill durch den Heereskönig. Aber keineswegs immer und nicht wesentlich. Hektor hat Patroklos im Kampf getötet. Keine Regel ist verletzt; trotzdem ist Achills Rache genauso richtig, genauso gefordert.

Es kann schon die Beleidigung selbst, nicht erst die Rache einem Imperativ entsprechen. Nehmen wir ein Beispiel aus einer Chanson de

Geste, dem *Raoul de Cambrai*. Der junge Raoul ist durch den frühen Tod des Vaters das Opfer eines der für das Feudalsystem typischen Rechtswidersprüche geworden. Einerseits hat er einen Anspruch auf Nachfolge; andererseits können nur wehrfähige Männer belehnt werden. So findet er sich, als er erwachsen ist, trotz seiner fürstlichen Herkunft ohne Land. Es wäre eine unerträgliche Schande für ihn – die ihm von seinem Onkel auch mit heftigen Worten vorgehalten wird –, wenn er diesen Zustand ertrüge. So beginnt er einen großen Krieg gegen eine Sippe, die ihm nie in Feindschaft begegnet war, und zu der sogar sein treuester und liebster Vasall gehört; damit beginnt der Rachezyklus, den das Gedicht erzählt. Die Verpflichtung, sich um jeden Preis ein Lehen zu verschaffen, kommt nicht aus einem Tauschzyklus. Aus diesem ließen sich nur ungewisse Rechte ableiten und bestimmt nicht gegen die angegriffene Sippe. Die Verpflichtung kommt aus der eigenen Sippe, es ist der Onkel, der sie ausspricht: es geht einfach darum, daß Raoul, der erstgeborene Sohn, den Rang der Familie aufrechterhält.

Seinen Rang wahren – dieser einfache Satz bezeichnet das Prinzip, das das ganze Spiel der Rache bestimmt. Wenn Raoul dann die Söhne des Herbert angreift, so mit dem immer wiederkehrenden Satz: »Ihr werdet kein Stück Land haben, wo ihr euer Haupt niederlegen könnt.« Was heißt: was euch widerfährt, wird nicht ein Unglück sein, sondern eine Schande, weil ihr euer Land nicht habt behaupten können. In diesem Bereich – nur in ihm – gibt es tatsächlich ein Recht des Stärkeren; wer die Macht hat, hat auch das Recht, wer die Macht verliert, verliert auch das Recht. Der Tausch setzt die Anerkennung der Bindung des Subjekts an sein Eigentum voraus; die Beleidigung, die mit Gewalt nimmt statt zu tauschen, verweigert diese Anerkennung, löst das Subjekt vom Platz. Worum immer es geht, um Frauen, Brüder, Väter, Freunde, Land, der eigentliche Gegenstand der Rache ist immer der: die Widerlegung der Behauptung, man könne seinen Platz nicht festhalten.

So gesehen, erscheint die Rache als Last und Verpflichtung; sie ist aber auch, wie Achill vom Zorne sagt, süßer als Honig (18,109), mit Stolz und Gier verbunden. Die Rache trifft die Beziehung des Subjekts zum Platz. Wir wissen, was diese Beziehung in sich enthält. Auf der einen Seite ist der Platz eine Gabe, die das Subjekt verpflichtet, eben dazu, den Rang des Platzes zu erhalten. Diese Verpflichtung wird vertreten von der Familie, von den Brüdern, den Söhnen, vor allem auch von den Frauen. Andererseits ist der Platz auch Name, der Schutz gegen die fundamentale Beschämung, das Begehrenswerte im Subjekt, die Rechte, der Stolz. In dieser Dimension ist die Beleidigung eine Kränkung des Stolzes, die Rache seine Wiederherstellung. Vor allem die französischen Epen arbeiten sehr stark mit dem Gegensatz dieser beiden Dimensionen. Raoul treibt die Wahrung seines Ranges so weit er *kann*, es geht um Größe und Stolz. Der gekränkte Vasall Bernier rächt sich so weit er *muß*. Er achtet peinlich darauf, im Rahmen dessen zu bleiben, wozu die Rache zwingend verpflichtet. Auch im *Garin le Lorrain* sind die Rollen nach diesem Schema verteilt: Rache aus Verpflichtung gegen Rache aus Stolz.[34]

In Umrissen beginnen wir die Beziehung zu entdecken, die zwischen der Welt des Tausches, die wir im vorigen Kapitel skizziert haben, und dieser Welt besteht, über die Homer die Überschrift des Grolls gesetzt hat. Um diese Beziehung formulieren zu können, müssen wir ein Problem der Organisation des Tauschs wieder aufgreifen. Wir hatten im Tausch zwei Achsen unterschieden, in denen Zyklen ganz verschiedener Natur ablaufen. Eine horizontale Achse, wo zwischen Plätzen Güter getauscht werden, die oft mit dem Bereich der Bedürfnisse verknüpft sind. Auf dieser Achse sind die Plätze stabil, sie sind die Orte, von denen aus getauscht wird. Dann die vertikale Achse, wo der Platz vom Vater an den Sohn gegeben wird, den die Initiation als Erwachsenen anerkannt hat; dann die Heirat, die so etwas ist wie eine Diagonale, wo zwischen den Plätzen getauscht wird, was den Platz erst vollständig macht.

Wenn ein Gesellschaftszustand, der diesem Schema entspricht, so oft mit Bildern wie denen von einem *goldenen Zeitalter* oder einer paradiesischen Natur verbunden worden ist, so offenbar deswegen, weil der Zugang zu den Plätzen und ihr Besitz sicheren Regeln – den Regeln der Stammesgliederung, der Initiation und des Frauentauschs – unterworfen sind, frei von Kampf. Natürlich greift der Tausch am Platz, an den Namen an; darin liegt ja seine Kraft. Aber auch dieses Eingreifen haben wir in den zirkulären Bewegungen des Schwindens und Wachsens, des Alternierens von Schuld und Begehren verfestigt gesehen.

Die Griechen haben die Welt des Epos mit Recht als die *eiserne* bezeichnet; es geht in tausend Varianten um eine Sache, immer um dieselbe, um den gewaltsamen Kampf um Plätze. Der Platzkampf des Potlatsch war immer an die Regeln und die Mittel des Tausches gefesselt, nur durch Mehr-schenken konnte man mächtiger werden. Jetzt ist der

Kampf Krieg. Wenn Mauss und Lévi-Strauss Tausch als Regel und regellose Gewalt in einer Weise gegenüberstellen, die der Welt des Epos völlig fremd ist, so vielleicht einfach deshalb, weil eine solche Gegenüberstellung der Realität der Welt entspricht, die sie beschreiben, weil dort die geregelte Gewalt des Kampfs um Plätze eine geringe Bedeutung hatte.

Für die Kriegslust und Kriegsverherrlichung der epischen Welt hat man üblicherweise eine funktionalistische Erklärung: Gesellschaften, in denen die Selbstbehauptung im Krieg eine große Rolle spielt – eine viel größere als in der Stammesgesellschaft –, produzieren kriegerische Werte, eine entsprechende Persönlichkeit, eventuell, je nach dem Stand und den Kosten der Kriegstechnik, eine militärische Elite, wie sie für das Epos typisch ist. Kampflust, Rachgier werden zu Tugenden, auf die die Eliten verpflichtet werden. Dieses Bild trifft aber nur einen kleinen Teil dessen, was das Epos wirklich sagt.

Man versteht von daher, daß die Helden zu Leistungen verpflichtet sind. Eine solche Verpflichtung besteht tatsächlich. Daß Hektor sich so leichtsinnig in den tödlichen Zweikampf mit Achill einläßt, hat seinen Grund in der Furcht vor den Vorwürfen, die ihn als Heerführer treffen würden: daß er durch seine Weigerung, sich rechtzeitig in die Stadt zurückzuziehen, für die großen Verluste der Troer verantwortlich ist. Aber die typische die Beziehung organisierende Struktur ist eine andere. Zwei Beispiele: Hektor fordert die Achäer zu einem Zweikampf heraus. Keiner wagt es, sich zu stellen; so daß Menelaos, um dem Schimpf zu entgehen, einen Kampf auf sich nimmt, der für ihn, gegen den »viel stärkeren Mann«, den Tod bedeutet hätte (7,92 ff.). Oder das Beispiel des Diomedes, einer der stärksten Kämpfer der Griechen, der in einer ausweglosen Situation sich scheut, sich vor Hektor zurückzuziehen, weil er den Triumph des Feindes fürchtet. Das sind Übertreibungen, die dann auch im Sinne der Vernunft korrigiert werden; Menelaos wird vom Kampf abgehalten, an seine Stelle tritt der stärkere Ajas. Aber das hier sichtbare Prinzip beherrscht durchgehend das im kleinen wie im großen immer wiederkehrende Spiel von kränkender Herausforderung und Antwort: *der Feind, der Herausforderer, ist der Richter über den Rang des Herausgeforderten*. Auch wenn kein Recht im Sinn von Gabe und Schuld auf seiner Seite steht, sogar, wenn er gegen das Recht handelt, ist er es, der den Blick des Dritten trägt.[35] Das ist der Typ von Beziehung, der hier entsteht. Sie macht den Beleidiger zu der Person, die von allen Personen dem Beleidigten am nächsten steht. Es handelt sich nicht um eine psychologische Eigenart, sondern um ein ethisches Gesetz, das über den vielfältigen Interessen der kämpfenden Parteien am Sieg steht. Der epische Kampf verbindet intensiver, als er trennt. Das Kollektiv sieht den Beleidigten mit den Augen des Beleidigers; es erkennt den Triumph an. Es ist ein Gesetz von historisch beschränkter, aber doch großer Reichweite. Beschränkt: im höfischen Roman oder in der im Zusammenhang mit den Kreuzzügen entwickelten Ritterethik ist dieses Gesetz schon außer Kraft gesetzt, oder doch sehr eingeschränkt; andererseits beherrscht es das aristokratische Alltagsleben, solange es eine Aristokratie gibt – was z. B. in der Institution des Duells sichtbar wird, die bis in die bürgerliche Zeit ihre Kraft bewahrt hat.

Vorher hatten wir gesagt, der Racheimperativ ist ein Imperativ, der vom Platz ausgeht: »Du mußt deinen Rang wahren!« Jetzt können wir ihn genauer formulieren: du mußt jeden, der auf sich nimmt, dich herauszufordern, zum Richter über deinen Rang anerkennen, dich auf einen Kampf einlassen, der beweist, wem der Platz rechtmäßig zusteht.[36]

Hier verschränken sich, auf eine ganz eigenartige Weise, Gesichtspunkte der Macht und solche der Legitimation. Wenn Raoul und die Söhne Herberts kämpfen, so geht es darum, wer das Lehen besitzen wird, aber auch darum, wer es verdient. Es geht im selben Zug um den Besitz und um die Anerkennung, daß der Besitz rechtmäßig ist. Anders ausgedrückt: In jedem Vergeltungszyklus wird die Identifikation mit dem Platz radikal in Frage gestellt und, je nach dem Ausgang, bestätigt oder nicht. Was in den Stammesgesellschaften gesichert war, der Besitz des Platzes, wird zum Einsatz eines Spieles, in dem es um die Macht geht, aber auch um das Recht.

Um diese merkwürdige Verschränkung von Macht und Recht, von Kampf und Identifikation zu verstehen, müssen wir zurückgreifen auf das, was wir über die Vergabe der Plätze im alten System schon wissen. Die Plätze sind vergeben gemäß der Abstammung. Wir hatten dabei das Moment der Gabe betont, durch die die Identifikation an der grundlegenden Legitimität des Tauschs teilhat; Identifikation ist Anerkennung einer Gabe, damit einer Schuld. Dieser Typ des Platzerwerbs über Abstammung ist auch in der epischen Welt der normale. Aber auch in diesem Zusammenhang enthält die Initiation immer ein Element von Probe, von Anerkennung einer individuellen Leistung; der einzelne muß beweisen, daß er des Platzes würdig ist. Man weiß, daß die Anerkennung auch verweigert, der Initiant auf Außenseiterrollen gelenkt werden kann.

Im Tauschschema ist das Moment der Anerkennung Teil der Initiation und auf sie beschränkt; es gibt keinen institutionellen Ort mehr, an dem die Frage erneut gestellt wird, ob das Subjekt – jedenfalls solange es sich den Imperativen nicht entzieht – geeignet und berechtigt ist, den Platz zu vertreten. In der epischen Welt wird die Dimension der Anerkennung in das Leben der Erwachsenen herein geöffnet. Die Beleidigung bzw. Herausforderung stellt die Anerkennung in Frage. Der Herausgeforderte muß beweisen, daß er den Platz verdient. Der Platzimperativ verpflichtet ihn dazu, dem nicht auszuweichen.[37]

Zwei Dinge legen also nahe, daß man den epischen Kampf mit der Initiation zusammenbringt: Der Herausforderer steht an dem Ort, wo in der Initiation die das Kollektiv vertretenden Erwachsenen stehen. Im Moment des Kampfes ist der Besitz des Platzes suspendiert: wenn er siegt, nimmt der Herausfordernde dem Besiegten nicht nur den Platz weg, sondern er kann ihm auch das Recht auf den Platz absprechen, wie die initiierenden Erwachsenen in der Initiation; unterliegt er, so gibt er dem anderen den Platz, gibt ihn – vermehrt um den Ruhm des Sieges – zurück. »Du wirst sterben und mir wirst du edlen Ruhm geben«, lautet eine der Standardformeln, die die Zweikämpfe einleiten. Der Herausforderer vertritt immer das Kollektiv, auch das des Herausgeforderten; er hat, auch wenn er eine Tauschregel gebrochen hat, auf der Ebene des Platzimperativs immer recht.

Das zweite Moment kennen wir aus Hegels Dialektik von Herr und Knecht.[38] In der Initiation wird das Subjekt neu geboren als gebunden an den Platz. Die Begegnung mit dem Todesrisiko bewährt und erneuert diese Bindung. Das Subjekt beweist, daß ihm sein Platz lieber ist als sein Leben. Daher ist in einem Sinn der Kampf auch immer erfolgreich. Auch wenn das Subjekt tot ist, jedenfalls ist erwiesen, daß es seinen Platz zu Recht besessen hatte. Hier liegt einer der Gründe, warum die Götter bei Homer sich von den Menschen durch das leichtere Leben unterscheiden. Der Flußgott Skamander sucht, um den Troern zu helfen, Achill zu ertränken. Wie er seinerseits von Hephäst mit Flammen geplagt wird, kann er sich leicht zurückziehen und die Troer ihrem Schicksal überlassen (21,357–360). Einem Gott ist das erlaubt, ein Mensch würde seine Ehre verlieren.

Die Stammesgesellschaften sind vorwiegend egalitär, die Plätze etwa gleichwertig. In der ständischen Welt der Epik sind die Plätze extrem ungleich; dementsprechend sind die guten Plätze knapp. Wenn das Kollektiv sich auf die Seite des Angreifers stellt, die Wiederholung der Initiation *verlangt*, dann auch deswegen, weil dieser Kampf eine Form der Legitimation der privilegierten Stellung ist. In der *Ilias* ist das immer wieder gesagt: es ist die Position, der Platz am Tisch des Königs Agamemnon, die mit dem Kampf bezahlt wird. Die Edlen müssen kämpfen, um Edle bleiben zu können. Was uns allerdings befremdet, ist die Tatsache, daß diese Legitimation sich nicht in erster Linie auf Leistung stützt, sondern auf ein anderes »Sein«, auf einen anderen und anspruchsvolleren Initiationsweg.

Das Recht, die großen Spiele der Herausforderung und Vergeltung zu spielen, ist auch ein Privileg. Recht auf Rache hat, wer die Macht dazu hat; daher spiegeln sich in diesem Recht der ganze soziale Aufbau der archaischen ständischen Gesellschaft und deren Probleme wider. Am deutlichsten ist das in der mittelalterlichen Geschichte. Nach dem Zerfall der karolingischen Ordnung haben sich die zentralen feudalen Standesschranken an der Möglichkeit zu kämpfen herausgebildet. Wer sich eine Waffe und ein Pferd leisten konnte, blieb frei, war nur einer Gerichtsbarkeit von Gleichrangigen unterworfen, aus der er sich im Prinzip immer zurückziehen konnte auf das Recht, um sein Recht zu *kämpfen*. Wer sich die Waffen nicht leisten konnte, verlor nun auch das Recht, sie zu tragen und wurde einer entehrenden, auf körperlicher Strafe beruhenden, herrschaftlichen Gerichtsbarkeit unterworfen. Recht auf Rache ist ein ständisches Privileg geworden. Die in der feudalen Welt immer wieder ausgesprochene Überzeugung, daß der Unterschied der Stände ein Unterschied im Sein der Menschen ist, beruht sicher wesentlich auf dieser Grundlage: den Bauern ist der Weg der Initiation, der in die großen Spiele führt, versagt. Man weiß, wie hartnäckig der Adel die ökonomisch und machtpolitisch belanglose Institution des Duells gegen den Versuch des absolutistischen Staates verteidigt hat, sich das Monopol der Gewalt anzueignen: das Recht, um sein Recht zu kämpfen, ist die wesentliche Bestimmung der adligen Freiheit; das staatliche Gewaltmonopol hebt die Trennung der Stände auf, indem sie alle gleichermaßen dieses Rechts beraubt. Es bedeutet eine Enteignung.

Innerhalb des Adels besteht grundsätzlich das Recht zur Rache, aber der wirkliche Umfang dieses Rechts ist in komplexer Weise kodifiziert. Die Beleidigung des mykenischen Herrscherhauses verpflichtet alle griechischen Völker zur Rache. Wenn im Frankreich des 12. Jahrhunderts die epischen Strukturen sich auflösen, dann ist der Umfang des Racherechts nach der Darstellung der Gedichte selbst einer der wesentlichen Angriffspunkte; es wird nicht mehr hingenommen, daß eine Kränkung des Fürsten das ganze Land in einen jahrelangen Krieg zieht. Es ist eine solche Entwicklung, die den Adel zwingt, Kämpfe der Ehre und Kämpfe der Macht zu unterscheiden, und die schließlich zur Institution des Duells führt.

In der *Ilias* ist der Umfang des Racherechts in einer anderen Weise, die ganz im Inneren des epischen Denkens bleibt, ein das ganze Gedicht organisierender Gesichtspunkt. Wie im Potlatsch, geht es in der *Ilias* um den »Namen«, den Ruhm, die Größe. Hier wie dort geht es um Frauen und Schätze, hier um Gabe und Schuld, dort um Beraubung und Rache. Groß ist beide Male, wer die größeren Spiele spielen kann. Das Wort »können« hat einen Doppelsinn: es heißt einmal, die Möglichkeit haben, im Sinn der institutionellen Gegebenheiten des Systems; und es heißt, das Spiel in der richtigen Weise zu spielen. Nun hat das Spiel der Rache zwei Imperative, die in Konflikt miteinander stehen. Es befiehlt den Sieg, und es befiehlt die Konfrontation mit dem Tod als das Zeugnis der vollständigen Identifikation mit dem Platz. Auf keinen der Imperative kann man verzichten, aber der letzte ist der fundamentale. Daher liebt die Epik den, der stirbt, mehr als den, der überlebt – er hat mehr bewiesen als der Sieger, aber in irgendeiner Weise muß der, der stirbt, doch der Sieger gewesen sein.[39] Die *Ilias* hat dieses Problem dadurch gelöst, daß Achill dank seiner göttlichen Herkunft als einziger der Helden mit einem vollständigen Wissen um sein Schicksal und mit der Möglichkeit der Entscheidung ausgestattet ist; er hat die Wahl zwischen einem langen, glücklichen und ruhmlosen Leben oder dem höchsten Ruhm und dem frühen Tod, und er weiß, daß sein Sieg auch seinen Tod bedeutet. Um den Gegensatz zwischen den beiden Bedeutungen der Größe organisiert die *Ilias* ihre Handlung. Agamemnon ist der König und gebietet dem größeren Volke (1,281), aber er spielt sein großes Spiel in mittelmäßiger Weise. Achill ist derjenige, der die Forderungen des Systems ganz und gar erfüllt.[40]

Wenn die *Ilias* den Ruhm des Helden als dem des Königs überlegen darstellt, so legt sie den Vergleich auf die Ebene des Racherechts.

Der König kann den Frauenraub mit dem großen Krieg beantworten. Als Achill Briseïs geraubt wird, denkt er in seinem Zorn einen Moment daran, Agamemnon zu erschlagen; diese schlechte Lösung wird ihm von den Göttern verboten. So bleibt ihm nur der Rückzug vom Kampf, durch den er die Griechen fühlen lassen kann, wie nötig sie ihn brauchen. Der Tod des Patroklos eröffnet einen neuen Rachezyklus und schafft eine ganz veränderte Konstellation. Der Zwist zwischen den beiden griechischen Fürsten wird beigelegt. Aber es geht jetzt und bis zum Ende des Gedichts nicht mehr um den Raub der Helena, sondern um den Tod des Patroklos; die Griechen kämpfen für Achill (17,105,120); auf Patroklos bezieht sich alles Weitere: der Sieg über Hektor, die feierliche Bestattung des Freundes, die großen Wettspiele, die Achill zu seiner Ehre gibt. Der besondere Initiationsweg, den Achill dank seiner Stärke, der Hilfe der Götter und des Vorauswissens über sein Schicksal geht, macht ihn im Rang dem König gleich; dieser Rang drückt sich darin aus, daß er wie dieser alle Griechen an seiner Rache beteiligen kann.

Die Begegnung außerhalb des Mediums

Wenn sich ein Achäer und ein Troer im Kampf als alte Gastfreunde wiedererkennen und ihre Waffen tauschen, wenn ein siegreicher Krieger sich an dem Gedanken des Schmerzes freut, den die Eltern des eben Getöteten empfinden werden, wenn die Fürsten sich nach der Schlacht an der Tafel des Agamemnon versammeln, immer sind die Personen füreinander zugleich Spielmarken in dem großen Spiel und Spieler mit den Gegenständen – Frauen, Schätzen, Gastmählern –, in denen sie ihre Namen finden. Das bedeutet kein blindes Gefangensein; es gibt viele Orte im System, von denen aus man große Teile von diesem überblicken kann: Achills Vorwissen ist ein solcher Punkt oder der Blick der Götter – für die ihre Spiele doch immer Spiele bleiben –, und vor allem der Blick des Dichters, wenn er seine Gestalten verläßt und von oben auf das Elend der Menschen schaut. Aber wo sich Menschen begegnen, so begegnen sie sich *im* Spiel und als dessen Figuren; das Medium und seine Regeln bestimmen, was sie füreinander bedeuten.

Es gibt eine einzige Ausnahme, die Begegnung von Achill und Priamos im letzten Gesang. Achill hatte Hektors Leiche um das Grab des toten Patroklos geschleift, er wollte ihm die Bestattung verweigern und ihn den Hunden zum Fraß vorwerfen. Aber auch Hektor ist von den Göttern geliebt; die Götterbotin Iris wird entsandt, um Achill zur Annahme des Lösegeldes und zur Rückgabe der Leiche zu bewegen; Hermes geleitet den alten König der Troer nachts in das Lager der Feinde. Priamos umschlingt die Knie des Mannes, der seinen Sohn getötet hat. Die Gefahr, daß die Begegnung in Wut und Mord umschlägt, ist immer gegenwärtig; aber Achill empfängt den alten Mann freundlich, lädt ihn zum Mahl ein; sie speisen zusammen; nach einem kurzen Schlummer führt Hermes den König mit Hektors Leiche nach Troja zurück. Die deutsche Klassik hat diesen Gesang (der meist für eine spätere Umdichtung gehalten wird) besonders geliebt und hat in ihm ihre Vorstellung der Humanität wiedergefunden. Mit einem gewissen Recht: nicht nur wählt der Dichter hier von den Möglichkeiten, die das System bietet, die mildere, die Auslösung der Leiche durch Gaben, vor allem ist die Begegnung in einer Weise geschildert, die aus dem System überhaupt herausführt.

> Aber sobald die Begier nach Trank und Speise befriedigt,
> Sah mit Erstaunen der Dardaner Priamos erst, wie Achilleus
> Groß und gewaltig doch war und den Himmlischen glich an Erscheinung.
> Auch den Dardaner Priamos sah mit Erstaunen Achilleus,
> Weil er so gütig sein Antlitz fand und reden ihn hörte.
> Als sich nun jeder von Herzen gelabt an des Anderen Anblick,
> Sprach als erster Priamos nun, der göttliche Alte. (24,628–633).

Der Blick, in dem der Fürst und der Held sich gegenseitig staunend betrachten, ist nicht durch ihre wechselseitige Bedeutung im Spiel festgelegt; für einen Moment sind beide herausgetreten aus den Bestimmungen, die sie sonst gefangenhalten und die ihre Blicke leiten; es ist, als würden sich zwei *Menschen* jenseits der furchtbaren Gewalt des Mediums begegnen. Mit Rousseau werden wir sehen, daß ein wesentlicher Aspekt der frühbürgerlichen Humanität die Privilegierung dieses Momentes ist, »wenn die Schranken des Unterschieds einstürzen – wenn von uns abspringen all die verhaßten Hülsen des Standes-Menschen, nur Menschen sind ...«[41] Auch die griechische Entwicklung wird sehr bald nach der Abfassung der homerischen Gedichte das einfache archaische System einstürzen lassen; daher ist es vielleicht nicht unberechtigt, wenn die Leser der Goethezeit hier ein Zeichen ihrer eigenen Befreiung von der alten Medialität erkennen.

Wir sehen Vergesellschaftung auf der Ebene der Interessen – der Konkurrenz oder der Kooperation – oder auf der Ebene der Gefühle und der »Menschlichkeit«. In beiden Dimensionen wirkt die Rache destruktiv; daher verstehen wir Vergeltung, Fehde, Kampf als etwas, was trennt und zerstört, der Gesellschaftlichkeit zuwiderläuft. Wenn wir von den alten Tauschsystemen aus auf das System der Rache schauen, sehen wir das Gegenteil. Es ist unter dem Gesichtspunkt des Systemaufbaus kein fundamentaler Unterschied, ob die Trobiander für den Wettstreit der Gaben von Insel zu Insel fahren oder ob die Griechen sich mit ihren Schiffen versammeln, um zu rauben und zu töten. Der Sinn eines Tauschsystems besteht darin, Differenzen und über die Differenzen Beziehungen und Motive zu schaffen, die Menschen an ihre Positionen in einem gemeinsamen Spiel zu binden. All das tut das System der Rache; daß das Leben der Spieler als Einsatz im Spiel verwendet wird, stört nur begrenzt, da es im System nur auf den Erhalt der Positionen ankommt.

Das Frankreich der Chanson de Geste besteht aus einer Gruppe großer Sippen, die *verbunden* sind durch Fehdeketten und durch aus diesen sich ergebende Allianzen. Aber auch die Troer sind, wie wir wissen, eigentlich Griechen: sie sprechen die gleiche Sprache, haben die gleichen Götter, sie haben die gleiche Geschichte, die gleichen Gastfreundschaften – es handelt sich um einen inneren Feind. Zwischen den verfehdeten Fürsten Frankreichs und den trojanischen bzw. achäischen Helden schafft der Kampf eine Beziehung, die in gewisser Weise enger ist als die, die jeden mit seinen Landsleuten verbindet. Der Feind und nur der Feind hat das Recht, gegenüber dem Subjekt den Ort des Initianten, des platzzuweisenden Dritten einzunehmen. Nur er kann den anderen dazu zwingen, mit ihm den – ja auch gemeinsamen – Gang der wiederholten Initiation zu gehen.

Der Kampf ist ein Ereignis, das das System aus seiner Logik heraus produziert. Die auslösende Beleidigung – der Raub der Helena, die Wegnahme der Briseïs – stellt die Ordnung der Plätze zur Disposition: Städte werden zerstört, mächtige Familien gehen unter. Diese Störung ist im Sinne der Figur der Rache »erwünscht«: in der Neuordnung, die der Kampf bewirkt, stellt sich die Legitimität des Systems wieder her; der Krieg hat die Position aufs Spiel gesetzt, sie sind von ererbten zu erworbenen geworden; zugleich hat sich die Ehre der Helden, die Bindung an die Plätze bestätigt. Die Figur der Rache inszeniert die periodische Neugeburt des Kollektivs als eine Öffnung der medialen Gewalt in ihrer Funktion, die Positionen zu legitimieren.[42]

Zugleich dient der Kampf der Erzeugung der Menschen. In der epischen Welt ist diese Erzeugung nicht auf den Moment des Übergangs vom Kind zum Erwachsenen festgelegt; sie ist in die erwachsene Welt als Initiationsweg eingebaut. Das System der Rache ist ein solcher Weg; es schafft den Menschen, der die Bindung an den Platz, d. h. die Ehre zum ersten Gegenstand seines Lebens macht, der also immer im Bereich der Initiation lebt.

Wenn der initiatorische Kampf die Grundform der Vergesellschaftung ist, heißt das nicht, daß nicht getauscht würde. Der Tausch ist allgegenwärtig in der epischen Welt, aber fast alle Tauschbeziehungen sind organisiert durch den Kampf, der im Zentrum steht. Das durch den König vertretene Kollektiv steht mit dem Helden in einer Beziehung des Tauschs; militärische Leistungen werden belohnt mit Teilen der Beute, mit einem Ehrenplatz am Tisch des Königs, mit dem Ruhm, der in der *Ilias* so wichtig ist. Auf der Ebene der gewöhnlichen, der namenlosen Kriegerschaft erscheint der Kampf als Beziehung wechselseitiger Hilfe. Auch was in der *Ilias* vom Leben in der Familie sichtbar wird, ist bestimmt durch die Verschränkung von Tausch und Kampf. Wenn z. B. Andromache Hektors Tod vorwegnehmend beklagt, dann sieht sie in ihm nicht den Gegenstand ihrer Gefühle, sondern den Beschützer ihres kleinen Sohnes. Wie das System der totemistischen Verbote oder die Einteilung in Kasten ist der Krieg ein Produzent von Mangel und Differenzen. Wo etwas fehlt, was andere haben, entsteht ein Feld für Gaben; insofern ist der Krieg ein großer Schöpfer von Tausch. Wir haben gesagt, der Kampf ist Vergesellschaftung. Wir sehen jetzt, er vergesellschaftet in doppelter Weise: er verbindet die Feinde, er verbindet auch die Achäer, die sonst zerstreut auf ihren Inseln und in ihren Städtchen hausen würden.[43]

FIGUREN DES TAUSCHS UND ERZÄHLSTRUKTUR: DIE GROSSE TAT

Wir haben die Rache als eine Figur genommen, die eine mediale Wirklichkeit organisiert; sie ist aber gleichzeitig ein Prinzip, das der Erzählung selbst ihre Form gibt. Die zweite Figur des Tauschs, die ich hier darstellen will, die große Tat, hat denselben Doppelcharakter; ich werde sie von der anderen Seite her, als ein Element der Struktur des Erzählens betrachten. Dieser Zugang erlaubt, das zentrale Problem des Verhältnisses von Tausch und Erzählung zu diskutieren.

In den sechziger Jahren sind zahlreiche Versuche gemacht worden, auf strukturalistischer Grundlage allgemeine Theorien des Erzählens zu entwerfen. Vor allem die Arbeiten von Greimas und seinen zahlreichen Schülern, die die Analyse des Erzählens in den Zusammenhang einer allgemeinen semiotischen Theorie stellen, haben im französischen und deutschen Sprachraum einen großen Einfluß ausgeübt. Für uns sind sie wichtig, weil sie die Vorstellungen von Mauss und Lévi-Strauss aufgreifen und die Struktur der Erzählung in Beziehung zum Begriff des Tauschs ausarbeiten.

Grundlage der Arbeit von Greimas ist die 1928 erschienene, Ende der fünfziger Jahre berühmt gewordene *Morphologie des Märchens*[44] von Vladimir Propp. Hier wird aus einem Korpus von 450 russischen Zaubermärchen so etwas wie eine Grundform konstruiert, die aus 31 Funktionen (d. h. Handlungselementen, die eine gleichbleibende Funktion für den Handlungsverlauf haben) besteht. A. J. Greimas hat dieses Modell durch eine Reihe logischer Operationen stark vereinfacht.[45] Diese Form möchte ich jetzt an einem willkürlich zusammengesetzten Märchen darstellen.

Ein zauberisches Ungeheuer hat sich in den Besitz der Zarentochter gebracht. Der Zar bietet dem Befreier die Prinzessin als Frau und sein halbes Reich. Zwei Brüder, von denen der jüngere wegen seiner Naivität nur der dumme Hans genannt wird, beschließen, das Unternehmen zu wagen, erst der ältere, dann der jüngere. Sie begegnen Tieren, die sich in Lebensgefahr befinden und um Hilfe rufen. Der Ältere geht achtlos vorbei, er wird von dem Ungeheuer besiegt und gefangen. Der dumme Hans hat ein gutes Herz, er hilft den Tieren; das eine verrät ihm, wo das Ungeheuer verwundbar ist, das andere gibt ihm eine Zauberwaffe. Hans tötet das Ungeheuer und bleibt bewußtlos neben ihm liegen. Der böse Bruder findet die Leiche, schneidet ihr den Kopf ab, bringt die Prinzessin nach Hause und schreibt sich die Befreiung zu. Gerade noch rechtzeitig zur Hochzeit kommt der wahre Befreier, der seinerseits dem Monster die Zunge herausgeschnitten hatte. Der wahre Held wird erkannt und heiratet die Prinzessin.

Nun die Interpretation nach Propp und Greimas. Zum Märchen gehört eine räumlich-soziale Organisation; dem Innen eines Kollektivs steht ein Außen gegenüber, aus dem die Bedrohung kommt. Wenn man den Standpunkt des Kollektivs privilegiert, so geht es im Märchen um eine Mangelsituation und deren Aufhebung.[46] Liest man das Märchen unter dem Gesichtspunkt nicht der Zustandsveränderung, sondern der Handlungen, so entsteht eine andere Lesart. Man hat zuerst einmal eine Minimalkonstellation von Aktanten: den Helden, ein Wertobjekt (die Prinzessin), einen Widersacher, einen Helfer, einen König, d. h. eine Person, die das Kollektiv vertritt, den Auftrag erteilt und die Ausführung gerecht belohnt. Die Aktanten sind, wie man sieht, so etwas wie Rollen, deren Bestimmung sich aus der Gesamtkonstruktion der Erzählung ergibt. Sie können von den verschiedensten Personen realisiert werden[47]; manchmal sind sie auch auf verschiedene Personen verteilt (so gibt es in unserem Beispiel mehrere Tiere als Helfer); gelegentlich fallen zwei Aktanten in eine Person zusammen. Auf der Ebene der Handlung findet man ein einheitliches in sich zusammenhängendes Muster, das Greimas als ein Tauschschema im Sinne von Mauss interpretiert.[48] Der Held und der Vertreter des Kollektivs[49] tauschen Leistungen gegen Belohnung, wobei das Wesentliche an der Belohnung in der Regel die Beziehung zum König selbst ist, die Aufnahme in die königliche Familie. Der Tat geht explizit oder implizit ein *Vertrag* voraus[50], also das öffentliche Angebot des Königs. Die Betonung der Existenz des Vertrags weist auf eine wichtige Phase im Tauschakt hin, die wir im letzten Kapitel nur gestreift hatten, z. B. anläßlich des Vorgeschenks, das den eigentlichen Austausch der *kula* bei den Trobiandern einleitet: dem Tauschakt muß eine implizite Bereitschaftserklärung vorausgehen (die gewöhnlich, aber im Märchen eben gerade nicht, institutionell festgelegt ist), mit einem Partner in einer bestimmten Sache eine Tauschbeziehung einzugehen.

Der eigentlichen Tat voraus gehen eine oder mehrere Proben, die Greimas qualifizierend nennt; in ihnen erwirbt der Held das Wissen und das Können, das für die Tat notwendig ist. Wichtig ist auch, daß Akt und Belohnung nicht unmittelbar nebeneinander stehen; dazwischen liegt ein notwendiges und manchmal problematisches Glied: das Erkennen und Anerkennen des Akts durch den Vertreter des Kollektivs.

Das Schema des Märchens nach Propp und Greimas ist streng als ein Tauschschema artikuliert, alle Momente der Tauschhandlung schlagen sich in klar definierten und typisierten Handlungsmotiven nieder. Dabei handelt es sich offensichtlich um einen ganz spezifischen Typ des Tauschs, der von den Tauschzyklen, die wir bei Mauss und Lévi-Strauss gefunden haben, abweicht.

- Es ist ein Tausch nicht von Gütern oder von Frauen, sondern von Handlungen gegen Frauen und Güter.
- Dort ging es immer um Tausch zwischen Einzelpersonen; hier verläuft der Tausch zwischen dem Einzelnen und dem Kollektiv.[51]

Die befreiende Tat wird mit bestimmten Eigenschaften in Beziehung gebracht, die den Helden auszeichnen, hier das »gute Herz«. In ihr liegt also eine Dimension, die etwas von »Selbstausdruck« an sich hat und die man mit dem zur Initiation gehörenden Begriff der Probe in Beziehung setzen kann. Der König vertritt das Kollektiv, zuerst einmal nach außen, aber er kann auch im Namen des Kollektivs Belohnungen verteilen. Das setzt voraus, daß es einen gesonderten Teil des Gesamteigentums gibt, über den der König verfügt. Außerdem ist er derjenige, der das Recht hat zu entscheiden, ob eine Handlung belohnenswert ist oder nicht; das heißt, er ist der privilegierte Vertreter des *Dritten*. Im vorigen Kapitel waren wir einer solchen Instanz der Kollektivvertretung nur hinsichtlich des Verhältnisses einer Gruppe nach außen begegnet, es gab kein herausgehobenes verfügbares Kollektiveigentum und auch keinen privilegierten Vertreter des Dritten; der Dritte ist eine Bezeichnung für Positionen, die grundsätzlich jeder einnehmen kann. Die neue Figur des Königs mit den geschilderten Funktionen erlaubt eine ganz neuartige Figur. Der Tausch in den Stammesgesellschaften war immer im wesentlichen symmetrisch. Der Tausch im Märchen ist aus zwei Gründen fundamental asymmetrisch. Es ist der Tausch zwischen einem Individuum und einem Kollektiv. Und der König kumuliert in sich zwei Tauschpositionen, die strukturell getrennt sind: er ist zugleich Tauschpartner und institutionell ausgezeichneter Vertreter des Dritten. Man sieht sofort, daß diese Verbindung der Positionen ein ganzes

Feld von Konflikten, schlechten und guten Lösungsmöglichkeiten eröffnet. Das Märchen beutet diesen Bereich in begrenztem Maße aus, z. B. in dem Motiv des »undankbaren Königs«, der seine Pflichten als Vertreter des Dritten den eigenen Wünschen unterordnet. Auch Agamemnon in der Ilias besetzt die Position des »Königs«; er sollte gerecht belohnen und tut es – jedenfalls gegenüber Achill – nicht.

Der alte Tauschzyklus ist eine Kette, die die Personen gefangenhält. Man besitzt nichts, was nicht auch Schuld wäre; man kann nichts geben, was man nicht bekommen hat. In den Potlatschbräuchen sind wir den Anstrengungen begegnet, diese Kette ein Stück zu lockern, indem man den kostspieligen Versuch macht, soviel zu geben, daß eine Erwiderung nicht möglich ist. Im Märchen ist diese Kette nicht nur gelokkert, es ist ein Raum gefunden, wo sie nicht hinreicht. Die Tat ist eine Gabe ohne Verpflichtung, der Held hat das wunderbare Privileg, geben zu können, ohne zu schulden. Wie ist das möglich? Wir haben gesehen: Es ist der Mangel, der die Gabe möglich macht. Die Mangelsituationen des Alltags sind immer reziprok. A hat, was B fehlt und umgekehrt; daraus entstehen die Zyklen. Die von außen geschaffene Not ist ein Anfang; sie ist die Leerstelle einer einmaligen Gabe. Von daher versteht man auch die Tauschbedeutung des einzigen Handlungselements, in dem wir diese bisher noch nicht erkennen konnten, der qualifizierenden Proben. Wenn die Not die Leerstelle einer möglichen Gabe ist, so ist doch die Frage, woher die Gabe selbst kommt, da sie ja aus dem Inneren des Kollektivs nicht kommen kann. In unseren Bereichen ist die Qualifikation das Geschenk von Mächten im Außenbereich an den Helden; nicht immer sind es Geschenke, manchmal erobert der Held das Wissen und das Mittel des Könnens; aber ihre Herkunft liegt immer außen, bei Mächten, die einen übernatürlichen Charakter haben. Der Held empfängt vom Außen eine Gabe, mit der er innen einen Zyklus eröffnen kann. Die Eigenschaften, die sich in der Tat ausdrücken, fassen sich also zusammen in der Fähigkeit, mit diesem Außen eine privilegierte Beziehung einzugehen.[52]

Man weiß, daß in den traditionellen Gesellschaften die Ordnung der Plätze sehr fest ist. Das Märchenhafte am Märchen liegt auch darin, daß aus dem dummen Hans der Nachfolger des Königs wird. Durch den Tausch mittels der Tat wird für einen Moment die Ordnung der Plätze aufgehoben, die in den alten Tauschzyklen immer den unverrückbaren Rahmen bildeten. Jetzt ist der Platz selbst *Gegenstand des Tauschs*. Die

Märchenhandlung beschreibt einen Tauschakt, Gabe und Belohnung, aber die Gabe ist Gabe des Platzes, Initiation.

Das Märchen ist auch die Erzählung von einem Eintritt ins Leben, das, was viel später der Entwicklungsroman sein wird.[53] Es ist allerdings eine irreguläre Initiation. Der Platz ist nicht geschenkt und in den für alle gleichen Proben verdient, er ist mit außergewöhnlichen Leistungen bezahlt, die letztlich auf Gaben von außen zurückgehen, ein schuldenfreier Eintritt ins Leben. Man erinnert sich, daß Sartre in seinen Kinderträumen das Märchen in genau dieser Funktion eingesetzt hatte.

Rache und große Tat

In den egalitären Stammesgesellschaften wurden die Plätze als eine Gabe von einer Generation an die nächste gegeben; die Initiation war die Probe der Würdigkeit des Initianten und Bedingung der Annahme der Gabe und der in ihr enthaltenen Verpflichtung. Auch in den ständischen Gesellschaften bleibt dieser Weg der Platzzuweisung der normale. Das Epos und das Märchen beschreiben andere Wege, die Erblichkeit durch Erwerb ersetzen. Unter sich sind diese beiden Bahnen sehr verschieden, und sie produzieren verschiedene Artikulationen der Welt. Im Epos ist das Spiel mit den Plätzen als Beziehung von Herausforderung und Rache realisiert; daher ist das epische Weltbild düster. Das Märchen glaubt an die gerechte Belohnung der großen Tat und ist optimistisch.[54]

In einem anderen Zusammenhang kennt das Epos auch die Figur der großen Tat. Vom Inneren des Kollektivs aus gesehen, ist der Krieg auch eine Not, und er vermehrt gleichzeitig (durch die Beute) den kollektiven Reichtum; er erlaubt zu geben, ohne daß jemandem genommen wird. Auch im Epos ist die Gestalt des »Königs« wichtig, des Vertreters des Dritten und des über den Kollektivbesitz Verfügenden, der Leistungen belohnt. Aber ebenso wie im Märchen der »König« typischerweise gerecht ist, ist er im Epos ungerecht, entweder als Person – wie Agamemnon in der Beziehung zu Achill –, oder weil die inneren Widersprüche des Codes der Belohnungen ihm die Gerechtigkeit unmöglich machen. Das Epos ist gerade an dem Konflikt zwischen Helden und »König« interessiert, weil in ihm die Identifikation des Helden mit den Forderungen des Rangs und der Familie zum Tragen kommt.[55]

Die beiden Figuren, die Rache und die große Tat, haben offenbar eine legitimatorische Funktion. In beiden wird die (ungleiche) Zuordnung der Plätze zur Disposition gestellt und auf dem Weg einer individuellen Initiation, über einen »Verdienst«, neu begründet. Dabei ist das Epos aristokratisch und konservativ – noch in der Schilderung des Untergangs von einzelnen Familien vertritt es die Ordnung der Familien –; das Märchen legitimiert durch Einführung eines Elements von Mobilität.

Im Verhältnis zur Wirklichkeit unterscheiden sich die beiden Figuren. Die Rache ist Bestandteil des wirklichen medialen Systems; die Historiker verwenden die Epik in diesem Sinn als ein wichtiges Zeugnis. Das Märchen ist eben märchenhaft; es hat offenbar eine eher kompensatorische Funktion. Man kann diese Differenz reduzieren. Wenn man das Märchenhafte abzieht, die Elemente des Zaubers und die Durchbrechung aller Standesschranken, dann bleibt die Figur der großen Tat übrig: die Störung der Ordnung von außen, die den Raum für eine große Gabe schafft, und der Tausch der initiatorischen Tat gegen den Platz. Zwei Gründe legen es nahe, die große Tat in derselben Weise wie die Rache als eine umfassende Figur der medialen Wirklichkeit *und* der Literatur zu sehen, die die normale Ordnung der Plätze überlagert und in sie ein mediales Prinzip der Beweglichkeit der Plätze einführt, das die aus der Ungleichheit der Plätze entstehenden Spannungen in einer produktiven Weise integriert:

1. Die neue Gattung der Erzählung, die im 12. Jahrhundert die Epik ablöst[56], der höfische Roman, übernimmt mit den keltischen Stoffen formale Strukturen des Märchens und ersetzt die Figur der Rache durch die der großen Tat. In der Entwicklung des Romans bis in das 18. Jahrhundert hat diese Figur ihre bestimmende Rolle beibehalten.

2. Wenn Montesquieu in *L'esprit des lois* das Prinzip der aristokratischen Ehre erfassen will, dann beschreibt er die Figur der großen Tat.[57] Die Figur greift noch auf das mediale Repertoire des Bürgertums über. In dem Medium der *Dritten Sache* lebt sie als verneinte weiter; wir werden sehen, daß der junge Sartre sein Leben in sie einzeichnet, erst als Retter junger Mädchen und dann als großer Schriftsteller.[58] Wenn wir im folgenden den Übergang von der Alten Welt zur Moderne darstellen, dann wird die Auflösung dieser Figur eine der Linien sein, die wir verfolgen.

Greimas sieht in dem Märchenschema eine fundamentale Struktur, die jede Erzählung organisiert. Diese Verallgemeinerung versteht man aus der Tatsache, daß das Schema nicht nur aus der Beschreibung von Propp, sondern zugleich aus einem allgemeinen semiotischen Kontext abgeleitet ist. Diesen Gesichtspunkt können wir hier nicht diskutieren. Von der Geschichte der Erzählung aus betrachtet, erscheint diese Verallgemeinerung gewaltsam und wenig begründet. So kann man die Figur der Rache nur sehr künstlich als einen Spezialfall des Märchenschemas beschreiben.[59] Uns interessiert einerseits das Schema als *eine* wichtige Figur des Tauschs und der Erzählung, andererseits die innere Beziehung von Tauschfiguren und Erzählfiguren, die in den Analysen von Greimas deutlich wird.

Wir erinnern uns, daß es der große Traum Roquentins war, zu leben wie in einem Roman. Sein früheres Leben vor der Begegnung mit dem *Ekel* hat nicht irgendwelche konkret bestimmten Ziele verfolgt, sondern dieses metaphysische Ziel: zu leben wie ein Romanheld. Am Anfang der *Nausée* ist die Weltverwandlung beschrieben, die mit dem Grundzustand des »Abenteuers« verbunden ist: Er *sieht sich*, wie er die Straße entlanggeht; die Konstellation der Dinge ist *notwendig*, wie sie ist, sie *wartet* auf das, was er tut, und jede Handlung *legt ihn fest*.[60] Die Erzählung ist nicht etwas, was nachträglich Dinge und Ereignisse (die in der Wirklichkeit eine bestimmte Ordnung hätten) in einer anderen Weise arrangiert; sie ist ein Zustand der Welt und des Lebens selbst.

Jedes epische Gedicht ist eine Erzählung von Erzählungen. Hinter den Ereignissen der *Ilias* liegen Erzählungen, die diese begründen: die Geschichte vom Raub der Helena, dahinter die vom Urteil des Paris; auf der Seite der Götter die ganz alte Geschichte von der Hilfe, die Thetis, die göttliche Mutter Achills, Zeus einst gegen die rebellierenden Götter geleistet hatte – erst die so begründete Schuld macht Zeus zum Bundesgenossen Achills und gibt ihm die Sicherheit, die ihn zum großen Helden macht. Odysseus bei den Phäaken hört bei Tisch die Lieder von den Taten der Griechen vor Troja; er weint, die Erzählung wird eins mit seiner Erinnerung.

Die Menschen im Epos leben in Erzählungen. Das heißt mehr als nur: sie leben vor dem Hintergrund von Geschichten; wenn Thetis Zeus unterstützt oder Hektor Patroklos tötet, dann tun sie das *in dem Wissen* dessen, daß die Taten lange Ketten von Schuld und Rache begründen. Schuldketten *sind* Erzählungen, wie umgekehrt die epischen Lieder Erzählungen solcher Ketten sind. Sartre sagt, die Erzählungen unterschieden sich dadurch vom Leben (das in Wirklichkeit *Existenz*, d. h. reine Gegenwärtigkeit, ist), daß die Momente aus ihrem wirklichen Gleiten herausgelöst und von der Zukunft, von einem Ende her betrachtet würden. Wenn Hektor Patroklos erschlägt, so sieht er das von der Wut Achills aus, er sieht es von der Prophezeiung aus, die Patroklos ausspricht, daß er, Hektor, diesen Triumph mit seinem Leben bezahlen werde. Die Schuldketten legen nicht eine eindeutige Zukunft fest, aber sie fassen diese in eine begrenzte Anzahl von Möglichkeiten; die gegenwärtige Tat öffnet einen solchen Bereich des Möglichen; diese Zukunft wiederum gibt dem gegenwärtigen Moment seine Bedeutung. In der Welt des Tauschs wird eine Person zu dem, was sie ist, indem sie sich in diesen Ketten situiert, das heißt zugleich, indem sie sich in Erzählungen situiert; jede Person im Tausch lebt – was Sartre als unmöglichen Traum ansieht – »als Romanheld«.

Alle Eigenschaften, die Sartre dem Weltzustand zuordnet, wo man »im Abenteuer« lebt, sind allgemeine Eigenschaften nicht nur der epischen Welt, sondern der Welt des Tauschs. Jeder Mensch wird immerzu *gesehen* und sieht sich gesehen. Man *wartet* auf das, was er tut; jede seiner Handlungen *verpflichtet* ihn. Man kann andere Züge hinzufügen, die für die Welt, die die Erzählung herstellt, typisch sind und die bei Sartre nur anklingen. Der Tausch hat ein Gedächtnis; dieses Gedächtnis arbeitet auch in der Weise, daß es alles, was eine Person tut, ihr als Ausdruck eines Wesens zurechnet: daß er in seinen Unternehmen häufig Glück oder Pech hat, macht ihn zum Glückspilz oder Pechvogel; ob er ein großer oder ein schäbiger Spieler ist, welcher der Ketten er in Konflikten den Vorzug gibt, alles wird festgehalten, wird zu Elementen seiner Gestalt, läßt voraussagen, was von ihm zu erwarten ist. Wie in der Erzählung erscheint im Tausch jede Handlung als *Selbstausdruck*. Der Tausch verwandelt jede Sachbeziehung in ein Gestaltelement; für den Jäger, der mit den Gewohnheiten des Bären vertraut ist, bestimmt dieses Wissen, was er selbst für die anderen darstellt. Das heißt, wenn er einen Bären verfolgt, verfolgt er etwas, was ihm Gestalt geben oder Gestalt verweigern kann. Auf eine ganz einsichtige Weise werden die Dinge der äußeren Welt zu Gegenständen, die den Menschen »verwandt« sind, also zu dieser Sorte Gegenständen, von denen man mit Lust erzählt.

In verschiedenem Umfang hat jedes mediale Spiel, das den Spieler bindet, diese Eigenschaften. Noch der Fußball verwandelt Handlungen in »Selbstausdruck«; auch hier ist jeder immer gesehen, ist festgelegt durch das, was er tut; es gibt ein Gedächtnis, in dem eine Gestalt sich aufbaut; das Verhältnis zum Ball ist in derselben Weise ein »inneres« Verhältnis wie das des Jägers zum Bären. Auch hier lebt man von und für Erzählungen.

Es gehört zum Wesen der Erzählung, daß die erzählte Geschichte derjenigen, die das Leben der handelnden Personen strukturiert, nahesteht. Wenn der Erzähler dem, was er darstellt, prinzipiell andere Bedeutungen gibt als die Menschen *in* der Geschichte selbst, dann ist der Bereich der Erzählung verlassen. Hier begegnen wir den beiden Damen wieder, die wir an den Anfang dieses Buches gestellt hatten. Im Innern von Balzacs Büchern wird viel erzählt; und ließe man Balzacs Heldin ihre Geschichte selbst berichten, so würde bei aller Verschiedenheit doch etwas ähnlicher Art entstehen wie der Roman selbst. Madame Bovary erzählt nie[61]; und es ist undenkbar, daß sie ihr Erleben in einer Weise darstellen würde, die mit dem Roman etwas gemeinsam hätte. Das machen schon die von Flaubert erfundenen Darstellungstechniken unmöglich, die sich gerade dadurch auszeichnen, daß sie im Gegensatz zum Erzählen im Alltag nicht verwendet werden können. Die moderne Problematik der »Unmöglichkeit des Erzählens« läßt man mit Recht mit Flaubert beginnen: Wenn man die Welt der Namen und des Tauschs verläßt, dann verläßt man auch die Welt, in der man erzählen kann.

Fast immer, wenn man Erzählungen auf Wirklichkeit beziehen will, denkt man sich die Wirklichkeit als durch nicht-symbolische Beziehungen – Bedürfnis und Interessen – strukturiert. Dieser außersymbolischen Wirklichkeit stellt man die Literatur als einen Bereich von Bedeutungen gegenüber. Tatsächlich beziehen sich Erzählungen immer nur auf Erzählungen, Symbolisches auf eine schon symbolisch strukturierte Welt[62]; die Bedürfnisobjekte selbst (als Weltobjekte) sind durch ein mediales Gedächtnis geschaffen, das sie benennt und aufbewahrt. Die nicht-symbolische Auffassung der Wirklichkeit liegt nicht *hinter* der der Erzählung – wie es die ganze soziologisch oder sozialgeschichtlich orientierte Literaturgeschichtsschreibung sieht –, sondern sie *konkurriert* mit dieser. Diese Konkurrenz ist ein Aspekt der unter dem Gesichtspunkt der Medialität gesehenen Geschichte der Moderne, die uns im folgenden beschäftigen wird. Das wird nicht die Geschichte einer Entzauberung sein, sondern die einer Verzauberung, die um so viel undurchdringlicher ist, wie die Erzählungen der Moderne auch für uns Zeitgenossen dunkler sind als die der Alten Welt.

Aber wenn Erzählung eine Dimension des Tauschs selbst ist, so heißt das nicht, daß *alle* Erzählungen in dieses Netz eingewoben wären. Odysseus läßt das Lied von dem Kampf um Troja weinen, für die vornehmen Phäaken erhöht es die Freude am gemeinsamen Mahl. Und zwar deshalb, weil sie mit dem, was da erzählt ist, gerade nichts zu tun haben; sie sind in die leidvollen Ketten nicht verflochten. Alle Erzählungen, die die Kulturen aufbewahren, fast alles von dem, was wir kennen, also Mythen, Märchen, und vor allem, was wir Literatur nennen, sind Erzählungen, die aus den konkreten Tauschzusammenhängen gelöst sind.

Die Strukturen der Spiele brauchen in den Erzählungen des Alltags nicht abgebildet zu werden. Sie organisieren die Wirklichkeit; es genügt zu sagen, A hat das und das getan, damit die Handlung in dem entsprechenden Spiel registriert wird. Aus dem Alltagskontext gelöste Erzählungen müssen das System, das den einzelnen Handlungen Bedeutung gibt, sichtbar machen. Daher enthalten literarische Erzählungen vollständige Abbildungen von Tauschfiguren. Diese Eigenschaft haben wir uns zunutze gemacht, um einen schnellen Zugang zu Tauschsystemen der Alten Welt zu gewinnen.

Allerdings ist damit nicht gesagt, wie sich diese Figuren zu den wirklichen verhalten. Für die Rache und die große Tat haben wir dieses Verhältnis in einer für unsere Zwecke hinreichenden Form skizziert. Allgemein ist das Problem ganz offen; wir finden die klassische Frage nach dem Verhältnis von Literatur und Wirklichkeit in einer veränderten Form wieder. Darauf will ich hier nicht eingehen; es genügt mir, den inneren Zusammenhang, der zwischen Erzählen und Tausch besteht, plausibel gemacht zu haben.

ANMERKUNGEN

1 Das ist die Empfehlung, die Rorty mit expliziter Bezugnahme auf Sartre und die *Nausée* macht. (Richard Rorty, »Freud und die moralische Reflexion«, in: ders., *Solidarität oder Objektivität? Drei philosophische Essays*, Stuttgart 1988, S. 70).

2 Marcel Mauss, »Essai sur le don. Forme et raison de l'échange dans les sociétés archaïques«, in: ders., *Sociologie et anthropologie*, Paris 1968, im folgenden abgekürzt mit D; Claude Lévi-Strauss, *Les structures élémentaires de la parenté*, Paris 1967, im folgenden abgekürzt mit SE; außerdem ist in diesem Zusammenhang wichtig: Claude Lévi-Strauss. *La pensée sauvage*, Paris 1962, im folgenden abgekürzt mit PS.

3 Ich lese also die beiden Werke als Antwort auf eine Frage, die in ihnen – obwohl sie den Interessen der beiden Autoren nicht ganz fern liegt – nicht gestellt wird. Für unsere Fragestellung ist es nicht ergiebig, auf Georg Simmel (der in dem *Exkurs über Treue und Dankbarkeit* das Geben als eine der stärksten soziologischen Funktionen beschrieben hat) oder auf die neuere amerikanische Diskussion einzugehen, die an Simmel und Mauss anschließt (zusammengefaßt in: H.-J. Dahme, *Soziologie als exakte Wissenschaft. Georg Simmels Ansatz und seine Bedeutung in der gegenwärtigen Soziologie. Teil 1: Simmel im Urteil der Soziologie*, Stuttgart 1981, S. 179–194).

4 Der Prozeß der Modernisierung ist dann die Disziplinierung dieser Affektivität durch die zunehmende Verflechtung der Einheiten der gesellschaftlichen Organisation. Dieser Anfang gibt der Theorie den einfachen Aufbau und die Handlichkeit, die sie so erfolgreich gemacht haben; er produziert gleichzeitig ihre massiven Schwächen. Eine Kritik an diesem Anfang findet man in meinem Aufsatz (»Der Traum von der archaischen Spontaneität und das Gesetz der Vergeltung«, in: *Haß: die Macht eines unerwünschten Gefühls*. Hrsg. von R. Kahle u. a., Reinbek bei Hamburg 1985); eine allgemeine mit einem umfangreichen Material ausgearbeitete Auseinandersetzung geben die Bände von Hans Peter Duerr, *Der Mythos vom Zivilisationsprozeß*. Band I: *Nacktheit und Scham*, 2. Auflage, Frankfurt a. M. 1988, Band II: *Intimität*, Frankfurt a. M. 1990, Band III, *Obszönität und Gewalt*, Frankfurt a. M. 1992.

5 Vgl. Claude Lévi-Strauss, »Introduction à l'œuvre de Marcel Mauss«, in: Marcel Mauss, *Sociologie et anthropologie*, Paris 1968, S. XXXVIII.

6 Vgl. Claude Lévi-Strauss, *Anthropologie structurale*, Paris 1959, S. 67.

7 Vgl. Claude Lévi-Strauss, »Introduction à l'œuvre de Marcel Mauss«, a. a. O., S. XL. Besonders deutlich wird das an den Stellen, wo er vom Frauentausch in der Moderne spricht (vgl. Lévi-Strauss SE, S. 135). Hier verwandelt sich der Tausch in eine reine Kombinatorik. Das bedeutet nicht, daß Lévi-Strauss für diese Dimension, die er nicht thematisiert, nicht sensibel wäre; im Gegenteil, an vielen Stellen ist sie sehr eindringlich dargestellt.

8 D, S. 151, vgl. auch SE, S. 299–300.

9 Wenn auch das eigentliche Hauptgeschenk im Kreise wandert, so ist es begleitet von einem Hin und Her zusätzlicher *reziproker* Geschenke und Leistungen.

10 Aus einem Interview mit Eingeborenen aus Neu-Kaledonien, D, S. 174–175.

11 Emile Durkheim, *Les formes élémentaires de la vie religieuse*, 4. Auflage, Paris 1960.

12 Vgl. PS, S. 196.

13 PS, S. 152 und S. 224.

14 Foucault hat in einem Kapitel von *Les mots et les choses* gezeigt, daß dieses Naturverhältnis noch in der Renaissance das beherrschende ist. Die indische und chinesische Naturmedizin ist bekanntlich nach diesem Prinzip aufgebaut.

15 Werner Müller, »Die Nonhongschinga und die strukturalistische Ethnologie«, in: *Die Sehnsucht nach dem Ursprung. Zu Mircea Eliade*. Hrsg. von Hans Peter Duerr, Frankfurt a. M. 1978.

16 Welche der beiden Verwendungen der Natur im ganzen gesehen die vernünftigere ist, das kann nicht von vornherein als entschieden gelten. Ganz sicher weiß man in modernen Gesellschaften im Durchschnitt weit weniger als in Stammesgesellschaften, warum man tut, was man tut; der Abstand zwischen Rationalisierung und Motiven ist größer. Andererseits zwingt die Unübersichtlichkeit der medialen Welt die Subjekte zu komplexeren Bahnen; sie produziert mehr Wissen, auch über Medialität. So wissen wir mehr über die Wilden als sie über uns; wir schicken die Ethnologen zu ihnen, nicht sie zu uns.

17 Die Abstraktion, die der Tausch an den Objekten vollzieht, ist der einzige Punkt, wo zwischen dem Warentausch und dem Gabentausch Analogien bestehen. Als Prinzipien der Vergesellschaftung wie der Organisation des Ökonomischen schließen sich die beiden Formen des Tauschs aus – das hat Mauss schon klar ausgesprochen; historisch löst die eine die andere ab. In der am Warenverhältnis ansetzenden Kulturkritik der siebziger Jahre (etwa in den Büchern von Dieter Duhm) hat man die beiden Prinzipien – in der Regel ohne Kenntnis der Arbeit von Marcel Mauss – in einer begrifflosen Weise zusammengezogen.

18 Lévi-Strauss hat diese Fragestellung mit Recht kritisiert; es gibt keinen Ort, von dem aus man den Tausch erklären könnte. Aber in der Frage, die Mauss stellt, ist die andere, sinnvolle, nach dem, was getauscht wird, mitenthalten.

19 In ähnlicher Weise bezeichnet Greimas die Güter, die im Tausch zirkulieren, als das Sein der Subjekte (Algirdas J. Greimas, J. Courtés, *Sémiotique. Dictionnaire raisonné de la théorie du langage*, Paris 1979, Stichwort »Communication«).

20 SE, S. 65ff.

21 Der Tausch produziert seine Motive nicht im Leeren; man kann nicht umhin, Motive zu postulieren, die in die Spiele des Tauschs hereinführen. Mit Sartre haben wir dieses Motiv den Wunsch nach dem Sein-für-andere genannt. Aber auch dieses Motiv bekommt seine Form durch den Anblick dessen, wovon es ausgeschlossen ist; diese Motive können nicht gefunden, sie müssen konstruiert werden. Ein großer Teil der Arbeit des späten Lacan geht darauf, die Struktur dieser »vorweltlichen« Motive zu rekonstruieren. Wir können uns hier mit der Abgrenzung begnügen, die die Spielmetapher nahelegt: die Motive, die einen Spieler zu einem Zug veranlassen, sind mit der Struktur des Spiels gegeben; die Motive, die den Spieler in das Spiel hineingeführt haben, sind im Innern des Spiels vergessen, wenn sie auch das Spiel als Ganzes tragen.

22 Vgl. PS, S. 318ff.

23 Interessant sind in diesem Zusammenhang die Untersuchungen zum Eigennamen in *La pensée sauvage*, besonders S. 226ff.

24 Auch bei Proust werden wir den Gegensatz dieser beiden Welten wiederfinden. Da Proust – wie Sartre, aber viel radikaler – zur Einsicht kommt, daß es eine Welt nicht gibt, ist für ihn die Welt des Kindes, die durch die Erwachsenen-Götter getragen ist, die einzige wirkliche Welt.

25 Ich glaube nicht, wie Lévi-Strauss, daß eine solche Bestimmung heute noch gültig ist – die Gründe werden später noch deutlich werden. Und sicher handelt es sich um eine sehr grobe Bestimmung. Aber als allgemeine Formel für die Geschlechterbeziehung in der Alten Welt und für das, was heute von dieser noch lebendig ist, trifft sie die Wirklichkeit besser als die gängige Formel des Patriarchats.

26 In der Welt des Tauschs sind die Frauen also nicht den *Männern* unterworfen, wie man es heute meist sieht, sondern einem *Spiel*. Dabei sind die Männer allerdings die Spieler und die Frauen die Einsätze. Aber diese Unterscheidung ist selbst ein Produkt des Spiels. Solche Differenzierungen kann man als spitzfindig ansehen. Aber wenn sich heute die Geschlechterrollen als so hartnäckig erweisen, so liegt das vielleicht weniger an dem Machtwillen der Männer oder der Zähigkeit der Gewohnheiten als an der Macht der Spiele und der Faszination, die von ihnen ausgeht. Jedenfalls können Spiele nicht durch eine Emanzipation aufgelöst, sondern nur durch andere Spiele ersetzt werden.

27 Vgl. SE, S. 561.

28 Das ist ein Aspekt, den Lévi-Strauss stark betont.

29 In der Terminologie von Lévi-Strauss ist das die Alternative von eingeschränktem und verallgemeinertem Tausch.

30 In der marxistischen Tradition wird diese Natürlichkeit erst bei Althusser in Frage gestellt.

31 Seit der Romantik war das Bürgertum fasziniert von einer Welt, in der die gesellschaftlichen Regeln auch moralische Verbindlichkeit haben, wo die Menschen ganz das *sind*, als was sie erscheinen. Bis in die moderne Altphilologie hat diese Faszination zu sehr sorgfältigen Beschreibungen des »homerischen Menschen« und seiner Welt geführt, auf die ich mich hier stütze. Am nächsten an unseren Interessen liegt das Buch von Herman Fränkel, *Dichtung und Philosophie des frühen Griechentums*, München 1962. Wichtig für uns ist auch das ziemlich neue ethnologische Interesse an dem Komplex der Ehre. Vgl. hierzu: *L'honneur: image de soi ou don de soi, un idéal équivoque*. Hrsg. von Marie Gautheron, Paris 1991, hierin besonders: Julien Pitt-Rivers, »La maladie de l'honneur«, und Jean-Pierre Vernant, »La ›belle mort‹ d'Achille«.

32 Die *Ilias* ist nach der von Hans Rupé überarbeiteten Voss'schen Übersetzung (Berlin und Darmstadt 1960) zitiert. (Im folgenden beziehen sich die Ziffern in Klammern auf den jeweiligen Gesang und Vers der *Ilias*.)

33 Vgl. Fränkel, a. a. O., S. 91.

34 Die Kabylen unterscheiden, wie Bourdieu darstellt, zwei Dimensionen der Ehre, *nif* und *haram*. Der *nif* bezeichnet das Spiel der Herausforderungen, in das nur die Männer einbezogen sind, das *haram* die Beleidigungen, die die Sphäre des Hauses und der Frauen betreffen und die unbedingt und um jeden Preis gerächt werden

müssen (Pierre Bourdieu, *Entwurf einer Theorie der Praxis, auf der ethnologischen Grundlage der kabylischen Gesellschaft*, Frankfurt a. M. 1976, S. 11–47). Eine solche Unterscheidung findet man in allen Ehrsystemen; ihr Prinzip könnte die Unterscheidung der beiden mit den Namen gegebenen Dimensionen von Stolz und Schuld sein. Vgl. Pitt-Rivers, »La maladie de l'honneur«, a. a. O.

35 Es gibt also nebeneinander zwei Rechte verschiedener Natur, die natürlich auch miteinander in Konflikt kommen können.

36 Dieses Gebot wäre zerstörerisch, wenn es nicht durch konkrete Regeln wieder eingeschränkt wäre.

37 Wir sind hier in dem Bereich der Todes- und Gewalt»mystik«, die sich für uns vorwiegend mit faschistischen Ideologien verbindet, die aber auch für Leute wie Bataille wichtig ist.

38 Allerdings macht Hegel aus der medialen Beziehung der Herausforderung, in der es um die Bindung an die Namen geht und die die Gegenwart des Dritten voraussetzt, ein Verhältnis des »alles oder nichts«.

39 Die beliebteste Lösung ist die des *Rolandlieds*: Der Held unterliegt nach langen, als einzelne genommen, siegreichen Kämpfen einer Übermacht.

40 Dabei geht es nicht um den Gegensatz von Rolle und persönlichen Fähigkeiten in einem modernen Sinn. Agamemnon ist ein unsicherer Spieler, weil er von den Göttern immer wieder betrogen und zu schlechten Zügen verleitet wird; Achill kann sich auf das verlassen, was die Götter ihm sagen.

41 Friedrich Schiller, *Kabale und Liebe*, 1. Akt. 3. Szene.

42 Man kann hier an die zahlreichen Riten erinnern, die in den Stammesgesellschaften die periodische Neugeburt der Welt zum Thema haben. Vgl. Hans Peter Duerr, *Sedna oder die Liebe zum Leben*, Frankfurt a. M. 1984.

43 In Marc Blochs großem Buch über die *Feudalgesellschaft*, das immer noch die Grundlinien der modernen Auffassung bestimmt, wird das Feudalverhältnis mit Kategorien des Tauschs erklärt: Es ist eine bestimmte Form der politischen Vergesellschaftung, die entsteht, wenn die (im wesentlichen ökonomischen) Rahmenbedingungen für eine staatliche Ordnung nicht mehr vorhanden sind; sie greift hinter deren Prinzipien auf die Bindungskraft der Verpflichtung durch die Gabe zurück – nach Bloch ein archaisches Verfahren, das aber immer zur Verfügung steht und aus dem sich, wenn es notwendig ist, neue Institutionen entwikkeln lassen. Das Prinzip der Fehde kann Bloch nicht in einer analogen Weise verstehen. In der neuen Mittelalterforschung wird aber die Fehde als vergesellschaftendes Prinzip gesehen; in dieser Perspektive beschreibt auch Pierre Bourdieu (*Entwurf einer Theorie der Praxis*) die Rache in der kabylischen Gesellschaft. Zu dem allgemeinen Prinzip, Konflikt als Mittel der Erhaltung sozialer Einheiten und nicht im Gegensatz zu dieser zu sehen, und zur Bindungskraft von Konflikten vgl. Niklas Luhmann, *Soziale Systeme*, Frankfurt a. M. 1988, S. 532f.

44 Vladimir Propp, *Morphologie des Märchens*, Frankfurt a. M. 1975.

45 Eine Aufzählung der Arbeiten, in denen Greimas und seine Schüler an und mit diesem Modell arbeiten, würde viele Seiten füllen. Ausgearbeitet wurde das Mo-

dell vor allem in der *Sémantique structurale*, Paris 1966 und in *Du sens. Essais sémiotiques*, Paris 1970. Eine knappe, aber umfassende und facettenreiche Darstellung findet man in Greimas, Courtés, *Sémiotique. Dictionnaire raisonné de la théorie du langage*, a. a. O.

46 Die Erzählanalyse von Claude Brémond beruht auf der Isolierung dieses Zugs. Die Interpretation von Greimas nimmt ihn, wie wir sehen werden, auch auf, gibt ihm aber eine andere Bedeutung.

47 Sie heißen dann in der Terminologie von Greimas *Aktoren*.

48 So z. B. in den Artikeln: »Communication«, »Contrat« und »Change« des *Dictionnaire raisonné de la théorie du langage*.

49 In der Terminologie von Greimas der *destinateur*. Der Ausdruck kommt aus dem allgemeineren theoretischen Zusammenhang, in dem bei Greimas die Analyse der Erzählstruktur steht. In unserem Zusammenhang ist er nicht sehr glücklich.

50 Hier habe ich das Wort Vertrag immer vermieden, es kam mir auf den Gegensatz an, der zwischen Tauschverhältnis und vertraglichem Rechtsverhältnis besteht; Greimas sieht das Gemeinsame, die verbindliche Wechselseitigkeit.

51 Meines Wissens gibt es in den *Elementaren Strukturen* ein einziges Beispiel für diesen Typ des Tauschs: Als Belohnung für seine Leistungen bekommt der Häuptling der Nambikwara vom Kollektiv mehrere Frauen (SE, S. 51).

52 In den Begriffen des Tauschs bedeutet das »gute Herz«, daß der Held in einem Zusammenhang etwas gibt, wo keine Institutionen eine Erwiderung wahrscheinlich machen. Er vertraut dem *Prinzip* des Tauschs mehr als andere; und in der Außenwelt der Zauberwesen hat er Erfolg mit diesem Vertrauen. Es ist anscheinend diese Eigenschaft, die das in der Alltagswelt »dumme« Subjekt zum Helden qualifiziert.

53 Diese Lesart findet sich auch bei Greimas, der offensichtlich ein großes Vergnügen daran hat, alle semantische Möglichkeiten des Märchenschemas auszuschöpfen. Er sieht in dem Märchen den formalen Rahmen, in dem sich der »Sinn des Lebens« einschreibt, mit den drei Phasen Qualifizierung, Verwirklichung, Anerkennung. Vgl. den Artikel »Narratif (schém narratif)« im *Dictionnaire raisonné de la théorie du langage*, S. 245.

54 Von einer anderen Fragestellung und einem anderen Material her ist Clemens Lugowski, *Wirklichkeit und Dichtung. Untersuchungen zur Wirklichkeitsauffassung Heinrich von Kleists*, Frankfurt a. M. 1936 zu einer Unterscheidung von Sage und Märchen/Antimärchen gekommen, die in außerordentlich feiner und einfühlender Weise viele Züge des Gegensatzes der beiden Figuren darstellten. Für die Deutung dessen, was er sieht, verwendet Lugowski allerdings Gegensätze der Rassen.

55 Um 1200 hat man die Chansons de Geste in Zyklen gegliedert; einer dieser Zyklen, die Empörergeste, hat die Konflikte zwischen Herrscher und Vassall zum Thema. Es gibt allerdings auch andere Möglichkeiten, die Identifikation des Helden zum Gegenstand zu machen, ohne ihn mit dem »König« zu konfrontieren.

56 Was hier »Ablösung« genannt ist, ist in Wirklichkeit eine komplexe Reorganisierung des Feldes der Erzählung.

57 Hierzu vgl. den Anfang des nächsten Kapitels.

58 Es gibt empirische Untersuchungen, die die Wirksamkeit dieser Figur nachweisen. Eine Zufallsverteilung von Erfolg und Mißerfolg durch die Versuchsanordnung wird von den Teilnehmern als belastend erlebt; sie suchen quasi automatisch nach Interpretationen, die erlauben, Erfolge als Verdienste zu interpretieren.

59 Eine andere Figur, die vor allem in den kurzen Erzählungen der Alten Welt unendlich variiert wird, ist List und Betrug.

60 Sartre, *La Nausée*, a. a. O., S. 80–83.

61 Genauer gesagt: Sie erzählt nur ihren Liebhabern, d. h. innerhalb der durch die Leidenschaft geschaffenen Sonderwelten. Was Flaubert darstellt, sind aber nicht Geschichten *in* diesen Sonderwelten, sondern die Struktur und die Geschichte dieser Welten.

62 Richtig muß man von einer signifikanten und nicht von einer symbolischen Organisation sprechen. Bei dem Wort »Symbol« ist fast immer eine Beziehung von Bezeichnendem zu Bezeichnetem mitgedacht. Mediale Objekte verweisen aber auf nichts, was *hinter* ihnen läge, nur auf das, was *neben* ihnen liegt. Ihre Bedeutung ist in einem System von Differenzen festgelegt; die »Verankerung« in den Bedürfnissen ist gerade nicht ihre Bedeutung. Der Begiff besagt nur, daß das Medium die Bedürfnisse als Material benützt, ähnlich wie die Phoneme das Lautmaterial der menschlichen Stimme, um Bedeutungen zu erzeugen.

Das bürgerliche Spielverbot

CREBILLON FILS: DAS SPIEGELMEDIUM

Die Figur der großen Tat ist eine Auffassung der Welt als gerechte Ordnung; es herrscht eine Instanz, die Verdienste als solche wahrnimmt und belohnt. Wenn Montesquieu im 18. Jahrhundert die Prinzipien der politischen und sittlichen Ordnung der Monarchie als der für das nachantike Europa typischen Staatsform beschreibt, dann zentriert er die Analyse um die Figur von großem Verdienst und Belohnung durch Positionen. Das aristokratische Prinzip der Ehre ist in dieses Schema eingebaut. Die fundamentalen Regeln des Handelns sind die Verpflichtungen, den Rang zu wahren [1], und das Streben, sich zu unterscheiden und auszuzeichnen (III, 7). Zum Wesen der Ehre gehört es, gegenüber den Forderungen des Rangs das Leben geringzuachten (IV, 2 III, 8); aber der Kampf um die Positionen wird jetzt nicht über das Spiel der Rache, sondern als geregelte Rivalität am Königshof ausgetragen, wobei dem König die Rolle der gerechten Entscheidung zukommt.

Die Beschreibung Montesquieus erfaßt die Tendenz, die sich im Absolutismus durchsetzt, deren Anfänge aber schon im 12. Jahrhundert liegen. In der historischen Entwicklung hat sich, wie der lange Kampf erst um das Fehde-, dann um das Duellrecht zeigt, diese Figur langsam gegen die konkurrierende Figur der Rache durchgesetzt. Auf der anderen Seite findet man schon seit dem ausgehenden 16. Jahrhundert eine Kritik an den monarchischen Höfen, die deren Fähigkeit, Verdienste zu belohnen, nicht nur im Einzelfall, sondern grundsätzlich in Frage stellen. Der Hof wird als ein Ort beschrieben, wo man durch Schmeichelei und andere Formen des manipulativen Handelns, und nicht durch Leistungen, zum Erfolg kommt. Das bedeutet aber, daß die politischen und militärischen Handlungen keine mediale Funktion mehr haben; das gleiche gilt dann auch für die sozialen Positionen. Sie sind nicht mehr mit Verpflichtungen und Rechten im Sinne des Tauschs verbunden; nur noch als Zugangsvoraussetzungen bleiben sie wichtig. Die aristokratische Gesellschaft in ihrer sozialen, politischen, militärischen Bestimmung hat ihre Funktion, den Dritten zu vertreten, verloren; sie ist nicht mehr der universale Zensor, von dem Montesquieu spricht, nicht mehr der Ort der Erinnerung, der die wechselseitigen Positionen der Familien, die Geschichte der Gaben und Kränkungen, der Taten für das Kollektiv festhält und daraus eine vorgeschriebene Zukunft errechnet.[2]

Was ersetzt nun aber die Plätze als Medium der Namen? Ein Roman des 18. Jahrhunderts gibt die wahrscheinlich am konsequentesten durchgeführte Analyse der *Verwirrungen des Herzens und des Geistes*[3], die die neue Medialität erzeugt. Es geht hier, worum es uns auch geht, um die Beschreibung des medialen Funktionierens eines Kollektivs. Die einfach angelegte Handlung ist ganz auf dieses Ziel zugeschnitten: ein junger Mann wird in die Gesellschaft eingeführt; mit ihm lernt der Leser die Gesetze kennen, die in ihr herrschen. Die Konstellation der Hauptpersonen bildet ein Dreieck: der junge Meilcour, die ältere Frau, Madame de Lursay, die am Ende seine Geliebte sein wird, Versac, der erfahrene Mann, der Meilcour die Regeln der Gesellschaft erklärt. Die beiden Linien sind verbunden. Der Besitz einer Geliebten bezeichnet die vollzogene Initiation; die Regeln erklären heißt vor allem: sagen, was eine Frau für einen Mann, ein Mann für eine Frau bedeutet.

Das Medium der Plätze ist in dieser Gesellschaft außer Kraft gesetzt; der adlige Rang wirkt nur als Zugangsbedingung. Material der Gestalt sind Kleider, Manieren und galante Konversation, die Fähigkeit, neue Vergnügen zu erfinden, der Stil des Auftretens. Diese Dinge haben kein Gewicht in sich; was zählt, ist die Veränderung. Das neue Medium ist die Mode (S. 170), und dieses Medium hat einen sehr eigenartigen Aufbau. Der Inhalt dessen, was die Mode jeweils vorschreibt, ist willkürlich (S. 169) und belanglos; es ist einzig die *Neuigkeit*, die Differenzen schafft: Das Neue ist wertvoll, das Alte wertlos. Dieses *Spiegelmedium* – die Gründe für diese Benennung werden später deutlich werden – schafft eine ausgeprägte Hierarchie von Positionen, und um diese Positionen wird erbittert gekämpft. Der Imperativ, seinen Rang zu wahren, gilt auch hier. »Je suppose d'abord, et avec assez de raison, ce me semble, qu'un homme de notre rang, et de votre âge, ne doit avoir pour objet que de rendre son nom célèbre« (S. 171).[4] Auf dieser Voraussetzung baut Versac seine große Aufklärungsrede an den jungen Meilcour auf. Die Hierarchie beruht auf Leistung. Die erste und fundamentale Leistung ist die Erfindung neuer Moden. »Moi (...) qui suis l'inventeur de presque tous les travers qui réussissent« (S. 170)[5], sagt Versac von sich. Die »Klassentrennung« in dieser Gesellschaft läuft zwischen den Begehrenden und den Begehrenswerten, zwischen denen, die erfinden, und denen, die kopieren. Eine zweite Leistung ist fast ebenso wichtig. Im Verhältnis zur feudalen Welt ist die Hierarchie extrem beweglich; auch Versac behält seine Spitzenposition nur, weil er unausgesetzt um sie kämpft; gleichzeitig sind die Kriterien der Zuschreibung wechselhaft und willkürlich. Die Festlegung der Ränge ist daher eines der unerschöpflichen Gesprächsthemen der Gesellschaft. Die Form, in der das geschieht, ist das Herabsetzen von Abwesenden, die *médisance*. »... c'est plus à la façon de médire qu'à toute autre chose que l'on reconnaît ceux qui possèdent le bon ton« (S. 179)[6], erklärt Versac. Die *médisance* ist der zweite Bereich, der über die Positionsvergabe entscheidet. Da sie die Beschäftigung aller ist, ist sie nicht immer wirksam; wer wie Versac es versteht, sie zu steuern, entscheidet über die Ränge und hat selbst den höchsten.

In der aristokratischen Welt der Plätze gibt es zwei Möglichkeiten, den Rang zu verändern: Leistung oder Heirat. Eine der Heirat verwandte Funktion haben in der Salonwelt die Liebesbeziehungen. Der Rang eines Mannes hängt ab von der Anzahl und der Qualität seiner Eroberungen. Für die Frau gelten zwei Kriterien: ihr Wert sinkt mit der Zahl der Männer, denen sie gehört hat, steigt mit der Anzahl der Männer, die ihr den Hof machen. Eine Frau muß unzugänglich sein, um ihren Wert zu wahren. Das ist kein Gesichtspunkt, den eine Frau aussprechen kann, um einem Liebhaber die Erfüllung seiner Wünsche zu verweigern; diese Schwierigkeit löst sich am besten, wenn die Frau sich durch Verbote schützt, die sie der Welt der Plätze entlehnt, wenn sie vorgibt, tugendhaft oder fromm zu sein. So hat jede der Damen des Romans ihr ganz persönliches »System«, das im Laufe des Lebens auch ausgewechselt werden kann (S. 27). Diese Systeme sind der bevorzugte Ansatzpunkt der *médisance*. Da die Verbote nicht durch reale Verbote geschützt sind, kann ihre Befolgung immer auch als kalkulierendes Verhalten angesehen werden, und die *médisance* sammelt alle Indizien, die für eine solche Deutung sprechen.

In der Welt der Plätze ist der Rang in das mediale Material eingeschrieben; man kann sich auf ihn berufen, er verleiht Rechte. Hier gilt das nicht; ein Rang ist nichts anderes als das Begehren und die Furcht, die er erzeugt. Ganz allgemein ist die Salonwelt eine Welt ohne die

Bindungen des Tauschs, ohne Gesetz. Alle Beziehungen liegen auf der Ebene des Begehrens, der Rivalität und der Manipulation; man erfüllt die Wünsche der Frauen nicht aus höfischer Gesinnung, sondern um sie auf diese Weise besser beherrschen zu können; Bündnisse stiftet allein die *médisance*, aber dieses Zusammengehen einer Gruppe gegen Außenstehende schafft keine Bindung; es ist beliebig umkehrbar.

In einer Welt ohne Tausch stehen auch die Liebesbeziehungen unter merkwürdigen Bedingungen, von deren Darstellung das Interesse des Romans lebt.[7] Wir haben oben in einer Szene aus Marivaux' *Marianne* gezeigt, wie sexuelles Begehren in eine bindende Beziehung umgewandelt wird. Die Alte Welt versteht die Hingabe einer Frau als Gabe; die Stärke der Verpflichtung, die dabei entsteht, hängt von der Größe der Gabe ab; für diese gibt es objektive Kriterien: vor allem den Rang der Frau. In dem System von Crébillon sind die Frauen begehrlich wie die Männer; Hingabe ist nicht Gabe und sie bindet nicht. Wenn eine Frau einen Mann an sich binden will, sei es aus Liebe oder aus einem medialen Kalkül heraus, muß sie auf die alte Medialität zurückgreifen, in der die Frau eine Gabe ist. Sie muß glaubhaft machen, daß sie einem der alten Prinzipien unterworfen ist, der Tugend, wie sie die Welt der Plätze definiert, der Religion oder dem Code der großen Leidenschaft. Auf der Ebene der Beziehungen ist genau das das Thema des Romans: der Versuch von Madame de Lursay, den jungen Meilcour an sich zu binden. Das »System« ist die Verehrung der Tugend und der Glaube an die platonische Liebe. Am Anfang liegt die Schwierigkeit darin, daß der junge Mann die Verteidigung *zu* ernst nimmt. Dann kommt Versac ins Spiel; er klärt Meilcour über die früheren Liebhaber Madame de Lursays und über den strategischen Charakter des Systems auf. Jetzt ist die Dame ohne Wert, Meilcour fühlt sich betrogen; er sucht sie ohne jede Bindung, »umsonst« zu haben, und wird zurückgewiesen. Nach einigem Hin und Her (wobei noch andere Frauen ins Spiel kommen), gelingt es Madame de Lursay, einen anderen von den alten Codes, den der großen Liebe, zu installieren, wenn auch auf prekärer Grundlage; und sie kann sich erlauben, Meilcours Geliebte zu werden[8].

Das Begehren nach einer Frau ist auch der Wunsch nach etwas, das für den Dritten wertvoll ist, was die anderen begehren. Das gilt immer. Aber in der Welt der Plätze fällt diese Lenkung des Wunsches nicht auf, und es liegt in ihr nichts Anstößiges, da das Subjekt selbst mit den Augen des Dritten sieht, da ihm selbst gefällt, was der Dritte für schön und edel hält. Was Crébillon als Verwirrung des Herzens und des Geistes beschreibt, ist die Verwirrung, die entsteht, wenn dieser Dritte *sichtbar* geworden ist: sichtbar in der Gestalt des Modemachers, der schafft, was das Begehren lenkt; oder in der *médisance*, wo das gefürchtete Urteil des Dritten manipuliert wird. Aber obwohl der Dritte sichtbar geworden ist, und zwar in einer der vernünftigen Einsicht verächtlichen Gestalt, beherrscht er die Gefühle und die Urteile. Versac kann Meilcour voraussagen, daß er die abstoßende Madame de Senanges bald liebenswürdig finden wird, und er hat recht damit (S. 167). Man kennt die Mechanismen, nach denen Gefühle entstehen, und kann sich von ihnen distanzieren; aber sie wirken trotzdem.

Der welterzeugende Blick ist unsichtbar, sonst verliert er seine Kraft. Das gilt auch hier; die Fähigkeit, die manche Personen des Romans haben, sich von den medialen Regeln zu distanzieren, widerspricht dem nur scheinbar. Hier taucht zum ersten Mal eine Dimension auf, die für die Moderne so wichtig sein wird: die Zeitlichkeit der Welt. Im Bereich des institutionalisierten Tauschs gibt es Zeit nur in der Welt; jetzt gibt es eine Zeit der *Welten*[9]; wenn der Andere sichtbar wird, löst die Welt sich auf; aber es ist auch möglich, daß die Welt sich wieder aufbaut, und der Andere sich wieder in den unsichtbaren Blick verwandelt. Es hängt von Begegnungen, vom konkreten Gegenüber ab, welche Welt sich herstellt. Die Welt umfaßt nicht mehr die Wirklichkeit als ganze; sie ist jetzt etwas, das in einem Gegenüber begegnen kann; sie ist Ereignis. Das bedeutet auch, daß die Welten subjektiviert werden, sie sind als Möglichkeiten in einer Person angelegt; es macht das Wesen einer Person aus, was an Welt sie potentiell in sich enthält, welche Welten andere in ihr, sie in anderen – sogar eventuell in einer planvollen Weise – auslösen kann. Darin liegt das Neuartige in der Verführungszene, mit der der Roman abschließt; Crébillon zeigt, wie durch eine Begegnung – und nur durch diese Begegnung – das Subjekt von einer Welt in eine andere wechselt, wie in einer Unterhaltung beide Personen andere werden, nicht weil sie lernen oder sich entwickeln, sondern weil es der verführenden Person gelingt, durch die Einführung eines neuen Codes, dem der großen Liebe, einen anderen Weltzusammenhang herzustellen.

Die Einführung in die Gesellschaft, die der Roman beschreibt, ist eine Verführung; sie öffnet nicht eine Zukunft, sondern schafft Verwirrung. Im Tausch ist Einführung Initiation, sie enthält ein Moment der Bejahung, das den Subjekten Gewißheit und der Welt Ordnung gibt. Das Spiegelmedium kann man nicht *bejahen.* Versac beschreibt zwar, daß und wie er sich ihm unterwirft. Diese Unterwerfung erscheint so als freiwillig, als eine Möglichkeit, der er sich auch hätte versagen können. Aber diese Darstellung selbst ist Verurteilung; die Imperative der Mode nennt Versac *des ridicules en crédit*, seine Erfindungen *les travers qui réussissent* (S. 170), dieser Ton charakterisiert das ganze Gespräch. Der Moment, wo das Subjekt der Welt gegenübersteht, kann nur Ablehnung provozieren. Sich zu unterwerfen heißt, sich immer aufs neue in die Welt hineinverführen zu lassen, nicht, sie zu bejahen. Der Begriff der Verwirrung beschreibt nicht nur einen Augenblick des Zugangs, sondern die Welt als ganze.

Wir haben den Begriff des Mediums durch eine Materialität definiert, in der das Subjekt einen Namen findet, den es *bejahen* kann. Diese Bejahung ist nur möglich, wenn sich die Willkür der medialen Festlegung mit der Gesetzlichkeit des Tauschs verbindet. Von einer solchen Bestimmung her muß man dem Spiegelmedium den medialen Charakter absprechen. Andererseits, wenn es in ihm auch kein Gesetz gibt, weder Gabe noch Verpflichtung, so gibt es doch Regeln, ein kollektives Begehren, einen überpersöhnlichen Blick, der dem des Dritten verwandt ist, und es gibt eine Gestalt für diesen Blick. Aber es ist eine Gestalt, die sich immer entzieht. In der Welt der Plätze verwandeln sich die Dinge, die man begehrt, in Besitz, der Besitz ist Schuld und wird zur Gabe. Dieser Kreislauf ist hier stillgestellt. Was anzieht, ist nur ein Bild, das, wenn es erreicht ist, sich nicht verwandelt, sondern entleert; es ist eine Versprechung, die immer Versprechung bleibt; die immer erneuert werden muß, um ihre Wirksamkeit zu erhalten.

Das Spiegelmedium liegt in einem Zwischenbereich zwischen dem Medium des Tauschs und den »Welten zu zweit«, wie wir sie etwa in den Spielen Genets kennengelernt hatten. Diesen Zwischenbereich kann man am klarsten erfassen, wenn man das Spiegelmedium in die Urszene des Zugangs zur Medialität einzeichnet, die wir auf der Grundlage von Sartres Analyse der Beschämung konstruiert haben. Sartre bricht die Szene dort ab, wo der Begehrende sich zurückwendet zu dem Blick, der ihn ertappt. In diesem Moment erscheint der Beschämende als der, der die begehrenswerte Gestalt besitzt, die den Blick des Anderen auf sich zieht. In diesem Moment ist ein Medium, ist der Horizont einer Welt schon gegeben. Aber erst die Gabe und die Trennung des Mediums von den Personen, die an ihnen teilhaben, schafft die wirkliche mediale Welt, in der nicht mehr das *alles oder nichts* die Beziehungen regelt, sondern wo sich auf einer fundamentalen Gleichheit zwischen den Menschen ein *mehr oder weniger* aufbaut.

Die Salongesellschaft verwendet das ganze Material der Alten Welt – die Pracht der Kleider, die Kultivierung der Geselligkeit, den Code der hohen Liebe, sogar Tugend und Frömmigkeit, aber sie setzt es ein in eine Konstellation, die blockiert ist in dem Begehren nach der begehrenswerten Gestalt. Es gibt einen Code für das Begehren, der geregelte Beziehungen zwischen den Mitgliedern einer ganzen Gesellschaft schafft; aber alle Beziehungen sind die des *alles oder nichts*. Als der, der die Moden von morgen verkörpert, stellt Versac vor die Augen der anderen das trügerische Bild des Begehrenswerten, das ihnen fehlt; als Meister der *médisance*, der es versteht, jemanden zu »zerreißen«, ist er der Beschämende, der den anderen die begehrenswerte Gestalt raubt. Auf beiden Seiten kann statt einem eine Gruppe stehen; aber das sind ganz allgemein die beiden Grundfiguren, in denen die Personen in der Salongesellschaft sich begegnen.

In den Tauschsystemen liegt die fundamentale Macht sichtbar beim Medium; wenn der Dritte personifiziert wird, dann in der Gestalt Gottes; die Menschen sind immer nur Vertreter medialer Positionen. Hier kann je nach den Konstellationen der Mode und der *médisance* jeder für den anderen zum Herrn werden, der alles hat, zum Lächerlichen, der durch seinen Mangel die eigene Herrenposition bestätigt, oder zum Dritten, der die Gestalt zuteilt. Aber alle diese Figuren sind durchsichtige Masken; immer kann das Subjekt hinter der Maske sein Alter ego wahrnehmen. Das ist der Grund, warum wir diesen Typ der Medialität Spiegelmedium nennen. Die mediale Macht erscheint als Macht von Menschen über Menschen, die fundamentale Abhängigkeit vom Medium als die Abhängigkeit von Menschen. *Vivre dans les yeux des autres* ist die Formel, mit der Rousseau bezeichnen wird, was für ihn die fundamentale Entfremdung ist. Die modernen »sterblichen« Welten, die wir mit Sartre und Proust kennengelernt haben, sind aufgebaut über Konstellationen, die aus dem Bereich des Zugangs zur Medialität stammen; in diesem Sinn ist die Welt, die Crébillon beschreibt, eine moderne Welt. In vieler Hinsicht steht sie dem, was wir bei Proust kennenlernen werden, sehr nahe: die Herkunft des medialen Materials aus dem Konsumbereich, die Zentrierung auf den Wunsch nach dem Begehrenswerten, weisen voraus auf Prousts Analysen der Salons. Daß die modernen Züge – die Zeitlichkeit der Welt, die »Vermenschlichung« der medialen Macht – noch so verdeckt sind, liegt daran, daß das Spiegelmedium von außen vom Standpunkt einer in sich konsistenten, bejahbaren Medialität alten Typs beschrieben ist; für Crébillon sind Eigenschaften eines abgrenzbaren gesellschaftlichen Bereichs, was für Proust Widersprüche der Welt überhaupt sein werden.[10]

Das Bürgertum wird neue große Objekte des Begehrens schaffen, die Tugend, die Natur, das Vaterland, die Revolution, die der Krise des Platzmediums eine umfassende und wirksame Lösung geben. Die historisch folgenreiche Antwort auf diese Krise ist sicher nicht das Spiegelmedium, sondern die aufklärerische Kritik am Prinzip der Medialität überhaupt, die wir in Rousseaus Werk beschreiben werden. Aber um diese Kritik zu verstehen, müssen wir eine Vorstellung davon haben, welche Gestalt die medialen Systeme haben, denen Rousseau begegnet. Eine wirkliche Gesellschaft enthält immer gleichzeitig viele Momente in sich, die in der Logik einer historischen Entwicklung als nacheinander erscheinen. Rousseau begegnet der Medialität in zahlreichen Ausprägungen; aber von ihnen ist das Spiegelmedium eines der wichtigsten; in Faszination und Ablehnung war Rousseau ein Mensch der Salons. Rousseaus Kritik an der zeitgenössischen Gesellschaft ist sehr weitgehend eine Kritik des Spiegelmediums. Und vor allem versteht man das grundlegende Mißverständnis, das Rousseaus Kritik zugrundeliegt – die Verwechslung von medialer Macht und Menschenmacht –, nur, wenn man sich klar ist, welche Form der Medialität Rousseau vor Augen hatte.

JEAN-JACQUES ROUSSEAU: DER BLICK DER LIEBE

In ihrer sich aus der Aufklärung herleitenden Hauptlinie ist die moderne Wissenschaft vom Menschen Gesellschaftswissenschaft. Gesellschaft meint die Verflechtung von drei Formen der Vergesellschaftung: die der Interessen in der Ökonomie, die der Gefühle, des Geschmacks, der »Kultur« im Privaten, und die der Verständigung über gemeinsame Interessen in der Politik. Jedem dieser Bereiche entspricht eine Richtung der Vernunfttätigkeit. Legitimität entsteht aus der freien

Zustimmung zu Gesetzen, in denen die Individuen ihre eigenen Interessen aufgehoben sehen.

Wenn eine solche Wissenschaft auf die Alte Welt schaut, dann findet sie das negative Bild ihrer selbst: die drei ihrem Wesen nach getrennten Bereiche sind unlösbar vermischt; alle Beziehungen – man kann an das Feudalverhältnis oder an die Geschlechterbeziehung denken – sind gleichzeitig ökonomische, politische und solche der Gefühle. Ebenso fehlen der Vernunft die essentiellen Unterscheidungen; sie vermischt auf die merkwürdigste Weise persönliche und Sachbeziehungen. Die vernunftgemäßen Formen der Legitimation sind blockiert und ersetzt durch Autoritäten, durch die Religion und die Geltungsmacht des Überlieferten.

Ausgehend von den für die moderne Literatur typischen Pathologien des Subjekts und den aus diesen entwickelten Grundkategorien des Weltaufbaus habe ich den Begriff der Welt (und nicht den der Gesellschaft) an den Anfang gestellt. Von diesem Anfang aus ergibt sich eine andere Vorstellung der Alten Welt: diese ist nicht mehr ein negatives Spiegelbild der modernen Gesellschaft, sondern eine Ordnung anderer Art. Der Tausch ist gleichzeitig Weltkonstitution und Vergesellschaftung: In ihm werden nicht Menschen im Innern einer Welt miteinander in Beziehung gesetzt, »Menschen« entstehen als Positionen in einer durch gleichzeitig sachliche, ethische und affektive Beziehungen gebildeten Struktur; »Mensch«, Welt und Vergesellschaftung kann man nicht voneinander getrennt denken. Die Legitimität kommt aus dem Prinzip des Tauschs und liegt in der Eigentumsordnung selbst, in deren Auffassung als ein Netz von Rechten und Pflichten, innerhalb dessen das Eigentum eine Position darstellt, einen Namen, dem der Eigentümer Ehre zu machen hat. Die alten Ordnungen wollen rationale Ordnungen nicht nur der Gesellschaft, sondern der *Welt* sein – genauer gesagt: Welt und Gesellschaft fallen zusammen. Diese Ordnungen sind legitimierbar, insofern sie auf der Vernunft des Tauschs beruhen; sie sind es nicht, insofern sie durch eine willkürliche Setzung aus dem Kreislauf mit der Natur das Material der Namen machen.[11] Die Moderne hat die Weltprobleme aus dem Bereich des Rationalen herausgenommen und hat sie der Macht kultureller Traditionen, der Psychologie und den Therapien übergeben. Die Analyse des mißglückten Weltzugangs bei Sartre hat schon nahegelegt, daß diese Position unhaltbar ist: Welten sind ethische Gebilde, sie brauchen eine minimale ethische

Ordnung, damit sie bestehen und sich reproduzieren können. Wir werden später sehen, daß die Moderne von der Vernunft der alten Gesellschaften profitiert, die sie nicht wahrnimmt.

In unserer Perspektive ist die Entstehung der Moderne nicht mehr die Trennung von Bereichen, die vorher vermischt waren, und das Zu-sich-selbst-Kommen der Vernunft, sondern die Auflösung der alten – als eine symbolische Ordnung gefaßten – Eigentumsordnung [12] und die Überdeckung einer Vergesellschaftung durch eine zweite, eines Typs von Vernunft durch einen anderen.

Der Prozeß dieser Überdeckung soll im folgenden an dem Werk Rousseaus dargestellt werden. Rousseau hat dem Denken der Aufklärung eine systematische Gestalt gegeben. Gleichzeitig ist er als »Neurotiker« und Feind der Namen unlösbar in die mediale Problematik verwickelt. Daher kann man mit ihm die Genese des Denkens der Aufklärung [13] nicht – wie man es immer tut – in dessen eigenen, sondern in medialen Kategorien beschreiben. Andererseits wird in seinen autobiographischen Werken sichtbar, wie die Dimension des Medialen, die ihre Institutionen und ihre »offiziellen« Diskurse verloren hat, in der Literatur aufgenommen wird: als eine Kette von immer weniger verallgemeinerbaren und schnell durch neue abgelösten Antworten auf die jetzt geöffnete Problematik der Welt.

Rousseaus ›System‹ als Weltartikulation

Bis zu seinem 37. Lebensjahr war Rousseau [14] einer der in dieser Zeit zahlreichen Existenzen, die die von ihrer Herkunft vorgezeichnete Lebensbahn verlassen hatten und nun auf eine mehr oder weniger abenteuerliche Weise Unterhalt und Karriere suchten. Ein intelligenter, anziehender, sehr schüchterner Mensch, der seine Schwerfälligkeit nur im kleinen Kreis verlor, wenn er sich geschätzt fühlte; ein Neurotiker, der mehr in seinen »Chimären«, seinen Tagträumen lebte als in der Wirklichkeit, der lieber mit seinen Phantasien masturbierte, als reale sexuelle Kontakte suchte, extrem abhängig von den Personen, mit denen er jeweils zusammen war, verfangen in einer Art Mutterbeziehung zu einer älteren Frau, unfähig, eine langfristige Berufsperspektive festzuhalten, unzufrieden mit der Gesellschaft, die ihn nicht nach seinem Wert achtete, unzufrieden mit sich, weil er die Achtung nicht zu erwerben verstand.

Das etwa ist er bis zu dem Augenblick, wo er auf dem Weg zu seinem Freund Diderot über die von der Akademie in Dijon gestellte Preisfrage grübelt, ob der Fortschritt der Wissenschaft und Künste der Menschheit genützt habe, und wo ihn – mit der Kraft einer überwältigenden Erleuchtung – die Vision eines Geschichtsverlaufs überfällt, an dessen Anfang ein glücklicher Naturzustand, an dessen Ende die gegenwärtige korrumpierte Gesellschaftlichkeit steht. Natur bedeutet aber – das werden wir noch sehen – einen Menschen vor jeder Vergesellschaftung, eine Wirklichkeit vor der Welt.

Diese Menschheitsgeschichte erfaßt ihren Entdecker selbst und situiert ihn in einer bestimmten Weise in sich – Rousseau hat das selbst gesehen, und man hat es oft wiederholt. Seine Sonderbarkeit, die ihn »für das gesellschaftliche Leben ungeeignet« macht, ist jetzt die Gegenwart der Natur in ihm; sie ist von etwas Besonderem und Wertlosem zu etwas Universalem geworden, das als Besseres der Gesellschaft gegenübergestellt werden kann. Die Geschichtsvision ist eine identifizierende Konstellation; die Erleuchtung ist ein Positionswechsel. Vorher hat Rousseau sich von der Gesellschaft aus, oder, wenn er rebellischer Stimmung war, die Gesellschaft von sich aus gesehen – wobei aber das »sich« immer das von der Gesellschaft gesehene blieb. Mit der Menschheitsgeschichte hat er einen Punkt gefunden, der ihm erlaubt, die ganze zeitgenössische Gesellschaft von außen zu sehen und sich als den, der alleine diesen Blick trägt. Rousseau sagt von sich, sein Platz sei nicht der ihm von den Menschen zugewiesene, er habe ihn *auf sehr andersartigen Wegen* erlangen müssen (C I, S. 98). Hier sieht man die Besonderheit dieses Wegs. Statt in der Ordnung, wie sie ist, einen Platz zu suchen, entdeckt er eine Ordnung, in der die Ablehnung der Plätze eine ausgezeichnete Position verleiht; er erfindet selbst den Blick, von dem aus er sich gesehen sieht. Da die Zeitgenossen diesen Blick übernehmen, gelingt die Identifizierung: Jean-Jacques ist »wirklich verwandelt«, seine Freunde erkennen ihn nicht wieder (C I, S. 416 f.). Das Interessante ist, als was er identifiziert wird: gerade als der Nicht-Identifizierte, als der »Naturmensch«, der jeder Identifikation Widerstand leistet.

Die Idee, die Weltlosigkeit zum utopischen Horizont der Wirklichkeit zu machen und als Maßstab für die Beurteilung der Gesellschaft einzusetzen, ist die Grundlage von Rousseaus System. Auf dieser Grundlage sind seine großen Werke aufgebaut, die alle für das Aufklärungsprojekt, für die neue Welt wesentlich geworden sind, der *Émile* für den Weltzugang, die *Nouvelle Héloïse* für Liebe und Ehe, der *Contrat Social* für die politische Vergesellschaftung, die *Confessions* für die Auffassung des Selbst und der Authentizität. Rousseaus Beitrag zur Aufklärung ist bestimmt durch die Ablehnung der medialen Vergesellschaftung, seine großen Werke sind alle Entwürfe nicht nur einer anderen Gesellschaft, sondern einer *als Welt*, in ihrer medialen Struktur anders strukturierten Welt.[15]

Lange Zeit hat man Rousseaus Denken für unausgearbeitet und inkohärent gehalten. Rousseau selbst beharrt sehr stark auf der Einheit seines Werks: Nach seiner Selbstauffassung ist sein Denken in einer einzigen Vision entstanden, von der seine theoretischen Werke nur eine unzureichende Ausführung geben (M I, S. 1136). Die Widersprüche, die man ihm anlastet, seien nur das Resultat einer oberflächlichen Lektüre. Die neuere Kritik hat ihm recht gegeben, Cassirer[16] hat als erster die innere Einheit auf der Ebene der gedanklichen Struktur nachgewiesen, Starobinski[17] hat beschrieben, wie ein einfaches »existentielles« Schema das ganze – theoretische und literarische – Werk Rousseaus organisiert.

Das Rousseausche System ist in seinem Kern in dem *Ersten Discours* dargestellt, der ihn berühmt gemacht hat. Seine (in der Grundanlage) endgültige Fassung hat es im *Zweiten Discours* gefunden, der auf die in der Akademie von Dijon gestellte Frage nach dem Ursprung der Ungleichheit unter den Menschen antwortet. Rousseau gibt dieser Frage eine andere Wendung: Wie wurde der natürliche Mensch dem Gesetz unterworfen? Er antwortet mit der Darstellung der Menschheitsgeschichte als Geschichte der mißglückten Vergesellschaftung des Menschen.

Das klassische Naturrecht der Antike und auch die meisten von Rousseaus neuzeitlichen Vorgängern bis Hobbes sehen den Menschen *seiner Natur nach* als Vernunftwesen.[18] Für Rousseau dagegen unterscheidet sich der Naturmensch vom Tier nur recht wenig, und das auch nicht durch die Vernunft, sondern durch eine negative Freiheit; während die Tiere an spezifische Instinkte gebunden sind, hat der Mensch die Freiheit, alle Tiere nachzuahmen (In III, S. 135); und er besitzt die Fähigkeit, sich zu vervollkommnen. Ohne diese Voraussetzungen gäbe es keine Geschichte (In III, S. 142). Die einzigen Güter, die er kennt, sind Nahrung, eine Frau, Ruhe. Er lebt in einer reinen Gegenwärtigkeit, weiß nicht, was Zukunft ist, daher auch nicht, was Tod ist (In III,

S. 143). Es gibt keine verfestigten Gegenstände; der Hunger läßt die Früchte aus den Blättern hervortreten, die Sättigung verwandelt sie wieder in Farbtupfer. Der Naturmensch ist weder gut noch schlecht; moralische Kategorien sind auf ihn nicht anwendbar. Jede Frau ist ihm recht; mit der sexuellen Begierde ist jedes Interesse erloschen; denn die Liebe ist ein künstliches Verhältnis, setzt Begriffe von Schönheit, Verdienst, Vergleich voraus, die erst späteren Phasen zuzuordnen sind.

Nach unserer Bestimmung von Welt ist der Naturmensch sehr genau als Wesen ohne Welt konstruiert. Man kann ihn durchaus mit dem Roquentin der *Nausée* vergleichen, wenn man davon absieht, daß Weltlosigkeit dort als Erfahrung, hier als Konstruktion dargestellt ist. Gegenwärtigkeit ohne Zeit und Raum, Beziehungslosigkeit zu anderen Menschen, Sexualität als reine Bedürftigkeit – der einzige, allerdings wesentliche Unterschied: In der *Nausée* steht das neue, weltlose Wirklichkeitsverhältnis unter dem Zeichen eines quälenden Nicht-Wissens; die Gegenwärtigkeit ist zugleich Leere. Für Rousseau ist der Naturzustand ein Bild der Fülle; der Naturmensch hat alles, was er will, weil er genau will, was sich ihm anbietet; will er nichts, zieht er sich in die Ruhe zurück.

Die Verwandlung des Tieres in den Menschen geht auf den zwei Bahnen: der Entwicklung der Techniken und der Beziehung der Menschen untereinander. Dabei ist es der erste Bereich, der den historischen Prozeß in Gang setzt und unterhält; der zweite aber ist es, der durch die Einführung der Medialität die eigentliche Verwandlung bewirkt, das Tier vermenschlicht und verdirbt.

Die Entwicklung des Für-andere erfolgt in drei Phasen, die jeweils an einen Stand der Technik geknüpft sind. In der ersten Phase sind Hütten gebaut worden; Familien leben zusammen als kleine Gesellschaften, die ohne Zwang sind und nur auf der wechselseitigen Zuneigung beruhen. Die Familien treffen sich untereinander, es bilden sich »Nationen«, ohne Regeln und Gesetze, ohne verbindende Interessen. In dieser Umgebung entsteht das erste Band, das mehr ist als ein Nebeneinander. Für Rousseau wie für Lévi-Strauss ist es die Beziehung der Geschlechter, die dieses erste Band erzeugt: die Sexualität löst sich aus der naturgegebenen Verbindung mit Gewohnheit und Trieben – allerdings nicht in Zusammenhang mit dem Tausch, sondern mit der Liebe.[19] Das ist der eigentliche Anfang der *Welt*. Es entsteht der Blick in dem menschlichen Sinne des Wortes, d. h. der Blick des Anderen, in dem das Subjekt sein

Sein sucht. »Chacun commença à regarder les autres et à vouloir être regardé soi-même, et l'estime publique eut un prix« (In III, S. 169).[20] Es entsteht der Wunsch, begehrt zu werden, der Naturmensch bindet sich an eine Gestalt. Die Frauen werden zu Weltobjekten. Sie haben nicht mehr eine flüchtige Bedeutung als Reiz für das Bedürfnis; sie bekommen Wert und werden verglichen. Mit dem Wunsch nach Auszeichnung, dem Wunsch, der sich an den Anderen wendet, entsteht auch die ganze Skala der (nicht-natürlichen) »Leidenschaften«, der Gefühle, die wir dem Tier nicht zuschreiben können. Mit der Liebe entsteht die Eifersucht, mit dem Ehrgeiz Eitelkeit und Verachtung, Beschämung und Neid. Jetzt erst ist die Beleidigung möglich: vorher gab es nur Verletzungen der Körper, die Beleidigung richtet sich aber gegen das, was das Subjekt bei den anderen vorstellt.[21] Damit entsteht das Prinzip der Rache, das später von den Gesetzen abgelöst werden wird.

Diese Phase ist für Rousseau die »wirkliche Jugend der Welt«, hier hätte die Geschichte stehenbleiben sollen (In III, S. 171). Warum diese Vorliebe?[22] Es gibt den Blick eines anderen, und es gibt ein Medium: Singen und Tanzen, Stärke, Geschicklichkeit, Beredsamkeit, für die Frauen Schönheit und *mérite* (was immer damit gemeint sein mag). Man sieht, durchaus ein Medium, das eine Gestalt produziert, aber doch ein recht »unschuldiges«. Unschuldig einmal, weil die Verwandlung des natürlichen Körpers in die Gestalt-für-die-anderen kaum mehr ist als eine Auswahl von Körpereigenschaften. Zum zweiten ist es ein sanfter Blick, in dem Rousseau die Welt entstehen läßt: der verliebte Blick der jungen Leute, die sich abends am Brunnen treffen. In der Welt des Tauschs ist die Sexualität ein den Plätzen eng verbundenes »hartes« Medium. Wollte man, was Rousseau hier schildert, in die Wirklichkeit seiner Zeit verlegen, so käme man in den Bereich der »Tändeleien« vor aller Verbindlichkeit. Die andere Form der Verbindung in dieser Phase ist die Familie, die aber noch eine Art Natur ist, ohne Eigentum, Zwang und Autorität, ein freies Nebeneinander vor der Vergesellschaftung. In diesem Hin und Her, zwischen einer milden Medialität der Verliebtheit und einem amedialen Zusammensein kann sich Rousseau ein glückliches Leben vorstellen.

»Le premier qui ayant enclos un terrain, s'avisa de dire, *ceci est à moi*, ... fut le vrai fondateur de la société civile« (In III, S. 164).[23] Das Eigentum bringt den entscheidenden Einschnitt in der Geschichte der Menschheit. Es ist das notwendige Ergebnis der Einführung von Landwirtschaft und Metallbearbeitung (die für Rousseau zusammengehören); seinerseits schafft es die Ungleichheit und einen Zustand dauernder Gewalttätigkeiten. Der Gesellschaftsvertrag, der dadurch notwendig wird, begründet eine scheinbar legitime gesetzliche Ordnung, die aber wenig mehr ist als eine List der Reichen, um die Besitzverhältnisse zu sichern. Mit diesem Schritt ist im Grundsätzlichen der Zustand erreicht, den Rousseau als den zu seiner Zeit bestehenden ansieht. In der Geschichte der Vergesellschaftung und der Entstehung von Welt, wie sie der *Zweite Discours* darstellt, ist die Herausbildung des Eigentums der zentrale Moment; das Eigentum produziert den zivilisierten Menschen.

Das Eigentum ist das erste fundamentale Weltobjekt, das endgültige und unentrinnbare Medium, in dem der Mensch seinen Mitmenschen unterworfen und zu ihrem Sklaven wird, der Reiche noch mehr als der Arme (In III, S. 175). Im Vergleich zwischen dem Wilden und dem *homme sociable* bringt Rousseau auf die abschließende Formel, was für ihn die Unterwerfung unter das Eigentum bedeutet: »Le Sauvage vit en lui-même; l'homme sociable toûjours hors de lui ne sait vivre que dans l'opinion des autres, et c'est, pour ainsi dire, de leur seul jugement qu'il tire le sentiment de sa propre éxistence« (In III, S. 193).[24] Diese Sätze fassen zusammen, was Rousseau als das Grundprinzip der Beziehungen in der bürgerlichen Welt ansieht und in tausend Variationen wiederholt: Die *Existenz im Blick der anderen*[25] ist das erste Interesse der Menschen. Dieses Prinzip hat je nach der Perspektive zwei verschiedene Gesichter. Begegnen sich zwei Namen, so stellt die Struktur sie notwendig in Rivalität um Geltung, Besitz, Klugheit, Geist usw., jeder will seine Position verbessern. Die vergesellschafteten Menschen erscheinen als egoistische Interessenwesen. Wenn der Naturmensch, Rousseau z. B., auf diese Menschen schaut, wird sichtbar, daß diese Interessen nicht die wirklich eigenen Interessen der Subjekte sind, sondern ein Produkt der willkürlichen Meinung der anderen; so gesehen sind die Egoisten in Wirklichkeit ohne Selbst, den anderen völlig unterworfen.

Wenn nicht mehr die Bedürftigkeit, sondern das Interesse an den Namen die Subjekte lenkt, verwandelt sich die Welt von einem Universum von Objekten für die Bedürftigkeit und den Genuß in ein Unversum von Zeichen. Bei einem Festmahl wird nicht die Speise genossen, sondern ihre Seltenheit und ihr Preis. Der reiche Mann baut sich nicht das Haus, in dem er behaglich lebt, sondern er errichtet einen Komplex von Prestigezeichen. Nicht die Sache zählt, sondern daß sie anderen fehlt; der eigentliche Gegenstand des Genusses ist die Differenz (In III, S. 189).

Der Verwandlung der Objekte entspricht eine Verwandlung der Menschen. Das Eigentumsmedium verändert die Natur der Seele und der Leidenschaften, schafft Neigungen und Vergnügen; es produziert einen ganz und gar künstlichen Menschen (In III, S. 192).

Rousseau ist der erste, der in der medialen Funktion des Eigentums das Prinzip der Alten Welt benennen kann. Alles, was diese von sich selbst wußte, lag im Inneren dieses Prinzips. Die religiöse Weltkritik lag jenseits von ihm und baute auf ihm auf; Rousseau findet in dem Naturzustand, d. h. in der Ablehnung der Namen, einen Punkt vor der Medialität, der ihn deren Wesen durchschauen läßt. Er unterscheidet zwischen dem Subjekt (dem Naturmenschen) und den Namen; und er versteht diese als Effekte einer Struktur.

Offensichtlich ist diese Erkenntnis aber in einer grundsätzlichen Weise verzerrt. Tausch und Verpflichtung sind aus der Medialität herausgenommen. Eigentum ist für Rousseau nicht in der alten Art eine Position in einem Netz von Rechten und Pflichten, sondern die wichtigste Waffe innerhalb von Beziehungen, die im Kern Beziehungen des *alles oder nichts* sind. Ähnlich wie Crébillon reduziert Rousseau die medialen Spiele auf ihre narzißtische Dimension; er stellt sie als einen Kampf um das größte narzißtische Bild dar (In III, S. 175).[26] Die medialen Tugenden mit ihrem Kernbegriff der Ehre verwandeln sich in Werte auf einer einheitlichen Prestigeskala, es geht immer um Rivalität. Und da es ohne Verpflichtungen auch keine wirklichen Verbote gibt, sind auch die Laster Werte derselben Art (In III, S. 193).[27]

Wenn man das Gesetz des Tauschs aus der medialen Ordnung herausnimmt und damit deren Legitimität zerstört, dann kann man auch nicht mehr verstehen, wie Namen bejaht werden können. Für Rousseau ist die Unterwerfung unter die Namen immer Selbstverlust. Wir fragen immer die anderen, wer wir sind, anstatt uns selbst zu befragen – das ist der größte Vorwurf, den Rousseau der medialen Vergesellschaftung macht (In III, S. 193). Wer in der Alten Welt wissen wollte, wer er ist, hatte tatsächlich die anderen (als Vertreter des Dritten) befragt und hatte eine Antwort bekommen, die er sich mit Gründen zu eigen machen konnte. Wer sagt, ich bin Richard, König von England, bestimmt sich über das Verhältnis zu seinem Vater und seinen Nachfolgern, zu seinen Untertanen und zu den Fürsten neben ihm, also durch seine Position im Medium der Plätze. Wenn für Rousseau der Naturzustand der Ort ist, an den sich zu stellen hat, wer das Wirkliche in seiner wahren Gestalt sehen will, dann deswegen, weil einzig der Naturmensch in der gleitenden Beziehung der Bedürftigkeit zu deren Gegenständen aus der Abhängigkeit vom medialen Anderen befreit und ganz und gar er selbst ist. Damit weist er den Weg, auf dem man die Selbstgewißheit zu suchen hat – eben den Weg, der es erspart, das Selbst über die anderen zu suchen.

In diesem Punkt liest man heute Rousseau immer noch mit Rousseau. Man sieht nicht, daß er mit der alten Bestimmung des Selbst durch die Plätze zugleich auch die mediale Definition des Selbst überhaupt durch die Bejahung des Seins-für-andere aufgibt und damit das »Gattungswesen« des Menschen verleugnet. Insofern hatte Voltaire recht, als er den *Zweiten Discours* ein »neues Buch gegen die menschliche Gattung« nannte.

Die Verknüpfung der Selbstgewißheit mit der natürlichen Beziehung zu den Bedürfnisobjekten schafft offensichtlich große Schwierigkeiten. Wenn man die Selbstgewißheit mit dem Naturzustand verbindet, dann gibt es Selbst im vollem Wortsinn nur noch vor dem Eingang in die Welt: Es gibt nur Selbst ohne Welt und Welt ohne Selbst. Der Naturmensch kann nicht sagen, »ich bin«, er hat kein reflexives Verhältnis zu sich, nur das *Gefühl* seiner Existenz. Das Problem, wie die Selbstgewißheit des wirklichen, vergesellschafteten Menschen entsteht, wird in dieser Konstruktion in keiner Weise gelöst. Nur wer an die anderen nicht denkt, ist wirklich er selbst, z. B. der Träumer, der in seinen Gedanken verloren ist. Selbstgewißheit ist Selbstvergessenheit, Weltverlust; daher sind die Erfahrungen vollständiger Gegenwärtigkeit für Rousseau so wichtig gewesen, etwa der Moment der vollständigen Desorientierung nach einer Bewußtlosigkeit, die in den *Rêveries* beschrieben ist. Das sind Lösungen, die dem Naturzustand nahestehen, aber eben dadurch nicht verallgemeinerbare Lösungen. Reflexivität entsteht für Rousseau nur auf dem Umweg über den Blick der anderen und über die mediale Vergegenständlichung in den Namen. Daher gibt es zwei Wege, die zur Selbstgewißheit führen. Das Subjekt muß einen Blick finden und sich ihm ganz anvertrauen, der ihm eine Gestalt außerhalb der Namen gibt; oder es muß eine andere Rationalität der Benennung suchen als die mediale.

Beide Wege werde ich später darstellen; hier kommt es mir nicht auf die Lösungen an, die Rousseau findet; wichtig ist, daß das Problem der Selbstgewißheit, das ihn sein Leben lang begleitet, durch eine erste Verneinung bestimmt ist: In einer medialen Konfiguration kann sich das Subjekt nie finden; wenn es sich in der Begegnung mit anderen nicht verlieren will, muß es die Gewißheit seiner selbst in Beziehung auf ein Objekt schon gefunden haben. Das ist der Punkt der absoluten Evidenz. Wie man diesen neuen, amedialen Begriff des Selbst dann ausfüllt, ist eine weitere Frage; aber alle Schwierigkeiten, die dabei entstehen, berühren nicht die Sicherheit der ersten Entscheidung. In dieser Unbestimmtheit und absoluten Evidenz bleibt diese Definition des Selbst für das Denken der Aufklärung bis heute gültig und verdeckt dessen wirkliche, mediale Struktur.

Die natürliche Freiheit und der Blick der Liebe

Der Gegensatz, den Rousseau mit den Begriffen Natur und Gesellschaft bezeichnet, hat seinen Ursprung auch in Rousseaus Lebensgeschichte; ist aus der uns dunklen, aber unbezweifelbaren Entscheidung für die Ablehnung der Benennung entstanden. Natur ist nicht nur, wie im *Zweiten Discours*, ein leerer Begriff, der Standpunkt der Kritik. Rousseau hat es immer wieder gesagt: Er ist anders; wie immer man das bewerten mag, auf jeden Fall ist er einzigartig. Diese Einzigartigkeit hat ihren Grund darin, daß er dem Naturzustand näher steht[28]; die Hoffnung auf eine Position war ihm nie ein gutes Abendessen wert (M I, S. 331); er braucht die Unterwerfung unter die Namensspiele nicht mühsam aufzulösen, diese Spiele sind seinem Wesen so fremd wie dem Wilden die hektische Aktivität eines europäischen Ministers. Das zweite, konkrete und persönliche Wissen über den natürlichen Menschen hat Rousseau in den autobiographischen Schriften ausgearbeitet. Wir werden später sehen, auf welche Frage diese Arbeit antwortet; hier geht es erst einmal darum, ihre Ergebnisse dazustellen.

Für Sartre bedeutet die Ablehnung des medialen Gesetzes die ständige Konfrontation mit dem faszinierenden und Unterwerfung fordernden Blick des Dritten. Freiheit ist für ihn zuerst einmal die Möglichkeit, mit dieser Faszination zu spielen und diese Unterwerfung zu verweigern. Solche Begegnungen sind für Rousseau nur Katastrophen, denen er nichts Positives abgewinnen kann; seine »Strategie« geht darauf, den Dritten fern zu halten, einen Raum zu finden, wo dessen Macht nicht hinreicht; was er sucht, ist ein anderer Blick, der die Macht hat, zu benennen, der vor dem Dritten schützt und die natürliche Freiheit ermöglicht.

Im *Zweiten Discours* hat die natürliche Freiheit eine negative und eine positive Bedeutung. Die negative ist zusammengefaßt in dem Bild des sorglos und glücklich in den Tag hineinlebenden Wilden. Es ist die Freiheit *vor* den Imperativen, die die Bindung an die Namen erzeugt. In den Briefen an Malesherbes sagt Rousseau es ungeniert: Freiheit ist Faulheit (M I, S. 1132). Ohne diese Freiheit kann Rousseau in einem fast physischen Sinn nicht existieren. Nur in der Phase seines Tugendrausches hat er es versucht und nicht lange ausgehalten.

Aber was gibt es zu tun in diesem Raum, in den die Forderungen der Welt nicht hinreichen? Der *Zweite Discours* beschäftigt den Naturmenschen mit der Befriedigung seiner Bedürfnisse. Auch für Jean-Jacques ist es wichtig, behaglich und ungezwungen zu essen; es ist aber doch eine andere Eigenschaft des Naturzustandes, die in eine positive Bestimmung des Raums der natürlichen Freiheit führt.

Obwohl der *Zweite Discours* den Naturmenschen konsequent entmenscht und als Tier beschreibt, ist ihm doch sehr nachdrücklich eine Eigenschaft zugeschrieben, die wir gewöhnlich als menschlich ansehen, das Mitleid (In III, S. 155f.). Das Prinzip, nach dem der Naturmensch sich konstruiert, ist eben in Wirklichkeit nicht das tierische Vorbild, sondern ein negatives: Natürlich ist, was übrigbleibt, wenn alles Gesellschaftliche, d.h. alles Mediale, abgezogen ist. In dieser Logik begründet Rousseau hier auch, warum man sich den Naturmenschen mitleidig denken muß. Der *amour propre*, die Liebe zu den Namen, »wendet den Menschen auf sich selbst zurück« (In III, S. 156). Ein Wesen ohne diese Bindung wird von der »Kraft einer expansiven Seele« dazu geführt, sich mit dem anderen zu identifizieren (E IV, S. 523). Das Mitleid ist für Rousseau ein besonderer Ausdruck einer allgemeinen menschlichen Fähigkeit, die für Rousseau eine fundamentale Rolle spielt[29], die Fähigkeit und die Lust an der Identifikation.[30] Es ist diese Lust, die nichts anderes ist als die Lust am Träumen, an dem, was Rousseau seine Chimären nennt, oder auch am Lesen, die der natürlichen Freiheit ihren Inhalt gibt.

Personen, die an Namen gebunden sind, beziehen sich auf Objekte, die sie mit ihren Namen verbinden möchten. Das Subjekt vor den Namen kann sich für Objekte nicht interessieren; was es fasziniert, sind Szenen – von der Art wie die, die Sartres Voyeur durch das Schlüsselloch beobachtet –, Szenen, in denen ein Mensch für einen anderen begehrenswert wird. Da es selbst nichts ist, kann es sich in jede Szene hineinziehen lassen, immer etwas anderes und alles sein; es lebt im Reich der *imagination*. In der ersten Skizze einer Autobiographie, in den *Briefen an Malesherbes*, schildert Rousseau die Entstehung seines Charakters. Am Anfang steht wie bei Sartre die Liebe zur Literatur; mit acht Jahren kannte Rousseau Plutarch schon auswendig und hatte Ströme von Tränen über unzähligen Liebesromanen vergossen. Hier, so sagt er, entsteht jene Neigung für das Heroische und Romaneske, die ihm den Geschmack an allem verderben wird, was nicht an diese Einbildungen erinnert, die ihn immer etwas suchen läßt, was, wie er erkennen muß, nicht existiert (MI, S. 1134). Was ist es aber, was die Literatur gibt und was das Leben nie geben kann? »... il n'y eut jamais pour moi d'intermédiaire entre tout et rien«, sagt Rousseau von sich (CI, S. 332).[31] In der Welt der Medialität ist der Mensch weder alles noch nichts, sondern etwas. In dem Gegensatz zwischen dem »etwas« und dem »alles oder nichts« situiert sich die Wirkung der Literatur. »Alles für den, der alles für mich ist« – auf diese Formel kann man offensichtlich den Liebesroman bringen, aber auch die Heldenbiographien Plutarchs (jedenfalls so, wie sie auf das Kind wirken); an die Stelle von Liebhaber und Geliebter tritt der patriotische Held und das Kollektiv.

Lesen ist hier dasselbe wie Träumen.[32] In der Welt der Namen sind Träume nur Träume; für Rousseau waren sie immer der bessere Teil der Wirklichkeit. Sie haben ihm die Momente vollständigsten Glücks geschenkt und sein Leben bis in sein Alter begleitet; gleichzeitig waren sie eine Form der psychischen Hygiene, ohne die er mißgelaunt und mürrisch wurde (MI, S. 1141). Starobinski hat die Verwandtschaft von *imagination* und Naturzustand beschrieben[33]: Wie der natürliche Mensch *genügt der Träumende sich selbst*; er kümmert sich nicht um die Existenz in den Augen der anderen. Er lebt in der reinen Gegenwart; wie die Bedürfnisse im Naturzustand sind alle seine Wünsche sofort und vollständig befriedigt.

Gewöhnlich sieht man das Träumen als einen Wirklichkeitsverlust an. Für Rousseau ist aber die Wirklichkeit unlösbar gekoppelt mit dem Verlust des Selbst, der Träumer bleibt er selbst, entgeht diesem Verlust. Wenn man die (mediale) Wirklichkeit als ein künstliches und entfremdendes Konstrukt betrachtet, dann wird das Träumen zur besseren Alternative.[34] Und vor allem muß man sehen, daß der Rückzug in das Phantasieren auch eine Wirklichkeit erschließt, die von der Medialität verdeckt wird. Die Natur ist in einer medial geordneten Welt zuerst Eigentum, Bestandteil der Namen; darüber hinaus ist sie – so etwa die Gärten des Mittelalters, die barocken Parks – ein Rahmen für mediale Spiele. Für den Träumenden ist die Natur nicht nur Rahmen, sie ist Bedingung des Träumens. Wenn Jean-Jacques durch die Wälder von Montmorency wandert, dann ist es die Majestät der Bäume, die feine Zeichnung der Sträucher, die Vielfalt der Gräser, die die Szenen entstehen lassen, die sie bevölkern und die sich aus ihnen nähren (M I, S. 1140). Zwischen der Ablehnung des Medialen und dem bürgerlichen Verhältnis zur Natur besteht eine innere Beziehung, deren Wesen erst bei Proust sichtbar werden wird. Aber die »Chimären« erschließen nicht nur eine andere Natur, sie bezeichnen ein totales Wirklichkeitsverhältnis; was immer Rousseau erfaßt, im Leben und im Denken, wird durch diese Strukturen geformt. In Untersuchungen über sprechfähige autistische Kinder hat man gezeigt, daß ihre Sprache, die an der Oberfläche der normalen gleicht, durch andere generative Prinzipien erzeugt wurde als die normalerweise verwendeten. Mit Rousseau ist es, wie wir noch sehen werden, ähnlich. Auch wenn sein Denken Bilder einer vertrauten Wirklichkeit zeichnet, so sind sie doch auf einem ganz anderen Weg als dem normalen hergestellt.

Die natürliche Freiheit hat aber eine verborgene Bedingung, die in den theoretischen Texten nur anklingt, am deutlichsten in der poetischen Beschreibung des Naturzustands im *Ersten Discours*: Die unschuldigen Menschen der ersten Zeiten liebten es, die Götter zu Zeugen ihres Lebens zu haben und lebten mit ihnen unter demselben Dach; später wurden sie der unbequemen Zuschauer müde (Sc III, S. 22). Hier ist der Naturzustand ausgestattet mit einem Blick, der das Leben begleitet, aber nicht einzugreifen braucht, weil die Übereinstimmung zwischen Menschen und Göttern noch ohne Risse ist. In dem begrifflich besser artikulierten *Zweiten Discours* bleiben davon nur noch implizite Hinweise.

Die *Confessions* beschreibt zwei Perioden, in denen die Götter mit Jean-Jacques unter einem Dach leben. Das eine dieser Paradiese ist der Aufenthalt des Zwölfjährigen bei seiner Tante, Mademoiselle de Lambercier, in Bossey. Die andere Gottheit ist Madame de Warens, eine junge von ihrem Mann getrennte Adlige, die den aus der Lehrstelle entlaufenen Jungen aufnimmt, für ihn sorgt, ihn zu seinem Leidwesen zum Geliebten nimmt und schließlich ersetzt.

In berühmten und viel interpretierten Sätzen beschreibt Rousseau den Untergang des Paradieses von Bossey. Auf die Gründe des Untergangs werden wir noch zu sprechen kommen; hier interessiert uns, was der Verlust über das Verlorene sagt:

> »L'attachement, le respect, l'intimité, la confiance, ne lioient plus les élèves à leurs guides; nous ne les regardions plus comme des Dieux qui lisoient dans nos cœurs: nous étions moins honteux de mal faire, et plus craintifs d'être accusés: nous commencions à nous cacher, à nous mutiner, à mentir. Tous les vices de nôtre âge corrompoient nôtre innocence et enlaidissoient nos jeux. La campagne même perdit à nos yeux cet attrait de douceur et de simplicité qui va au cœur. Elle nous sembloit deserte et sombre; elle s'étoit comme couverte d'un voile qui nous en cachoit les beautés. Nous cessames de cultiver nos petits jardins, nos herbes, nos fleurs. Nous n'allions plus grater légerement la terre et crier de joye en découvrant le germe du grain que nous avions semé. Nous nous dégoutames de cette vie; on se dégouta de nous« (CI, S.21).[35]

Die Fähigkeit der Kinder, in allem und jedem eine Möglichkeit von sich selbst wiederzufinden und damit zu spielen, ist eine der alltäglichen Realisierungen der natürlichen Freiheit. Der Text zeigt, daß hinter dieser Freiheit ein Blick liegt, der sie trägt; zieht er sich zurück, entleeren sich die Natur und die Spiele.[36] Der Blick ist etwas von der Art einer inneren Gewißheit, die nur – aber das unbedingt – von Zeit zu Zeit bestätigt werden muß. Auch bei seinen Freunden braucht Rousseau nicht die reale Gegenwart, es genügt ihm zu wissen, daß sie ihn lieben (MI, S. 1144f.). Bei Madame de Warens ist es nicht anders. Kaum hat er sie kennengelernt, reist er mit dem größten Vergnügen ab; er betrachtet sich »als immer noch unter ihrer Leitung lebend; das war mehr als in ihrer Nähe zu leben« (CI, S. 54). Der Blick schafft eine Welt eigener Art, mit einer bestimmten Farbigkeit, mit bestimmten Interessen, Tätigkeiten, Freuden. Was im vorgehenden Text in einigen Sätzen zusammengefaßt ist, beschreiben die *Confessions* später ausführlich, die Eigenart und die Farbe der Welt, die von der Gegenwart seiner *maman* (wie er Madame de Warens nannte) lebt. Der zauberhafteste dieser Momente des Glücks ist die Fußreise durch die Alpen von Annecy nach Turin.

Jean-Jacques fühlt sich als »das Werk, der Schüler, der Freund, beinah der Geliebte der Madame de Warens« (C I, S. 58). Das erlaubt ihm, als Hannibal die Alpen zu überqueren, die Wälder mit ländlichen Festen zu bevölkern, wo er Mädchen in heimlichen Rendezvous trifft, die Schneeberge in Bottiche voller Milch und Sahne zu verwandeln, die ihn zum Bade einladen. In den *Rêveries* wird Rousseau eine Geschichte seiner Liebe zur Natur unter dem Gesichtspunkt geben, wie diese Liebe abhängig war von dem Blick, der ihn in den verschiedenen Phasen seines Lebens beherrschte.

In dem Versuch zu erfassen, was das Besondere an seiner Beziehung zu Madame de Warens ist, beschreibt Rousseau die Offenbarung einer Schicht des Selbst, die im Gegensatz zu allen Formen des sozialen – und auch des tugendhaften Selbst – nicht hintergehbar ist. ». . . cette possession mutuelle et peut-être unique parmi les humains, qui n'étoit point, comme je l'ai dit, celle de l'amour; mais une possession plus essencielle qui, sans tenir aux sens, au sexe, à l'age, à la figure tenoit à tout ce par quoi l'on est soi, et qu'on ne peut perdre qu'en cessant d'être« (C I, S. 222).[37] In der Beziehung[38] entsteht ein Selbst, das auch ein Sein-für-andere ist; wenn man diese Gestalt, die Rousseau als seine innerste empfindet, verstehen will, muß man sie mit den Gestalten vergleichen, die der Tausch erzeugt.

Der Tausch hat eine gewaltige Semantik; wie einen Schnittbogen legt er das Medium auf das lebende Wesen und schneidet aus; er schätzt das eine, lehnt das andere ab, ignoriert vieles. Daher hat man mit Recht gesagt, daß die Phasen, wo der Blick des Dritten in das Subjekt einschneidet – ödipale Phase und Ausgang der Pubertät –, Phasen der Einschränkung, der Verdummung sind. Zwischen der »maman« und ihren »petit« steht kein Medium; sie kennen sich ohne Worte; und wenn sie reden, ist das ein unausgesetztes Geplauder, das in seinem plätschernden Gleiten alles sagen kann und keine Bedeutung vor der anderen auszeichnet (C I, S. 107).

In dem Geplauder entsteht eine Gestalt. Wie in der Welt des Tauschs, wird das Subjekt in ein gesehenes, anerkanntes verwandelt; aber die Verwandlung ist leicht und schmerzlos; es ist es selbst in seiner ganzen Vollständigkeit, was das Subjekt als sichtbar Gewordenes, als Gestalt für andere, und damit auch für sich, zurückerhält.

Der Blick benennt; er gibt allen Dingen eine zweite, immer die gleiche, nie erschöpfte Bedeutung: Sie sind etwas, das man in dem unausgesetzten Geplauder erzählen kann, Medium für einen Austausch der Liebe. Und auch wenn das Subjekt in dem, was es sieht, ganz aufzugehen und sich von der Gottheit zu entfernen scheint, so kann es das doch nur, weil es weiß, daß alles erzählbar bleibt, ohne die Liebe zu gefährden. Die Bedeutungen sind auch moralische, es geht um gut und schlecht; Madame de Lambercier ist eine Lehrerin, die tadelt und straft. Aber es gibt keine Schuld, die das Selbst festhält; Fehler, Geständnis und Strafe sind auch nur Teil der dauernden Bewegung der Liebe.[39]

Bisher hat sich uns die Beziehung zwischen der natürlichen Freiheit und den Göttern, die in den Herzen lesen, als eine Beziehung zu zweit dargestellt, als jene *Durchsichtigkeit*, die Starobinski in den Mittelpunkt seiner Rousseau-Interpretation gestellt hat.[40] Das ist auch das Bild, in dem Rousseau sich selbst gern wiedererkennt; wenn man aber etwas mißtrauischer schaut, zeigt sich, daß in dem Verhältnis zu zweit immer mehr oder weniger deutlich ein dritter Term anwesend ist. Nur von diesem Term her versteht man die Dynamik der Beziehung, die sie vom Glück in der Jugend zum Schrecken im Alter umschlagen läßt. Es ist nicht unwichtig, daß Madame de Warens eine vermögende und einflußreiche Dame ist, daß sie sich um die Zukunft Jean-Jacques' Sorgen macht, daß sie ihm also auf einem Seitenweg, ohne daß er den Preis dafür zahlen müßte, einen Zugang zu der wirklichen Welt, jenseits der natürlichen Freiheit, öffnet.

Wenn Rousseau davon spricht, was er unter Freundschaft versteht (und worin er jedesmal enttäuscht wird), so verwendet er immer einen absoluten Gegensatz: Die Freundschaft ist das Verhältnis der Herzen: »On suit son cœur et tout est fait« (M I, 1132).[41] Die falsche Freundschaft dagegen liegt in der Welt der Plätze: Sie kennt Pflichten (M I, S. 1132); an die Stelle des Gefühls setzt sie »des soins et des services que le public voyoit et dont je n'avois que faire« (M I, S. 1145).[42] Man kann es nicht klarer ausdrücken. Was die anderen unter Freundschaft verstehen, liegt in der Beziehung des Austausches der Dienste und installiert den Blick des Dritten (le public). Wenn man sich allerdings anschaut, welche Art Freunde Rousseau sich aussuchte, so entstehen Zweifel, ob die Trennung der Welt der Plätze und der Beziehung der Herzen so eindeutig war, wie Rousseau es sagt. Seine engsten Freunde, Diderot und vor allem Grimm, waren keineswegs jene »guten und einfachen Seelen« (D I, S. 819), von denen Rousseau sagt, daß er sie sich eigentlich gewünscht hätte; sie haben sich konsequent und zielbewußt zentrale Positionen in dem sehr kämpferischen Pariser Literaturbetrieb geschaffen.[43] Wenn man diesen Sachverhalt bedenkt, muß man sagen: Die Freundschaft ist für Rousseau eine Sonderbeziehung – ohne Pflichten, ohne Dritten, eine Beziehung nur der Gefühle – von einem Außenstehenden zu einem Mann, der in der Welt der Plätze eine Position hat; es ist eine Art Seiteneingang in diese Welt.

Am Anfang der *Confessions*, in der Distanz zu sich als Kind, kann Rousseau die skizzierte Struktur, die bei der Darstellung der Freundschaften verdeckt blieb, explizit darstellen, in der Beschreibung seiner ersten Liebe (C I, S. 26ff.). Den Rahmen bildet eine Gesellschaft, in der der Vater verkehrt. Mademoiselle de Vulson, ein junges Mädchen, offenbar im Mittelpunkt des kleinen Kreises, erwählt Jean-Jacques zu ihrem Verehrer; Rousseau erläutert die Situation: »Man fühlt, was das ist, ein Verehrer von elf für ein Mädchen von zweiundzwanzig. Aber die schelmischen Dinger haben Spaß daran, kleine Puppen nach vorne zu schieben, um die großen zu verbergen oder um sie in Versuchung zu führen, durch das Bild eines Spiels, dem sie Anziehungskraft zu verleihen verstehen« (C I, S. 2f.). Der jungen Dame fehlt offenbar die Bewunderung eines bestimmten Mannes. Jean-Jacques ist jemand, dem man sagen kann, bewundere mich, dafür werde ich dich streicheln; er tut es gern und ist auch geschickt dabei. Das Spiel glückt, und die Dame wird zu einem faszinierenden Bild für den anderen, der vorher nichts in ihr gesehen hatte. Es geht um ein Image-Management. Jean-Jacques ist derjenige, der durch seine Bewunderung einer Frau, der ein Bild fehlt, eines schenkt. Was hat er davon? Eine Verwandlung wie durch einen Zauber. *Mit einem Schlag* hat er alles, was ein kleiner Junge begehren kann, der sich für andere Kinder nicht interessiert; er ist der Liebling einer schönen jungen Frau und, was noch wichtiger ist, was in seinen Tagträumen wie in seinen Romanen wiederkehrt, er ist der Mittelpunkt einer Gesellschaft, er ist etwas für alle. Für diesen Zauber zahlt er damit, daß er bald entdecken muß, daß er in Wirklichkeit nichts war, eine kleine Puppe, die eine große verdeckt.

Die Struktur ist einfach: das Subjekt, das nichts hat, ein Kind in einer Salongesellschaft, eigentlich ausgeschlossen; eine Frau, die (vom Kind aus gesehen) alles hat; sie ist die Herrin dieser Welt, und sie beschenkt das Kind mit ihrer Position. Zwischen ihnen eine Beziehung, die Rousseau Liebe nennt, an dieser Stelle allerdings mit einer gewissen Ironie. Und ein Hintergrund von Verrat: Der Besitzlose ist nur Mittel, die eigentliche Liebe der Herrin geht zu einem anderen, und vor allem auch zu einem andersartigen, zu jemandem, der im Sinn des Mediums zählt. Wo es irgend möglich ist, reproduziert Rousseau diese Struktur. Wenn er in untergeordneter Stellung in ein reiches Haus kommt, ist es, wie er selbst bemerkt, fast unvermeidlich, daß er sich in die Hausherrin, Mutter oder Tochter, verliebt.

Das ist eine heitere Variante der Konstellation; in den Freundschaften und dramatischen Brüchen der späteren Jahre, in Rousseaus Verfolgungswahn werden wir ihre schreckliche Seite kennenlernen. Sie ordnet auch die Beziehung zum Vater: Jean-Jacques ist für den Vater das Einundalles, aber als Ersatz für die Mutter, die bei der Geburt gestorben ist. Oder er ist das Wunderkind, das der Vater in der Gesellschaft vorführt, aber als der Sohn dann ausreißt, mit 16 Jahren, was so etwas wie den sozialen Tod bedeutet, macht der Vater nur schwächliche Versuche, ihn wiederzufinden; er ist anscheinend nicht unzufrieden, daß er nun die Verfügung über das Vermögen der verstorbenen Mutter hat. Da es sich um den Vater handelt, bekommt die Konstellation hier einen enger bestimmten Sinn. Jean-Jacques (das einzig verbliebene Kind[44]) ist in keiner Weise, was ein Sohn in dieser Zeit in erster Linie für den Vater ist: der Erbe und Nachfolger. Wenn Jean-Jacques sich nur dem Blick der Liebe und nicht dem medialen Gesetz unterwerfen kann, dann mag das daran liegen, daß sein Vater es vorgezogen hat, seinen Sohn zu »lieben« statt seinen Namen an ihn weiterzugeben.[45]

Die Begegnung mit dem Medium I: Der zerbrochene Kamm

In der Geschichte der identifizierenden Bahnen Rousseaus sind die Paradiese der »Liebe« der eine Pol; auf der anderen Seite liegen die Begegnungen mit dem medialen Gesetz. Die erste dieser bösen Begegnungen in den *Confessions* ist die Geschichte vom zerbrochenen Kamm, die Starobinski zum Ausgangspunkt seines Buches macht. Es ist eine erbauliche Geschichte: Ein Kamm ist zerbrochen; alle Indizien weisen auf den kleinen Jean-Jacques, der aber unschuldig ist und beharrlich leugnet. In der calvinistischen Pastorenfamilie ist die Entrüstung über das Leugnen noch größer als über die Tat. Der Onkel und Vormund wird herbeizitiert und versucht, mit wiederholten Züchtigungen den diabolischen Starrsinn des Kindes zu brechen. Vergeblich: Jean-Jacques geht aus der Probe in Stücken, aber triumphierend hervor. Die Geschichte weist voraus auf den Rousseau, den die Revolution feiern wird, auf die großen Sätze gegen die Macht, die sich das Recht anmaßt. Der Zusammenhang weist aber dahinter auf eine zweite wesentlichere Dimension: die Götter, die in den Herzen lasen, sind jetzt entthront, das Einverständnis der »Liebe« ist zusammengebrochen; Jean-Jacques wird aufsässig, lügnerisch und unzufrieden. Man ist froh, daß man ihn wegschicken kann; und er geht gern.

Was hat aber das Reich der Transparenz zum Einsturz gebracht? Ist es wirklich nur ein Zufall gewesen? Rousseau ist, wie meistens, sehr genau. Es handelt sich um die in Wirklichkeit gar nicht zufällige Einführung eines neuen Mediums und eines Dritten. Am Anfang steht die Sexualität. Vor der Episode mit dem zerbrochenen Kamm wird von einer Bestrafung anderer Art berichtet: von der Lust, die Jean-Jacques empfindet, als er von seiner Ziehmutter geschlagen wird. Vorher hat Jean-Jacques in ihrem Zimmer und manchmal in ihrem Bett geschlafen. Sicher hat es da allerlei (nach unserem Begriff) sexuelle Erregung gegeben. Aber jetzt wird die Lust sichtbar; das Zeichen ist aufgetaucht, das im Code registriert ist.

Wir haben gesehen, daß im Tausch die Sexualität ein Medium ist, das in der Beziehung der Plätze eine fundamentale Rolle spielt; von diesem Medium wird Jean-Jacques jetzt erfaßt. Der kleine Junge wird ein großer Junge; er hat die »Unschuld« (d. h. die Schuldunfähigkeit) verloren und hat das Reich, in dem die Frauen herrschen, verlassen. Wo Mlle Lambercier früher die Autorität war, die die Regeln setzte, ist jetzt die Autorität des Dritten zwischen sie getreten. Hätte es sich noch um das Vergehen des Kindes gehandelt, hätte sie es sicher selbst bestraft; und man kann denken, daß das Auge der »Liebe«, das ja nicht eine Erfindung Rousseaus ist, mehr auf das geschaut hätte, was das Gesicht und die Stimme des Kindes sagen, als auf die Indizien. Jetzt ist sie gegenüber dem Dritten zurückgetreten, traut dem Auge der »Liebe« nicht mehr und holt den Vormund. Es beginnt die Herrschaft dieses tatsächlich »Unmenschlichen«, des von einer Sache, vom Medium der Indizien produzierten Blicks, der die Augen des als »Mensch« vielleicht gutmütigen Onkels Bernard lenkt. Der Kontext legt nahe, was später unzählige »Wiederholungen« beweisen: Der unbeugsame Widerstand des Kindes richtet sich nicht so sehr gegen die Ungerechtigkeit, sondern gegen diesen Blick, d. h. gegen das Prinzip der Gerechtigkeit, sofern sie fundamental an ein Medium gebunden ist, den Menschen durch seine Taten festlegt. Wenn Rousseau diese Szene zu einer Schlüsselszene macht und in ihr eine Hauptlinie seines Lebens angelegt sieht, so weil in ihr diese Empörung gleichzeitig dargestellt und verdeckt ist. Gegenüber der Grausamkeit des Medienblicks schwankt Rousseau zwischen zwei Strategien: oft verweist er auf den sanften und tiefer sehenden Blick der »Liebe«; aber er hat auch eine Strategie der Überbietung: Er beweist die Ungerechtigkeit der Macht, die sich als gerecht ausgibt, zeigt, daß er der eigentlich Gerechte ist. Aber im Herzen dieser Überbietung findet man immer die Überzeugung Rousseaus, daß er nicht nur in einem Einzelfall recht hat, sondern daß er ein höheres Prinzip der Gerechtigkeit verkörpert.

Die Begegnung mit dem Medium II: Arbeit und Karriere

Die Geschichte des zerbrochenen Kamms ist eine Anekdote, die fundamentale Begegnung mit der Medialität ist der Eintritt in den Bereich der Arbeit. Jean-Jacques, der Sohn des Uhrmachers, wird Lehrling bei einem Uhrengraveur. Der Effekt dieser Begegnung, wie ihn die *Confessions* beschreiben, ist wieder einmal eine vollständige Verwandlung:

> »Mon maitre appellé M. Ducommun étoit un jeune homme rustre et violent, qui vint à bout en très peu de tems de ternir tout l'éclat de mon enfance, d'abrutir mon caractere aimant et vif, et de me réduire par l'esprit ainsi que par la fortune à mon veritable état d'apprentif. Mon latin, mes antiquités, mon histoire, tout fut pour longtems oublié: je ne me souvenois pas même qu'il eut eu des Romains au monde. Mon pére, quand je l'allois voir, ne trouvoit plus en moi son idole; je n'étois plus pour les dames le galant Jean-Jaques, et je sentois si bien moi-même que M. et Mlle Lambercier n'auroient plus reconnu en moi leur élève, que j'eus honte de me répresenter à eux, et ne les ai plus revus depuis lors. Les gouts les plus vils, la plus basse polissonnerie succéderent à mes aimables amusemens, sans m'en laisser même la moindre idée.« (C I, S. 30)[46]

Diese Begegnung bedeutet den Verlust der Götter, die ihm seine Gestalten geschenkt hatten, und den Zusammenbruch einer Welt, von der nicht einmal mehr die Erinnerung bleibt. Er ist nicht mehr das Idol für den Vater, für die Damen der galante kleine Jean-Jacques, für Mme Lambercier der Schüler, bei dem das Unterrichten Spaß machte; er ist nur noch, was er für den Lehrherrn ist, reduziert auf seinen »wirklichen Stand«, den eines Lehrlings.

Die *Confessions* beschreiben den Grund dieser Verwandlung mit Rousseaus üblicher Genauigkeit in einer Anekdote, die das Verhalten seines Vaters gegen das des Lehrherren stellt. Der kleine Jean-Jacques ist von seinem Vater bestraft worden und muß bei einer Abendgesellschaft ohne Essen ins Bett. Traurig sagt er den Gästen gute Nacht und als letztem auch dem Braten, der sich knusprig am Spieß dreht. Dieses »Adieu roti« läßt die Gäste und den Vater hell auflachen, und er darf aufbleiben (C I, S. 32).[47] Rousseau verwendet die Anekdote, um das andere Leben bei seinem Lehrherrn zu beschreiben: dieser Ausgang wäre hier undenkbar gewesen. Im Gegensatz zu seinem Vater ist der Lehrherr nicht verführbar, er sieht nur den Namen mit seinen Rechten und Pflichten und die Art, wie diese erfüllt werden.[48] Diesen Blick kann Jean-Jacques nicht ertragen. Er versucht, doch noch irgendwie eine privilegierte Beziehung herzustellen; z. B. indem er in die abgeschlossene Spezialwerkstatt des Lehrherrn eindringt und mit dem verbotenen Werkzeug den Meister spielt. Schließlich findet er, was er seinen Stand nennt, nämlich den Stand des klauenden Lehrlings: er stiehlt und wird bestraft und stiehlt wieder. Statt des Musterschülers ist er der dauernd Geprügelte. Eine Beziehung außerhalb des Mediums hat er immerhin herzustellen gewußt. Aber befriedigend ist das nicht; er flüchtet sich in eine gierige, sein ganzes Interesse absorbierende Lektüre; am Ende läuft er aus einem nichtigen Anlaß davon.

Wenn man von außen auf diese Episode schaut, dann fällt vor allem auf, daß diesem jungen Mann jeder »Sinn für die Realität« fehlt. Er weiß nicht, was er will, nicht einmal, was er nicht will; die Stelle wird ihm von der Familie besorgt, und er nimmt diese Wahl passiv hin; nimmt man das Stehlen als eine Form des Widerstands, so ist es ein extrem unartikulierter Widerstand. Der Gedanke, seine Stelle mit anderen zu vergleichen, das Verhalten seines Meisters an objektiven Maßstäben zu messen, taucht überhaupt nicht auf. Offenbar versteht Jean-Jacques überhaupt nicht, was es bedeutet, ein Lehrling zu sein, daß das ein Weg zu einer Position ist und daß eine Position einen Namen gibt.

Man wird vielleicht sagen: Er war zu jung für die Moral der Plätze, der Übergang war zu hart, der Meister zu gefühllos. Aber auch im späteren Alter werden die Dinge nach dem gleichen Muster ablaufen. In der Phase seines Lebens, wo er am meisten verloren ist, in Turin, ist

Jean-Jacques bei einer hocharistokratischen Familie als Lakai angestellt. Seine Herren sehen die Fähigkeiten des jungen Mannes, kümmern sich um ihn und bieten ihm schließlich die ehrenvolle Stelle eines Privatsekretärs an. Die Zukunft, die sich ihm anbietet, ist für ihn gänzlich leer: »... ne voyant point de femme à tout cela, cette manière de parvenir me paraissoit lente, pénible et triste« (C I, S. 98).[49] Die Frau steht für Rousseau an der falschen Stelle. Die Frau, die er vermißt, ist nicht die, die zu gewinnen wäre – wofür gerade man die Namen braucht –, sondern die, die immer schon da ist und deren Blick ihn umfaßt. Damit fehlt auch Jean-Jacques von den Kompetenzen, die die Gesellschaft von ihren Mitgliedern erwartet, die fundamentale: er weiß nicht, was eine Position, was ein Name ist.

Die Begegnung mit dem Medium III: Der begehrende Blick

»J'avois une tendre mère, ... mais il me falloit une maitresse« (C I, S. 219).[50] Wenn sie den Blick der Liebe vertreten, sind die Frauen »Mütter«; der Besitz einer Geliebten verlangt den Besitz eines Namens. Der Wunsch nach einer Frau ist ein anderer Weg, der Jean-Jacques den Forderungen des Medialen begegnen läßt.

Jeder Wunsch hat diesen Effekt. Die *Confessions* beschreiben die Schwierigkeiten, die der junge Jean-Jacques damit hat, sich eine Süßigkeit zu kaufen. Im Gegensatz zu dem Bedürfnis, das seit Rousseau so etwas wie ein Naturrecht auf Befriedigung hat, muß sich der Wunsch auf ein Recht stützen und verlangt Anerkennung. Wir finden hier Sartres Urszene in Miniaturformat: Gierig steht Jean-Jacques vor der Auslage: er begehrt, obwohl er kein Recht hat; überall fühlt er sich ausgelacht, angeschaut; die Begierde wächst mit der Scham, schließlich geht er heim wie ein Idiot, mit dem Geld in der Tasche (C I, S. 37). Das Geld (sosehr es als Medium des Warentauschs schon »neutralisiert« ist) bleibt doch ein Medium der Namen. Wer den Blick abwehrt, der ihn mit dem Medium identifiziert, muß sich immer als unrechtmäßiger Besitzer fühlen: »Je sens si bien que l'argent n'est pas à mon usage, que je suis presque honteux d'en avoir« (C I, S. 38).[51]

Da er nichts rechtmäßig bekommen kann, stiehlt Rousseau lieber. Das produziert natürlich Peinlichkeiten. Aber im ganzen ist Rousseau doch offensichtlich stolz auf diese Eigentümlichkeit. Und in seinem

Sinn mit Recht; nichts beweist klarer als solche Szenen, daß er tatsächlich ein Naturwesen, ein Mensch vor dem Tausch ist.

Wenn der Zugang zu einer Süßigkeit schon so schwierig ist, dann kann man sich denken, wie verwickelt der Umgang mit Frauen ist, mit Wunschobjekten, die selbst mit Augen ausgestattet sind. Das Problem ist dasselbe: Wie kann begehren, wer das Recht zu begehren nicht hat? Die Sexualität ist im 18. Jahrhundert noch ein hartes, voll codifiziertes Medium. Wer Wünsche ausspricht, wird gefragt, auf welches Recht diese Wünsche sich gründen. Aber es gibt doch schon Begegnungen, bevor der Code zugreift. In diesem Vorfeld hat Rousseau eine neue Form »unschuldiger« Erotik entdeckt, die die bürgerliche Literatur ausbauen wird. Die *Confessions* enthalten einige zauberhaft atmosphärische Episoden dieser Art. Sein Leben lang wird sich Rousseau an einen Tag erinnern, den er mit zwei Mädchen bei einem improvisierten Ausflug verbracht hat. Die Wünsche sind da, gefühlt und gern hingenommen, aber nichts ist benannt. Und erst das Benennen provoziert den Blick des Dritten. Der Blick der Mädchen, die auch (aus anderen Gründen als Jean-Jacques) das Benennen scheuen, ist ungefährlich; er schenkt dem jungen Mann ein Bild seiner selbst, das ganz vergänglich ist, außerhalb der Sphäre des Vergleichs liegt, sich nur auf die tatsächliche Anwesenheit von zwei Augenpaaren stützt. Das ist die einzige wirklich befriedigende Form der Geschlechterbeziehung, die Rousseau kennengelernt hat.

Ein einziges Mal hat ein Zufall Rousseau für einen Moment näher an die brennende Zone geführt, wo das Begehren dem Medium nicht mehr ausweichen kann. Er kommt in ein Zimmer und sieht die junge Frau, in die er verliebt ist, am Fenster sitzen und sticken. Da er weiß, daß sie ihn nicht sehen kann, läßt er Gesicht und Gesten ungehindert sprechen. Aber da ist ein Spiegel; die Frau hat ihn gesehen; mit einem freundlichen Blick und ohne Worte zeigt sie ihm ein Kissen zu ihren Füßen. Das ist das nächste an Berührung, was möglich ist: das Begehren ist gesehen, obwohl es nicht gezeigt worden war; die Frau vermeidet die Worte; es gibt weder Berührung noch Küsse, nichts, was zum Liebescode gehört und den Blick des Dritten notwendig evoziert hätte.[52] In der Geschichte der Liebesliteratur ist das etwas ganz Neues. Früher hatten Liebesbegegnungen immer einen irgendwie offiziellen Charakter; hier sind es wirklich nur zwei, die sich treffen, zwei, die sich in der Absicht einig sind, den Dritten fernzuhalten.

Die *Confessions* berichten über eine einzige sexuelle Begegnung, in der die Grenze überschritten ist; in ihr, sagt der Autor ohne weitere Erklärung, aber mit gutem Grund, wird der Leser den ganzen Jean-Jacques Rousseau kennenlernen. In Venedig macht ein Kapitän, dem Rousseau als Gesandtschaftssekretär einen großen Dienst erwiesen hat, ihm zum Dank die Gunst einer sehr schönen, jungen und anmutigen Kurtisane zum Geschenk, die Rousseau außerdem den Eindruck zu vermitteln versteht, er gefalle ihr wirklich. Er besucht sie zu Hause, nach einigen glücklichen Minuten fühlt er eine eisige Kälte und fängt an zu weinen wie ein Kind. Der Grund seines Unglücks ist eine Art Zwangsidee: Zulietta erscheint ihm so schön und anziehend, daß die Großen dieser Welt ihr zu Füßen liegen müßten; es ist unbegreiflich, daß sie sich ihm, der in ihren Augen nichts ist, hingibt. Es bleibt nur die Erklärung: Es muß ein geheimer Makel an ihr sein. Schließlich entdeckt er eine kleine Deformität an ihrer Brust. In seiner Phantasie verwandelt sich das Mädchen in ein Ungeheuer, zum Abschaum der Menschheit; er kann seine Gefühle nicht mehr verbergen, so daß Zulietta ihn schließlich verärgert verabschiedet: »Laß die Frauen und studier die Mathematik.« Wenn Rousseau eine Verpflichtung nicht ertragen kann, nicht weiß, was ein Lehrherr von ihm erwartet, nicht sein kann, was eine Frau in ihm sieht, ist es ein und dieselbe Sache. Der »eigentliche« Mensch ist unsichtbar, »...le mérite qu'elle ne peut connoitre doit être nul à ses yeux« (C I, S. 321).[53] Das Begehren sieht das Sichtbare und bringt den Vergleich mit sich. Wenn man die Bindung an das Medium verweigert, in dem sich die Sichtbarkeit herstellt, ist das Interesse der Frau »quelque chose d'inconcevable«. Jedes Begehren wiederholt die Szene der Beschämung.

In einem anderen Zusammenhang bringt Starobinski die Struktur, die Rousseau in seinem Verhalten realisiert, auf eine schöne Formel: »Le monde devient intolérable quand le désir, l'objet et le témoin se rencontrent.«[54] Er stellt sich die Frage, woher der unerträgliche Blick kommt, den Rousseau so oft auf sich liegen fühlt. Die Antwort ist ein historischer Verweis: Man kann nicht im Genf des 18. Jahrhunderts aufgewachsen sein, ohne das allwissende und prüfende Auge des calvinistischen Gottes in sich aufzunehmen.

Für Starobinski ist es selbstverständlich, daß das, woran das Begehren sich stößt, ein Verbot sein muß. Er verfeinert dieses Schema: Das Verbot erfaßt nicht erst das Begehren, sondern den ersten Impuls seines

Erscheinens, so daß das Begehren gelähmt ist, noch bevor es sein Objekt findet.[55] An der Zulietta-Episode wird sehr deutlich, daß ein solches Schema das Verständnis versperrt. Hier weiß Rousseau in einer ganz klaren und ungehemmten Weise, was er will. Er trifft auch nicht auf ein Verbot; das angsterzeugende inconcevable liegt einzig in der Frage, was ihn für eine schöne Frau begehrenswert macht. Es geht nicht um Verbote, sondern um Scham, dieses für Rousseau so fundamentale Gefühl.

Im Register des Begehrenswerten und der Scham (d. h. des Gefühls, nichts für andere zu sein) greift die Polarität von Verbot und Wunsch nicht. Es ist nicht das Auge eines religiösen Über-Ich, das Rousseau lähmt, der Blick kommt von der Frau, die begehrt werden und begehren will.

Wir wissen, unter welchen Bedingungen Rousseau einen Blick auf sich zuläßt. Er darf ihn auf nichts Vergleichbares, auf kein Medium zurückführen wollen; alles, was als Hindernis, als Medialität notwendig doch auftaucht, muß immer in eine interne Verständigung, in eine Einfühlung, d. h. ein Spiel, wo der andere sich an die Stelle des Subjekts setzt, wieder zurückgenommen werden. Und vor allem, der Träger des Blicks – das sagen auch die Metaphern des Göttlichen – darf selbst nicht in den Vergleich mit den anderen hereingezogen werden, der Blick wirkt nicht mehr als Schutz und akzeptable Festlegung, wenn der Träger wie ein normaler Mensch als von anderen gesehen erscheint. Nie hat Rousseau akzeptiert, von anderen Augen gesehen zu werden als von diesen; wo immer er sich darstellt, ist er ohne Partei, ohne Verbindungen, ohne Beschützer, ohne Besitz, wie Saint-Preux: »sans famille, sans patrie« – in der Dimension des Vergleichbaren ist er nichts, und gerade als dies Nichts will er geliebt werden. In diesem Register hat die Sexualität keinen Platz; normalerweise hätte Rousseau auch sich in dem wegen seiner Frivolität berühmten Venedig damit begnügt, »de donner le change à mes besoins« (C I, S. 316)[56], wenn nicht ein dankbarer Kapitän seinem pflichtbewußten Wohltäter hätte auf die Sprünge helfen wollen. Aber, sei es als Ehe, als halboffizielles Verhältnis oder als Prostitution, die Sexualität ist immer Medium; mit Zulietta ist auch der Blick da, der die alltägliche Realität trägt. Ihre in der Erzählung mit Vergnügen und ausführlich ausgebreiteten Vorzüge sind solche, die jeder Mann von Geschmack schätzt; es sind keine dem Vergleich entzogenen Vorzüge der Seele – wie die der Julie in der *Nouvelle Héloïse* oder der Sophie im *Émile*. Wenn Rousseau sich als Zuliettas Liebhaber sieht, muß er sich in Vergleich setzen. Er sieht die Großen dieser Erde als die Kavaliere, die nach den Regeln der Welt einer so zauberhaften Frau zukommen. Und sich selbst sieht er vor diesem Vergleich als einen, der nichts hat: nul à ses yeux. Seine übliche Technik, einen solchen Blick zu bekämpfen oder zu entwerten, kann Rousseau hier nicht anwenden; und so trifft ihn der Blick, für den er nichts ist und nie etwas sein wollte, so unvorbereitet, daß ihm eisig kalt und übel wird.

Das Begehren verwandelt sich in Ekel, die Schönheit in Monstrosität. Im ganzen Werk Rousseaus finden wir immer wieder sehr nachdrücklich die Verbindung des Sexuellen mit dem Ekelhaften. Das erste Bild des Sexualakts, das die *Confessions* evozieren, ist das von Paaren, die in Erdhöhlen am Wegrand wie Hunde kopulieren (C I, S. 16). Das Bild enthält die Dialektik der Blicke in der Umkehrung. Menschen, die sich wie Hunde paaren, sehen offenbar jeder im anderen, was das Begehren reizt. Aber der Blick von außen sieht von diesem Begehrenswerten nichts. Das bekümmert die Kopulierenden nicht, und deswegen ist das Paar tierisch, blicklos. Menschen dagegen begehren sexuell dasselbe, was von außen, aus der Ferne und ohne sexuelle Anregung begehrenswert ist. Der sexuelle Reiz, in seiner jeweiligen kulturellen Definition, ist vom direkt Sexuellen gelöst und begehrenswert für den Dritten. Man weiß, wie gerade die Kunst des 18. Jahrhunderts diesen begehrenden Blick auf die Geschlechterbeziehung gerichtet und diese gefeiert hat.

Das ist das Problem. Es genügt nicht, daß zwei sich gefallen, sie müssen auch dem Dritten gefallen. Und da Rousseau weiß, daß er im Sinne jeder und auch der sexuellen Medialität »nichts« ist, und da er auch nicht kopulieren kann wie ein Tier, dringt der Ekel in die erotische Situation ein und tötet sie.

Wenn Rousseau gegenüber einer Frau, wie er an einer anderen Stelle sagt, nie »er selbst« sein kann (C I, S. 252), so nicht, weil da ein Blick zuviel wäre, der ihn störte, es ist ein Blick zuwenig: er hat den Blick nicht übernommen, der ihm ein Selbst geben würde; nur deswegen begegnet er in dem anderen dem Auge, das ihn beschämt.[57]

Wenn wir Rousseaus Wege so ausführlich nachzeichnen, so auch deswegen, weil in der Hohlform seiner mißglückten Begegnungen ein selten klares Abbild der Welt entsteht, gegen die Rousseau kämpft. In dem Kapitel über Lévi-Strauss haben wir in einer sehr konstruierten Form versucht darzustellen, daß der Tausch eine in sich zusammenhängende Weltkonfiguration produziert, die uns durch Nähe und Ferne gleichermaßen entrückt ist. Die Konstellation von festen Wunschobjekten, von Identifizierungen, Plätzen, dem Blick des Dritten, der Sexualität, die dort mehr konstruiert als am Material entwickelt war, finden wir bei Rousseau im Negativ auf der Ebene der autobiographisch verarbeiteten Welterfahrung wieder.

Gerade im Bereich der Sexualität ist uns die fundierende Konstellation von Medialität und Blick so selbstverständlich, daß die Möglichkeit überhaupt nicht auftaucht, daß es in dieser Dimension eine Problematik und eine Geschichte geben könnte. Es braucht die Erfahrungen eines »Fremden« wie Rousseau, um zu zeigen, daß vor allen Regulierungen das alte System menschliche Sexualität zuerst einmal überhaupt ermöglicht und daß mit der Ablehnung (oder der Auflösung) des Mediums der Zugang zu dieser in einer viel tiefgreifenderen Weise versperrt ist als durch alle Einschränkungen. Und es zeichnet sich ab, daß man die Geschichte der bürgerlichen Sexualität in einer ganz anderen Weise schreiben kann, als man es bisher getan hat: weder als eine Herstellung von Verboten noch, wie Foucault, als Effekt einer diskursiven Macht, sondern als die Auflösung der Struktur, die bisher die Sexualität zu einer Beziehung zwischen Namen gemacht hatte.

Das natürliche und das mediale Selbst

Mit einer Gesellschaftskritik, der es auf Gerechtigkeit in dem Sinn ankommt, daß Positionen nach Verdienst vergeben werden, hat Rousseau wenig zu tun, weil ihn Positionen nicht interessieren. Was er haßt, ist der Zwang, der äußere Zwang, den die Reichen und Mächtigen auf die Armen und Schwachen ausüben; und vor allem der innere Zwang, der darin besteht, daß man sein Selbst in den Augen der anderen sucht. Der Kern seiner Kritik ist Kritik am Konformismus. Nach seinen eigenen Kategorien – die immer noch die herrschenden Kategorien des gegenwärtigen Denkens sind – ist Konformismus auf der einen Seite die Entfremdung von einer natürlich gegebenen Beziehung zu den Dingen, andererseits eine Schwäche der Vernunft im Menschen (Ich-Schwäche würde man heute sagen), die Unfähigkeit, die vernünftige Selbstbeziehung gegen den Druck von außen festzuhalten. In medialen Kategorien ist Konformismus ein Effekt, der entsteht, wenn Namen nicht bejaht werden. Den Fragen: »Wer bist du? Was denkst du? Was willst du?«

kann man nicht ausweichen. Wer den Blick des Dritten nicht übernommen hat, muß diesen Fragen Namen entgegenhalten, mit denen er nicht verbunden ist; er ist dem Bild seiner selbst, dem er in den Augen der anderen begegnet, ausgeliefert. Das bedeutet nicht, daß, wer die Namen ablehnt, Konformist sein müßte; aber wo das Problem des Konformismus auftaucht, ist man im Bereich der Ablehnung der Namen.[58]

Rousseau sieht sich als den Einzigartigen, der an seinem wahren Selbst festhält. Aber gleichzeitig sieht er, daß er kein Selbst besitzt, das der Begegnung mit den anderen standhält. »Rien n'est si dissemblable à moi que moi-même«;[59] er verwandelt sich in das Bild, das sein Gegenüber von ihm hat. An einer Stelle beschreibt er in humoristischem Ton, daß er für jeden seiner Freunde ein anderer Mensch ist; wenn er zwei Freunden gleichzeitig begegnet, müßte er sich in zwei Bilder zugleich verwandeln, »der Kontrast der entgegengesetzten Leidenschaften« stürzt ihn in die schlimmste Verwirrung.[60] Seine Freunde hat er sich allerdings sicher danach ausgesucht, daß ihm das Bild von sich behagt, das ihm ihre Augen widerspiegeln. Wenn er sich das Gegenüber nicht aussuchen kann, wird diese Abhängigkeit oft bedrückend: »Sie beurteilte mich nach dem, zu was sie mich gemacht hatte«, sagt Rousseau von einer Dame, die wenig von ihm hielt (C I, S. 82). Wo immer ein Blick ihn befragt, zeigt er sich »autre que je ne suis« (C I, S. 116).[61] In den *Confessions* hat Rousseau seine Unfähigkeit, in einer öffentlichen Situation zu zeigen, wer er ist, als einen der bestimmenden Faktoren seiner Existenz dargestellt. Aus dieser Unfähigkeit begründet er den sein ganzes Leben leitenden Entschluß: »Le parti que j'ai pris d'écrire et de me cacher« (C I, S. 116).[62] Die (durch die Grenzen, in denen sie sich bewegt, notwendig endlose) Anstrengung, sich zu kennen und festzulegen, wird eines der Hauptmotive seines Lebens bleiben.[63]

Tugend und Selbsterhaltung

Ich habe zu zeigen versucht, daß der eine Grundbegriff von Rousseaus System, die natürliche Freiheit, und die Eigenarten seines Charakters, die die autobiographischen Schriften immer umkreisen, ein und dieselbe Wurzel haben, die Ablehnung der Namen. Aber der Naturbegriff ist nur der eine Pfeiler des Systems. Dieses schafft zwei neue Orte, die außerhalb der verblendenden Macht des Gesellschaftlichen liegen, die Natur diesseits und die republikanische Tugend jenseits des Medialen.

Die Vision von Vincennes, in der das System sichtbar wird, gibt der Wirklichkeit eine neue Artikulation. Ihre Ausarbeitung folgt einer doppelten Bewegung. Einerseits arbeitet sie mit dem, was sie findet, mit den alten Begriffen, deren Bedeutung sie verschieben muß. Das Wesentliche aber ist eine interne Arbeit: jeder Term muß in Beziehung zu jedem anderen bestimmt werden. Der Erleuchtungscharakter, den Rousseau der Entdeckung des Systems zuschreibt, ist von daher plausibel: eine Neuartikulation ist eine gleichzeitige Neubestimmung *aller* Terme; sie muß den Charakter eines Ereignisses haben.

Zwei dieser Verschiebungen haben wir schon kennengelernt.

- Der Naturzustand wird zum Bild des außerweltlichen Subjekts, das außer der Zeit steht und mit seinen Objekten eins ist, zum Moment der Fülle des Selbst-ohne-Welt.
- Die alte und im 18. Jahrhundert sehr verfeinerte Kritik am gesellschaftlichen Leben wird radikalisiert. Die alte Kritik war immer an einer transzendenten Gesetzlichkeit orientiert und zielte auf Verblendung oder fehlenden Respekt. Rousseaus Kritik richtet sich auf das Gesetz selbst. Die Welt hat ein Gesetz und folgt ihm, aber das Gesetz ist schlecht: es übt eine anonyme, nicht wahrgenommene, durchdringende Herrschaft aus, die den Subjekten Natur, Selbst und Freiheit raubt.

Es bleibt der dritte Term zu erklären, der im *Zweiten Discours* fast nur in der Widmung (an die Genfer Republik) erscheint, der aber in dem *Ersten Discours* und in dem ganzen System eine wesentliche Rolle spielt: die Tugend bzw. die Vergesellschaftung in der Republik.

Rousseau hat zur Entwicklung des modernen politischen Denkens einiges beigetragen; und gewöhnlich diskutiert man seine Vorstellungen von einem Standpunkt aus, an dessen Ausarbeitung er selbst beteiligt war. Hier soll von einem Ort außerhalb dieses Denkens die Frage nach dessen Entstehung im Feld des Medialen gestellt werden.

Die Funktion, die die republikanische Tugend im System hat, können wir schon überblicken: das neue Gesetz muß von ganz anderer Art sein als das alte und muß dieses ersetzen. Um es ersetzen zu können, muß es dieselbe Kraft haben: es muß die Beweglichkeit der natürlichen

Freiheit festsetzen, den Subjekten Willen, Ziele, ein Selbst geben, also einen Ort festlegen, von dem aus sie sich gesehen sehen.

Den Gegensatz zwischen einer medialen und einer amedialen, republikanischen Verfassung der Gesellschaft findet Rousseau schon vor. Man begegnet ihm bei Montesquieu als Gegensatz zwischen Monarchie und Demokratie.[64] Der Monarchie entspricht das mediale Prinzip der Ehre. Für diese ist typisch die absolute Identifikation mit der Position, die höher geschätzt wird als das Leben, der Imperativ, den Rang zu wahren;[65] die wesentliche Dimension des Lebens ist die Tauschbeziehung, die ich unter der Bezeichnung der großen Tat diskutiert habe, eine Beziehung zwischen dem Individuum und dem Kollektiv, wo das Individuum hervorragende Leistungen erbringt und dafür im Bereich der Plätze (»des prééminences, des rangs, des distinctions« [III, 7]) belohnt wird (wobei der Zugang zu dieser Dimension der Aristokratie vorbehalten ist). In der Sphäre der Ehre hat das Allgemeininteresse keinen Platz; daher steht die Ehre, »philosophisch gesprochen«, niederer als die Tugend, weil die Handlungen durch Partikularinteressen angeregt werden; politisch erzeugt dieses System Montesquieus Bewunderung, weil bloß symbolische Gratifikationen starke, dem Kollektiv nützliche Motivationen produzieren (III, 7).

Das Prinzip der Ehre kann Montesquieu mit großer Leichtigkeit und einer Fülle von feinen Bemerkungen beschreiben; bei der republikanischen Tugend ist die Darstellung unklarer und abstrakter. Man versteht die Begriffe besser, wenn man sie mit einem der römischen Beispiele unterlegt, die das 18. Jahrhundert so liebte, etwa dem des Cincinnatus, den die Abgesandten des Senats, die ihm die Nachricht seiner Ernennung zum Diktator überbringen, beim Pflügen antreffen und der nach vollbrachter Aufgabe wieder an seinen Pflug zurückkehrt. Die Demokratie, zu der eine solche Haltung gehört, ist egalitär und frugal; es gibt keinen anderen Wunsch als den, dem Gemeinwesen den größten Dienst zu erweisen. Damit soll nicht auf eine andere Ebene des Kampfs um Distinktionen verwiesen werden; wie das Cincinnatus-Beispiel zeigt, steht der tugendhafte Römer über den Distinktionen, sein Motiv ist nichts anderes als die Erfüllung seiner Aufgaben gegenüber dem Vaterland. Um eine Motivation, die das Prinzip der Wechselseitigkeit so systematisch negiert, verständlich zu machen, verwendet Montesquieu eine merkwürdige Figur aus der Sphäre des Tauschs: Der Bürger der Demokratie ist mit der Geburt gegenüber dem Vaterland eine unermeßliche Schuld eingegangen, die er nie einlösen kann und die ihn zur größtmöglichen und unbelohnten Leistung drängt (V, 3).[66] Dem »Dienst an der Sache« kann man sich vom Tausch her – und offenbar kann Montesquieu nur in dieser Dimension Motivationen klären – nur wie einem Grenzwert, über den Übergang zum Unendlichen, nähern.

Es ist diese Vorstellung einer amedialen – und der medialen überlegenen – Vergesellschaftung, die Rousseau zu dem zweiten Grundpfeiler seines Systems ausbaut. Damit steht der Begriff in einem neuen Zusammenhang und erhält eine neue Funktion. Die Frage, auf die er jetzt zu antworten hat, heißt: Wie ist eine legitime Vergesellschaftung möglich? Der *Contrat social* gibt die Antwort: durch die Unterwerfung unter die *volonté générale*, die auf das gemeinsame Interesse gerichtet ist. Die deskriptive Kraft dieser Antwort ist schwach; es gibt in der Wirklichkeit wahrscheinlich kein einziges Gemeinwesen, das auch nur annähernd dem Ideal der Republik entspricht. Die Funktion des Begriffs liegt im wesentlichen in der Begründung einer Legitimität, die der medialen entgegengesetzt werden kann.

Unsere Frage ist: In welchem Verhältnis steht eine solche Begründung zu den medialen Legitimationen? In dem medialen Denken der Alten Welt steht das Gesetz am Anfang, alle konkreten Gesetze leiten ihre Legitimität aus einem ersten Gesetz ab, an dessen Existenz niemand zweifelt und das wir als die Tauschregel identifiziert haben. Für Rousseau steht das Gegenteil fest. Die *volonté générale*, der alle unterworfen sind, ist selbst völlig frei (sie folgt, wie wir noch sehen werden, nur dem Erhaltungsinteresse); vom medialen Standpunkt aus gesehen, ist die Republik ein Gemeinwesen ohne Gesetz.

Aber gemäß seiner Stellung im System muß der Gesellschaftsvertrag das mediale Gesetz nicht nur aufheben, er muß es ersetzen, und zwar in seiner identifizierenden Funktion. Die Unterwerfung unter die *volonté générale* muß das richtig tun, was die mediale Vergesellschaftung in falscher Weise tut: die unendliche Beweglichkeit der natürlichen Freiheit zum Stillstand bringen und diese der moralischen Freiheit unterwerfen; den Subjekten einen festen Willen und beständige Ziele geben; aus dem »dummen und beschränkten Tier« »ein intelligentes Wesen und einen Menschen schaffen« (CS III, S. 364). Rousseau sieht das Verhältnis des einzelnen zum Kollektiv in der grundlegenden identifizierenden Konstellation, die wir bei Sartre kennengelernt haben: auf der einen Seite das weltlose Subjekt, das seinen Namen sucht, auf der anderen Seite der

»Herr der Welt«, der die Macht besitzt zu benennen. Durch dieses Verhältnis der absoluten Differenz wird das mediale Gesetz ersetzt.

Der *Contrat social* ist eine Konstruktion, die widersprüchliche Aufgaben lösen muß. Die Ablehnung der Namen erzeugt einerseits den Wunsch nach Identifizierung, andererseits weigert sich das Subjekt, sich in dem ganz Anderen, dem medialen Gesetz, zu verlieren. Der Gesellschaftsvertrag ist ein Kompromiß in dem Sinn, daß der Gewinn der Selbstaufgabe, der *aliénation totale* (CS III, S. 360), nämlich die Identifizierung, erzielt werden soll, aber der Preis nicht gezahlt zu werden braucht: der Citoyen unterwirft sich nicht dem ganz Anderen, sondern nur sich selbst. Aus der Benennung im Medium ist das in sich widersprüchliche Projekt einer Selbstbenennung geworden. Daher erscheint in dem Text das Kollektiv auf der einen Seite als die allmächtige Instanz der Verwandlung, andererseits ist der Gesellschaftsvertrag eben nur ein Vertrag; und jeder Vertrag setzt identifizierte, d. h. an langfristige Ziele gebundene Partner voraus. Rousseau hat diesen Widerspruch selbst gesehen: »... il faudrait que l'effet put devenir la cause, que l'esprit social qui doit être l'ouvrage de l'institution présidât à l'institution même, et que les hommes fussent avant les loix ce qu'ils doivent devenir par elles« (CS III, S. 383).[67] Bei Sartre werden wir dasselbe Projekt der Selbstbenennung im Medium des Politischen wiederfinden.

Man hat oft den totalitären Charakter des *Contrat social* hervorgehoben; gegen eine solche Interpretation hat man betont, daß das Individuum die Rechte, die es dem Kollektiv opfert, ja von diesem wieder zurückerhält. Wenn man die Macht zu identifizieren, d. h. den Menschen im Innersten zu bestimmen, an das als politischen Willen definierte Kollektiv bindet, dann befindet man sich ohne Zweifel in dem Feld, in dem die totalitären Konstruktionen entstehen. Das heißt nicht, daß diese notwendig gebildet werden müssen; aber nur die medialen Strukturen stehen in einem Verhältnis wechselseitiger Ausschließung zum Totalitären. Andererseits bringt das Projekt der Selbstbenennung einen freiheitlichen und egalitären Zug in den Text. Dieser Widerspruch ist durch die Funktion des Buchs gegeben, und es hat wenig Sinn, ihn in eine Richtung auflösen zu wollen. Wichtiger ist, worauf der Text in seiner Widersprüchlichkeit hinweist: Wenn man die Dimension des Politischen von der Position des weltlosen und seinen Namen suchenden Subjekts angeht und mit ihm Probleme der Benennung lösen will, dann kommt man notwendig in den Bereich des Totalitären.[68]

Man darf aber nicht in der Idee der Republik den Kern von Rousseaus politischem Denken sehen. Die Figur des *citoyen* hat im Ganzen des Werks nur einen begrenzten Stellenwert; die Vernunft des Sozialen, die sich in der Republik inkarniert, ist nur eine spezifische Realisierung eines allgemeineren Prinzips, der Selbsterhaltung. Dieses Prinzip organisiert die gesamte Reflexion des Sozialen und ist auch in einer umfassenderen Weise folgenreich geworden. Die Rousseau-Kritik hat die Bedeutung dieses Begriffs aus mehreren Gründen nicht wahrgenommen. Anders als die Konzepte des Naturzustands und des Gesellschaftsvertrags hat ihn Rousseau nicht in der ihm eigenen spektakulären Weise vorgetragen; er wird fast unmerklich, durch eine Verlagerung der Gewichte und als selbstverständliche Voraussetzung eingeführt, nie eigentlich thematisiert, sondern in um andere Themen zentrierten Zusammenhängen ausgearbeitet. Weniger als die anderen Grundbegriffe ist der der Selbsterhaltung für Rousseau spezifisch und mit seinem Namen verbunden; an seinem Werk wird nur deutlicher als anderswo, welche Kraft dieser Begriff in der aufklärerischen Arbeit der Ersetzung des medialen Denkens besitzt. Am stärksten wird seine Bedeutung sicher dadurch verdunkelt, daß er uns so nahe ist; die Kritiker sehen ihn nicht, weil sie mit seiner Hilfe sehen. Es braucht den Vorsatz, in medialen Kategorien zu denken, um ihn wahrnehmbar zu machen.

Im *Ersten Discours* stammen die historischen Beispiele, an denen die Thesen ausgeführt werden, fast ausschließlich aus der alten Geschichte. In ihr wirkt ein Prinzip, das man als Prinzip des »Aufstiegs und Falls der Nationen« beschreiben könnte. Arme, aber tugendhafte Völker tauchen aus der Geschichtslosigkeit auf, werden mächtig, reich, lasterhaft und werden von neuen armen und tugendhaften besiegt. Rousseau hat später selbst sein erstes Werk herb kritisiert; er hat auch diese simple Gleichsetzung von republikanischer Tugend, militärischer Effizienz und machtpolitischer Durchsetzungsfähigkeit aufgegeben. Aber gerade in dieser übereinfachen Form benennt die Gleichsetzung drastisch einen Zusammenhang, der immer wichtig bleiben wird: die Tugend und alles, was an sie anschließt – die Haltung des Citoyen und des Gesetzgebers im *Contrat social*, die des Organisators in der *Nouvelle Héloïse*, des Erziehers im *Émile* –, ist notwendig und innerlich verknüpft mit einem Bewußtsein der Bedrohung. Die Tugend ist die Beziehung auf das Kollektiv in dem Bewußtsein, daß das Kollektiv bedroht ist, und in dem Willen, seinen Erhalt zu sichern. Der Text, den Rousseau unmittelbar nach der Vision von Vincennes niedergeschrieben hat, die Rede des Fabricius, steht in dieser Konstellation. Fabricius, ein Rousseau aus Plutarch bekanntes Vorbild republikanischer Tugend, ist zu seinem Unglück zum Leben wiedererweckt worden, blickt nun auf den Pomp des kaiserlichen Rom und beklagt den Verfall der alten Sitten. Der Text ist in sehr rhetorischer Weise um einfache Gegensätze aufgebaut. Gegen die *Strohdächer* und ländlichen Herde des alten Rom stehen die großen *Gebäude*, die Statuen, die prächtigen Gemälde. In den *Hütten* wohnten die *Herren* der Welt; jetzt sind die Römer die *Sklaven* der frivolen Völker, die sie besiegt hatten. Gegen das im Krieg vergossene *Blut* stehen die durch diesen gewonnenen und jetzt für Pomp ausgegebenen *Reichtümer*. Es folgt eine Ermahnung: Die Römer sollen die Künste aus ihrer Stadt vertreiben und das einzige Roms würdige Talent pflegen, die Welt zu erobern und die Tugend in ihr herrschen zu lassen. Die Rede schließt mit der Evokation eines »Schauspiels wirklicher Größe«, wie es nur die Republik bieten konnte: das Bild der Versammlung von 200 tugendhaften Männern, »würdig, in Rom zu befehlen und die Welt zu beherrschen«. Die Größe der Menschen steht gegen die Größe der Paläste.

Das Schauspiel des Verfalls, das dem Republikaner hier vorgeführt wird, muß die Tugend immer vor Augen haben; die Welt muß vor dem Hintergrund ihres Untergangs gesehen werden. Die Bedrohung ist eine innere, bevor sie eine äußere ist; die eigentliche Bedrohung ist die mediale Vergesellschaftung, der Wunsch nach Größe in den Augen der anderen (der für Rousseau die Wurzel des Interesses für Wissenschaft und Kunst ist), denn die medialen Wünsche lassen das Interesse an der Erhaltung vergessen. Mit dieser ist also nicht nur die Bewahrung der äußeren Macht des Staates gemeint; es geht um die Erhaltung des Selbst, einmal als die (in den medialen Beziehungen verschüttete) Beziehung zu den natürlichen Bedürfnissen, dann als moralische Freiheit, die die eigene Erhaltung zum Gegenstand hat, schließlich als Kollektiv, das die sozialen Voraussetzungen der Selbsterhaltung schafft. Der gleiche Zirkel beherrscht auch den Aufbau des *Contrat social*. Es ist der Krieg aller gegen alle, der aus der Einführung des Eigentums entsteht, der die Menschheit um ihrer Erhaltung willen in den Gesellschaftsvertrag zwingt. Und wenn man sich fragt, was der Inhalt des Gemeininteresses ist, auf das die *volonté générale* gerichtet ist, dann ist es wieder die Selbsterhaltung in dem beschriebenen dreifachen Sinn. Das mediale Gesetz realisiert sich in einer Fülle von Imperativen, die in den verschiedenen Dimensionen des medialen Netzes situiert sind, in der Geschlechterbeziehung, der Generationenfolge, in dem Spiel um die Plätze, und alle sind unter sich gleichrangig. Die republikanische Ethik hat einen hierarchischen Aufbau; die Selbsterhaltung ist der Maßstab, nach dem der *citoyen* alles bewertet, sie macht er zu seinem beständigen Motiv. Damit ist das Problem der amedialen Erzeugung dauerhafter Motive gelöst.

Auch die Welt des Tauschs kennt die Situation der kollektiven Bedrohung, und sie kennt die besondere Perspektive auf die Wirklichkeit, die von solchen Situationen erzeugt wird. In der *Ilias* verlangt die Gefährdung der griechischen Schiffe, daß alle Kämpfe um die Ehre zurückgestellt werden. Es gibt auch Positionen, denen die Aufgabe der Welterhaltung besonders zufällt; so hat der König der *Chanson de Geste* die Aufgabe, die Sitten, d. h. vor allem das, was Montesquieu die Gesetze und Regeln der Ehre nennt, aufrechtzuerhalten. Immer ist aber der Gesichtspunkt der Erhaltung Teil der Welt und in ihr enthalten. Er wendet sich nicht gegen das mediale Gesetz; das Gesetz ist das Primäre; um seine Erhaltung geht es gerade.

Rousseau macht aus dem, was früher ein Moment in der Wirklichkeit war, die Grundlage des Kollektivs. *Die Selbsterhaltung erhält ein Selbst, das sich durch die Selbsterhaltung als Selbst bestimmt.* Im *Émile* und in der *Nouvelle Héloïse* wird deutlich werden, wie Rousseau diesen Gesichtspunkt zu einer Position ausbaut, von der aus das mediale Gesetz nicht nur kritisiert, sondern unterworfen, aufgenommen und kolonisiert werden kann.

La force des choses – le caprice des hommes

Im zweiten Kapitel der *Elementaren Strukturen der Verwandtschaft* zitiert Lévi-Strauss ein Experiment, das eine Dimension in dem Vergesellschaftungsmodus des Tauschs verdeutlicht. Der Wissenschaftler will mit seiner Tochter einen Versuch nachspielen, den man mit Affen angestellt hatte: das Mädchen soll ein Stück Schokolade vom äußeren Sims eines geschlossenen Fensters holen. Der Versuch mißlingt in einer charakteristischen Weise. Der Affe hatte sich nur für die Banane interessiert; das Kind dagegen wendet sich an den Vater: er soll ihr die Schokolade geben. Die Weigerung empfindet sie als pervers, der ganze Versuch verwandelt sich in einen Streit. Und als das Kind schließlich die Schokolade doch holt, genießt es hauptsächlich den Triumph über den Vater. Der Liebes- und Machtkampf ist wichtiger als die Süßigkeit; daher verwandelt sich diese vom Bedürfnisobjekt zu einem Einsatz in diesem Spiel. Der Affe bezieht sich direkt auf den Gegenstand; für den Menschen haben sich die Dinge in Signifikanten verwandelt. Die fundamentalste Intention Rousseaus liegt darin, diese Form der Vermenschlichung rückgängig zu machen. Im *Émile* ist das am deutlichsten ausgesprochen. Das immer wiederholte Grundprinzip der Erziehung ist genau dieses: *Émile* soll nicht wie das Mädchen über seine Beziehung zu anderen bekommen wollen, was es wünscht; er soll wie der Affe den direkten Weg gehen; er soll immer der *force des choses*, nie dem *caprice des hommes* begegnen (E IV, S. 320f.).[69]

Die ganze Problematik, die dieses Programm mit sich bringt, kann uns hier nicht interessieren. Aber seine »einfache Ökonomie« müssen wir uns vergegenwärtigen. Das Prinzip ist einfach: die Sphäre der Namen muß ausgeschlossen werden; wenn das nicht möglich ist, dann muß sie so organisiert werden, daß sie der Natur und der Vernunft, d. h. der Herrschaft der Sachen und der Selbsterhaltung nicht nur nicht schadet, sondern ihr womöglich nützt. Die Kunst des Erziehers liegt darin, die Rahmenbedingungen des Lebens so zu organisieren, daß dieser Effekt eintritt.

Das Prinzip realisiert sich verschieden je nach Lebensabschnitten. Das Kind bis zur Pubertät ist für Rousseau dem Naturwesen sehr nahe.[70] Es verhält sich von allein wie der Affe, wenn es nur gegen die Gesellschaftlichkeit abgeschirmt ist. Ehrgeiz, Wetteifer, soziale Motive dürfen also bei der Erziehung nicht (oder nur vorsichtig) eingesetzt werden. Auch die Beziehung zum Pädagogen muß hinter der Beziehung zu den Dingen verschwinden. Das Kind darf nicht bitten, es wird ihm auch nichts befohlen. Es begegnet keinem Vorwurf und keinen Strafen. Wenn es ein Fenster zerschlägt, wird es so lange frieren, bis es die Unzweckmäßigkeit seiner Handlung erkannt hat. Die reflexive Vernunft Rousseaus – die Erhaltung der eigenen Natur zu wollen – ist dem Kind noch unzugänglich, und damit auch jede Moral. Das Ausschließen des Für-andere und der Moral bedingen sich. In der Alten Welt begegnet das Kind der »objektiven Vernunft« des Tauschs, der Plätze, der Rechte und Pflichten, und es situiert sich selbst in diesem System. Das ist die Grundlage der alten Erziehung, bzw. macht Erziehung, wie wir sie verstehen, überflüssig. Wenn man Vernunft reflexiv definiert wie Rousseau, dann wird die Kindheit, der Zugang zur Welt, eine außerethische Sphäre.

Wie im *Zweiten Discours* ist es das Interesse an dem anderen Geschlecht, das den Wunsch, etwas für die anderen zu sein, erzeugt und unabweisbar macht. Die Pubertät und die Zeit danach ist der für *Émile* gefährlichste, für den Autor schwierigste Moment. Der Zögling muß lernen, die Vernunft zu gebrauchen; Rousseau muß zeigen, daß sein Programm grundsätzlich realisierbar ist, daß der Wille, die Freiheit von der Herrschaft der anderen zu bewahren und sich der Macht der Dinge zu beugen, die Sphäre des Für-andere aufnehmen und organisieren kann. Diese Demonstration überspringen wir und wenden uns der (unabgeschlossenen) romanhaften Fortsetzung zu, die Rousseau dem Émile gegeben hat, *Émile et Sophie, ou les solitaires*.[71]

Der Émile hat ein glückliches Ende. Émile hat die Frau gefunden, die er achtet und liebt, ist Vater geworden; auch seine Lebenseinstellung entspricht dem Ideal des Erziehers. In der Fortsetzung wird das Ehepaar trotz allem in den Sog der Geselligkeit hereingezogen. Sophie wird schließlich zum Ehebruch verführt. Émile trennt sich von ihr; er reist durch die Welt; ein Mensch, der überall als Landsmann erscheint, überall an seinem Platz ist (S IV, S. 913), der lebt, als würde er in jedem Moment sterben und neu geboren werden (S IV, S. 905). Auf einer Seereise fällt er in die Hand maurischer Piraten und wird zum Sklaven gemacht. Hier bekommt er die Lektion, die ihm nützlicher ist als alles, was ihn sein Erzieher gelehrt hat (S IV, S. 917). Nirgends wird klarer, auf welchen Typ von Situation Rousseaus Vernunft zugeschnitten ist und wie sie sich zu bewähren hat.

Als Kontrastfigur zu Émile stellt der Autor zwei Malteser Ritter dar, die »für ihren Adel auf ihren Stand als Menschen verzichtet haben« (S IV, S. 919). Sie interpretieren die Sklavenarbeit in Kategorien der Ehre: Sie suchen sich für ihre Erniedrigung zu rächen (S IV, S. 921). Auf Émiles Hinweis, seine unermüdlichen, aber aussichtslosen Fluchtversuche würden seine Lage nur verschlimmern, entgegnet der junge Malteser stolz, daß er zu sterben wisse. Émile dagegen geht es um das Leben (S IV, S. 919). Seine Weisheit besteht darin, daß er das Verhältnis von Personen als ein Verhältnis von Sachen interpretiert: »Qu'un maitre m'assomme ou qu'un rocher m'écrase, c'est le même événement à mes yeux« (S IV, S. 917).[72] Im Moment der Lebensgefahr organisiert

Émile mit einigen wenigen Mitgefangenen, die dieselbe nüchterne Einstellung haben, einen Streik, der erfolgreich ist, weil er auf einer richtigen *Rechnung* mit den Interessen des türkischen Herren beruht (S IV, S. 921). Dieser selbst ist beeindruckt, und Émile macht eine Karriere als Sklave des Dey von Algier.

Aber wie ist das möglich? Wie kann man Menschen wie Sachen behandeln? Immerhin *spricht* Émile mit dem türkischen Herrn, beeindruckt ihn und findet eine Art Anerkennung: Der Herr sieht ihn als *homme sensé* und macht ihn zum Aufseher. Der Text gibt eine klare Antwort: Rousseau behandelt den türkischen Herrn als Interessensubjekt. Er rechnet ihm vor, daß es für ihn nicht rentabel ist, die Sklaven sich zu Tode arbeiten zu lassen. Und er erklärt seine Bereitschaft, unter entsprechenden Bedingungen korrekt zu arbeiten (S IV, S. 922). Die Malteser hatten die Türken als Teilhabende an einer gemeinsamen Welt angesehen, die nach dem Prinzip der Ehre strukturiert war. Die Türken waren Feinde; wir haben gesehen, daß Feinde den Blick besitzen, der bestimmen kann, was das Subjekt ist. Um die Wahrung dieses Selbst, der Ehre, über die der Feind Richter ist, geht es bei den von vorneherein vergeblichen Fluchtversuchen; darum geht es auch, wenn der Malteser auf Émiles »vernünftige« Vorhaltungen entgegnet, daß er zu sterben wisse (S IV, S. 919). In Émiles Seele lebt diese Dimension auch noch, aber aus der ethischen Dimension ist eine psychologische geworden (ebenso wie wir heute üblicherweise z. B. Rachewünsche als »Gefühle« ansehen). Die Versklavung sieht Émile als eine Lektion an: sie erlaubt ihm, diese Gefühle beherrschen zu lernen. Seine Leidenschaften beherrschen heißt also, die Feindschaft unter Menschen der Gefahr gleichsetzen, die von einem herabstürzenden Felsbrocken ausgeht. Menschen als Steine anzusehen, bedeutet, ihnen den Blick zu nehmen, der über das eigene Sein entscheiden kann, d. h., die ganze alte Dialektik des Für-andere aus der Welt herauszuziehen. Es entsteht dann eine neue Form der Anerkennung: Der Türke respektiert in Émile den Menschen, der die Kraft hat, ihn als reine Gegebenheit anzusehen, ebenso wie er selbst die Sklaven nur als Mittel betrachtet.

Die Reduktion der Blick-Macht führt Émile zu der Begegnung mit dem, was für Rousseau tatsächlich das menschliche Leben beherrscht. Die Malteser leben im Illusionären. In der Erzählung zeigt sich das darin, daß der Sinn ihrer Handlungen von dem Gegenüber gar nicht verstanden wird; der Türke verliert einfach die Geduld mit den aufsässigen Sklaven und verkauft sie. Aber selbst wenn der Herr das Spiel der Ehre mitspielen würde, so wäre das für Rousseau doch nur eine kollektive Illusion, das Zusammenspiel von Vorurteilen. Émile begegnet dem Risiko des nackten, blicklosen Todes; seine Überlegenheit gegenüber der Mehrheit der Mitgefangenen besteht darin, daß er den Schleier des Für-andere durchdringt und sich dieser Begegnung aussetzt; dadurch wird es möglich, mit einem nüchternen Kalkül innerhalb des Risikos zu agieren.

Der Punkt des Archimedes

Rousseaus ganzes Leben ist ein Kampf mit dem Blick, der ihn als etwas bestimmt, was er auf keinen Fall sein kann und sein will. In diesem Zusammenhang erscheint die Position des *Émile* in den *Solitaires* als der Ausweg, den Rousseau in diesem Kampf gefunden hat.[73] Er sieht die Menschen befangen in einer wechselseitigen Abhängigkeit voneinander, die er als einziger durchschaut; so ist er ein Blick, der selbst nicht gesehen werden kann. Das ist die Position absoluter Überlegenheit, die er in der Phase der Reform gefunden hatte.

Eine Neurose hat mehrere Ausgänge; sie kann blockieren; man kann die Blockierungen therapeutisch (im weitesten Sinne des Wortes) auflösen. Bezüglich des Ödipuskomplexes deutet Freud noch einen dritten möglichen Ausgang an:[74] Der Komplex wird weder aufgelöst noch verdrängt, sondern in Identifizierungen überführt. Die Sackgasse, die die ödipale Konstellation für das Kind bildet, löst sich auf durch die Identifizierung mit dem Vater als verbietendem Über-Ich. Übersetzt in die Sprache, die wir hier verwenden: Die neurotische Blockierung bildet den Kern einer Welt, in der es Gesetze, ein Selbst, Wünsche, Zukunft und Geschichte gibt. Wenn wir Freuds Gedanken weiterführen, ist der Ödipus die unauflösbare Menschheitsneurose und die WELT das Ergebnis ihrer richtigen Konstellierung, d. h. es kommt nicht auf eine Lösung an, sondern auf eine gute Konstellierung der durch die Blockierung produzierten Elemente. Rousseau geht einen anderen Weg und begegnet einer anderen Konstellation; diese hat er in einer langen Arbeit bewußt übernommen, als sein Wesen bejaht. Und – in einem Zug mit dieser Wahl – hat er den produktiven Ausgang in eine andere Welt gefunden, die, wie die des Tauschs, die Kraft hat, die Wirklichkeit zu erfassen, Geschichte, Zukunft, Wünsche, Handlungsmöglichkeiten zu schaffen.

Die Position des Subjekts, das hinter dem Blick des Menschen das Gesetz der Sachen sieht, gibt den Zugang zu einer differenzierten Erfassung auch der zeitgenössischen Wirklichkeit. In den Schriften, deren Hauptabsicht die Kritik an den gegenwärtigen Verhältnissen ist, erscheint die Gesellschaftlichkeit im reinen Gegensatz zur Natur und zur Freiheit als Selbstentfremdung. Vom Standpunkt des Gesetzgebers oder des Erziehers – ein Standpunkt, der das spätere Werk Rousseaus beherrscht – löst sich die Härte dieses Gegensatzes auf. Mediale Vergesellschaftung ist unvermeidlich; sie wird jetzt in differenzierterer Weise betrachtet; unter Umständen kann sie mit der bürgerlichen Freiheit vereinbar sein, der natürlichen Freiheit einen hinlänglichen Spielraum lassen. Sie erscheint im Prinzip als *sachliche Gegebenheit* (wie die türkischen Herren in den *Solitaires*), mit der zu rechnen die Aufgabe des vernünftigen Menschen ist. Von allen Gegebenheiten ist sie allerdings die gefährlichste, weil sie das Subjekt selbst in seinem Wesen als an seiner Erhaltung interessierten Freiheitswillen bedroht. Damit ist die mediale Vergesellschaftung an eine neue Stelle gerückt. Sie ist nicht mehr einfach der Ort, wo man lebt, das Gesetz, das das Leben leitet; sie wird zu einem Gegenüber und zu einer Aufgabe: sie muß so organisiert werden, daß der Freiheitswille des *citoyen* nicht untergraben wird. Das ist eine eigenartige Verschiebung, die wir genau darstellen müssen.

Im Bereich des Tauschs haben die Gesetze der Welt im Tauschprinzip ihre transzendente Verankerung. Sichtbar wird diese z. B. darin, daß das religiöse Denken, trotz seines Mißtrauens gegen die irdische Welt, an einer göttlichen Begründung ihrer Gesetze immer festgehalten hat. Sie gelten immer als identifizierende Gesetze: der Mensch begegnet der Macht, die ihm seine wahre Bestimmung zuspricht. Für Rousseau haben die medialen Gesetze ihre Wahrheit, aber nicht ihre identifizierende Kraft verloren. Die *opinions* und die *préjugés* einer Gesellschaft haben für Rousseau einen systematischen Charakter und bestimmen für ihre Mitglieder die Gestalten des Wissens und des Urteilens im moralischen und ästhetischen Bereich; sie formen die Wünsche und Leidenschaften.[75] Sie haben einen sozusagen transzendentalen Status. Wer in einer Welt lebt und sich an eine Welt bindet, muß (fast) notwendig glauben, daß er in ihr der Wahrheit begegnet, die ihn bestimmt. Das gilt nicht nur für die Menschen, die in den Vorurteilen der entfremdenden

Gesellschaftlichkeit befangen sind, wie z. B. die Malteser Ritter; es gilt auch überwiegend für die Bürger der alten Republiken; sie »glauben« an die Sitten und Gesetze ihres Gemeinwesens und nehmen sie als absolute Wahrheiten.[76] Wer den Zugang zu dem Gesetz der Dinge gefunden hat, sieht, daß die Gesetze der Gesellschaftlichkeit nur *opinions* sind, historisch produziert und vor allem, daß sie keinerlei Legitimität in sich haben, sondern nur eine relative Berechtigung aus einem ganz anderen Prinzip, dem der Selbst-Erhaltung, ableiten können. Dieser Einsicht gegenüber ist die Mehrheit der Menschen in einem fundamentalen Sinn unmündig. Auch wenn sie das Richtige tun, können sie nicht wissen, warum sie es tun; sie nehmen für Götter, was der Zufall, was andere Menschen oder sie selber, ohne es zu wissen, geschaffen haben. Diese Unmündigkeit erscheint in Rousseaus Werk nur zum Teil als etwas Negatives. Es geht von ihr ein Appell aus, an den Erzieher, an den Gutsherrn, den Gesetzgeber: Die Unmündigen können sich nicht selbst schützen, sie neigen zu allen Formen der Verwahrlosung, sie brauchen den Organisator, der ihnen ein gutes Leben sichert. Rousseau hat in seine Welt ein verhängnisvolles Manko eingebaut. Die anderen Aufklärer glauben alle an die Natürlichkeit der Welt, d. h. des vergesellschafteten Menschen. Rousseau weiß, daß die Gesellschaft identifiziert, daß sie den Menschen ihr innerstes Wesen gibt; genau wie man es früher von Gott dachte. Aber an der Stelle, wo früher das transzendente Gesetz war, ist bei ihm *nichts*. Die Gottesmetaphern, mit denen Rousseau seine Organisationsheroen schmückt,[77] sind nicht nur Dekoration. Von dieser leeren Stelle, wo früher das Gesetz des Tauschs bzw. der Gott der Religion seinen Platz hatte, geht eine Aufforderung aus: Da die Mehrheit der Menschheit unvermeidlich Götter anbeten muß, die in Wirklichkeit keine sind, so muß man dafür sorgen, daß die falschen Götter gute Götter sind, deren Anbetung die Menschen zu guten Menschen macht. Das ist die Aufgabe, die mit der Position dessen, der hinter dem Blick der Menschen das Gesetz der Dinge sieht, verbunden ist. Das ganze theoretische Werk Rousseaus nach dem *Zweiten Discours* ist die Ausführung dieses Programms in den verschiedenen Bereichen: für die Politik, für die Erziehung, für die Organisation eines Gutshofs, für die Gestaltung der sexuellen Beziehungen, die Einrichtung eines Gartens, für den Umgang mit dem Genußmittel Kaffee usw.

Der Organisator hat eine Position gegenüber der Welt, die im Tausch nicht denkbar ist. Dort gibt es kein Außen, das einen Blick auf die Welt als ganze erlauben würde. Der einzelne ist Mensch geworden, indem er irgendwo situiert ist, durch eine Bestimmung von Rechten und Pflichten. Wenn er vom Ganzen spricht, spricht er von dem, was ihn zum Sprechenden gemacht hat. In allem, was er sagt, spricht er auch zugleich von sich, und da er sich von seiner Bestimmung durch den Platz nicht trennen kann, ist er immer geleitet von Absichten, die er nie ganz kennt. Das alles gilt auch für alle denkbaren Adressaten, so daß der Sprechende nie ganz wissen kann, was er sagen will, und nie, zu wem er spricht.

Dieser selbstreferentielle Charakter des Tauschsystems, den die religiöse Literatur immer betont, ist bei Rousseau aufgelöst. Das Subjekt, das hinter dem Gesetz des Für-andere die Sachzusammenhänge erkennt, die die Welt möglich machen, hat einen Standpunkt außerhalb; es wird von keinem Blick in der Welt mehr gesehen. Natürlich ist auch der Organisator ganz und gar Produkt der Welt, er ist in ihr geboren und aufgewachsen; selbst die Fähigkeit zu dem Blick von außen ist durch die Welt geschaffen. Aber wenn er einmal den Schritt getan und sich von der Macht der anderen befreit hat, ist die Abhängigkeit völlig gelöst. Er bleibt als realer Mensch Weltwesen, aber als Blick ist er außerhalb. Typisch für diese Spaltung ist das Projekt einer Psychologie der Selbstmanipulation, der *materialisme du Sage*[78], das Rousseau entworfen hat. Für Rousseau als Organisationssubjekt ist Rousseau als lebender Mensch Bedingung seiner Existenz, eine prekäre Bedingung, der Rousseau gern mehr Festigkeit geben möchte. Da der lebende Mensch auf Gründe wenig hört, muß der Organisator für ihn die geeigneten Rahmenbedingungen schaffen, so daß der Organisator überleben kann. In der *Nouvelle Héloïse* hat Rousseau einige Beispiele für dieses Programm gegeben.

Dieser Ort, den Rousseau besetzt und ausgearbeitet hat, die Rückwendung des Menschen auf die Bedingungen seiner Erhaltung, hat in sich nichts mit der Ablehnung der Namen und Rousseaus Sondernatur zu tun; es ist ein Ort, den die Geschichte tatsächlich hergestellt hat. Die Erfahrung, daß Welten sterblich sind, daß sie in der Mehrzahl existieren, ohne daß ein gemeinsames Gesetz sie verbindet, daß sie von kontingenten Bedingungen abhängen und daß diese Bedingungen von Menschen manipulierbar sind – diese Erfahrung ist mit der Fähigkeit, produktiven Reichtum herzustellen und Positionen aus dem Nichts zu schaffen, mit der Auflösung des Mediums der Plätze gegeben. Damit ist ein Außen gegenüber dem Medialen gegeben, von dem aus dieses sich zu einem Bereich zusammenzieht, den man überblicken und als Ganzes beschreiben, dem man sich entziehen kann.

Andererseits steht aber jedes Denken über Weltbedingungen selbst in einer Welt, die ihm einen Sinn gibt, den es nie ganz erfassen kann. Dieses Verhältnis der doppelten Umfassung werden wir im folgenden zu klären versuchen.

Die bovaristische Produktion der Menschheitsgeschichte

Das Selbst als Unmittelbarkeit und Natur auf der einen Seite, die Selbsterhaltung als Wille, Verzicht, Moral auf der anderen Seite: zwischen jener Vergangenheit und dieser höchsten Möglichkeit der Menschheit liegt die Gegenwart, als Ort des Selbstverlusts. Im Kampf gegen diese schlechte Mitte bestimmen sich die Natur als das verlorene Gut und das Gesetz der Dinge als das Gesetz über allen Gesetzen; in der schlechten Mitte sind versammelt: die neue »Spiegelvergesellschaftung« in den Salons, die kapitalistische Vergesellschaftung über Interesse und Geld und – in unverstandener Weise – das, was der Kern der alten Welt war, die Begründung des Für-andere in einer aus dem Tausch hergeleiteten Ordnung. Das System funktioniert als Welt, weil es dem Subjekt sagt, wohin es sich zu stellen hat: auf den Standpunkt der Selbst-Erhaltung; überall sonst unterwirft es sich einem Herrn, der ein Herr nur zum Schein ist. Das ist etwa die »stolze und einfache Ökonomie« (C I, S. 416) der neuen Welt, deren Artikulation Rousseau in seiner Vision vor sich sah und deren Grundfigur er in der Rede des Fabricius festgehalten hat.

Die Vision identifiziert, und zuallererst Rousseau selbst:[79] »... je vis un autre univers et je devins un autre homme« (C I, S. 351).[80] Bis in seine äußere Erscheinung verwandelt sich Rousseau in das, was sein System aus ihm macht. Er schlägt die gut dotierte Stelle des Kassierers eines Steuereinnehmers aus, verzichtet auf alle Projekte von Vermögen und Karriere, legt Degen, lange Perücke und weiße Strümpfe ab, verkauft mit unglaublicher Freude seine Uhr und verdient sein Geld mit Notenschreiben (C I, S. 363). Die quälende Schüchternheit, die Abhängigkeit vom Urteil des Gegenüber sind von ihm abgefallen; ganz Paris wiederholt seine sarkastischen Antworten; gegenüber den Spöttern, die seine Reform provoziert, hat er die ruhige Überlegenheit dessen, der die anderen besser kennt als sie sich selbst (C I, S. 417). Nach vier Jahren zieht Rousseau sich aus Paris aufs Land zurück. Die Identifikation, die sich nicht mehr auf die Feinde stützen kann, löst sich auf, »... je redevins craintif, complaisant, timide, en un mot le même Jean-Jaques que j'avois été auparavant« (C I, S. 417).[81] Aus dem Rückblick der *Confessions* beschreibt Rousseau sehr genau die ungeheure Energie, die der Tugendenthusiasmus in ihm freisetzt, aber auch das Gewaltsame und Künstliche an diesem. »... lorsque j 'ai fait ... à Paris l'antidespote et le fier républicain ...« (C I, S. 182):[82] die Tugendtrunkenheit (C I, S. 416) ist als Theater beschrieben, aber gleichzeitig sagt Rousseau auch: »Je ne jouai rien; je devins en effet tel que je parus« (C I, S. 416).[83] Die Verbindung von »spielen« und »ganz sein, was man spielt«, beschreibt ein wesentliches Merkmal der bovaristischen Identifikation. Der Theatereffekt entsteht daher, daß die Identifikation ein Publikum verlangt; der Blick, für den die Verwandlung erfolgt, muß gegenwärtig, fühlbar sein; er ist nicht im Medium enthalten. Aber es ist kein Spiel in dem Sinn, daß ein anderes Selbst hinter der Rolle stünde, auf das das Subjekt sich zurückziehen könnte.[84] Rousseau weiß so genau Bescheid über den Mechanismus dieser Spiele, daß er die Verwandlung der Reform in eine Reihe mit den anderen Momenten setzt, wo »er ein anderer wurde und aufhörte er selbst zu sein« (C I, S. 417); damit sind die Verwandlungen gemeint, von denen wir eine schon kennen: sein Auftreten in Lausanne als Doppelgänger von Venture. Wenn wir diesen Hinweis mit der knappen Geschichte kombinieren, die der Zweite Brief an Malesherbes (M I, S. 1134 f.) skizziert, haben wir ein deutliches Bild des gegenüber dem normalen ganz andersartigen Wegs, auf dem der Träumer Jean-Jacques zu seinem Platz, dem des berühmten Schriftstellers gelangt.

Am Anfang steht, was wir schon kennen, die Lesegier, die Fixierung auf die Bilder der Liebe und der römischen Tugend, in denen der eine für den anderen alles ist. Im Lesen wie im Träumen verschwindet das Subjekt in den Personen, mit denen es sich (in Rousseaus Sinn des Worts) identifiziert; für die wirklichen anderen ist es nichts; daher muß es sich auf den Blick der Liebe stützen. Die Wirklichkeit entsteht aus den Büchern; was ihn zum Mitspielen anreizt, ist nicht das reale mediale Netz der Positionen; er muß die Struktur der Romane im Wirklichen wiederfinden. Er begegnet Personen, die denen in den Büchern ähneln;

ihnen gibt er sich vorbehaltlos hin, übernimmt ihren Geschmack und ihre Projekte (M I, S. 1134); in dieser neuen Person verliert er seine Trägheit und Schüchternheit, wird unternehmend und selbstbewußt.

Der wichtigste dieser Freunde ist Venture de Villeneuve, ein Abenteurer, der eines Tags in Annecy auftaucht, sich als großer Musiker und Kenner der Pariser Musikszene ausgibt und durch ein geschicktes Spiel von Zurückhaltung und Frechheit die musikbegeisterte Gesellschaft zu faszinieren versteht. Es gelingt ihm, zwischen sich und der Welt, in der er sich für eine Weile niederläßt, den absoluten Abstand herzustellen, der zwischen dem Romanhelden und dem Leser liegt. Er hat, was alle begehren. Und vor allem ist er dem, was er hat, nicht unterworfen; er ist nicht ein ernsthafter Musiker, der in der Musikwelt situiert ist und dem es auf seine Position ankommt, sondern ein Abenteurer, der in einer frechen, d. h. auch souveränen Weise mit diesem Besitz umgeht. Der Blick des Dritten, der Venture in die reale, überschaubare musikalische Welt und dort auf einen wohl eher bescheidenen Platz stellen würde, ist beiseite geschoben durch die Faszination, die sich auf den Glanz der Hauptstadt und das Unterlegenheitsgefühl der Provinz stützt. Wir haben am Anfang dieses Buches gesehen, in welchem Ausmaß Jean-Jacques »venturisiert« (C I, S. 148) wird. Er reduziert die Konstellation, die Venture herzustellen versteht, auf ihren Kern von reiner Faszination und glaubt, man könne sich in Wirklichkeit in einen anderen verwandeln wie der Leser in den Helden eines Romans.

Eine frühere Stelle der *Confessions* beschreibt diese »bovaristische« Übernahme eines Namens im Gegensatz zu der normalen und abgelehnten. Zur Wahl steht auf der einen Seite das Versprechen einer aussichtsreichen Karriere als Privatsekretär einer mächtigen Familie. Eine Position ist ein Signifikant; sie hat ihre Bedeutung für einen Blick, und zwar für den Blick des Dritten. Für diesen ist sie eine Gabe, die Schuld und Begehren schafft. In den *Confessions* ist das Gespräch wiedergegeben, in dem der junge Graf de Favria Jean-Jacques den Vorschlag seiner Familie wiederholt und ihm wegen seiner unbedachten Ablehnung Vorhaltungen macht. Der Graf sieht mit den Augen des Dritten; er weiß, daß er ein wertvolles Angebot macht und daß er dafür zum mindesten Respekt erwarten kann. Diesen Respekt verweigert der junge Mann, der gerade noch Lakai war. Aber keineswegs, weil er, wie Rousseau es später tun würde, den Wert des Menschen von seinem Rang trennt, sondern weil er sich auf ein anderes Begehren stützt. Die Antwort, die er dem Grafen gibt, ist so anmaßend, daß dieser ihn schließlich an den Schultern packt und hinauswirft.

Was Jean-Jacques diese Sicherheit des Begehrens gibt, ist die Aussicht auf eine Wanderung in den Alpen mit einem neu gefundenen Freund namens Bâcle, einer jener Gestalten, die die so bewunderte Souveränität besitzen, und das Projekt, eine physikalische Wundermaschine, einen heronischen Brunnen, den Bauern auf den Dorfplätzen vorzuführen.

Was bringt Jean-Jacques dazu, so viel gegen so wenig einzutauschen? In Wirklichkeit geht es nicht um viel und wenig, sondern um zwei unvereinbare Register des Bedeutens. Die Position bedeutet etwas für den Blick des Dritten, die Vorstellung, vor den staunenden Bauern als der glorreiche Besitzer eines Zauberdings dazustehen, wendet sich an das weltlose Subjekt, das für Begehrenswertes nur in der Struktur des »alles oder nichts« empfänglich ist.

Der Leser und Träumer findet eine wirkliche Gestalt, in der er für andere etwas darstellt, was er auch sein will, wenn sich die Wirklichkeit wie ein Roman konstelliert und ihm eine Position offenläßt, die er besetzen kann.

Nach der Stilisierung des Briefs an Malesherbes enden diese »Verrücktheiten« in der resignierten Erkenntnis Jean-Jacques', daß er gesucht hatte, »ce qui n'étoit point«, daß es keine Verbindung zwischen seinem Begehren und der Wirklichkeit gibt. Die Artikulation des Wirklichen durch das System, in dem Jean-Jacques sich in der Position der Tugend situiert, läßt diese Konstellation wieder entstehen, und diesmal in erfolgreicher Weise. Venture hatte den musikversessenen Bürgern von Annecy gezeigt, daß die kleinen Schätze, auf die sie stolz sind, nichts sind gegenüber dem großen, den er aus Paris mitbringt. Der tugendhafte Jean-Jacques demonstriert der ersten Gesellschaft der Welt, daß alles, was sie besitzt, gegenüber dem, was er besitzt, nichts wert ist, daß sie Götzen anbeten, die nur ein Produkt ihrer eigenen Blindheit sind. Er dagegen gehorcht dem wahren Gesetz; und vor allem ist er auch diesem Gesetz gegenüber souverän: er gehorcht aus Einsicht, nicht aus blinder Unterwerfung.

Der Appell, der von dem System ausgeht, »entkleidet« den, der ihn hört; es will ihn von seinen Namen lösen, ihn auf den Status des weltlosen Subjekts reduzieren; es bietet ihm die großen Namen aus dem Bereich des »alles oder nichts« an – etwa den des *citoyen* –, die allein das weltlose Subjekt an sich ziehen können. Viele seiner Zeitgenossen haben Rousseau für einen Verrückten oder einen Komödianten gehalten, viele haben ihn als den Heiligen und Märtyrer einer besseren Welt verehrt. Wer an seinen Namen gebunden ist und die Welt in ihrer normalen Gestalt sieht, der versteht diesen Appell nicht; in seiner Unsicherheit und in seinem Pathos wirkt Rousseau gleichermaßen befremdlich.[85] Es sind diejenigen, die die Auflösung des alten Mediums hinsichtlich ihrer Identifikationen unsicher gemacht hat, die auf die Versprechung eines ganz anderen und größeren Menschen hören.

Die »normale« Wirklichkeit ist vom Dritten aus gesehen; in ihr sind die Menschen durch Rechte und Pflichten verbunden; bei aller Ungleichheit besteht zwischen ihnen die fundamentale Gleichheit, daß jeder etwas besitzt. In dieser Wirklichkeit ist das ältere und auch die Mehrheit des bürgerlichen politischen Denkens situiert. Es ist sicher eine der großen Erfindungen Rousseaus, daß sein System vom Ort des weltlosen Subjekts aus konzipiert ist und in diesem auch seinen eigentlichen Adressaten hat.[86] Ihre Wirkung und anhaltende Überzeugungskraft zieht diese Erfindung daraus, daß die absolute Differenz, auf der die identifizierende Macht beruht, in dem realen neuen Wissen von den Weltbedingungen verankert ist.[87]

Rousseau hat die Verstrickungen, in die seine Vernunft durch seine »Verwandlungen« gebracht wird, sehr weitgehend durchschaut. Er hat für sie auch den Typ von Lösung gefunden, dem wir bis heute folgen, nämlich die Unterscheidung zwischen persönlichen Schwächen und einer von diesen Schwächen grundsätzlich unabhängigen Wahrheit. In Wirklichkeit gibt es die Trennung nicht. Jeder Diskurs über die Weltbedingungen ist auch zugleich Diskurs innerhalb einer konkreten medialen Welt und als solcher nicht »beherrschbar«.

In der Ausarbeitung des Systems im *Émile* und in der *Nouvelle Héloïse* verschränkt Rousseau zwei Wege, um ein Jenseits der medialen Vergesellschaftung zu finden. Auf dem Weg, den ihm seine »Neurose« vorschreibt, ersetzt er Beziehungen des Tauschs durch Beziehungen des »alles oder nichts«. Er füllt dieses Verhältnis aus als ein Verhältnis des Wissens: auf der einen Seite stehen die, die das Wissen über die Weltbedingungen besitzen und aus ihm heraus handeln, die Gesetzgeber, Erzieher, Organisatoren; auf der anderen die Objekte dieser Aktivität, die Kinder, Dienstboten, die Polen und Korsen, für die Rousseau Verfassungen entwirft. Das Wissen über die Bedingungen des Medialen schafft den Ort, von dem aus die Medialität unterworfen werden kann, zugleich ist es Teil und Rechtfertigung einer medialen Struktur, die es nicht kennt. Im folgenden will ich zeigen, wie in dieser Konstellation Figuren entstehen – für die Vaterschaft, die Liebe und die Sexualität, Genuß und Begehren –, die in der ganzen bürgerlichen Epoche wichtig bleiben.

»Die heiligen Pflichten des Vaters«

Wenn die Bindung der Namen an das System der Plätze aufgegeben ist, muß man die Welt auf einer anderen Grundlage neu aufbauen. Im realen Verlauf der Geschichte verläuft diese Neustrukturierung verworren, zögernd, in Schüben von Neuerungen und Restaurationen; bei Rousseau ist sie leicht lesbar, weil sie in einem Zug und mit einer staunenswerten Konsequenz durchgeführt wird.

Warum gibt man einem Bettler Geld? Was ist ein Vater? Wie macht man eine Liebeserklärung? Was ist ein Kind? »Ich sehe nichts wie die anderen Menschen«, sagt Rousseau von sich (E IV, S. 242), tatsächlich sieht er fast alles anders, als man es bisher gesehen hatte; manchmal in einer ausgearbeiteten Form, manchmal ohne daß er es selbst merkt. Ich habe versucht, die Grundkonstellation herauszuarbeiten, die die neue Welt produziert, jetzt möchte ich an einigen Punkten zeigen, wie diese Konstellation die Wirklichkeit in ihrem ganzen Umfang neu artikuliert.

Warum gibt man einem Bettler Geld? Die Frage ist eine der Kleinigkeiten, an denen sich der für die Geschichte der Aufklärung folgenreiche Streit mit Diderot und den Enzyklopädisten festgemacht hat (C I, S. 459). In seinen Briefen versucht Diderot immer wieder seinen Freund dazu zu bewegen, seine ländliche Zuflucht zu verlassen und wieder nach Paris zurückzukehren. In diesem Zusammenhang erinnert er ihn einmal an die Bettler auf den Wallanlagen, denen Rousseau regelmäßig Almosen zukommen ließ; es sei ein Unrecht, diese Armen im Stich zu lassen. Diderot denkt in Tauschkategorien: Wenn man Bettlern regelmäßig etwas schenkt, dann wird daraus ein Recht; es ist ein Klientelverhältnis entstanden, und es ist schlecht von Rousseau, sich dieser Verpflichtung zu entziehen. Rousseau denkt von allgemeinen Prinzipien her: Würdige Arme verdienen Unterstützung; die Armen auf dem Land sind in der Regel würdiger; also gibt es keinerlei Recht der Bettler auf den Wällen auf seine Börse. Die durch die Gabe hergestellte Beziehung, auf die Diderot sich so selbstverständlich beruft, sieht Rousseau gar nicht.

Offensichtlich verschiebt Diderot auf die Bettler seinen Ärger darüber, daß Rousseau so bedenkenlos die gemeinsame Sache der Enzyklopädie vergißt.[88] Dabei geht es um die Enzyklopädie, aber vielleicht noch mehr, wie der weitere Verlauf des Streits zeigt, um Rousseaus Stil, mit Verpflichtungen umzugehen.

Um diesen Zusammenhang zu verstehen, muß man an die Bedeutung erinnern, die im 18. Jahrhundert dem Medium der »Beziehungen«, der *services rendues* zukommt. Ein Haus, das einem berühmten Intellektuellen zur Verfügung gestellt wird, der Zugang zu einer mächtigen Person, die Aussicht auf eine Pension, ein Tabakdepot für die Schwiegermutter, Druckmöglichkeiten für ein Buch, Freunde, die man über Freunde gewinnt, Schutz gegen Zensur und Verfolgung, ein Refugium in England – alles bekommt man auf demselben Weg.[89] Zwischen der Alten Welt der festgelegten, vorwiegend erblichen Plätze und der Ordnung der formalisierten Zugangsmöglichkeiten, der Prüfungen und Zeugnisse, die das 19. Jahrhundert schaffen wird, hatte eine halb institutionelle Form des freien Tauschs, die Vergesellschaftung der Freunde, der Cliquen, der Klientelen, der Parteien (so wie man von der »Partei der Philosophen« sprach), eine Leerstelle besetzt. Das gilt besonders stark in dem Bereich, in dem Rousseau lebte, bei den Intellektuellen, die zwischen der Position, die ihnen die neu entstehende Öffentlichkeit ermöglichte, und den alten mäzenatischen Abhängigkeiten mühsam Freiheit und Auskommen zu verbinden suchten. Dieser Austausch von Diensten und Gefälligkeiten war das alltägliche Medium, in dem Rousseau der Tausch begegnete.

Immer wenn Rousseau eine der unzähligen Darstellungen seiner Sondernatur beginnt, kommt ganz am Anfang die Erklärung: An diesem Austausch kann er sich nicht beteiligen; er kann es überhaupt nicht ertragen, sich verpflichtet zu fühlen. Auf der Suche nach einer Straße, die er nicht kennt, läuft er lieber lange herum, als einen Passanten zu fragen; er kommt zwar schmutzig und oft verspätet an, aber er ist niemandem etwas schuldig (*Mon portrait* I, S. 1127). Er ist gerne, wie man in der Sprache des 18. Jahrhundert sagt, Wohltäter; aber als er durch seine literarischen Erfolge in den Stand gesetzt wird, dieser Neigung nachzugeben, merkt er mit Schrecken, daß Gaben einen Zyklus ohne

Ende eröffnen, genauer gesagt, ein Klientel-Verhältnis schaffen, das auch dem Klienten Rechte über den Patron gibt. Und da er seinen Part nicht bejahen und übernehmen kann, so wird Rousseau schließlich das mißmutige Opfer der von ihm Beschenkten (R I, S. 1051 f.).

Um die Einstellung zu Verpflichtungen geht es in der Auseinandersetzung um die Bettler, um sie geht es auch in dem großen Streit, der zum Bruch, zur unversöhnlichen Feindschaft zwischen Rousseau und seinen Freunden Diderot und Grimm führt. Die Vorwürfe Diderots zielen immer darauf, daß Rousseau in persönlichen Dingen seine Verpflichtungen verletzt. Die auslösende Episode ist charakteristisch. Es ging um die Frage, ob Rousseau verpflichtet wäre, seine Gönnerin, Mme d'Epinay, auf eine große Reise zu begleiten. Für eine solche Frage, die durch allerlei delikate Nebenumstände kompliziert wurde, hatte das 18. Jahrhundert eine ausgearbeitete Kasuistik. An Rousseaus Reaktion ist interessant, daß er nicht einmal versucht, diese Kasuistik in seinem Sinne auszubeuten, sondern daß er auf eine Art, die man nur brutal nennen kann, das Prinzip der Verpflichtung durch die Gabe selbst außer Kraft setzt. Der Tausch als System verlangt, daß der Wert der zirkulierenden Gaben als »Verpflichtungswert« einigermaßen fest ist; der Trobiander darf nicht sagen, er mache sich nichts aus Muschelketten, daher sei er für die erhaltenen nichts schuldig. Genau dies tut Rousseau, wie man in zahlreichen Briefen zeigen kann. Am massivsten in einer Argumentation, die die skandalisierten ehemaligen Freunde sein »affreux système« genannt haben:[90] Wieviel ein Geschenk auch den gekostet haben möge, der es gegeben habe, ihn, Rousseau, koste es jedenfalls noch mehr, es anzunehmen, so daß der, der gibt, auch der Schuldner ist; der Gebende muß darauf achten, nicht undankbar zu sein. Zwei Dinge sind hier auseinanderzuhalten. An dieser Stelle unterscheidet Rousseau explizit das Verhältnis der wechselseitigen Leistungen, das ihn mit Madame d'Epinay verbindet, von »wirklicher Freundschaft« als einer Beziehung der Herzen. Aber trotzdem ist er unfähig, das System der wechselseitigen Dienste als ein Tauschsystem zu verstehen; er ist blind für die Tatsache, daß in diesem Bereich Regeln herrschen und ein Dritter immer vorausgesetzt ist. Er macht aus der Beziehung eine abgeschlossene Zweierbeziehung, und zwar eine der Gefühle: die Lust am Wohltun ist ebenso ein Gefühl wie die Dankbarkeit, die Gaben sind nicht Elemente, Zeichen in einem System, sondern nur das, was sie für die beiden Partner bedeuten, beliebig interpretierbar und schwankend nach der Bewegung der Bedürfnisse.

Da das mediale System sich in dieser und noch in vielen anderen Formen verflüssigt, sucht Rousseau die Festigkeit der Welt auf der Ebene der allgemeinen Prinzipien (die sich aus dem Gesetz der Dinge ableiten). Das wird deutlich in seiner Neubestimmung dessen, was ein *Vater* ist. In der Alten Welt ist der gemeinsame Platz das grundlegende Band zwischen Vater und Kind. Der Sohn ist Nachfolger, daher ist er begehrt, geliebt, solange er seine Pflichten erfüllt, sonst ist er gehaßt und verachtet; als der, der den Vater verdrängt, ist er in einer unterschwelligen Weise Rivale und Feind. Die Tochter ist mögliches Band zu einer anderen Familie, Chance der Bereicherung, Gefahr der Schwächung. Wenn man die Welt der Plätze so intim und radikal ablehnt wie Rousseau, dann ist ein Kind zuerst einmal nichts; und es ist nicht überraschend, daß für Rousseau die Vaterschaft die heikelste aller Beziehungen war.

Rousseau hat die Gründe, warum er seine fünf Kinder ausgesetzt hat, später dargelegt. Trotz des Rechtfertigungsdrucks, unter dem er stand, hat er mit einer verblüffenden Klarheit die Entscheidung aus dem jeweiligen Lebenskontext heraus erklärt, ohne seine späteren Einstellungen eindringen zu lassen.

Der Jean-Jacques vor der Reform war, indem er seine unehelich erzeugten Kinder ins Waisenhaus gab, einfach den »Sitten des Landes« gefolgt (C I, S. 344). Er lebte zu dieser Zeit in der Gesellschaft von Männern, die hauptsächlich mit ihren Liebschaften beschäftigt waren. Diese Menschen, die ihm sehr liebenswürdig und im Grunde sehr ehrenwert vorkamen, hielten es für selbstverständlich, sich der unehelichen Kinder zu entledigen; so folgte Rousseau dieser praktischen Maxime. Die drei nächsten Kinder haben schon den tugendhaften Rousseau zum Vater, der die Bestimmung der Kinder, die Beziehungen zu ihrer Mutter, im Lichte der Gesetze der Natur, der Gerechtigkeit und der Vernunft prüft (C I, S. 356). Er hält es für richtig, den Kindern eine öffentliche Erziehung zukommen zu lassen; sie sollen lieber ehrliche Bauern und Arbeiter als Abenteurer und Glücksritter werden. Bei dieser Entscheidung fühlt er sich als Bürger der platonischen Republik; wäre nicht die Rücksicht auf die Mutter gewesen, hätte er sich offen dieser Entscheidung gerühmt (C I, S. 357). Nach einigen Jahren hat Rousseau, wie wir wissen, den Standpunkt der republikanischen Tugend aufgegeben und sich in den Organisator verwandelt, der der bedrohten Natur eine Heimat schafft. In dieser Position beschreibt er sich als der Erzieher Émiles; jetzt wird ihm die Vaterschaft zu einer heiligen Pflicht; sie ist die Erfüllung einer dreifachen Schuld, gegenüber der menschlichen Gattung, der Gesellschaft und dem Staat (E IV, S. 262 f.).[91]

Die *libertinage*, auch in der milden und sozial akzeptierten Form, die Rousseau beschreibt, ist immer noch eine Revolte gegen die offizielle Festlegung des Mediums Sexualität und damit gegen die Welt der Plätze. Bâcle und Venture hatten Rousseau so stark beeindruckt, weil sie Abenteurer waren; es liegt nahe, daß Rousseau sich in einem solchen Kreis wohl fühlt, auch wenn er zu ängstlich ist, um mehr zu tun, als die Maximen zu übernehmen. In dieser Welt sind die Kinder für die Väter nichts, und sie werden ohne Gedanken beiseite geschafft. Nachdem Rousseau sich in den *citoyen* verwandelt hat und die Welt vom Standpunkt der Erhaltung des Kollektivs sieht – und Rousseau ist, was er ist, immer ganz –, sind die Kinder nichts für den Vater, aber sie sind wichtig für den Staat; sie kommen immer noch ins Waisenhaus, aber das Waisenhaus ist jetzt nicht mehr bloße Ablage, es wird zu einer Stätte der öffentlichen Erziehung. Während der Abfassung des *Émile* entdeckt Rousseau in der pädagogischen Beziehung eine Beziehung des »alles oder nichts«, die fast so schön ist wie die große Liebe oder die antike Tugend und dabei viel wirklichkeitsnäher; das Buch, das er schreibt, gibt ihm die Gestalt, in die er sich verwandelt, und er bereut sein herzloses Verhalten.[92]

Diese rekonstruierte Vaterschaft hat mit der alten fast nur noch den Namen gemeinsam. Sie ist entstanden aus dem Durchgang durch die Gleichgültigkeit. Die mediale Beziehung löst sich auf: Auf der einen Seite steht das Vernunftverhältnis, das durch das Prinzip der (kollektiven) Selbsterhaltung geleitet ist; auf der anderen eine mediale Beziehung des »alles oder nichts«, als die disziplinierende Haltung des Pädagogen, oder als das, was Rousseau das natürliche Gefühl nennt, als der »Blick der Liebe«, der das Kind vor der Verwahrlosung schützt; indem er dem Kind eine Gestalt schenkt, gewinnt der Vater eine Gestalt für sich. Rousseaus Konstruktion des Vaters ist genauso bovaristisch wie seine Konstruktion des Politischen: sie wendet sich an das weltlose Subjekt, das in der Sphäre des »alles oder nichts« eine Gestalt sucht.[93]

Die Verführung durch die Tugend

Die vollständigste, reichste und lebendigste Darstellung von Rousseaus neuer Welt ist die *Nouvelle Héloïse*. Die Entscheidung, einen Liebesroman zu schreiben, hat den tugendhaften Rousseau einige Selbstvorwürfe gekostet. Innerhalb des Systems ist es aber eine konsequente Entscheidung. Die Wirklichkeit ist nun einmal beherrscht von den Regeln des Für-andere. Die Republik des *Contrat social*, die das Für-andere vom Kollektiv und dem Gesetz der Dinge völlig aufzehren läßt, ist eine konsequente, aber arme Lösung, die die zeitgenössische Wirklichkeit nicht erfaßt, sondern nur als ganze verurteilt. Nach der Phase der Reform ist Rousseau aber an der Vermittlung zwischen dem Für-andere und dem Standpunkt der Erhaltung interessiert; die Liebe ist der Bereich, wo das Für-andere in dem anziehendsten Licht erscheint, wo der Verlust am meisten schmerzt.

In Wirklichkeit ist die *Nouvelle Héloïse* natürlich nicht als Ausfüllung eines theoretischen Programms geschaffen worden; die Geschichte ihrer Entstehung, wie die *Confessions* sie beschreiben, ist selbst ein Roman, der schon oft und liebevoll ausgefüllt und nacherzählt worden ist. Der strenge *citoyen* verwandelt sich in den *berger extravagant*, den verliebten Schäfer. Monatelang verbringt Rousseau so viel Zeit wie möglich in dem Wald von Montmorency, beschäftigt mit der Ausmalung eines umfangreichen Tagtraumes. Aus dem Traum macht Rousseau einen Roman; aber plötzlich verwandelt sich Julie in Sophie, eine wirkliche Frau tritt an die Stelle der Romanfigur, die Dreieckskonstellation des Romans wiederholt sich in der Wirklichkeit. Auch an die wirkliche Geliebte schreibt Rousseau Briefe über die Moral; in seinen Träumen ist er auch noch der Organisator einer Welt, die Bestand haben soll. Die Vermittlungsarbeit, deren Systemnotwendigkeit wir oben skizziert haben, leistet Rousseau an seinen Träumen und an seiner eigenen Liebe.

Von der Systemlogik her kann man den Roman sehr kurz wiedergeben. In der ersten Hälfte ist die *Nouvelle Héloïse* die Darstellung einer großen Leidenschaft. Ein Bürgerlicher und ein adliges Mädchen verlieben sich. Der Vater, der die Ehe in der alten Art, als Verbindung zwischen zwei Familien, sieht, zwingt seine Tochter mit allerlei Erpressungen zur Ehe mit dem viel älteren Baron Wolmar. Julie willigt ein mit dem Hintergedanken, das offizielle Verhältnis durch ein außereheliches zu ergänzen, ein Kompromiß, in dem Rousseaus vornehme Freundinnen fast alle lebten. Die Zeremonie der Hochzeit löst in ihr ein visionäres Erlebnis aus. Sie sieht jetzt sich selbst als Ehefrau vom Standpunkt der Erhaltung der Ordnung und des Friedens der menschlichen Gattung aus, die Ehebruchsgedanken erscheinen ihr als erster Schritt zu einer schrecklichen Verwahrlosung. Die vorher gefürchtete Ehe erscheint ihr als Befreiung aus einer viel schlimmeren Gefangenschaft durch die Leidenschaften, und sie fühlt, daß sie auf ihre Liebe verzichten kann, ohne sich selbst zu vergewaltigen.

Der Ehemann ist die reine Inkarnation einer Zentralgestalt des Systems (die im *Contrat social* als Gesetzgeber erscheint): der Organisator, der außerhalb der Welt steht und sich ihr ganz widmet, der alle Leidenschaften kennt und keine teilt. Wolmar sieht, daß seine Frau den wertvollsten Teil ihrer Person verlieren würde, wenn sie ihre Liebe ganz aufgäbe. Er lädt Saint-Preux ein, das Leben in Clarence mit dem Paar zu teilen; er stellt nur eine Bedingung: Saint-Preux muß sich Julie gegenüber immer so verhalten, als wäre Wolmar anwesend. In einer subtilen Weise, auf die er sehr stolz war, beschreibt Rousseau einen neuartigen psychologischen Prozeß, den es früher nicht gegeben hatte, die Identifizierung mit einer verbietenden Instanz und die innere Verwandlung der Liebe durch diese Identifizierung. Der zweite Teil beschreibt dann sehr ausführlich die Organisation des Familienlebens und des Landguts. Das Hauptproblem ist der richtige Umgang mit den Kindern und den Bediensteten, die in dem Blick der anderen und im Bereich des Begehrens leben und das wahre Gesetz nicht kennen. Sie müssen in einer manipulativen Weise, durch die Gestaltung der Rahmenbedingung ihres Lebens, so geleitet werden, daß die Verbindung zu den natürlichen Bedürfnissen möglichst gewahrt bleibt und daß der Bestand des Ganzen gesichert ist.

Die Beziehung des Für-andere zum Standpunkt der Selbst-Erhaltung bestimmt in einer doppelten Weise den Aufbau: Das Buch beschreibt die Entwicklung der Hauptpersonen als den Übergang von der einen Sphäre in die andere, von der Liebe zum Gesetz der Dinge; dieser Übergang hat schon ganz und gar den Charakter einer Aufhebung im Hegelschen Sinne: das Verlorene lebt als Vergangenes im Gegenwärtigen. Und gleichzeitig lebt es in der Gegenwart der Kinder und der Diener. Wir haben gesehen, daß alle Versuche Rousseaus, sich zu verweltlichen, zwei Ausgänge hatten: das Gefühl der Leere oder die Begegnung mit dem bösen Blick. Rousseau hat in der *Nouvelle*

Héloïse den alles sehenden Blick Wolmars eingebaut, dem sich alle bedingungslos unterwerfen; der böse Blick des Mediums ist damit überboten und gebannt.[94] Die Leere, die die Träume in Bewegung gesetzt hatte, ist am Ende des Romans wiedergefunden. Julie hat einen Unfall und stirbt. Sie stirbt gerne, weil sie sich in ihrem Glück langweilt und ihr Herz leer ist (NH II, S. 694).

Rousseau hat von Kindheit an von der großen Liebe geträumt. *Alles* für den anderen sein, erspart *etwas* für den anderen zu sein, erspart die Identifikation mit dem Medium. Neben der Beziehung zum Kollektiv ist die große Liebe die Form, in der Rousseau sich das Für-andere vorstellen kann. Mit diesem Traum steht Rousseau in einer literarischen Tradition, auf deren Anfang im 12. Jahrhundert auch der Titel des Romans anspielt. Diese Beziehung ist nicht zufällig; das System der höfischen Liebe ist der erste Ausweg aus der Welt der Plätze. In ihm ist die Frau nicht durch den Platz bestimmt; die große Liebe ordnet sich alle Rücksichten der Reputation und der Ehre unter. Aber die höfische Liebe ist nicht wie die romantische ein Bereich außerhalb der normalen Welt; sie steht in ihr und übersteigt sie. Es gibt keinen Liebesroman, wo nicht am Anfang das, was das Paar füreinander begehrenswert macht, in den Kategorien der Plätze beschrieben wäre: der Sohn eines Königs und der tapferste Ritter, die vornehmste und schönste Dame – die Ausführung kann sehr verschieden sein, aber irgend etwas von dieser Art setzt die Bewegung in Gang. Später muß Lancelot auf den Schandkarren steigen und sich im Duell besiegen lassen; aber auch diese Opfer, die die Suprematie der Liebe beweisen, verlangen das Medium: Lancelot muß in den Begriffen von Ruhm und Ehre der erste sein, um Ruhm und Ehre der Dame zu Füßen legen zu können.

Rousseau braucht etwas anderes, was die Liebenden füreinander begehrenswert macht und was als Medium dienen kann, in dem die Liebe ihre Herrschaft beweisen kann. Dies Medium ist – wie kann es anders sein – die Tugend. Das ist keineswegs eine aufgesetzte und künstliche Lösung, wie man vielleicht denken könnte. Während der Phase der Reform hatte die Tugend auf Rousseau die faszinierten Blicke der Pariser Salons versammelt. Sie ist ein Ort der Größe, des Über-allem-Stehens, der Sicherheit; wahrscheinlich ist sie das wirkungsvollste Objekt des Begehrens, das das Jahrhundert erfunden hat. Der alte höfische Liebesroman besteht zu einem guten Teil aus Proben: in den einen muß der Held seiner Tapferkeit beweisen, in den zweiten, daß er Liebe über die

Ehre stellt. Die *Nouvelle Héloïse* realisiert dieses Schema im Medium der Tugend. In dem ersten Teil, wo der Bereich der Organisation noch nicht betreten ist, bedeutet Tugend, die Welt richtig zu sehen, das Richtige zu bewundern und zu verurteilen. Die großen Tugend-Proben sind jetzt Reisen: die eine führt zurück in eine größere Nähe zur Natur, zu den patriarchalischen Bauern des Wallis. Diese Probe besteht Saint-Preux bestens: er fühlt sich zu Hause und weiß die Größe in der Einfachheit zu schätzen. Die andere Reise führt in die verderbte Welt der Zivilisation; hier erweist sich der Held in mancher Hinsicht als verführbar, aber er behauptet doch seinen Standpunkt über den Dingen.

In dem zweiten Typ von Proben muß die Liebe im Kampf mit der Tugend selbst ihre Macht erweisen. Hier stellen sich Probleme, die der alte Roman nicht kennt. Die Qualitäten des Platzes und der Ritterlichkeit haben einen objektiven Charakter, sie verschwinden nicht, wenn sie der Liebe geopfert werden. Die Tugend ist eine subjektive Einstellung, sie darf nicht aufgegeben werden, sonst würden die Personen das Begehrenswerte aufgeben; der Roman verlöre seine Grundlage. Im Vorwort[95] benennt Rousseau sein Verfahren: »ils sont dans le délire et pensent philosopher«.[96] Die Leidenschaft beweist sich darin, daß sie, was die Personen selbst für Tugend halten, von innen erfaßt und für ihre Zwecke verbiegt. So scheinen die ersten Briefe Saint-Preux' auf den ersten Blick als Beteuerungen einer edlen Gesinnung. Als solche sind sie, wie man bald erkennt, geheuchelt; sie sind geleitet von der Absicht, Julie zum Geständnis ihrer Liebe zu zwingen. Diese Heuchelei, die sich selbst nicht kennt, ist zugleich Beweis der Tugend, die gegen die Liebe kämpft, und auch Beweis der Übermacht der Liebe, die die Tugend in ihren Dienst nimmt. Jenseits solcher Strategien liegt die fundamentale Subversion der Tugend darin, daß sie durchgehend gerade dazu verwendet wird, Liebe zu erzeugen. Nach ihrer Bekehrung zum Standpunkt der Erhaltung der menschlichen Gattung wird Julie diese Instrumentalisierung erkennen und ausdrücklich benennen (NH II, S. 376).

Im höfischen System steht die große Liebe im Widerspruch zu den herrschenden Regeln. Aber ihre Helden sind sich ihrer Welt sicher und können die (wenn auch manchmal tödliche) Entscheidung für die Liebe treffen. Für Rousseau wird die Leidenschaft etwas, was grundsätzlich nur hinter dem Rücken der Personen wirken kann; es ist undenkbar, daß die Liebenden sich für die Leidenschaft *entscheiden*; sie würden sich selbst und ihre Welt verlieren.

Was geschieht nun aber mit der Beziehung zwischen den Körpern, mit der Sexualität, wenn die Tugend als Ursache des Begehrens an die Stelle der Plätze getreten ist?

Die Erlebnisse der ersten Nacht, die sie mit dem Geliebten verbracht hat, beschreibt Julie als »...plaisirs que le plus vil mortel peut goûter...« (NH II, S. 102).[97] In diesem Satz ist in einer in der Alten Welt ganz undenkbaren Weise die sexuelle Begegnung von den sich begegnenden Personen gelöst und in ein gesichtsloses Vergnügen verwandelt. Auf den Seiten, die den zitierten Worten vorausgehen, beschreibt Julie wehmütig den früheren Zustand der Unschuld, das Wechselspiel von Tugend und Liebe, wo das eine als Nahrung des anderen dient. Dieses Spiel verschwindet im Sexualakt wie ein Traum. Die Sexualität ist blind (NH II, S. 96), sie besteht aus »Anfällen von Raserei«, im besten Fall ist sie eben ein »Vergnügen« (NH II, S. 102).

Am Ende des Romans faßt Julie den Plan, Saint-Preux mit ihrer Herzensfreundin Claire zu verheiraten. Einer der Gründe, die sie ihrem ehemaligen Geliebten darlegt, ist sexueller Natur. Der Mann ist nicht fürs Zölibat gemacht. Die wahre Tugend besteht darin, sich nicht unnötig Versuchungen auszusetzen und die Gefahr, die ganze Ordnung des Lebens zu stören, von vornherein zu vermeiden. In diesen sozialhygienischen Erwägungen findet man hier dieselbe Auffassung der Sexualität als eines natürlichen Bedürfnisses, aus dem das Begehren und das Verhältnis der Personen verschwunden ist.

Zumindest im ersten Teil ist die *Nouvelle Héloïse* auch ein erotischer Roman; Julie ist auch als Körper gegenwärtig. Erst im Sexualakt selbst verschwinden die Personen. Rousseau beschreibt mit der ihm eigenen Deutlichkeit, in welcher Konstellation Sexualität und Beziehung zwischen Personen sich verbinden können: in der Masturbation Saint-Preux' in Erinnerung an die Geliebte, in den brieflichen Andeutungen hierüber und dem milden Tadel Julies.[98] Jeder geschlechtliche Akt ist eine Entgleisung; nur indem man zeigt, daß man über ihm steht, kann man ihn in eine Beziehung einführen.

Im ersten Teil seiner *Histoire de la sexualité*[99] beschreibt Foucault das 18. Jahrhundert als die Epoche, wo das Allianzdispositiv als Mechanismus der Regulierung sexueller Beziehungen durch das Sexualitätsdispositiv abgelöst wird. Das Wort Allianz verweist auf Lévi-Strauss und bezeichnet – mit einer anderen Schwerpunktsetzung – das, was wir als die Bindung des Sexuellen an die Welt der Plätze bezeichnet haben.

Dieses Prinzip ist in der *Nouvelle Héloïse* noch der selbstverständliche Hintergrund; der Vertreter der Alten Welt, Julies adliger Vater, kann den Gedanken einer Heirat Julies mit Saint-Preux nicht ertragen, weil er sie als eine Allianz zwischen sich und dem Bürgerlichen ansieht (NH II, S. 177). In Julies organisatorisch-hygienischem Umgang mit den sexuellen Bedürfnissen ihres Freundes ist der Übergang zum Sexualitätsdispositiv mit der Rousseau eigenen Radikalität vollzogen.

Foucault hat an diesem Übergang die Dimension der »Macht« hervorgehoben. Man kann zweifeln, ob für die Organisation des Sexuellen in der bürgerlichen Welt Medizin und Rechtswesen die Rolle gespielt haben, die Foucault ihnen zuschreibt. Uns interessiert hier eine andere Frage: Was geschieht mit dem Sexuellen, wenn das Medium des Füreinandere, von dem es im System der Allianz getragen war, aufgegeben wird?

Die Plätze bestimmen den realen Körper als Teil des Namens. Wir haben gesehen, wie im Feudalsystem der aggressive Körper des Mannes als fundamentaler Teil seines Selbst bestimmt wird. Ähnliches gilt für den sexuellen Körper der Frau. Die Eigenschaften des Platzes, des Verhaltens und des realen Körpers gehen eine unlösbare Verbindung ein; eine Prinzessin kann auf eine Weise im erotischen Sinn schön sein, die einer Bäuerin oder Bürgersfrau unzugänglich ist. Für die Liebesromane in ihrer überwiegenden Mehrheit ist der Gewinn der begehrten Frau in einem auch der Erwerb des begehrten Platzes – das eine geht nicht ohne das andere. Gewissermaßen von der Seite, aber um so deutlicher, kann man die Verbindung des Sexuellen mit den Plätzen im *Decamerone* studieren. Es gibt kaum eine erotische Geschichte, die nicht – oft bis in die Metaphorik, mit der der Sexualakt beschrieben ist – als Betrug an dem rechtmäßigen Besitzer inszeniert wäre; der Genuß der Frau ist immer der Genuß eines Platzes, der einem anderen gehört; je näher der gehörnte Ehemann an der Szene ist, um so größer ist die Lust.[100]

In der Zulietta-Episode beschreibt Rousseau eine reale sexuelle Erfahrung; hier begegnet er dem unerträglichen Blick, der nach dem Begehrenswerten im Medium der Plätze fragt. In der Traumwelt der *Nouvelle Héloïse* ist der böse Blick beseitigt. Es gibt keine Medialität; das Selbst ist als Position des Subjekts bestimmt, als die Fähigkeit, sich über die medialen Bindungen zu stellen. Damit wird die Sexualität notwendig blind; niemand sieht mehr, niemand wird mehr gesehen. Es bleibt nur die beschämende Erinnerung des Selbstverlusts, das Briefeschreiben, in dem die Subjekte in der Verarbeitung des Vergangenen sich wiederherstellen. Damit der Sexualakt eine Beziehung zwischen Personen ist, müssen die Körper als Medium funktionieren. Wir haben von Rousseau her sicher einen beschränkten Zugang zu dem Problem der Wandlung des Sexuellen zwischen der vorbürgerlichen und der bürgerlichen Zeit. Aber eines können wir doch sagen. Die Sexualität ist der Bereich, wo die Problematik der Medialität sich am nachdrücklichsten stellt. Foucault hat sicher recht, wenn er sagt, nie wäre so viel über Sexualität gesprochen worden wie im 19. und 20. Jahrhundert, und wenn er daraus ableitet, daß die Kategorie des Verbots nicht greift. Aber unbestreitbar ist, daß die Sexualität eine Problemzone wird, daß eine Art Natürlichkeit verlorengegangen scheint. Das kann man nicht als Effekt von medizinischen, juristischen und bevölkerungspolitischen Diskursen verstehen. Was das 19. Jahrhundert auszeichnet, sind nicht Verbote – diese sind gerade für die Alte Welt charakteristisch und werden gelockert –, sondern Scham und Ekel, die Ausstoßung aus der Gestalt, die man für andere sein möchte. Das Geschlechterverhältnis wird aus den medialen Imperativen des Begehrens herausgelöst, es wird zum tierischen Trieb. Und wenn es andererseits, wie Foucault beschreibt, zu einem unerschöpflichen Geheimnis wird, dann ist das nicht ein Effekt des Geständniszwangs, sondern hat einen guten Grund: in ihm ist der Kern der verworfenen Medialität bewahrt.

Die Bemühung, als Lebender tot zu sein: Zeit, Raum, Gefühl

Die Politik hat bei Rousseau, wie wir wissen, eine transzendentale Funktion: sie produziert die Kategorien der Welterfahrung. Clarence ist ein kleines Land mit anderen Gesetzen; daher ist es sozusagen eine transzendentale Enklave. In Clarence herrscht eine andere Zeit, eine andere Strukturierung des Raums, herrschen andere Affekte als in der übrigen Welt.

Eine systematische Beschreibung dieser anderen Welt muß zwei Begriffe in den Mittelpunkt rücken: die Zeit (durée) und das Begehren (désir, passion). Beginnen wir mit der Zeit. Auf der einen Seite gibt es eine natürliche Zeit, die »Alternative von Arbeit und Genuß«, in der Rousseau die »wahre Berufung« des Menschen sieht (NH II, S. 470). Auf der anderen Seite steht die Zeit der Planung und der Organisation.

Wenn das Ehepaar dem begeisterten Saint-Preux die Prinzipien der Gutsführung erklärt, dann sieht man die vor kurzem nach sorgsamer Wahl eingestellten jungen Diener und Arbeiter auch schon als ältere Männer, deren Gehalt sich in wohlberechneter Progression verdoppelt haben wird, deren Treue, Engagement und Lebenslust durch eine ganze Reihe überlegter Maßnahmen gesichert ist. Diese Perspektive von oben, die Perspektive der Welterhaltung, ist der Ort, wo die Organisatoren immer leben müssen; ihre Tugend besteht gerade darin, daß sie bei allem, was sie tun, diesen Standpunkt bewahren. Aber da sie noch natürliche Menschen sind, können sie in dieser gerafften, verräumlichten, eigentlich zeitlosen Zeit nicht leben. Zur Organisation der Welt gehört auch, daß eine natürliche Zeit organisiert wird. Die Herren tun das für die Bediensteten; sie bereichern den Rhythmus von Arbeit und Genuß, indem sie den Wechsel der Jahreszeiten und der ländlichen Arbeiten den alltäglichen Rhythmus überlagern lassen. Bezogen auf die Herren selbst ist die Aufgabe schwieriger. Julie hat ein kunstvolles System der Zeitartikulation entwickelt, dessen einfaches Prinzip man an ihrem Umgang mit dem Kaffee ablesen kann. Obwohl und gerade weil sie ihn sehr gerne trinkt, gönnt sie sich ihn nur bei seltenen Gelegenheiten (NH II, S. 552). So entsteht eine Spannung von Entbehrung und Genuß, Julie gelingt es, die »Dauer des Lebens mit Kunst zu verteilen« (NH II, S. 542). Gleichzeitig ist jede Einschränkung eine Einübung in die fundamentale Bewegung zwischen dem alltäglichen Leben und dem Standpunkt des Überblicks. »Se plaire dans la durée de son état« (NH II, S. 553)[101] ist das höchste Glück, das dem Menschen zugänglich ist; es ist zugleich die schwierigste Aufgabe und das, woran sich der Wert eines Menschen eigentlich bemißt. Was verschwunden ist zwischen dem natürlichen Rhythmus der Bedürfnisse und dem spannungslosen Überblick, ist die Zeit des »noch nicht« und »nicht mehr«, die Zeit des Begehrens.

Dieser von der Langeweile bedrohten Zeit entspricht ein Raum, der die Nähe privilegiert; die Nähe verbindet sich mit dem Bedürfnis und dem Gefühl, das Interesse an Fernem mit der Bindung der Namen an die mediale Welt. »Chacun s'étend, pour ainsi dire, sur la terre entiére, et devient sensible sur toute cette grande surface« (E IV, S. 307).[102] Julie dagegen kann sagen: »... je ne vois rien qui n'étende mon être, et rien qui le divise; il est dans tout ce qui m'environne, il n'en reste aucune portion loin de moi ...« (NH II, S. 689).[103] Aber die Nähe ist noch nicht das Entscheidende. Die anderen benützen die ganze Welt, die Häuser, die Gärten, die Schiffe in Indien, um etwas für andere darzustellen. Ein Teil der Anstrengungen des Paares ist darauf gerichtet, ihren Lebensraum, das Schloß von Clarens, von jedem repräsentativen Charakter zu entkleiden. Aus der Pfauenvoliere wird ein Hühnerstall, in der Inneneinrichtung ersetzt der Komfort die Repräsentation; was nicht dem Nutzen dient, soll direkt zur Seele sprechen: ein Stück scheinbar unberührter Natur tritt an die Stelle des prächtigen Parks. Die Bewohner von Clarens begegnen Dingen, oder sie begegnen Menschen, beiden gleich unmittelbar. Dinge zu verwenden, um sich für andere Menschen darzustellen, ist verboten. Und genau diese Verwendung der Dinge ist, wie Rousseau immer wieder mit Recht sagt, die Grundlage der Welt der Gesellschaftlichkeit.

Clarens ist aufgebaut in der Abwehr eines großen Feindes, des Begehrens. »... je n'ai rien à désirer...« (NH II, S. 689)[104], sagt Julie, um ihr Glück zu beschreiben. Das Begehren ist immer auch der Wunsch, etwas für jemanden zu sein. In jede Beziehung führt es das Medium ein; in jedem Objekt ist – offen oder geheim – ein Blick enthalten. Die Macht dieses Blickes muß Wolmar, das »lebendige Auge« (NH II, S. 491), auflösen.

Der Roman beschreibt die Aufrichtung dieses Blicks als den Prozeß, in dem die Liebe stirbt. Es gehört zur Definition der »hohen Liebe«, daß der Blick, der die Welt des Liebenden ordnet, in der Frau situiert ist.[105] Wolmar führt das Paar wieder zusammen, unter der Bedingung, daß sie leben, als wäre er immer anwesend. Wenn ein dritter Blick aufgerichtet wird, von dem jeder den anderen und sich gesehen sieht, ist die Leidenschaft zu Ende. Rousseau beschreibt mit einer großen psychologischen Kunst den erfolgreichen Prozeß einer »Internalisierung«, der Verinnerlichung des dritten Blicks; am Ende ist die Liebe wirklich nur noch Erinnerung. Das Ende der Liebe ist das Ende des Begehrens überhaupt. Am Schluß des Romans ist der Zustand wiederhergestellt, aus dem die Träumereien, die den Roman hervorgebracht haben, entstanden waren: die Welt ist leer, »das Glück langweilt mich«, sagt Julie (NH II, S. 695), und sie sucht in den Träumen der Religion ein neues Objekt des Begehrens.

Das schroffe Romanende mag die Wahrheit sagen: die Position des Organisators schließt das Begehren aus. Aber der Roman insgesamt und Rousseaus ganzes späteres Denken folgen einer anderen Tendenz; sie suchen den Kompromiß, stellen die Frage, wie man im Reich der Vernunft am Leben bleiben kann.

»Was ist die wesentliche Beschäftigung des Weisen«, fragt sich Saint-Preux, »wenn nicht die Bemühung, während seines Lebens tot zu sein?« (NH II, S. 380). Der Satz ist Ausdruck einer verzweifelten Stimmung, aber er trifft doch den Kern der Sache. Der Blick des Organisators ist auch der des Todes; er muß immer sein Augenmerk auf den Keim des Untergangs richten, den jede Welt in sich trägt. Er darf sich nicht hereinziehen lassen, muß sich diesseits und jenseits der Zeit des Begehrens halten, ganz gegenwärtig und ganz abwesend sein; das ist der Sinn der asketischen Übungen, die den Alltag von Clarens durchziehen. Aber dem Satz, »während seines Lebens tot sein«, gibt der Roman einen ganz unpathetischen Sinn; er betont das Leben, nicht den Tod. In einer sehr nüchternen Weise stellt er die Frage, wie man leben kann, unter der Bedingung, daß man auf die Lebendigkeit, die aus dem Begehren kommt, verzichtet.

Dem Verzicht entspricht ein Gewinn. Bei den »Wilden« hatten wir gesehen, wie sie durch willkürliche Unterscheidungen sich die Freuden des Tauschs verschafften. Rousseau ist auch jemand, der Unterscheidungen einführt und sich dadurch neue Freuden schafft, nämlich die des »Gefühls«.

Die Welt der Plätze ist, bei aller Ungleichheit, in einem grundlegenden Punkt homogen. Die Plätze bilden ein Medium, das jeder in der gleichen Weise versteht und das alle in der gleichen Weise erfaßt. Jeder kennt jeden, weil alle sich in der gleichen Weise kenntlich gemacht haben. Es gibt eine gemeinsame Welt und ein gemeinsames Wissen. Die neue Artikulation bildet die Welt aus der Kopplung von zwei Teilwelten, die sich durch die Prinzipien der in ihnen herrschenden Gesetzlichkeit und durch die Verteilung des Wissens unterscheiden. Die einen leben in der Medialität und dem Begehren; die anderen haben das Künstliche aller Medialität durchschaut. Die einen, die Unmündigen, leben ohne zu wissen, die anderen wissen, ohne zu leben. In dem komplementären Verhältnis der beiden Teilwelten entstehen die Beziehungen, die Tätigkeiten und die Freuden von Clarens.

Rousseau hat immer als eine der großen Besonderheiten seines Romans angesehen, daß er nicht, wie fast alle Romane seiner Zeit, in der »guten Gesellschaft« spielt, sondern »in der kleinen Sphäre von zwei oder drei Liebenden oder Freunden, die immer mit sich selbst beschäftigt sind«.[106] Dieser Einschränkung entspricht aber eine Erweiterung; die *Nouvelle Héloïse* gibt einer Beziehungsdimension einen sehr großen Raum, die sonst nur eine geringfügige Rolle spielt, der Beziehung der Protagonisten zu Kindern und Bediensteten. In den Erzählungen der Alten Welt geht es, in welcher Form auch immer, um die Bewegung von Plätzen und um die Beziehungen, die aus dieser Bewegung entstehen. Das Spiel mit den Plätzen ist ein Privileg der Aristokratie[107]; daher ist die große Literatur aristokratische Literatur. Wer von dem Spiel der Plätze ausgeschlossen ist, findet ein Interesse höchstens als komische Kontrastfigur, wie die Diener in den Komödien.

In Rousseaus Roman gibt es keine Abenteuer, keine Intrigen und Konflikte, keine Verluste und keine Glücksfälle. Die ganze Dimension, wo Positionen gewonnen oder verloren werden, ist ersetzt durch die Beziehung zu den Unmündigen. Diese Beziehung bestimmt selbst das Verhältnis der Gleichrangigen untereinander; Gefühl, Freundschaft der Herren sind in der kleinen Sphäre von Clarens, wenn man genau hinschaut, vermittelt durch die Beziehung zu den Unmündigen. Julie ist für ihren Mann Mutter ihrer Kinder und Herrin der Bediensteten, als solche ist sie geliebt. Wolmar und Saint-Preux empfinden die tiefen Gefühle ihrer Seelenfreundschaft beim Anblick der spielenden Kinder (NH II, S. 557 f.).

Die Scheidung, um die es hier geht, verläuft nicht nur zwischen verschiedenen Gruppen von Personen. Auch die Organisatoren waren einmal Kinder, die leidenschaftliche Liebe selbst, als Subversion der Vernunft der Tugendhaften (NH II, S. 675), liegt im Bereich der Unmündigkeit, erst durch ihre Konversion am Hochzeitstage ist Julie erwachsen geworden und hat das ewige Kind Saint-Preux gezwungen, ihrer Entwicklung zu folgen. Die Beziehungen, von denen die *Nouvelle Héloïse* handelt, liegen außen, und sie liegen in der Person selbst als die Beziehung zu ihrer Vergangenheit.

In einem der schönsten Briefe beschreibt Saint-Preux die Weinlese in Clarens: eine Kette von Tagen, wo die Mühe zum Fest wird, wo Herren und Diener zusammen arbeiten, scherzen und feiern, eine bürgerliche Variante der römischen Saturnalien, wo die Herrschaft nicht umgekehrt, sondern aufgehoben ist.[108] Der Brief beginnt mit einer Evokation der patriarchalischen Welt des Alten Testaments: »O tems de l'amour et de l'innocence, où les femmes étoient tendres et modestes, où les hommes étoient simples et vivoient contens! O Rachel! fille charmante et si constamment aimée, heureux celui qui pour t'obtenir ne regretta pas quatorze ans d'esclavage!« (NH II, S. 604)[109] In diesem einen glücklichen Moment können die Organisatoren das Leben der Organisierten teilen; die alten Zeiten sind nahe, wo die Gesellschaft »von selbst« noch gut war und niemand als Toter leben mußte, wo Liebe noch nicht in Verwahrlosung und Weltuntergang mündete. Die alten Romanzen, die die Arbeiter singen, erinnern das Paar an die Zeit ihrer Liebe, erinnern sie zugleich daran, daß das glückliche Reich der Leidenschaft ihnen verschlossen ist. Die Beziehung zu den Dienern verschränkt sich mit der Beziehung zur eigenen Vergangenheit und mit der Erinnerung an eine glückliche Vergangenheit der Menschheit. Die Liebe zu den Unmündigen, die Rousseau als eine der Grundlagen der Welt in Clarens hinstellt, ist nicht nur paternalistisches Kalkül; sie nährt sich daraus, daß die Kinder und die einfachen Menschen der einzige Ort sind, wo die Organisatoren leben können.

Die Herren begehren nichts, sie haben nichts, was andere begehren; wie Julie am Ende sagen wird: ihre Seele ist leer. Wir wissen, daß für Rousseau dieser Punkt der Leere, wo es nichts in der Wirklichkeit zu begehren gibt (der Ort des weltlosen Subjekts) der Anfang von allem ist: der Punkt, wo die Träume entstehen, von dem aus man die Tugend bewundert und die Geschichte der Menschheit als Ganzes sehen kann. Das Träumen ist ein Aspekt der Beziehung der »Identifikation«, die für Rousseau die fundamentale Beziehung zwischen Menschen überhaupt ist, das Sich-Verwandeln in einen anderen, der sehr liebt, sich ganz opfert, sehr leidet, der weiß, was er begehrt. Die Organisatoren sind Träumer und Bovaristen, sie leben nur in der Identifikation mit den anderen, die haben, was ihnen ganz und gar fehlt.

Den jungen Rousseau hatte der Versuch, seinen Träumen eine Wirklichkeit zu geben, die Abenteuer mit Bâcle und Venture zum Selbstverlust und ins Leere geführt. Auch die Organisatoren haben ihr Selbst, ihre Körper, ihr Begehren in anderen Personen; aber diese anderen machen sie zu ihrem Eigentum. So kann Saint-Preux von Wolmar sagen:

»Un père de famille qui se plait dans sa maison a pour prix des soins continuels qu'il s'y donne la continuelle jouïssance des plus doux sentimens de la nature. Seul entre tous les mortels, il est maitre de sa propre félicité, parce qu'il est heureux comme Dieu même, sans rien desirer de plus que ce dont il jouït... Son Domestique lui étoit étranger; il en fait son bien, son enfant, il se l'approprie. Il n'avoit droit que sur les actions, il s'en donne encore sur les volontés (NH II, S. 466f.).[110]

Die Spaltung zwischen dem Subjekt und den Bildern seines Begehrens ist auch das Prinzip von Clarens, aber sie ist beherrscht. Das Subjekt, dessen einziger Wunsch ist, ein anderer zu sein, ist zugleich das Subjekt, das die Welt organisiert. Clarens ist eine Welt des in sich geschlossenen Bovarismus.

Betrachten wir noch einen Moment der höchsten Lebensintensität, die die Welt von Clarens ermöglicht. Die Frauen sind für Rousseau Zwitterwesen zwischen der Mündigkeit und der Unmündigkeit; eine Frau, selbst eine Julie, kann und darf sich nicht ganz von der Abhängigkeit vom Blick der anderen freimachen. Daher ist die Freundschaft zwischen Julie und Claire der Bereich, wo die Leidenschaft am unmittelbarsten in den Kreis der Organisatoren hineinreicht. Ein Brief Saint-Preux' beschreibt die überraschende Ankunft Claires auf dem Gut. Julie ist so außer sich vor Freude, daß sie in Ohnmacht fällt und Claire mit ihr; das Kind fängt an zu schreien; Saint-Preux verfällt in konvulsive Bewegungen. Der kalte Wolmar wirft sich in den Sessel und betrachtet gierig das bezaubernde Schauspiel. Zugleich beruhigt er Saint-Preux: solche Aufregungen seien nie gefährlich, im Gegenteil, sie gäben der Natur neue Kraft. »O sentiment, sentiment! douce vie de l'ame!« (NH II,S. 599)[111], sind die Worte, mit denen Saint-Preux die Szene in seinem Brief kommentiert.

In dieser Szene wird in einer Schärfe, die zumindest für den heutigen Leser etwas von einer Karikatur hat, entwickelt, was für Rousseau Gefühl heißt. Man weiß, daß das 18. Jahrhundert das Jahrhundert der Sentimentalität war. Aber Gefühl ist ein so diffuser Begriff, daß man kaum mehr über dieses Phänomen sagen kann, als darauf hinweisen, daß während andere Jahrhunderte Gefühle hatten, der Bürger seine Gefühle genießt. Bei Rousseau zumindest wird sehr klar, in welcher Konstellation der Begriff wichtig ist und daß er tatsächlich eine ganz neuartige Beziehung bezeichnet. In der alten Welt sind die Gefühle die der Plätze und des Tauschs: Dankbarkeit, Treue, Haß, die Solidarität mit denen, mit denen man einen Platz teilt, eine Auffassung der ehelichen Liebe, die uns kaum mehr zugänglich ist, gehören in dieses Register. Ein Gefühl außerhalb der Beziehungen der Plätze, wie das Mitleid, ist hier zuerst einmal eine Demütigung; nur durch ein extremes Unglück, das den Platz zerstört, kommt das Subjekt in diesen Bereich. Für Rousseau ist das Mitleid die Grundform der Beziehung überhaupt. Mitleid, oder, wie er oft auch sagt, »Identifikation«, das Gefühl im emphatischen Sinne, liegen im selben Register. Die angeführte Szene zeigt, in welcher Konstellation dieses Register zu dem Bereich werden kann, in dem die Seele ihr eigentliches Leben hat. In Wolmar hat Rousseau den Organisator in seiner reinen Form dargestellt. Er ist das »lebendige Auge«; die Menschen sind ihm gleichgültig, insofern er kein Interesse an dem hat, was er für sie bedeutet; sie sind ihm notwendig, weil er sie sehen muß, um zu leben.[112] Das Subjekt des Gefühls ist das unsichtbare, das körperlose Subjekt, das davon lebt, daß es sich in das Leben der anderen hereinziehen läßt, aber nur »zum Spiel«, ohne dort einen Körper zu finden. Da der Organisator seiner Definition nach körperlos, gleichgültig gegen den Blick der anderen ist, kann er ganz in den anderen aufgehen; weil er vollkommen kalt ist, ist er den Gefühlen wunderbar offen. Wolmar, der sich in den Sessel wirft und die Ohnmacht seiner Frau gierig genießt, dabei den medizinischen Überblick bewahrt – es braucht die Rousseau eigene taktlose Radikalität, um die Konstellation des »Gefühls« so klar darzustellen. Man wird sagen: es sind doch Julie und Claire, die wirklich fühlen, nicht Wolmar. Was man das Material des Gefühls nennen könnte, liegt tatsächlich bei den Frauen, in dem Bereich der Leidenschaften, Namen; aber die Abstraktion aus diesen Zusammenhängen, die Hochschätzung und der spezifische Genuß, was alles erst das »Gefühl« in dem neuen Sinne ausmacht, liegt bei dem selbstvergessenen Zuschauer, dem körperlosen Subjekt.

Die Ordnung ohne Gesetz

Einen großen Teil von Foucaults Büchern kann man lesen als eine Ethnographie der modernen Welt vor dem Hintergrund der Alten. Viele seiner materialreichen Beschreibungen umkreisen, zunehmend deutlicher in den späteren Werken, ein zentrales Paar: den Psychiater und den Irren; den Arzt und den Patienten, das panoptische Auge der disziplinierenden Überwachung und den Sträfling; den Erzieher und das masturbierende Kind, Charcot und die hysterische Frau – man könnte die Aufzählung noch lange fortsetzen. Alle diese Paare – ich bezeichne hier die beiden Seiten mit Buchstaben – variieren einen gemeinsamen Gegensatz:

- das ganze Wissen ist auf der Seite von W, B ist seinem Wesen nach unfähig zu wissen, was er ist und was gut für ihn ist;
- W sieht B, B kann W nicht sehen. Das gilt direkt für das panoptische Auge, das unsichtbar im Zentrum des Zentralgefängnisses wohnt. Es gilt allgemeiner in dem übertragenen Sinn, daß B die Motive von W nicht durchschauen kann.
- Das Begehren, die Lebendigkeit liegt bei B. W ist reines Wissen. Es ist also Wissen davon, was B begehrt und was sein Leben leitet.
- Die Macht, die bei W liegt, kann nicht über legitime Gesetze oder sprachliches Einverständnis wirken, da es zwischen W und B kein gemeinsames Gesetz, keine gemeinsame Vernunft gibt. Foucault beschreibt zwei Typen von Beziehungen: im Geständnis redet B ohne zu wissen, was er sagt. Die Bedeutung des Geständnisses entsteht erst bei W und wird in der von ihm hergestellten Form zurückgegeben. Die Disziplin wirkt auf B durch die Gestaltung der Lebensumstände, Einwirkung auf den Körper, Organisation der Zeit, und bringt so von außen die Person in die gewünschte Gestalt.

Die Beziehungen des reinen Auges Wolmar zu den Bediensteten, die Beziehung des Erziehers zu Émile, allgemeiner der Organisatoren zu den Unmündigen gehören offenbar in diese Figur, deren grundlegende Bedeutung für die bürgerliche Welt Foucault klargemacht hat; sie erscheinen hier allerdings in einem anderen Zusammenhang.[113] Das Gesetz der Alten Welt ist ein ethisches Gesetz, zugleich ist es aber auch das Prinzip der Artikulation der Wirklichkeit als Welt. Das Kind wird von ihm erfaßt, noch bevor es geboren ist. Das Verständnis dieses Gesetzes gehört zur Definition des Menschen, es gibt niemanden, der es nicht in seinem Herzen trüge. Die Ordnung der neuen Vernunft dagegen verstehen nur die, die den Standpunkt der Selbsterhaltung einnehmen können; sie grenzt alle aus, die wir hier als die Unmündigen bezeichnet haben, und zugleich auch im Innern jedes Vernünftigen, was ihn mit dem Medialen verbindet. Zwischen den Vernünftigen und den Unmündigen gibt es kein Einverständnis, auf dessen Basis man mit Gründen reden könnte. So gibt es in Clarens für die fundamentalste aller Sanktionen, den Ausschluß, keine Begründungen; der Betroffene wird nicht beschuldigt und kann sich nicht verteidigen (NH II, S. 455).

Die disziplinierenden Strukturen, die Rousseau vorwegnimmt und deren historische Formen Foucault beschreibt, dienen dazu, in diesem neuen Bereich ohne Gesetz und Verständigung – der vernunftlos ist, aber auf dem die Vernunft aufsitzt – eine Ordnung zu schaffen; und das kann nur ein System der Manipulation sein.[114] Die beiden neuen Prinzipien, die Verständigung der Vernünftigen, und die systematische Manipulation des aus der neuen Vernunft Ausgegrenzten, sind die beiden Seiten derselben Sache.

Autobiographie und Verfolgung – der Dialog mit dem Dritten

In der Welt-Artikulation, die Rousseaus System entwickelt, definiert sich der Mensch gegen die Beziehung zu den anderen, als Bedürfnis und als Vernunft der Selbst-Erhaltung. Das bedeutet nicht, daß der Bereich des Für-andere nicht zum Wesen des Menschen gehörte; er gehört aber nicht zu seinem wahren Selbst, weder zum natürlichen noch zum vernünftigen. Die Vernunft, die Unterwerfung unter das Gesetz der Dinge bestimmt sich gerade dadurch, daß das Subjekt fähig ist, die Macht, die der Blick der anderen über das Denken ausübt, abzuschütteln, das, was diesem Blick unterworfen ist, von sich abzuspalten und von außen zu sehen. Diese Artikulation macht unsichtbar, was das Subjekt an die Welt bindet; das hindert diese nicht zu funktionieren, wie die zweihundertjährige Geschichte der aufklärerischen Praxis beweist. Sie funktioniert, solange die Welt kein Problem ist; für Rousseau ist sie aber von Anfang an *das* Problem, und dieses Problem kann sein System nicht in einer dauerhaften Weise lösen. In dessen Rücken sozusagen taucht das Für-andere wieder auf, in einer neuen Gestalt, die ihrerseits eine Wirkung des Systems ist. Was ist das Selbst als Sein-für-andere, aber außerhalb jeder Medialität? Das ist die Frage, um die Rousseaus autobiographische Schriften kreisen.

1761 hat Rousseau – im Schutz eines großen Herrn, der ihn verehrt – mit dem *Émile* die Darstellung seines Systems abgeschlossen. Das Buch wird verboten; seine mächtigen Freunde können Rousseau nicht schützen; er muß in Hast Frankreich verlassen. Es beginnt das Wanderleben, das mehr und mehr im Zeichen des Verfolgungswahns steht. Rousseau fühlt immer drückender eine allgegenwärtige, schweigende und unverständliche Verurteilung auf sich lasten; gegen dieses Urteil setzt er die immer sich wiederholende Selbstdarstellung in den *Briefen an Malesherbes*, in den *Bekenntnissen*, den *Dialogen*, den *Träumereien eines einsamen Spaziergängers*.

Sartres Kellner hatte uns zu den Schwierigkeiten geführt, die mit Selbstaussagen verbunden sind. Der Satz »ich bin« spaltet den Redenden in das redende und das Objekt-Ich; das eine Ich führt das andere einem Gegenüber vor; das Subjekt macht sich zu etwas; für Sartre ist bei jeder Selbstaussage Schauspielerei oder *mauvaise foi* unvermeidlich. Diese Analyse ist in ihrer Überverallgemeinerung ein Symptom von Sartres Verkennung der medialen Identifikation. In dem Satz »ich bin dein König« ist die Festlegung ohne *mauvaise foi* möglich; in ihr wiederholt sich eine Identifikation, die innerhalb eines Mediums Rechte und Pflichten gegenüber dem Adressaten festlegt. Ein »ich bin« – das war das Ergebnis unserer Diskussion – ist aber auf keinen Fall eine Aussage über einen Sachverhalt; sie ist entweder wiederholte Identifikation oder sie ist Selbstdarstellung, Verführung des Gegenüber.

In der Alten Welt ist jedes »ich bin« Antwort auf ein offen ausgesprochenes »du bist«, das vom Dritten kommt. Wer ›ich‹ sagt, meint den Platz innerhalb eines Mediums. Die normale Form des autobiographischen Schreibens in der Alten Welt sind die Memoiren. In einem System des Austauschs von Leistungen und Belohnungen erzählt ein Subjekt, das sich mit seinem Platz im System identifiziert, seine Taten. Die Motive, die es leiten, können von der verschiedensten Art sein, etwa der Wunsch, eine ungerechte öffentliche Würdigung des eigenen Handelns zu korrigieren. Immer sind die Motive selbst Produkt des Systems. Die Leser stehen an dem Ort des Dritten, sie teilen die immaterielle Belohnung des Ruhmes zu.

Was bedeutet aber, von sich zu erzählen, wenn man sich gerade nicht auf Plätze, auf Rechte und Pflichten, auf bedeutungsvolle Taten festlegen lassen will?[115] Eine Antwort hat Rousseau selbst gegeben: die vollständige und ungeschminkte Darstellung eines Lebens soll ein Beitrag zur Kenntnis des Menschen überhaupt sein.[116] Wir erinnern uns, daß sich aus dem System die Forderung nach einer neuartigen Wissenschaft vom Menschen ableitet, eine Kenntnis im Interesse der Manipulation von sich oder anderen im Dienst der organisierenden Vernunft. Den *Émile* versteht Rousseau als Beitrag zu einer solchen Wissenschaft. Für die Anlage der *Confessions* ist dieses wissenschaftliche Interesse sicher nicht belanglos; aber im ganzen ist es doch offensichtlich marginal.

Ein zweites Interesse, das wir auch schon kennen, ist für den tatsächlichen Aufbau der *Confessions* wichtiger. Die frühen Bücher beschreiben verlorene Paradiese, das Paradies von Bossey, wo die Zieheltern noch Götter waren, die in den Herzen lasen; die Charmettes und das Leben mit *maman*, die erotischen Begegnungen im Reiche der Unschuld, d. h. vor dem Zugriff des Mediums. In der *Nouvelle Héloïse* haben wir die Konstellation kennengelernt, die »verlorene Paradiese« erzeugt. Es braucht die Begegnung mit dem Gesetz der Dinge, das das Begehren unmöglich macht und das die Leidenschaften (und den Glauben an die Illusionen, die diese vorauszusetzen scheinen) in die Vergangenheit oder in den Bereich der Träume rückt. Die Vernunftaskese fixiert den Ort des weltlosen Subjekts, von dem aus die Momente, wo die Welt voll ist, Wünsche erweckt und Versprechungen enthält, als für immer entrückte Paradiese erscheinen. Rousseau hat diesen Ort entdeckt, der für die bürgerliche Literatur so wichtig geworden ist, und der Zauber des ersten Teils der *Confessions* lebt von dieser Entdeckung. In einer solchen Perspektive kommen sich Roman und Lebensgeschichte sehr nahe. In den Träumen des »verliebten Schäfers«, die Rousseau in den *Confessions* beschreibt (CI, S. 427), mischen sich Erinnerungen an die Jugendlieben, die, wie die Vorstudien zeigen, als eine der Keimzellen der Bekenntnisse anzusehen sind, aufs engste mit den Bildern einer »vernünftigen« Welt, die den Ort festlegen, an dem der Roman entstehen wird.[117]

Die mit der Selbstdarstellung verbundenen Probleme stellen sich hier noch nicht, da die Distanz zwischen dem erzählenden und dem erzählten Ich festgestellt ist: es ist der andere, der unmündige Jean-Jacques vor dem System, vor dem entschlossenen Bruch mit dem Medium, dem der Leser hier begegnet. Problematisch wird es erst, wenn der Erzähler nicht mehr einen anderen – den unbekannten und naiven jungen Mann –, sondern den Schreibenden selbst, den Schriftsteller Jean-Jacques Rousseau, darstellt.

Fundamental und im Laufe der Zeit immer ausschließlicher sind die autobiographischen Schriften Rechtfertigungen; sie antworten auf eine Verurteilung. Rousseaus »das bin ich« ist situiert in der alten Konstellation der Identifikation: am Anfang steht ein »du bist«, eine Festlegung, die von außen kommt. Dieser Festlegung setzt Rousseau in immer neuen Anläufen sein »euer Gesetz ist ein schlechtes Gesetz« entgegen; als Antwort wird die Verurteilung immer härter. In der folgenden Darstellung dieses Dialogs mischen sich Biographisch-Anekdotisches und Gesichtspunkte der Weltstruktur; der Dritte trägt das Gesicht von Grimm oder Diderot. Immer schon waren die Instanzen der Weltstruktur in jeder Begegnung zwischen Menschen gegenwärtig. Aber die Alte Welt hatte Institutionen, die dem Subjekt erlaubten, sich in einer klaren Weise auf die Welt als ganze zu beziehen. Im Bürgertum, das alle Institutionen dieser Art aufgegeben hat, sind die Weltstrukturen immer in den konkreten Lebensläufen verborgen, und es ist eine der Funktionen der Literatur (und später auch mancher Formen der Therapie), jene in diesen erkennen zu lehren. Bei Rousseau gibt es noch Reste der Alten Welt; in dem Dialog, den Rousseau mit der allgegenwärtigen Urteilsinstanz führt, kommt Gott vor; aber doch nur als eine Helferfigur, der eigentliche Partner und die wirklich mächtige Gottheit trägt den Namen *ces messieurs*.

Die Freunde aus der Pariser Zeit, die einflußreichen Männer in der Partei der Aufklärung, vor allem Grimm und Diderot, sind es, von denen die Verurteilung ausgeht; sie sind das böse Gegenüber in dem langen Dialog, den Rousseau in den autobiographischen Schriften führt; um ihn zu verstehen, müssen wir uns erinnern, was die »Freunde« als Instanzen der Weltstruktur für Rousseau bedeuten.

Freundschaft ist ihm im Leben das Allerwichtigste, das wiederholt er immer wieder. Freundschaft ist eine reine Beziehung der Gefühle, sie ist Liebe und sonst nichts. Es gibt in ihr keine Leistungen, die verpflichten, keine Dankbarkeit. Was er seinen Pariser Freunden vorwirft, was für ihn der Grund des Bruches war, ist genau das: sie haben ihn überhaupt nie geliebt; sie haben Freundschaft immer verstanden als eine öffentliche Beziehung der *soins et services*, des Tauschs (M I, S. 1145).

Wir haben gesehen, daß die Freundschaft immer eine andere, verborgene Seite hat, daß die Freunde in den Spielen, die Rousseau nicht spielen kann und will, eine gute Position haben; sie müssen imstande sein, ihm einen Platz zu schenken, und zwar als reine Liebesgabe. Auf diesem Weg hat Jean-Jacques eine Position in der Welt, ohne sich dem medialen Gesetz unterwerfen zu müssen. Aber der Preis dieser Freiheit ist eine andere extreme Unterwerfung. Jean-Jacques betrachtet sich als »das Werk« von Madame de Warens (C I, S. 58). Für seine Freunde Grimm und Diderot sagen die *Confessions* aus der Perspektive des Bruchs und daher als Vorwurf gewendet dasselbe: sie wollen ihn mit aller Gewalt wie ein Kind lenken (C I, S. 456). Solange Rousseau in der gestaltlosen

Vielgestaltigkeit des »Naturzustandes« lebt, sieht er im Gegenüber die Liebe, und die Unterwerfung kostet ihn nichts: »... daignez au moins disposer de mon sort...« (NH II, S. 35)[118] schreibt Saint-Preux an Julie. Aber wenn der Tausch von Rousseau verkannt und abgelehnt wird, heißt das nicht, daß seine Gesetze in ihm ohne Macht wären; es ist eine abgespaltene Macht, die er in sich nicht wiedererkennt. Wenn Rousseau unter der Herrschaft des Verfolgungswahns steht, wie in dem großen Anklagebrief an Hume, dann zeigt er sich als der exakteste Rechner in Sachen des Tauschs.[119] Sobald aber das Tauschdenken in das Reich der »Liebe« eindringt, kehrt sich die Konstellation um. In den Begriffen des Tauschs bindet den »Freund« und den Schützling nichts, aber um so mehr verbindet den »Freund« mit den anderen, nämlich das starke Band der *soins et services*, des Begehrens und des Schuldens. War, solange die Liebe herrschte, die Beziehung zu den anderen der zum Geliebten unterworfen, so wird jetzt die Liebe von den Spielen aus gesehen. Sie wird zur Täuschung und läßt sich nur daraus erklären, daß der Freund Rousseau als Mittel verwendet für unbekannte Ziele im Spiel der Tauschbeziehungen. Damit wird die Abhängigkeit sichtbar und völlig unerträglich.

Wir sind bei einer Konstellation, die wir bei Sartre kennengelernt haben: das weltlose Subjekt und der Herr der Welt. Aber das Verhältnis der beiden ist ein anderes. Das Subjekt von Sartre liegt immer im Kampf mit dem bösen Herrn, ergibt sich ihm höchstens zum Schein. Rousseau gibt sich ganz hin, d. h. er rückt den anderen in die Position des liebenden, alles sehenden Auges, in der sich die *maman* befunden hatte. Wir erinnern uns an die masochistischen Spiele Genets. Wie weit diese aber auch in der Ausbeutung des Körpers und der Sexualität gehen, nie wird das reale Gegenüber wirklich an den Platz des Anderen gestellt. Wenn etwas Rousseau auszeichnet, dann seine Sucht, diese Stelle mit einem wirklichen Menschen zu besetzen. Wenn er sich dann wehrt, dann ist es sozusagen schon zu spät, er kann dem böse gewordenen Freund das Prestige nicht mehr nehmen, sich dem umgedrehten, alles sehenden Blick der »Liebe« nicht mehr entziehen. In einem großen Brief an Hume – einer aus der Reihe der mächtigen Freunde, die zu Verfolgern werden – gibt es packende Beschreibungen des Übergangs: wo Rousseau auf den Blick der »Liebe« zu treffen glaubt, begegnet er dem »trockenen, brennenden, spöttischen und andauernden« Blick des bösen Herrn.[120]

In der Struktur dessen, was Rousseau Freundschaft nennt, ist der Umschlag, der die Freunde zu Verfolgern werden läßt, angelegt. Im Leben realisiert sich dieser Umschlag in einer langen Geschichte, die man mit Hilfe der Bekenntnisse und vor allem der *Dialoge* gut rekonstruieren kann. In der Zeit vor dem Erfolg herrscht die *maman*, und daneben gibt es die »guten und einfachen Seelen«; in Paris hat er die »lebhaften und feinen Geister« zu Freunden. Ihnen ist er ganz und gar unterworfen, wie er Bâcle und Venture unterworfen war. Sie schätzen ihn wegen seiner (damals noch liebenswürdigen) Direktheit; er hat die Fähigkeiten, die nötig sind, um ihre Fähigkeiten zu schätzen; und vor allem: trotzdem tritt er nicht in Konkurrenz mit ihnen (D I, S. 701). Die Unterwerfungsstrategie, die diese Beziehung strukturiert und mit der er den gefährlichen Blick vermeidet, wird in dem Moment problematisch, wo Rousseau schreibt und plötzlich eine Position gewinnt, die die der Freunde weit übertrifft. Trotzdem ist er von ihrer Liebe abhängig geblieben und hat sich von ihnen führen lassen wie ein Kind (C I, S. 362). Das war offenbar immer so gewesen; aber früher hat es ihm gefallen, jetzt ist es ihm unerträglich (C I, S. 425).

Es liegt auf der Hand, daß, sobald Rousseau jemand ist, der in der intellektuellen Welt zählt, die alte Art der Freundschaft nicht mehr funktionieren kann. Normalerweise wäre es zum Bruch gekommen oder die Beziehung hätte sich gewandelt; Rousseau hätte sich von der Bevormundung befreit. Aber es geschieht etwas anderes: die Freunde werden zu Organisatoren einer Verurteilung, der Rousseau nun überall, sogar in den Augen der spielenden Kinder auf der Straße begegnet. Diese Entwicklung versteht man nur, wenn man sieht, welche Funktion die Freunde als Instanz in der Privatwelt haben, die Rousseau sich in der gemeinsamen Welt einrichtet.

Am Anfang haben wir ausführlich beschrieben, unter welchen Umständen Rousseau dem panikauslösenden Blick begegnet, der nach seinem Platz im Medium fragt. Von allen Strategien, sich zu diesem Blick in ein erträgliches Verhältnis zu setzen, war die Unterwerfung unter Personen, Männer oder Frauen, die für diesen Blick etwas darstellen, aber ihn selbst mit dem Auge der »Liebe« umfangen, sicher die wichtigste. Wenn er sich die Freunde, die Herren im Sinne des Mediums, zu Feinden macht, dann begegnet er in ihren Augen dem, wovor sie ihn geschützt hatten.

Diese Entwicklung kann man genauer beschreiben. In seiner Tugendphase war es Rousseau gelungen, den Kampf auf dem richtigen Niveau aufzunehmen; der Allmacht des Mediums hatte er die noch größere Macht des »Standpunkts der Bedingungen« entgegengesetzt: dabei hat er die Rückseite seines »unzähmbaren Freiheitswillens«, den Haß auf die Gewalt der Medialität, ausleben können; er hat es genossen, die kleinen Sprüche seiner Zeitgenossen wie ein Insekt zwischen seinen Fingern zu zerdrücken (C I, S. 417). Die Unterwerfung unter das Gesetz der Dinge besiegt die Unterwerfung unter das mediale Gesetz, indem sie sie überbietet.

Diese Position verlangt den Verzicht auf die natürliche Freiheit und auf die lebenspendende Kraft des Blicks der »Liebe«, einen Verzicht, den Rousseau nicht lange ertragen kann. Er vermeidet die Konfrontation in einem äußeren Sinne: indem er sich aufs Land zurückzieht und dort versucht, mit Thérèse und deren Mutter ein Idyll des Gefühls aufzubauen (C I, S. 415). Zugleich wird das System im Sinn der Vermeidung umgebaut. In der Gestalt, die es in der *Nouvelle Héloïse* und im *Émile* gewinnt, hat das Medium alle Macht verloren; es beherrscht nur die Unmündigen und Verliebten; und die Organisatoren manipulieren es nach ihrem Willen. Das Gefühl, die Grundlage der Beziehungen zwischen Mündigen und Unmündigen, ist der »Blick der Liebe«, von der anderen Seite aus gesehen.[121] Hier haben die Herren aber auf die medialen Spiele verzichtet; die Gefahr des Umschlags besteht bei ihnen nicht.

Die zentrale Rolle in dem Aufbau einer Welt, die um die Herrschaft des Blicks der »Liebe« zentriert ist, spielt der christliche Glaube, dem Rousseau nach dem Rückzug aus Paris in einer langen und mühsamen Auseinandersetzung mit den Argumenten seiner atheistischen Freunde die ihm angemessene Gestalt gibt. Eine Episode aus den Pseudomemoiren der Madame d'Epinay zeigt sehr klar, worum es sich hier handelt. Bei einem Abendessen rühmen sich die Schöngeister ihres Atheismus. Rousseau ruft dazwischen: »Wenn es eine Feigheit ist, zuzulassen, daß man schlecht von seinem abwesenden Freund spricht, so ist es ein Verbrechen, zuzulassen, daß man schlecht von seinem Gott spricht, der gegenwärtig ist; und ich, meine Herren, ich glaube an Gott! Ich gehe, wenn Sie ein Wort mehr sagen!«[122] Ein neuer besserer Freund ersetzt die alten. In der berühmten Szene, die er den *Confessions* vorangestellt hat, sieht sich Rousseau am Tag des Jüngsten Gerichts mit seinem Buch in der Hand, zuversichtlich und stolz vor Gottes Thron treten. Dabei geht es nicht darum, wieviel Gutes oder Schlechtes er in seinem Leben zu verantworten hat. Es geht um Liebeszeichen. Und im Grund gibt es nur ein einziges Liebeszeichen: die Öffnung für den Blick der Liebe, die Ablehnung der verdunkelnden Medialität. »Je me suis montré tel que je fus;... j'ai dévoilé mon intérieur tel que tu l'as vu toi-même« (C I, S. 5).[123] Nie hat er das Medium zwischen sich und das göttliche Auge geschoben. Wenn Gott die Masse aller Menschen zu einem riesigen Vergleich um sich versammelt, dann ist die Durchsichtigkeit das Kriterium des Vergleichs. Diesem Kriterium gegenüber hat Rousseau die absolute Gewißheit; kein Mensch wird sagen können: »je fus meilleur que cet homme-là« (C I, S. 5).[124]

Die Konstellation der »Freundschaft«, die wir bei Mlle de Vulson und ihrem Kreis kennengelernt hatten, ist hier ins Kosmische projiziert: Rousseau ist in einer einzigartigen Beziehung wechselseitiger Liebe und Durchsichtigkeit verbunden mit dem Herrn der Welt. Dieser Herr der Welt ist aber nicht in das Netz des Tauschs verflochten, und kein Verrat droht im Hintergrund; der Tausch ist verschwunden, und es gibt nur noch den Blick der Liebe.

Wir haben in dieser Arbeit den Bereich des Religiösen insgesamt ausgeklammert; daher kann ich hier das Problem des Glaubens bei Rousseau auch nur streifen. Aber auch in dieser Verkürzung ist eines zumindest plausibel. Rousseau verwendet den Gottesglauben, um als das innerste Baugesetz der Welt die Konstellation zu etablieren, die er im kleinen in Clarens zur Geltung gebracht hat: eine allgemeine Planung, der es um die Erhaltung der Gattung und Arten geht[125], und den Blick der Liebe, der jeden mit dem Herrn verbindet. Aber schon ein schneller Blick auf Rousseaus religiöse Vorstellungen zeigt, daß die Gottesbeziehung nicht im Inneren, sondern neben der Wirklichkeit steht. Zwischen der zeitgenössischen Welt der Gesellschaftlichkeit und dieser Ordnung nach dem Herzen Rousseaus besteht ein Verhältnis wechselseitiger Indifferenz: wie die Menschen die leise Stimme Gottes nicht hören, ebensowenig nimmt die Providenz Anteil an diesen Menschen, die fast nur noch aus Kleidern, Papieren und Geld bestehen.[126] Es ist ihr gleichgültig, ob ein Erdbeben ein Stück Wüste oder eine bewohnte Stadt zerstört. Auch die ungerechte Verfolgung Rousseaus, selbst die Entstellung seines Rufs bei der Nachwelt ist ihr gleichgültig. Ein solcher Gott kann Rousseau nicht vor der Macht der Medialität schützen, wie die Freunde es konnten.

Rousseau sagt oft, daß Rachsucht und Haß ihm fremd sind; aber nicht, weil er Beleidigungen verzeiht, sondern weil er sie vergißt (D I, S. 859). In den *Rêveries* entwickelt Rousseau eine Strategie des Abspaltens und Vergessens, der er, wie er sicher mit Recht sagt – das Überleben in dem Unglück seiner Verfolgung verdankt. Wenn ihn Zorn und Empörung übermannen, dann gibt er sich, ohne Widerstand zu leisten, der Explosion der Affekte hin. Wenn die Flut der Gefühle sich verlaufen hat, dann verläßt er sozusagen die Szene der Verfolgung; er findet sein wahres Selbst wieder, die Träume, die Natur, die Gegenwart, das Gefühl seiner Existenz; mit dem Verschwinden der Leidenschaften ist auch das, was sie produziert hatte, die Feinde und ihre Ungerechtigkeit, vollständig vergessen (R I, S. 1083 f.). Eine Welt ist normalerweise definiert durch eine gewisse Konsistenz der von ihr geschaffenen Bedeutungen. Die ganze Anstrengung Rousseaus geht darauf, seine Welt in zwei voneinander ganz abgetrennte Welten zu zerlegen; was in der einen alle Bedeutungen um sich versammelt, bedeutet in der anderen gar nichts mehr (R I, S. 1083 f.).

Wir verstehen jetzt genauer, was Rousseau tut, wenn er nach seinem Rückzug aufs Land den Haß auf die Bosheit mit dem Mitleid für das Unglück vertauscht. In Paris hat der tugendhafte Jean-Jacques den Forderungen des Mediums den Verweis auf die Bedingtheit aller Medialität und das Gesetz der Dinge entgegengehalten. Damit hat er den kritischen Punkt der Medialität in der Moderne genau getroffen. Diese Diskussion wird in den nächsten 200 Jahren in den vielfältigsten Formen immer wiederholt werden.[127] Jetzt setzt er dem Medium der Plätze und des Tauschs ein anderes Prinzip des Für-andere, dem Dritten einen anderen welterzeugenden Blick, den Blick der Liebe entgegen. Die Medialität erscheint nur noch als Unmündigkeit, als ein Spiel von Kindern, auf das man von außen sehen kann. Aber der Blick von außen läßt die Medialität verschwinden; der Dritte erscheint nur, wenn das Medium das Subjekt erfaßt. Die Strategie des radikalen Vergessens, die Rousseau verfolgt, hat zur Folge, daß der Dritte eben als vergessen, als ganz fremd geworden gegenwärtig bleibt, daß er in einer Weise spricht, die gleichzeitig als allgegenwärtige Geschwätzigkeit und als Verweigern jeder Erklärung erscheint.

Damit ist in etwa die Position beschrieben, von der aus Rousseau den Dialog mit dem Gegenüber führt, mit dem er sich zeitlebens auseinandergesetzt hat, der aber erst jetzt seine massive Gestalt gewinnt. In den *Confessions* hat dieser Dialog noch weitgehend den Charakter »normaler«

Streitereien, in den *Dialogen* ist er zur Auseinandersetzung mit einer Gestalt geworden, *ces Messieurs*, die nur noch für Rousseau selbst wirklich, die ein fast reines Produkt der Struktur ist. Da wir uns hier nicht so sehr für die Lebensgeschichte, sondern für die Konstellation interessieren, wollen wir den Dialog auf dieser Ebene verfolgen.

Was sagt dieses Urteil, das Rousseau in allen Augen liest? Die Beschuldigungen lassen sich in zwei Komplexe gliedern. Der erste Strang ist Rousseau selbst durchsichtig; auf ihn bezieht sich das Motto der *Dialoge*: »Barbarus hic ego sum, quia non intelligor illis.«[128] Wenn man den Naturmenschen vom Standpunkt des *amour-propre*, der Vergesellschaftung aus betrachtet, kann er nur in einer ganz verzerrten Gestalt erscheinen. Zu achten, wie man auf die anderen wirkt – das ist die erste Pflicht der Geselligkeit. Die Einfachheit Jean-Jacques', die Gleichgültigkeit gegenüber der Wirkung auf andere, seine Ungeschicklichkeiten erscheinen als *bassesse*, als niedere Gesinnung. Jemand, der beim Essen so ungeniert sein Vergnügen sucht wie Jean-Jacques, dem traut man auch zu, daß er sich in sexuellen Dingen genauso ungeniert verhält; daher versteckt man die Töchter, wenn Rousseau ins Haus kommt. Umgekehrt, aber nach derselben Logik, erscheint die Bedenkenlosigkeit gegenüber den Folgen für die eigene Person, mit der Rousseau in seinen Schriften alles, was mächtig ist, herausfordert, nicht als Hingabe an die Sache, sondern als Ausdruck einer ungeheuren Selbstüberschätzung; in der republikanischen Tugend sieht man nur Effekthascherei um jeden Preis.

In all diesen Vorwürfen, die ihn in die Welt der Plätze ziehen, ist Jean-Jacques nur *méchant d'une cathegorie ordinaire*.[129] Doch er ist mehr, er ist ein *Monstrum*, *der Abscheu der menschlichen Gattung* (D I, S. 705); der wirkliche Haß liegt in einer anderen Dimension. Da Rousseau unfähig ist, sich wegen seiner Zukunft Sorgen zu machen, weder für sich noch für die, die ihm nahestehen, ist er als Schriftsteller (und überhaupt als öffentliche Person) in einer wunderbaren Weise frei von jeder persönlichen Rücksicht, sei es Angst oder Ehrgeiz. Man kann an den Streit mit Diderot wegen der königlichen Rente erinnern. Diderot macht ihm schwere Vorwürfe; zumindest im Interesse von Thérèse hätte er die Pension annehmen müssen. Bei Rousseaus Überlegungen hatten solche Gedanken überhaupt keine Rolle gespielt; er hatte nur daran gedacht, wie er als Inhaber einer königlichen Pension noch hätte von Unabhängigkeit und Desinteressiertheit reden können (C I, S. 380f.). Vom Standpunkt des Allgemeinen und der Wahrheit der Schriften gibt diese mühelose Desinteressiertheit eine ungeheure Überlegenheit gegenüber allen, die die Last der Sorge und der Verpflichtung nicht vergessen können; bei Jean-Jacques entsteht so Verachtung und bei den so Verachteten Haß (D I, S. 886). Und was sich hier im Verhältnis zwischen Intellektuellen zeigt, ist ein viel allgemeinerer Haß: wer fühlt, daß er von vielen Menschen abhängt, kann den nicht lieben, für den es keine Abhängigkeit gibt (D I, S. 820). Das sind alles Überlegungen von Rousseau selbst, der sich völlig im Recht sieht und seine unendliche Überlegenheit ausspricht. Vom Standpunkt der Verfolger aus, die Rousseau in der Figur des »Franzosen« in den Dialogen zu Wort kommen läßt, hat dieser Grund des Hasses eine andere Gestalt. Einer der Kristallisationspunkte des Streits mit Diderot war ein Satz aus dessen *Fils Naturel*, den Rousseau nicht zu Unrecht auf sich bezogen hat: »Il n'y a que le méchant qui soit seul.«[130] Rousseau empfand den Satz als böse und dumm; er verwies auf die berühmten Weisen der Antike, die in der Einsamkeit lebten. Aber es geht hier nicht um die äußere Einsamkeit; das Verkennen und Vergessen der elementarsten und alltäglichsten Bindungen, dem Rousseau seine Offenheit für die natürliche Freiheit ebenso wie die Unabhängigkeit seines Denkens verdankt, ist monströs. Sie bildet den Kern der Verurteilung. Selbst die Bösen können sich untereinander zu einer Gesellschaft verbinden; Rousseau ist das Monster, dem niemand trauen kann, *der selbst zu dem Pakt nicht fähig ist, den die Verbrecher unter sich schließen* (D I, S. 705). Was Rousseau sich als sein einzigartiges Wesen, seine privilegierte Natürlichkeit anrechnet, daß er nämlich die Spiele des Tauschs nicht versteht und nicht spielt, sieht dieser Blick von der anderen Seite, vom Tausch her, als die Einzigartigkeit des Monstrums, das alle Bande zerschnitten hat, die die Menschen verbinden.

Hier wird sichtbar, in welchem Zusammenhang die moderne Autobiographie entsteht. Die Position, in die er sich gebracht hat, zwingt Rousseau einen Dialog auf, eine Form der Selbstdarstellung, in der es nicht um Inhalte, d. h. um Bedeutungen geht, sondern darum, nach welchen Prinzipien der Mensch für den Menschen bedeutend wird. Der Dialog ist daher kein Gespräch, sondern ein immer neu aufgenommener Kampf. Dem Recht, das er nicht aufheben kann, stellt Rousseau in ständiger Wiederholung ein anderes Recht gegenüber.

Bedeutungen entstehen in Konstellationen; worauf es Rousseau ankommt, ist, den Leser auf einen bestimmten Ort in der Konstellation seiner Welt zu ziehen. Für die *Confessions* beschreibt die oben besprochene Eingangsszene die Konstellation in aller Deutlichkeit; der Leser soll sich dahin stellen, wo am Anfang Gott steht; er soll nicht urteilen und bewerten; er soll auf die absolute Hingabe, die in der vorbehaltlosen Enthüllung sich ausdrückt, mit seiner Liebe antworten.

Die Strategien, die Rousseau dabei verwendet, lassen sich an seiner theoretischen Reflexion über den Stil seines autobiographischen Erzählens[131] ablesen. Wenn der Erzähler selbst nach üblicher Art seine Berichte deutet, einordnet, beurteilt, wird der Leser in eine Erörterung dieser Urteile verwickelt, die er übernehmen oder bestreiten kann; er wird sich auf den Standpunkt des Urteilenden stellen. Um das zu vermeiden, will Rousseau sich darauf beschränken, in aller Einfachheit zu erzählen, was er getan hat, was ihm zugestoßen ist, was er gefühlt und gedacht hat; die Aufgabe, das Bild eines Ganzen zusammenzufügen, überläßt er dem Leser. Damit gibt er diesem eine Macht, wie sie noch nie ein Autobiograph seinem Leser zugestanden hatte; offensichtlich im Vertrauen darauf, daß Hingabe »Liebe« erzeugt, daß das Bild, das das unkontrollierte Erzählen herstellt, nicht ein Urteilen sein wird, sondern ein Bild für das sich einfühlende Verständnis (C I, S. 174f.). Rousseau weiß wohl, daß alles Erzählen deutet, daß jede Selbstdarstellung, auch wenn sie nicht (wie er sich ausdrückt) mit Schminke arbeitet, immer auch die Auffassungen des erzählenden Ichs ausdrückt. Dies Hindernis löst sich aber auf, wenn sich der Erzähler dem Blick des Lesers ein zweites Mal öffnet: nicht nur in dem, was er erzählt, sondern in dem Akt des Erzählens selber. Auch in der Art, wie er sich für ihn zurechtmacht, soll der Leser noch ein Bild vom Wesen des Erzählers gewinnen, das diesem selbst grundsätzlich unzugänglich ist.[132] Das Erzählen wird etwas wie das unausgesetzte Geplauder, das nichts bedeutet und alles sagt, das den jungen Jean-Jacques mit seiner *maman* verbunden hatte.

Dieses eingeübte und methodisch eingesetzte Vertrauen, das durch eine bestimmte Form des Sprechens den Leser in eine bestimmte Position hineinverführen will, ist sicher die notwendige Bedingung für diese neuartige, »losgelassene« Erzählweise, die für die frühen Bücher der *Confessions* typisch ist.

An einem zentralen Bereich des Werks möchte ich andeuten, wie Rousseau im einzelnen diese Verführung bewirkt. Immer schon ist an den *Confessions* die Lust des Erzählers aufgefallen, beschämende Dinge zu gestehen. Im Geständnis liegt eine Ambivalenz, die beim Bericht der Handlung deutlich wird, die das Gewissen des Autors am meisten belastet hatte. Jean-Jacques hat ein Mädchen eines Diebstahls bezichtigt, den er selbst begangen hatte; und zwar einzig und allein, weil er der Vorstellung der Beschämung vor dem versammelten Haushalt nicht standhalten konnte. Hätte ihn aber der Hausherr beiseite genommen, so wäre er mit Sicherheit sofort auf die Knie gefallen und hätte die Wahrheit gestanden. Der Blick von vielen ist der Blick des Mediums; das Geständnis gegenüber einer einzelnen Person enthält einen Appell; es ist eine Hingabe, die mit einer Entgegnung rechnen kann, die dieser Hingabe entspricht.[133] Genau diesen Appell sprechen die Geständnisse in den *Confessions*, sprechen die Bekenntnisse als ganze gegenüber dem Leser aus.[134]

Dieser Appell verlangt eine Antwort; Rousseau hat versucht, sie zu erzwingen. In vier bis zu fünfzehn Stunden dauernden Sitzungen hat er einem ausgewählten Kreis Teile der *Confessions* vorgelesen. Die Zuhörer folgten gebannt, aber, nach Rousseaus eigenem Eindruck (mit einer Ausnahme), ohne Gefühl der Lektüre. Am Ende sagte niemand ein Wort, auch als Rousseau mit einer pathetischen Erklärung gewaltsam eine Reaktion zu provozieren versuchte. Die wenigen Sätze, mit denen er am Ende der *Confessions* dieses Ereignis beschreibt, zeigen seine Enttäuschung. Später nennt er diese Lektüre eine Profanation seines Werks (D I, S. 859). In den Dialogen hat Rousseau das Vertrauen in den Blick des Lesers, von dem die *Confessions* getragen sind, aufgegeben; der Wunsch nach einer Antwort wird aber immer dringender. Das Unerträglichste in dem Universum der Verurteilung, das die *Dialoge* darstellen, ist das Schweigen, das sie umgibt; jeder nimmt teil an der Verfolgung; und jeder leugnet ab, daß sie besteht; es ist der einmalige Fall einer Verurteilung ohne jedes Verfahren. Im Anhang der *Dialoge* wird beschrieben, welche Mittel Rousseau verwendet hat, um eine Diskussion über seinen Fall herzustellen; nach vielen vergeblichen Unternehmungen versucht er, das Manuskript auf dem Hochaltar von Notre-Dame zu deponieren, in der Absicht, mit dieser Geste die Aufmerksamkeit des Königs zu erzwingen. Erst in den *Rêveries* hat Rousseau die Hoffnung auf eine Erwiderung aufgegeben und sich entschlossen, den Teil von ihm, über den die Verfolger Macht haben, ihnen gewissermaßen zu überlassen und sie im übrigen zu vergessen.

Das System der amedialen Weltartikulation eröffnet einen Raum, den die Autobiographie und im weiteren Sinn die Literatur besetzt. Insofern die Welt der Erwachsenen jetzt ein Leben von Toten ist, ohne

Begehren und ohne Namen, wird der Zauber der verlorenen Welt sichtbar: der Welt der Kindheit, der Liebe, der vergangenen Zeiten, der alten Kulturen; und man kultiviert in einem ungeheuren Maße eine Fähigkeit, mit der die Alte Zeit nichts anzufangen wußte, die Fähigkeit, an einem anderen Ort, in einem fremden Körper zu leben (das, was Rousseau Identifikation nennt). Diese Dimension wird zu einem Bestandteil der im System artikulierten Welt selbst. Der zweite Bereich entsteht sozusagen auf deren Rückseite. Wenn die mediale Konstitution des Füreinandere aus der institutionellen Realität herausgedrängt wird, lebt sie in einem merkwürdigen Zwischenreich fort. Sie verbirgt sich, vielfältig und unüberschaubar, in den Zufällen der Lebensgeschichte; sie erscheint als das reine Innere der Person, als Charakter oder Wahn; aber in Wirklichkeit hat der Wahn die Struktur einer Welt.

Das System gibt – für das Auge der Vernunft – der Welt eine Übersichtlichkeit, wie sie noch nie eine Welt besessen hat; das Wirkliche auf der Rückseite begegnet in einer völligen Unvorhersehbarkeit; es kommt aus dem Dunkeln, geht in das Dunkle; fügt sich nicht in eine Geschichte zusammen, sondern ist eine Abfolge von Neuanfängen. Die Autobiographie – in dem, was sie erzählt, noch mehr in dem, wovon das Erzählen in Gang gebracht wird und was es erreichen will – ist Teil und Produkt dieser zerstörerischen Begegnungen.

Ich habe das Leben und das System Rousseaus als den Versuch dargestellt, die Herrschaft des medialen Gesetzes aus den Angeln zu heben, und seinen Wahn als die Wiederkehr des Verworfenen in einer gräßlich verzerrten Gestalt. Die Entmachtung der Medialität ist aber ohne Zweifel ein allgemeiner Zug des Denkens der Aufklärung – soll mit dieser Darstellung gesagt sein, daß dieses Denken eine mediale Rückseite hat, nach der es ein Wahn ist, soll das biographische Faktum einer Psychose als Beweis für eine solche Behauptung dienen? Sicher nicht. Jeder Diskurs identifiziert den, der spricht. Diese Dimension wird im Diskurs der Aufklärung für irrelevant gehalten; sie bleibt verdeckt, und offenbar können ganz verschiedenartige mediale Strukturen die einzelnen Diskurse tragen. Rousseau, der immer nicht nur auf das achtet, was jemand sagt, sondern auch auf das, was er mit dem, was er sagt, sagen will, hat daher das Denken seiner ehemaligen Freunde als undurchschaubar empfunden: »Leurs passions, qui gouvernent leur doctrine, leurs intérets de faire croire ceci ou cela, rendent impossible de pénétrer ce qu'ils croyent eux-mêmes« (R I, S. 1016).[135] Ihre Philosophie ist für die anderen, er braucht eine für sich selbst. Damit hat er recht: in allem, was er denkt, ist die Frage, wer der ist, der so denkt, mitgedacht. Er verwendet die aufklärerische Auflösung des Medialen, um seine eigene Ablehnung zu begründen. In diesem einen Fall sind Leben und Denken gekoppelt. Bei Rousseau ist der Wahn die Rückseite des Systems; und in dieser einmaligen Kopplung sagt er auch etwas über das Denken der Aufklärung im ganzen.[136]

HABERMAS UND ROUSSEAU: DIE VERGESSENE MEDIALITÄT

Wir haben gesehen, wie Rousseau gewissermaßen mit einem Handstreich die Artikulation der Alten Welt aus den Angeln gehoben, entmachtet und durch eine neue, in sich konsistente Gliederung ersetzt hat.

Vorher bezogen sich die Subjekte aufeinander über Gegenstände, die jeweils das eine Subjekt für das andere darstellen. Was umgekehrt heißt, daß die Gegenstände, um die herum sich die Welt artikuliert und von denen sich die Gegenständlichkeit aller Dinge herleitet, Subjektrepräsentanten sind, Elemente dessen, was wir Namen oder Gestalt genannt haben. Die Namen sind in einer komplexen Struktur angeordnet. Sie werden verbunden durch aus dem Tausch abgeleitete Beziehungen: Schuld, Begehren, Kränkung, Rache. Das ganze System ist verankert in dem Medium der Erdoberfläche als Mittel der Bedürfnisbefriedigung; dadurch entstehen materiale »Bedeutungen«, wo es sonst nur ein willkürliches Spiel von Beziehungszeichen gäbe.

Alle Beziehungen sind ethische Beziehungen; das Erfüllen der Schuld ist ebenso geboten wie das Begehren und die Rache. Alle verweisen sie auf das Verhältnis des Subjekts zu seinem Namen und zu der Instanz der Benennung – ein Verhältnis, das seinerseits in der Sprache des Tauschs als Schuld und Recht gefaßt ist. Es ist ein rationales System, das sich einerseits auf die grundsätzlich nicht hintergehbare Legitimität des Tauschs, andererseits auf die historisch willkürliche, individuell kaum hinterfragbare Entscheidung für konkrete mediale Institutionen stützt. Ein sachlicher (z. B. wissenschaftlicher) Umgang mit der

Objektwelt ist diesem System notwendig feindlich; Leistungen in diesem Bereich muß es mit den Gefühlen betrachten, die wir dem technischen Geschick von Banknotenfälschern entgegenbringen: es sind betrügerische und im Prinzip systemzerstörende Manipulationen an einem Zeichenmedium.

Rousseaus Vision hat den zirkulären Zusammenhang dieser Welt zerbrochen. Die Verflechtung der Objektwelt in das Für-andere, die Vermittlung des Für-andere über die Gegenstände ist aufgelöst; der Mensch bezieht sich jetzt *entweder* auf Gegenstände *oder* auf Menschen. Besser gesagt, er soll es tun; die Beziehung zu den Gegenständen gilt jetzt als ihrer Wahrheit entfremdet, wenn sie als Zeichen mißbraucht wird, die Beziehungen zu den Menschen als falsch, wenn sich Gegenständliches zwischen sie schiebt. Als *Naturwesen* bezieht sich der Mensch auf Objekte über seine Bedürfnisse, auf die Mitmenschen über »Identifikationen« (im Sinne Rousseaus) und über Gefühle; als *Vernunftwesen* sieht er in den Dingen einen Komplex von *Aufgaben*, mit den Mitmenschen ist er verbunden durch Beziehungen der Kooperation, wechselseitigen Kritik und Anerkennung, also durch Beziehungen, die in der Bewältigung der durch das Bedürfnis gegebenen Aufgaben entstehen.

Dieser Handstreich hat zwei historische Voraussetzungen. Das Verhältnis eines Feudalherrn zu seinen Vasallen oder Bauern beruhte auf (asymmetrischen) Tauschbeziehungen; jeder ökonomische oder politische Akt zwischen ihnen war ein Tauschakt, in dem sich die Namen der beiden Partner bestätigten. Die Verbreitung des Waren- und Lohnverhältnisses schränkt den Bereich der über den Tausch organisierten Beziehungen immer mehr ein und höhlt ihn innerlich aus. Über lange Zeit gelingt es, nichtmediale Beziehungen in übergeordnete mediale zu integrieren; im 18. Jahrhundert werden gewissermaßen die Konsequenzen aus dieser Entwicklung gezogen und das ganze mediale System umgebaut.

Die zweite Voraussetzung ist die Verallgemeinerung des »Betrugs am Medium«, die *Produktion von Eigentum*. Das alte System konnte nur funktionieren, solange die Gesamtmenge des Eigentums in etwa stabil war, solange es nur über Tauschbeziehungen zirkulieren, nicht erzeugt werden konnte. Wenn Eigentum ökonomisch produziert werden kann, ist es als Signifikantenmedium nicht mehr tauglich. Damit entsteht das Paradox des Empirisch-Transzendentalen.[137] Die Welt ist als Welt in ihrem Kern von äußeren historischen Bedingungen abhängig. Welt (in dem totalisierenden selbstbezüglichen Sinn, daß sie die Menschen formt, die sie als Welt sehen und bejahen) hat jetzt ein Außen; Welten treten im Plural auf, sie können entstehen, vergehen; und da die Menschen selbst es sind, die die Bedingungen manipulieren, können Welten im Prinzip auch von Menschen produziert werden. Der Mensch kann über das bestimmen, was ihn im Innersten bestimmt, was die Kategorien seiner Wirklichkeitsauffassung produziert.

Die Erkenntnis dieses Sachverhalts ist der Kern von Rousseaus System. Sie bekommt ihre weltbildende Kraft durch die Entscheidung für eine bestimmte Auflösung des Paradoxes in Rousseaus fundamentalem ethischen Imperativ: dieser Ort der Einsicht in die internen Bedingungen der Entstehung und des Bestands der Welt ist der »Ort der Wahrheit«; er bezeichnet die Stelle, an die sich der Mensch zu stellen hat.

Von diesem Ort aus sieht man die alltägliche Welt unter dem Gesichtspunkt der Erhaltung. Die Menschen werden zu Bedürfniswesen; die alte Ethik von Schuld und Begehren zerfällt in eine Rationalität des Nützlichen und in eine Psychologie der Leidenschaften. Ein Begriff wie Glück faßt zusammen, was in diesem Bereich legitim wünschbar ist. Während die Alte Welt den Menschen in bezug auf ein gemeinsames verbindliches Medium und einen Dritten definiert hatte, wird er jetzt renaturalisiert; in direkter Fortsetzung zum Tier ist er bestimmt durch die Beziehung zu Objekten, die ihn befriedigen. Die Bedürfnisse und Leidenschaften erscheinen vom Ort der Bedingungen aus als natürliche Grundlage des ganzen Lebens; aber zugleich und vor allem sind sie eine *Aufgabe*. Ihre Befriedigung muß so organisiert werden, daß die Erhaltung des Lebens gesichert ist, vor allem aber so, daß die Herrschaft des Ortes der Bedingungen selbst nicht gefährdet wird. Da die größte Gefährdung von den medialen Spielen ausgeht, muß der ganze Bereich des Medialen zuallererst unter Kontrolle gebracht werden. Den medialen Spielen werden eingegrenzte Bereiche zugewiesen; sie werden zu Vergnügungen und dienen allenfalls zur Motivationsbeschaffung für Ziele der Selbsterhaltung.

Das alte Prinzip, aus dem sich Gesellschaftlichkeit legitimiert, wird durch ein radikal neues abgelöst. Das moderne Gesetz leitet sich aus dem Gemeinwohl ab; es legitimiert sich dadurch, daß alle von ihm Betroffenen in gleicher Weise an seiner Setzung beteiligt sind und ihre Interessen in ihm zur Geltung bringen können. Die alten Regeln sind Beziehungsregeln: eine Kränkung von einer bestimmten Art verlangt eine Rache in einer festgelegten Form, diese Gabe verlangt jene Erwiderung. Es sind allgemeine Regeln; aber die Allgemeinheit leitet sich nicht aus einem gemeinsamen Interesse ab, sondern aus der nicht hinterfragbaren Legitimität des Tauschs. Der Tausch erhält seine Institutionen durch die Bestimmung der Objektwelt als Medium, in dem die Subjekte ihre Namen finden. Die Beziehungsregeln enthalten daher zugleich Imperative, die die Bindung der Subjekte an ihren Namen betreffen. Ein Begriff wie der des Allgemeininteresses hat in einer medialen Gesetzlichkeit keinen Sinn.

Die medialen Spiele sind auf Erzählungen angewiesen; die Alte Welt hat zuallererst Geschichten und nicht eine Geschichte. Auch wenn es *eine* Geschichte gibt, so ist diese in medialen Begriffen gefaßt, z. B. als eine Heilsgeschichte. Der *Zweite Discours* ist vom Standpunkt der Weltbedingungen aus geschrieben; er fragt unter den Gesichtspunkten von Glück und Freiheit (im Sinn der Selbstgestaltung) nach besseren und schlechteren Welten und nach den Bedingungen, die Freiheit ermöglichen oder verhindern. Mediale Spiele dagegen kann man nicht von außen sehen, und sie können nicht verbessert, nur besser oder schlechter gespielt werden.

Die Person in der Alten Welt ist, was sie ist, durch die Gabe des Namens. Die Selbstreflexion führt sie auf die Rechte und Pflichten, die mit dieser Gabe verbunden sind und zu der Begegnung mit der Instanz der Benennung. Ihr Ziel ist es, das Subjekt zwischen den verschiedenen Spielen, in die es verwickelt ist, zwischen seinen verschiedenen Motiven, eine Entscheidung treffen zu lassen. Wenn das neue Subjekt sich auf sich zurückwendet, sieht es sich als zweifach erzeugt. Die erste Erzeugung macht es zu einem durch die Natur und die willkürlichen Regeln der Gesellschaft determinierten Wesen; eigentlich es selbst wird es in dem Moment, wo es erkennt, warum es will, was es will, wo es seinen Willen vom Gesichtspunkt der Erhaltung her begründen kann; damit tritt es in das Reich der Vernunft ein und wird autonom; im Prinzip – trotz aller übriggebliebener faktischer Abhängigkeiten – hat sich das Subjekt in der Bestimmung seines Willens von jeder Determinierung befreit. Die Selbstreflexion kann nur das Ziel haben, noch bestehende Abhängigkeiten aufzulösen, die sachlichen von den persönlichen Motiven zu trennen. In der Alten Welt führt die Selbstreflexion das Subjekt zu seinem wahren Namen zurück; das neue Subjekt wiederholt in ihr den Verzicht auf alle Namen, in dem es seine Gewißheit findet.

Dieses System hat eine einfache Logik. Es ist situiert an einem Punkt jenseits des Medialen und greift über dieses hinweg auf die biologische Bedürftigkeit, der es eine neue, von den medialen Verflechtungen gereinigte Codierung gibt. Der Mensch ist mit Bedürfnissen und Gefühlen ausgestattet, andererseits ist er ein Vernunftwesen; als solches hat er die Aufgabe, gemeinsam mit anderen eine Welt zu schaffen, in der Gefühle und Bedürfnisse befriedigt werden und in der sich die Vernunft reproduzieren kann.

Die autobiographischen Schriften zeigen, daß es auch eine andere Seite gibt. Sie haben in keiner Weise die Struktur, die man von der Logik der neuen Begrifflichkeit her erwarten müßte. In ihnen wird ein endloser Kampf geführt zwischen einem »das bist du« und einem »das bin ich nicht«, ein Kampf um die Regeln der Benennung. Dieser Kampf liegt nicht nur außerhalb von dem, was man mit den neuen Begriffen denken kann; die autobiographischen Schriften zeigen, daß das System selbst die Lösung eines Problems ist, das in seinem Innern gar nicht gestellt werden kann: es gibt Rousseau Name und Gestalt, bestimmt, was er für die andern ist, erlöst ihn von seiner Ängstlichkeit. Das System verlangt, die Welt in den Begriffen von Bedürfnissen und Welterhaltung zu erfassen; die autobiographischen Texte zeigen, daß man Rousseaus ganzes Leben und Denken, das System selbst, von einer Theorie des Medialen aus verstehen muß.

Wenn man sich einmal darauf eingestellt hat, die mediale Sphäre zu isolieren, dann kann man die mediale Funktion des Systems auch in dessen Innern erkennen. Der »Gewinn«, den der *citoyen* aus der Unterwerfung unter das Gesetz zieht, liegt nicht nur im Bereich der Selbsterhaltung und der Bedürfnisbefriedigung. Da das erste Interesse des Bürgers das Allgemeininteresse geworden ist, so tritt er jedem Bürger als einer gegenüber, dem das Wohl des anderen so viel gilt wie das eigene. Das Allgemeininteresse ist ein Medium geworden, *citoyen ist ein Name*, so wie später, wenn man diese Figur auf die ganze Gattung ausdehnt, »Mensch« der wahre Name des Menschen sein wird. Dieser Name ist nicht nur ein Nebengewinn, er ist die geheime Antriebskraft der ganzen Figur. Man hat es oft gesagt: aus der reinen Logik der Selbsterhaltung kann man nie verstehen, warum das Gemeinwohl mehr sein soll als ein langfristiges Interesse. Auf dieses »mehr« kommt es aber Rousseau an; es geht um eine Verwandlung, die Verwandlung des einzelnen in den Teil eines Ganzen, das ein Wille ist. Von diesem Willen soll sich der Bürger aus sehen, und was er für ihn ist, soll er als seine wirkliche Gestalt anerkennen. Nur dadurch, daß dem Bürger der *Name* des Bürgers wichtiger ist als sein Interesse, kann die Logik des Einzelinteresses übersprungen werden. Wo immer man in der Aufklärung Figuren der Solidarität findet – wir haben am Anfang diese Dimension mit dem brechtschen Wort der *Dritten Sache* bezeichnet –, beruhen diese auf solchen verschwiegenen, aber fundamentalen Anleihen aus dem Feld des Medialen.

Was an Rousseaus autobiographischen Schriften über das Verhältnis von Medialität und Interesse sichtbar wird, gibt eine bestimmte Ansicht auf das, was Sartres Werk implizit sagt und was Lacans Theorie des Symbolischen ausführt: die medialen Konstellationen geben der Welt ihre grundlegende Artikulation, in ihr entstehen die ersten Namen; die Interessenbeziehungen, soweit es Beziehungen zwischen Personen sind, werden unausweichlich von medialen Beziehungen überlagert. Jede Askese verlangt, daß man besitzt, was man opfert. Was der Aufklärer zu beherrschen glaubt – und in einer gewissen Weise auch tatsächlich beherrscht –, ist zugleich das, was ihn als Denkenden erzeugt. Damit die bürgerliche Sachlichkeit »gelingt«, nicht nur Fassade über Spielen des *alles oder nichts* ist[138], muß der Bürger seines Namens sicher sein.

Aber andererseits ist die wirkliche Vergesellschaftung jetzt die der Interessen. Der Ort, von dem aus jeder die anderen und sich selbst sieht, ist nicht mehr der des medialen Dritten; die Gesellschaft läßt sich nur vom Standpunkt des Interesses als ganze sehen. Dieser Ort macht zwar den Aufbau der Welt und die wirklichen Motive unkenntlich; aber er erlaubt ein »realistisches«, konsistentes, diskutierbares und überlieferbares Wissen. Wo eine mediale Auffassung der Gesellschaft die gesamte Wirklichkeit zu erfassen beansprucht, wie in der Linie, die vom Nationalismus des 19. Jahrhunderts zum Faschismus führt, ist sie gewalttätig und betrügerisch; wo sie die Wahrheit sucht, wie in der Psychoanalyse und in der Literatur, ist sie marginal und im Kern esoterisch. Man kann die Werke von Max Weber und von Kafka nebeneinanderstellen, wenn man sehen will, wie sich etwa dieselbe Welt in den Begriffen des medialen Gesetzes und des Interesses abbildet.

Das mediale und das Interessendenken begründen und begrenzen sich gegenseitig. Der Aufklärer weiß – was der, der in medialen Spielen gefangen ist, nicht denken kann –, daß Welten endlich sind[139]; das mediale Denken weiß, daß die Sachlichkeit des Aufklärers auf dem Opfer eines unbekannten Namens beruht. Mit Rousseau und Sartre habe ich einen Bereich gewählt, wo die beiden Felder sich begegnen. Dabei geht es mir zuerst um einen Ausbau und um eine Erweiterung der Theorie des Medialen, aber zugleich auch eine Verschränkung der beiden Theorien und um den Zugang, den man darüber zum gesamten Feld des Sozialen gewinnt.

Diese Verschränkung haben wir mit Rousseau und in Anlehnung an seine Sprache beschrieben. Die Verdeckung des Medialen durch das Denken des Interesses ist für uns aber auch ein aktuelles Problem; daher will ich an einer aktuellen Variante dieses Denkens, an Habermas, diese Bewegung wiederholen, in der sich die universal verstandenen Grundbegriffe – Bedürfnis, Interesse, Handlungskoordination, Verständigung – von universalen in situierte verwandeln, die nur von einem bestimmten Ort aus ihren Sinn haben.

Im folgenden möchte ich am Werk von Habermas[140] zeigen, daß die Grundfigur der Setzung, die ich für Rousseau dargestellt habe, auch noch für das zeitgenössische Denken der Aufklärung bestimmend bleibt, d. h., daß Habermas von demselben Ort aus und mit den Begriffen denkt, die an diesem Ort entstehen. Seine eigentliche theoretische Arbeit – die Auseinandersetzung mit der Tradition des modernen Denkens der Aufklärung, die Diskussion des Verhältnisses von Verständigung und systemischen Mechanismen als Vergesellschaftungsformen – interessiert mich hier nicht, sondern nur die nicht diskutierte Konstellation der Begriffe, die dieser Arbeit vorausgeht. Nach den Regeln der wissenschaftlichen Auseinandersetzung müßte man durch den expliziten Aufbau der Begriffe zu ihren Voraussetzungen durchdringen. Ein solches Vorhaben würde den Rahmen dieses Buchs und meine Kompetenz überschreiten; die folgenden Überlegungen sind nur die Skizze einer Argumentation, die eine erste Plausibilität herstellen sollen.

Das Ergebnis des Durchgangs durch die Alte Welt und ihr Ende ist etwa folgendes: Es gibt zwei legitime Formen der Vergesellschaftungen, die sich in der Form der in ihnen geltenden Regeln unterscheiden. Das moderne Gesetz leitet sich aus dem Gemeinwohl ab; es legitimiert sich dadurch, daß alle von ihm Betroffenen in gleicher Weise an seiner Setzung beteiligt sind und ihre Interessen in ihm zur Geltung bringen können. Die alten Regeln sind Beziehungsregeln, die sich aus dem

Tausch legitimieren und in dem Medium der Ökonomie ihre Institutionen finden. Die Moderne hat dieses institutionelle System zerstört; aber der Umweg über die neurotische Weltsicht hat gezeigt, daß die ersten Beziehungen des Subjekts zu seinen Gegenständen, zu den anderen und zu sich selbst auch heute noch von den medialen Strukturen geformt sind. Vor der Moderne waren die Prinzipien der Vergesellschaftung und der Weltkonstitution zusammengefallen; jetzt sind sie getrennt und widersprechen sich. Diesen Widerspruch muß man sehen, und man darf ihn nicht aufzulösen versuchen.

Bei Rousseau ist die mediale Vergesellschaftung *unterworfen*, und es wird ihr jede Legitimität abgesprochen, bei Habermas ist sie einfach *verschwunden*. Die Verfahren dieses Verschwindenlassens will ich im folgenden darstellen.

Dieses Verfahren ist leicht zu benennen. Bei Rousseau sehen wir die Grundbegriffe des Denkens der Aufklärung in ihrer Entstehung gegen die Medialität, bei Habermas ist daraus ein abgeschlossenes System sich in ihrer Entfaltung selbst erklärender Begriffe geworden; die Entscheidung gegen die mediale Theorie der Welt liegt schon in der nicht diskutierten Wahl der ersten Begriffe, des Bedürfnisses und des Interesses. Bedürfnis und Interesse sind Begriffe, die eine Theorie des Subjekts implizieren. Es geht im folgenden also auch um das Verhältnis zweier Subjekttheorien.

Für Rousseau wie für Habermas ist der Mensch ein Wesen, das zuerst durch die Beziehung zu den Objekten seiner Bedürfnisse bestimmt ist. Aber Rousseau unterscheidet sehr genau zwischen der Bedürftigkeit, die mit dem (fiktiven) natürlichen Menschen eins ist, die ihn lenkt, ohne daß er weiß, was er tut, und den Bedürfnissen, die man kennt und die man zu seinen Motiven machen kann. Zwischen dem einen und dem anderen liegt ein langer Weg, auf dem die Dinge, die der Mensch braucht, zuerst einmal mediale Dinge werden. Die Bedürftigkeit des Naturzustands schafft keine Weltobjekte; die Frucht erscheint und verschwindet mit dem Hunger. Weltobjekte entstehen als Selbstobjekte: mit dem Wunsch der jungen Männer, für die Mädchen am Brunnen begehrenswert zu sein. Das Eigentum – mit dessen Entdeckung die Geschichte eigentlich beginnt – ist für Rousseau nicht ein Privileg auf Mittel zur Bedürfnisbefriedigung, sondern das verhängnisvolle Medium, das die Menschen an eine nun ganz und gar vergegenständlichte Gestalt bindet, in der jeder dem anderen unterworfen und seinen Bedürfnissen definitiv entfremdet ist. Erst wenn sich der Mensch durch die Begegnung mit dem Gesetz der Dinge der Herrschaft des Mediums entwunden hat, *weiß* er, was er braucht. Erst dann hat das Bedürfnis – als in sich gesättigte Gegenstandsbeziehung und nicht als mediales Material – feste Objekte, die Grundlage von Interessen werden können.

Dieser lange Weg, der von der biologischen Bedürftigkeit zum Bedürfnis als Motiv (zu dem sich das Subjekt verhalten muß) führt und in dem Rousseau die mediale Artikulation aufnimmt, ist bei Habermas zur »kulturellen Interpretation der Bedürfnisse« zusammengeschrumpft; die Gesellschaft ist einsinnig nach einem Modell der gesellschaftlichen Kooperation gedacht, demzufolge die Subjekte – die von Natur schon wissen, was sie wollen – ihre Eingriffe in die objektive Welt über kommunikatives Handeln koordinieren.[141] Mit diesem Anfang ist schon die Drei-Welten-Theorie mitgegeben, in der Habermas ein Fundament des okzidentalen Rationalismus sieht[142] und mittels der er die kommunikative Vernunft entfaltet: die Aufteilung in objektive, soziale und subjektive Welten mit den drei Geltungsansprüchen der propositionalen Wahrheit, der normativen Richtigkeit und der subjektiven Wahrhaftigkeit. Die Grundlage der Drei-Welten-Theorie, die Trennung der Beziehung zu den Objekten und der zu den Personen[143], bestimmt auch Rousseaus Denken. Der Bürger der Republik hat Bedürfnisse gegenüber Sachen; er verständigt sich mit den Mitbürgern über Gesetze, die dem gemeinsamen Interesse an der Erhaltung des Gemeinwesens dienen. Aber diese Trennung ist Ergebnis des Kampfes gegen die medialen Strukturen der wirklichen Gesellschaften; die *Nouvelle Heloïse* beschreibt die lange Arbeit, die es braucht, um ein Haus, ein Gut, ein Essen von einem medialen Objekt (einem Gegenstand der Repräsentation, wie Rousseau es in der ihm eigenen Verkürzung nennt) in ein Objekt des Bedürfnisses zu verwandeln. Bedürfnis ist ein imperativer Begriff: der Mensch soll seine »wahren Bedürfnisse« (und nicht seine medialen Wünsche) zu seinen Motiven machen. Mit der Auffassung des Menschen als eines über die wechselseitige Anerkennung von Bedürfnissen und Interessen vergesellschafteten Wesens hat sich Habermas die Trennung der beiden Dimensionen schon vorgegeben. Seine Vernunft hat ihren ersten Gegner vergessen; ihre Entstehung ist nicht als ein Kampf gegen ein ganz anderes, sondern als ein Lernprozeß im Gleichen verstanden.

Rousseau hat den Begriff des Bedürfnisses gegen die mediale Alternative entwickelt, die in den alten Institutionen noch lebendig war; der Charakter einer imperativen Setzung ist bei ihm vollständig sichtbar. Dieser Kampf ist schon lange erledigt, die Alte Welt ist für Habermas weit entfernt, und das neue Denken des Medialen nimmt er nicht wahr. Das Bedürfnis erscheint nicht mehr als eine spezifische Objektbeziehung auf dem Hintergrund möglicher Alternativen; der Imperativ, daß die »erste« Beziehung des Menschen die zu seinen Bedürfnisobjekten zu sein hat, verwandelt sich in die einfache Feststellung eines Sachverhalts.[144]

Der zweite Grundbegriff ist der der argumentativen Verständigung über verallgemeinerbare Interessen. Mit diesem Begriff ist ein sehr weitgehender Anspruch verbunden, der als solcher nie benannt wird: Es gibt eine und nur eine Dimension legitimer Vergesellschaftung, in der man Gründe für sein Verhalten angeben, zwischen richtig und falsch unterscheiden kann. Der Zwang zur Verständigung *in dieser Dimension* ist in der Sprachlichkeit schon angelegt; die Lebenswelt hat in ihr ihren rationalen Kern und reproduziert sich durch sie hindurch. Alle normativen Ordnungen, die nicht auf Verständigung über gemeinsame Interessen begründet sind, sind nur unvollständige Realisierungen *ein und derselben* Rationalität. In ihnen ist die Argumentation an einem gewissen Punkt durch den Verweis auf eine außerrationale Geltungsmacht abgeschnitten; in der Alten Welt ist das die Religion mit ihrem rituellen Kern; in der Kindheit die Sanktionsmacht der Erzieher; die konventionellen Normen des Alltagslebens sind einfach dem Test des Konflikts und der Kritik noch nicht ausgesetzt worden. Die Geschichte der Menschheit ebenso wie jede einigermaßen gelungene Sozialisation ist die »Freisetzung des im kommunikativen Handeln angelegten Rationalitätspotentials« (KH II, S. 232).

Dieser Anspruch wird von Habermas sehr sorgfältig gegen Skeptiker und Relativisten, gegen die moderne Rationalitätskritik verteidigt; er nimmt nicht wahr, daß in der Alten Welt ein *universales* Prinzip der Legitimität existiert, das auf einer *ganz anderen* Grundlage aufgebaut ist.

Im Inneren von medialen Systemen gibt es keine Interessen, nur Wünsche. Wünsche haben ihre spezifische Allgemeinheit, sie sind imperativ geboten; der Gekränkte, der den Wunsch nach Rache nicht verspürt, wird in viel tieferer Weise verachtet als der, der sich nicht rächen kann. Die medialen Spiele sind eine Form der Handlungskoordination;

noch das System der Rache in der Ilias ist ein präzise koordiniertes Handlungssystem. Aber die Koordination läuft nicht wie beim Interesse über die Handlungziele, sondern über Beziehungsregeln; die Griechen und die Troer haben dieselben Wünsche, aber gerade dadurch die entgegengesetzten Ziele. Oder, um ein anderes Beispiel zu geben, zwei Boxer, die sich auf ihr gemeinsames Interesse verständigen – die Preisgelder hoch und die wechselseitigen Beschädigungen gering zu halten –, verletzen damit ersichtlich die Grundregeln des medialen Spiels. Wünsche sind grundsätzlich nicht verallgemeinerbar, wenn man nur die Gesamtheit des Feldes betrachtet, in dem sie entstehen. Wunschobjekte sind immer auch Gegenstände der Wünsche der anderen, es sind zeichenhafte Dinge, in deren Konstitution die anderen einbezogen sind. Es wäre absurd, den gemeinsamen Wunsch einer Fußballmannschaft, ein gegnerisches Team zu besiegen, als Interesse zu bezeichnen. Der Sieg als Ziel hat nur Sinn in dem Feld, das auch die Gegner mit einschließt; in diesem Feld ist jede Verallgemeinerung widersinnig. Gemeinsame Interessen kann es nur geben auf der Ebene der Spielbedingungen, etwa dasjenige an einem besseren Spielplatz, an finanzieller Förderung.

Ein knapper Rückblick auf den historischen Prozeß, in dem in den medialen Systemen der Alten Welt Interessen entstehen, kann verdeutlichen, daß »Interesse« ein komplexes und historisch spätes Phänomen ist, das man keinesfalls, wie Habermas es tut, der motivationalen Grundausstattung des Menschen oder historischen Universalien wie der Güterknappheit zurechnen darf. Nehmen wir ein Beispiel aus der altfranzösischen Epik.[145] Zwei fürstliche Familien sind in eine der typischen Racheketten verwickelt. Das ist ein gebotenes Spiel, das massive Verpflichtungen und heftige Wünsche erzeugt. In dieser späten Epik sind Kriege auch schon ein finanzielles Problem. Eine der Familien sucht gegen entsprechende Gegenleistungen Unterstützung bei den Bürgern einer Stadt, die an der Fehde nicht beteiligt sind. Wir wollen annehmen, daß die Bürger diese Gegenleistung in ähnlicher Weise in medialen Spielen einsetzen. Wenn zwei getrennte mediale Spiele sich durch die Vermittlung des Geldes begegnen, entstehen aus Wünschen Interessen, über die man verhandeln kann. Jahrhunderte später beschreiben Gracian oder Saint-Simon die absolutistischen Höfe als die Verstetigung solcher Interessenverhältnisse, bei denen es um unterstützende Leistungen im Kampf um Positionen geht. Die Verschränkung der Interessen schafft hier eine Sphäre wechselseitiger Manipulation.

Der Wert der Leistungen hängt von der Intensität der Wünsche ab, und die erste Kunst des Höflings liegt darin, den Preis seiner Leistung in die Höhe zu treiben, indem er den Wunsch des anderen durchschaut und den eigenen verbirgt.[146] Die Entstehung von marktförmigen Mechanismen, in denen die Konkurrenz das Austauschverhältnis der Leistungen festlegt, koppelt die Interessen von den Wünschen ab.[147] In einem Marktgeschäft sind, anders als zwischen den Höflingen, die Wünsche, die hinter den Interessen des Händlers liegen, belanglos.

Die Frage ist nun, unter welchen Umständen Interessen verallgemeinerbar sind. Nicht in Betracht kommen Interessen, die mediale Wünsche nach außen tragen; es sind immer die Wünsche einer *Partei*, und sie haben ihren Sinn nur innerhalb der Spiele. Von den Motiven abgekoppelte Interessen wie das am Geld, oder Interessen, die nur auf andere Interessen verweisen, können aber, wie Habermas mit Recht sagt, nicht Basis eines gemeinsamen Interesses sein; zwischen ihnen ist nur ein fairer Kompromiß möglich.[148] Verständigen kann man sich nur über solche Interessen, bei denen sich die Handlungsziele aus Motiven ableiten, die gegen andere Motive abgewogen werden können. Es gibt aber nur einen einzigen Fall, in dem ein mediales System Motive entwickelt, die dem ganzen System gemeinsam sind, nämlich wenn es gegenüber einem amedialen Außen seinen Gesamtbestand im Auge hat. Verallgemeinerbar sind nur Erhaltungsinteressen.

Das Verhältnis von Interessen und medialen Spielen, das wir hier historisch entwickelt haben, findet sich genauso in den Strukturen des Alltagslebens. Denken wir uns eine Clique von Jugendlichen, die über mediale Spiele organisiert ist, in denen das Geld, das man ausgeben kann, ein wichtiger Faktor des Namens ist, den man in der Clique hat. Hier hat jeder nicht »kulturell interpretierte Bedürfnisse«, sondern Wünsche, die sich an dem orientieren, was die anderen haben und wünschen, also Effekte des Spiels sind. Gegenüber den außenstehenden Eltern verwandeln sich diese Wünsche in Interessen, die in irgendeinem Handel durchgesetzt werden können. Wenn die Clique entdeckt, daß sie ihr gesamtes Leben interessanter gestalten könnte, wenn sie über gemeinsame Räume verfügen würde, dann und nur dann entsteht ein verallgemeinerbares Interesse (und rückwirkend auch jugendspezifische Bedürfnisse), die sich gegenüber einer Verwaltung zur Geltung bringen und in den Prozeß einer diskursiven Verständigung einbringen lassen.

Wo Habermas zeigen will, daß die Verständigung über gemeinsame Interessen der Vergesellschaftungsmechanismus der Lebenswelt ist, da koppelt er die Interessen unmittelbar an die Bedürfnisse an und geht auf das Problem ihrer Verallgemeinerbarkeit wenig ein. In der Diskussion über den Begriff der Selbsterhaltung wird aber deutlich, daß es letztlich genau *ein* verallgemeinerbares Interesse gibt, nämlich dasjenige an der Erhaltung der Möglichkeit diskursiver Verständigung.[149] Auch in dem engeren Rahmen einer kritischen Gesellschaftstheorie geht es um Erhaltungsinteressen, nämlich um die Verteidigung der Lebenswelt gegen die systemischen Mechanismen der Handlungskoordination; und die konkreten Beispiele, die er anführt, wie z. B. die Ökologie-Bewegung, verweisen alle auf diesen Bereich.[150]

Damit ist Habermas sehr nahe an Rousseau: die Erhaltung, um die es geht, ist die Erhaltung der Freiheit; und diese Freiheit hat als ihr wesentliches Ziel die Erhaltung ihrer eigenen Möglichkeit. Damit sind viele andere Ziele mitgegeben, ein von medialen Zwängen entlastetes Verhältnis der Menschen untereinander, der Zugang zu den wahren Bedürfnissen. Aber der Maßstab des Ganzen bleibt doch die Erhaltung der Freiheit.

Für unseren Zusammenhang ist das wesentliche Ergebnis dieser Diskussion folgendes: Gegenüber dem Bereich des Medialen ist die diskursive Vernunft an demselben Ort situiert wie die Vernunft Rousseaus, an dem Ort der Welterhaltung. Ihre Geltung beruht auf einem (bei Rousseau ausgesprochenen, bei Habermas verdeckten) Imperativ: daß dies der Ort sei, an den man sich zu stellen habe.[151] Sie entsteht aus der Negierung der medialen Ordnungen; damit ist notwendig eine Verkennung gegeben.

Die Diskussion der Begriffe des Bedürfnisses und des Interesses haben gezeigt, wie fremd Habermas die Dimension des Medialen ist. Man könnte die Beispiele beliebig vermehren. Wo die Alltagssprache oder die behandelten Gegenstandsbereiche die Aufnahme medialer Phänomene nahelegen, da werden diese umstandslos in die Begriffe des Allgemeininteresses übersetzt. Die Regeln eines Wettspiels werden zur Vorform einer Gesetzlichkeit des Allgemeininteresses.[152] Die Entrüstung über eine Kränkung verwandelt sich in die moralische Verurteilung eines Unrechts[153]; dabei hätte gerade die Nähe der Erfahrung der Kränkung zu den Codes der Rache, der Vendetta, des Duells nahegelegt, hier ein antagonistisches Prinzip zu erkennen. Wo die Phänomene theoretisch aufgearbeitet vorliegen, werden sie nicht wahrgenommen. Die Rekonstruktion der vorbürgerlichen Geschichte als Geschichte der Rationalisierung der Lebenswelt wäre der Ort gewesen, wo die mit Mauss und Lévi-Strauss gegebene Alternative zu der Begrifflichkeit von Max Weber, auf der Habermas aufbaut, hätte diskutiert werden müssen. Aber Habermas gelten der Tausch und die Systeme der Verwandtschaft als »Deutungsschemata«, die »ihre bindende Kraft aus ihren religiösen Grundlagen« ziehen.[154]

Wenn man verstehen will, was es bedeutet, diesen fremden Gesichtspunkt in das Werk von Habermas einzuführen, muß man den Zusammenhang, in dem es steht, und seine Zielrichtung bedenken. Ziel ist eine aufhebende Kritik der Selbstkritik der modernen Rationalität. Diese hatte in der *Dialektik der Aufklärung* gegipfelt, die die Vernunft als Instrument im Dienst einer verwilderten Selbstbehauptung darstellt, die sich die äußere und innere Natur unterwirft. Habermas sieht den Fehler dieser Kritik darin, daß sie Rationalität mit Zweckrationalität gleichsetzt; der Nachweis, daß Vernunft in ihrem Wesen kommunikativ ist, löst diese aus der Verbindung mit Herrschaft und Unterwerfung. In ihrer utopischen reinen Gestalt ist die Vernunft *zwanglose Verständigung* (KH I, S. 524), sie trägt das Moment der Versöhnung, das Adorno im Begriff der Mimesis ihr entgegensetzt, selbst in sich. Damit ist die fundamentale Rationalitätskritik in eine historisch konkrete Problemlage verwandelt; der reale Sachverhalt, der in ihr wahrgenommen und auf die falsche Ebene verschoben wurde, ist die Einschränkung der Entwicklungsmöglichkeiten der diskursiven Vernunft durch das Übergreifen der systemisch organisierten Bereiche der Ökonomie und Verwaltung.

Für Habermas ist Verständigung, wie zwanglos immer sie sein mag, immer Verständigung zwischen *zurechnungsfähigen* Subjekten (KH II, S. 153). Mit Sartre hatten wir die Frage gestellt, wie es kommt, daß ein Mensch dazu bereit ist, sich seine vergangenen Worte und Taten zurechnen zu lassen, für sich und in Wirklichkeit das zu sein, auf was andere ihn festlegen wollen. Die Antwort war, daß eine menschliche Welt die Verwandlung von Menschen und Dingen in Zeichenhaftes[155] voraussetzt. Diese Verwandlung ist Gewalt; zurechnungsfähige Personen tun sich Gewalt an schon durch die wechselseitige Zurechnung.[156] Aber sie ist gleichzeitig Form und Recht. Sie schafft, was man die Naturform des menschlichen Lebens nennen könnte, nachdem dieses seine Instinktform verloren hat, die medialen Spiele, Begehren und Schuld.

Der aufklärerische Imperativ, sich an den Ort der Welterhaltung zu stellen, verlangt zuallererst die Lösung aus der Macht der Spiele, die Entwertung der Verpflichtungen, die sie schaffen, den Verzicht auf das Begehren. Bei Rousseau ist das alles in aller Deutlichkeit sichtbar. Émile hat es gelernt, die alte Forderung der Ehre, das eigene Leben wie ein Zeichen zu behandeln, das man in den Spielen einsetzt, als Torheit zu verstehen. Er stellt gegen diese Forderung die anspruchsvollere Vernunft der Selbsterhaltung, eine Vernunft, die für die alte Art zu leben und zu sterben den Tod bedeutet. Die *Nouvelle Héloïse* beschreibt die Organisation einer Welt, deren Ziel es ist, die Fähigkeit, sich selbst zu gestalten, auf Dauer zu bewahren. Bei aller Begeisterung für das, was er darstellt, macht Rousseau doch unzweifelhaft klar, daß die Vernunft, die hier herrscht, die einer systematischen, das kleinste Detail erfassenden Unterdrückung ist. Es ist das Begehren *(désir)*, das die wahren, intensiven, in die Seele greifenden Beziehungen schafft; das Begehren ist aber das absolut Verbotene.

Man weiß, daß Rousseau nur der erste in einer langen Kette ist, in der das Thema der tödlichen Kraft der aufgeklärten Vernunft variiert wird. Für Habermas fällt, was Rousseau beschreibt, unter das Stichwort der Entzauberung; in der Geschichte entspricht dem der Übergang von der traditionellen zur diskursiven, in der Entwicklungspsychologie der Übergang von der konventionellen zur postkonventionellen Moral. Aber wenn man die Aufklärung als den Ausgang aus der Unmündigkeit versteht, dann verkennt man, daß die Welt aus Spielen besteht und daß die Mündigkeit ein Spielverbot ist. Und man verkennt zugleich, daß man nicht nicht spielen kann, daß auch die Mündigen Spiele spielen, zu deren Verständnis sie sich den Zugang versperrt haben.

Die Vernunft der Aufklärung ist eine zweite Gewalt, die sich über eine erste Gewalt legt, aber nicht indem sie diese auflöst, sondern indem sie sie verkennt und unterdrückt. Den Versuch, diese Bindung an Gewalt aufzulösen, kann man überhaupt nur unternehmen, wenn man wie Habermas den unterdrückten Bereich ignoriert und vergißt; auf der Ebene der Theorie ist aber das Vergessen eine besonders massive Form der Unterdrückung.[157]

In den siebziger Jahren hat eine Gruppe, die sich aus politisch engagierten Theaterleuten und Sozialpädagogen zusammensetzte, versucht, Arbeiterjugendlichen über Theaterspielen auf der Straße politisches Bewußtsein zu vermitteln. In einem Bericht von dieser Arbeit gibt ein

Schauspieler eine Bemerkung eines der Jugendlichen wieder, die sich auf die unterschiedliche Zusammensetzung der Betreuergruppe bezieht. »Wenn man einem vom Theater in den Hintern tritt, kommt etwas zurück; wenn es ein Sozialpädagoge ist, dann grinst er doof.« Der simple Spruch beschreibt scharfsichtig das Verhältnis der beiden Diskurse. Die Provokation ist eine Herausforderung im alten Sinn des Wortes, sie will wissen, was der andere für ein Mann ist. Der Schauspieler reagiert auf der medialen Ebene, zeigt, »wer er ist«; der Sozialpädagoge hat gelernt, alles auf der Ebene der Bedingungen zu sehen: er fragt nach den Gründen der unbegründeten Aggression. Der Effekt ist, daß er von dem, was abläuft, nichts versteht und für den Jungen unsichtbar bleibt. In dem Sinn, den diese Geschichte deutlich macht, hat man die Entstehung des Punk in England als Effekt der Überschwemmung der Jugendlichen mit sozialpädagogischen Diskursen erklärt. Diese Erklärung mag kurz sein; gewiß ist: wo immer der Diskurs der Aufklärung ein Feld beherrscht – wie beispielsweise das der Erziehung –, da entsteht ein medialer Gegendiskurs, in dem die Betroffenen Namen und Wünsche, die wirkliche Welt suchen, die der offizielle Diskurs ihnen vorenthält. Man versteht wenig von dem, was in den Schulen, in den Jugendkulturen sich abspielt, wenn man diese Konflikte und die strukturellen Zwänge, unter denen sie stehen, nicht wahrnimmt.

Die medialen Kulturen können anziehend oder abstoßend und zerstörerisch sein. Jedenfalls können sie nie kritisiert, sondern nur entwickelt oder ersetzt werden. Wichtig ist, daß an diesen Kulturen gearbeitet wird, wie es die Alte Welt zu tun verstanden hatte. Die Aufgabe der Theorie dabei ist es, Begriffe zu schaffen, in denen eine solche Arbeit beschrieben werden kann.[158] Dazu gehört es erst einmal, den falschen Gegensatz zwischen Vernunft der Aufklärung und medialer (konservativer oder anarchischer) Irrationalität aufzulösen, zu sehen, daß in der Moderne zwei Ordnungen mit zwei heterogenen und inkompatibeln Rationalitäten zusammenleben müssen. Man muß akzeptieren, daß der Standpunkt des Interesses und des Weltentods die Geschlossenheit der alten medialen Systeme aufgebrochen hat, aber andererseits auch, daß dieser Standpunkt immer auch ein Ort *im* Medium ist, und ein Ort, von dem aus man zwar alles sieht, aber auch an allem vorbeisieht.

ANMERKUNGEN

1 Charles de Montesquieu, *Esprit des Lois*, Buch IV, Kap. 2; im folgenden wird auf den *Esprit des Lois* im Text nach Büchern und Kapiteln verwiesen. Zugrunde liegt die Ausgabe der *Œuvres complètes*, Paris 1964.

2 Diese für uns fundamentale Entwicklung brauchen wir nicht ausführlich darzustellen, sie ist an vielen Orten in der Geschichte der Philosophie, des Theaters, der Moralistik ablesbar und oft beschrieben worden. In dem Buch von Norbert Elias, *Die höfische Gesellschaft. Untersuchungen zur Soziologie des Königtums und der höfischen Aristokratie*, Neuwied und Berlin 1969, finden sich zahlreiche Belege, die zeigen, wie planvoll Ludwig XIV. das System der Belohnungen in einer strategischen Gesinnung ausgearbeitet hat. Die Entwicklung vom medialen zum strategischen Handeln, auf die es uns ankommt, geht allerdings in der Begrifflichkeit von Elias unter, der den Modernisierungsprozeß zu einfach als die Disziplinierung der spontanen Affektivität durch die immer stärker werdenden Verflechtungszwänge versteht.

3 Claude Crébillon, *Les égarements du cœur et de l'esprit*, Paris 1961, zuerst veröffentlicht 1736–1738. Die meines Wissens erste, eigenartig überraschte Beschreibung dieser Strukturen findet man in einer Nebengeschichte der *Clélie* von Madame de Scudéry (1654–1668). Und natürlich ist in diesem Zusmmenhang auf die Romane von Marivaux hinzuweisen.

4 »Ich setzte zuerst voraus, und ich denke mit guten Gründen, daß ein Mann von unserem Rang, und von Ihrem Alter, kein anderes Ziel haben kann als seinen Namen berühmt zu machen.«

5 »Ich ... der Erfinder von fast allen Verrücktheiten bin, die Erfolg haben.«

6 »... mehr an der Art, über die anderen herzuziehen als an irgend etwas anderem erkennt man die, die den guten Ton haben.«

7 Die Romane Crébillons sind für ihre Frivolität berühmt. Das zentrale Phänomen ist aber nicht die Befreiung des Sexuellen von der alten Moral der Plätze; diese ist nur Voraussetzung des Lebens, das Crébillon beschreibt. Bei genauerem Hinsehen sieht man sofort, daß das Sexuelle ganz und gar dem Wunsch begehrt zu werden unterworfen ist; begehrt nicht vom Gegenüber, sondern von dem Dritten. Damit legt sich die problematische Beziehung zu dem Dritten, die wir noch kennenlernen werden, mit ihrem ganzen Gewicht auf jede sexuelle Begegnung.

8 Die Wiedergabe des Romans ist hier auf die eine Dimension verkürzt, die uns wichtig ist.

9 Niklas Luhmann, *Liebe als Passion. Zur Codierung von Intimität*, Frankfurt a. M. 1982, S. 92 ff. hat auf die Entdeckung der Zeitlichkeit in der Codierung von Liebesbeziehungen im späten 17. und 18. Jahrhundert hingewiesen.

10 Die *Clélie*, die *Égarements*, die *Recherche* – René Girard folgend kann man auch Stendhals *Rouge et Noir* hierher rechnen – verbinden eine bestimmte mediale Struktur mit einer sozialgeschichtlich faßbaren Institution, den Salons. Wenn man versuchen würde, eine Geschichte der medialen Systeme seit der Krise des

Platzmediums (also ab der Mitte des 17. Jahrhunderts) zu schreiben, dann müßten die Salons in ihr eine große Rolle spielen.

11 Jede Welt ist eine solche Mischung aus Gesetz und Willkür. Aber nicht jede Welt ist so massiv verankert und daher so undurchschaubar.

12 Man kann an der Entwicklung des juristischen Denkens sehr genau verfolgen, wie die für den Feudalismus typische Eigentumsform abgelöst wird, ein Prozeß, der sich im 18. Jh. beschleunigt und im wesentlichen den modernen Zustand erreicht (vgl. Dieter Schwab, »Eigentum«, in: *Geschichtliche Grundbegriffe. Historisches Lexikon zur politisch-sozialen Sprache in Deutschland*. Hrsg. von Otto Brunner, Werner Conze, Reinhart Koselleck, Stuttgart 1975, Bd. 2, S. 65–115).

13 Es kann absurd erscheinen, das so vielfältige und in sich widersprüchliche Denken der Aufklärung zu einem einheitlichen Block zusammenzufassen, wie ich es hier tue. Die Vereinheitlichung vollzieht sich aber von selbst, wenn man dieses Denken in den Gegensatz zum medialen stellt. Es ist dieser Gegensatz, der hier Thema ist und nicht etwa das Denken der Aufklärung in sich; aus dieser Opposition ergeben sich – aus der Sache selbst und ohne daß es notwendig wäre, irgend etwas vorab zu »definieren« – die Züge, auf die es hier ankommt.

14 Die Seitenangaben im Text verweisen auf die *Œuvres complètes*, Paris 1959 ff. Die ihnen vorangestellten römischen Ziffern geben den jeweiligen Band an. Es werden folgende Abkürzungen verwendet: Sc für *Discours sur les sciences et les arts*, In für *Discours sur l'origine et les fondements de l'inégalité parmi les hommes*, CS für *Du Contrat social*, E für *Émile*, S für *Émile et Sophie, ou les solitaires*, C für *Les Confessions*, M für *Lettres à Malesherbes*, D für *Rousseau juge de Jean-Jacques, Dialogues*, R für *Les rêveries du promeneur solitaire*, NH für *Julie, ou la Nouvelle Héloïse*. Die Übersetzungen stammen aus der bei Winkler (München 1978–1983) herausgegebenen Rousseauausgabe. Für den *Diskurs über die Ungleichheit* übernehme ich die Übersetzung von Heinrich Meier (UTB, Schöningh, Paderborn 1984), für die *Dialoge* diejenige von Hennig Ritter aus der Rousseauausgabe im Hanser-Verlag (2 Bde., München 1978). Die Zitate aus den *Lettres à Malesherbes* habe ich selbst übersetzt; ebenso habe ich die Übersetzungen dem Wortlaut des Originals angenähert, wenn es für den Interpretationszusammenhang nötig war.

15 Ihrer Funktion nach lassen sich diese Welten mit psychotischen Wahnsystemen vergleichen. Wie diese die Aufgabe haben, nach dem Zusammenbruch eine Ersatzwelt aufzubauen, genauso stellen Rousseaus Werke Weltenkonstruktionen nach einem Zusammenbruch dar; ebenso wie jene sind sie um einen Defekt herum aufgebaut. Diese Welten sind, wie wir sehen werden, so strapaziös für ihre Bewohner, weil dieser Grunddefekt ununterbrochen ausgefüllt werden muß.

16 E. Cassirer, »Das Problem J.-J. Rousseau«, in: *Archiv für Geschichte der Philosophie*, 1932, Neudruck Darmstadt 1972.

17 Jean Starobinski, *Jean-Jacques Rousseau. La transparence et l'obstacle*, 2. erw. Auflage, Paris 1971.

18 Vgl. I. Fetscher, *Rousseaus politische Philosophie. Zur Geschichte des demokratischen Freiheitsbegriffs*, Frankfurt a. M. 1980, S. 27.

19 Im 9. Kapitel des *Essai sur l'origine des langues* sind diese Gedanken noch eindringlicher dargestellt als im *Zweiten Discours*, in einer Anmerkung geht Rousseau in diesem Zusammenhang auf die Entstehung des Inzestverbots ein.

20 »Jeder begann, die anderen zu beachten und selbst beachtet werden zu wollen, und die öffentliche Wertschätzung hatte einen Wert.« (S. 189)

21 Rousseau zitiert hier Locke: »Es kann keine Beleidigung geben, wo es kein Eigentum gibt.« (In III, S. 170). Dabei heißt Eigentum genau, was ich »Namen« nenne, denn Eigentum im eigentlichen Sinn gibt es noch nicht.

22 Rousseau selbst gibt eine nicht sehr vielsagende Erklärung: diese Epoche liegt in der richtigen Mitte zwischen zwei Extremen; sie ist die stabilste. Mit Recht hat man Beziehungen hergestellt zwischen dieser historischen Phase und den Phasen in Rousseaus Leben, die ihm in der Retrospektive als die glücklichsten und lebendigsten erschienen sind. Vgl. Ph. Lejeune, »Le livre I des Confessions«, in: *Le pacte autobiographique*, Paris 1975, S. 148.

23 »Der erste, der ein Stück Land eingezäunt hatte und es sich einfallen ließ zu sagen: *dies ist mein* ... war der wahre Gründer der bürgerlichen Gesellschaft.« (S. 173)

24 »Der Wilde lebt in sich selbst, der soziable Mensch weiß, immer außer sich, nur in der Meinung der anderen zu leben; und sozusagen aus ihrem Urteil allein bezieht er das Gefühl seiner eigenen Existenz.« (S. 269)

25 Das ist eine Formel aus der *Nouvelle Héloïse* (NH II, S. 273).

26 Bei Rousseau ist das Eigentum immer dem Individuum zugeordnet statt der Erbfolge. Das Prinzip, daß es immer der vorhergehenden Generation geschuldet und an die folgende weitergegeben werden muß, kann er nicht wahrnehmen.

27 Die Allmacht der »Mode«, das Phänomen des Wandels des medialen Materials, das Crébillon so sehr fasziniert, hat Rousseau ebenfalls beschrieben, so in den Parisbriefen der *Nouvelle Héloïse*. Aber im ganzen verbindet er doch das mediale System mit der Besitzordnung; die Mode herrscht nur in abgegrenzten Bereichen. Eine zeitgenössische Variante der Auffassung der Gesellschaft als ein System von an die Positionen gebundenen narzißtischen Spielen gibt die Soziologie Bourdieus.

28 »En un mot, il falloit qu'un homme se fut peint lui-même pour nous montrer ainsi l'homme primitif...« (D I, S. 936). »Kurz, ein Mensch mußte sich selbst malen, um uns so den ursprünglichen Menschen darzustellen« (S. 571).

29 Im *Zweiten Discours* macht Rousseau diese Fähigkeit zur Grundlage einer natürlichen Moral, die realistischer sei als die (von ihm als »justice raisonnée« bezeichnete) Regel: »Tu dem anderen, was du willst, das er dir tut.«

30 Rousseau verwendet diesen Begriff für die Fähigkeit des Subjekts, jede beliebige Gestalt anzunehmen, also für die Fähigkeit, die genau dann verschwindet, wenn das Subjekt sich in dem in diesem Buch verwendeten Sinn mit einer medialen Position identifiziert hat. In der Zeitlogik des Identifikationsvorgangs setzt der zweite Begriff den ersten voraus.

31 »... es gab für mich nie einen Zwischenzustand zwischen allem und nichts.« (S. 327)

32 Das ist eine ganz bestimmte, eine bovaristische Lektüre. Das heißt, wenn man Literatur so beschreibt, dann muß man auch sagen, *wem* sie so erscheint, dem weltlosen Subjekt nämlich, das für die Faszination des »alles oder nichts« offen ist; oder allenfalls dem an den Platz gefesselten Subjekt, das sich aus diesem Platz wegträumt. Wer als Name liest, liest ganz anders.

33 Jean Starobinski, »Jean-Jacques Rousseau et le péril de la réflexion«, in: *L'œil vivant*, Paris 1961, S. 135.

34 Es wäre falsch zu sagen, daß Rousseau keinen Unterschied zwischen Traum und Wirklichkeit macht. Wir werden sehen, daß er einen Begriff des Wirklichen jenseits der Medialität entwickelt: wirklich ist, was dauert, sich in der Zeit erhält.

35 »Anhänglichkeit, Achtung, Innigkeit und Vertrauen hatten aufgehört, die Zöglinge mit ihren Erziehern zu verknüpfen; wir betrachteten sie nicht mehr wie Götter, die in unsren Herzen lasen: Wir schämten uns weniger, Böses zu begehen, und fürchteten mehr, angeklagt zu werden. Wir begannen uns zu verbergen, uns aufzulehnen, zu lügen. Alle Laster unsres Alters verdarben unsre Unschuld und verunstalteten unser Spiel. Selbst das Land verlor in unsren Augen den Reiz der Sanftmut und Einfachheit, der zum Herzen geht, es erschien uns öde und düster, es hatte sich wie mit einem Schleier verhüllt, der uns seine Schönheiten verbarg. Wir hörten auf, unsre kleinen Gärten, unsre Pflanzen, unsre Blumen zu pflegen. Wir gewöhnten uns ab, die Erde aufzuscharren und vor Freude zu schreien, wenn wir den Keim des Samenkorns, das wir ausgestreut hatten, entdeckten. Wir wurden dieses Lebens überdrüssig, man war unser überdrüssig.« (S. 24f.)

36 Hier liegt es nahe, auf Proust in Venedig zu verweisen, auf die Macht der Mutter, die Stadt in ein wüstes Agglomerat von Wasser und Steinen zu verwandeln. Überhaupt ist in dieser Hinsicht Rousseau Proust sehr nahe, und vieles, was hier nur angedeutet ist, werden wir dort breit ausgeführt wiederfinden.

37 »... diesen wechselseitigen und unter Sterblichen vielleicht einzigartigen Besitz... der, wie gesagt, nicht der der Liebe, sondern ein weit wesentlicherer Besitz war, der, ohne auf den Sinnen, dem Alter und der Gestalt zu beruhen, auf dem beruhte, durch was man selbst ist und was man nur im Tod verlieren kann.« (S. 221)

38 Rousseau nennt diese Beziehung eine *possession mutuelle*, die Darstellung zeigt, daß diese Wechselseitigkeit ganz und gar nicht symmetrisch war.

39 In den *Rêveries* spricht Rousseau von der Offenheit, mit der er Verfehlungen gesteht, wenn er glaubt, daß das Gegenüber in sein Inneres schaut; gegenüber dem *œil de la malignité* (dem medialen Blick) wird er verlogen.

40 Hier wird die Nähe zu Starobinskis Rousseauinterpretation besonders deutlich: es ist der Gegensatz von *obstacle* und *transparence*, den ich als Gegensatz von medialem Blick und Blick der Liebe beschreibe. Daher ist auch hier vieles nur kurz

dargestellt, was bei Starobinski genau ausgeführt ist. Wenn man, was Starobinski als existentielles Schema versteht, mit der Kategorie des Medialen erfaßt, so ordnen sich auch auf der Ebene der immanenten Interpretation – wenn es etwas Derartiges gibt – viele Dinge anders. Aber vor allem kann man Rousseaus Werk in einer allgemeinen Geschichte des Medialen situieren, und man versteht, in welcher Weise das existentielle Schema die Grundlage einer folgenreichen Systematisierung des Denkens der Aufklärung werden kann.

41 »Man folgt seinem Herzen und alles ist getan.«

42 »... Dienste und Gefälligkeiten, die die Öffentlichkeit sah und mit denen ich nichts anfangen konnte.«

43 Rousseau hat seine Freunde unterschieden in die »guten und einfachen Seelen, aber ohne Wärme und Energie« auf der einen Seite, »lebhafte, aufgeklärte und feine Geister«, die aber »falsch, doppelzüngig und böse« waren, auf der anderen (D I, S. 819). Die Unterscheidung macht deutlich, was sie verschweigt, daß die »Wärme und Energie«, die Jean-Jacques braucht, mit (den hier negativ dargestellten) Fähigkeiten im Bereich der Spiele verbunden ist. Der wahre Vorwurf besagt, daß die Freunde diese Fähigkeiten auf ihn selbst anwenden.

44 Auch der ältere Bruder ist in einer ähnlichen Weise verschwunden.

45 Es besteht offenbar eine Beziehung zwischen dem »Blick der Liebe« und dem, was die Psychoanalyse mit Ausdrücken wie symbiotisch, präödipal, einer archaischen Mutter unterworfen, bezeichnet. Was mich hier interessiert, ist die Funktion dieser Figur in einem das Wirkliche artikulierenden medialen System.

46 »Mein Meister, Herr Ducommun, war ein junger, roher und heftiger Mensch, dem es in sehr kurzer Zeit gelang, den Glanz meiner Jugend stumpf zu machen, mein sich nach Liebe sehnendes und lebhaftes Naturell abzustumpfen und mich in Geist und Geschick auf meinen wirklichen Stand, den eines Lehrlings herabzudrücken. Mein Latein, meine Kenntnisse des Altertums, meine Geschichte, alles war für lange Zeit vergessen; ich erinnerte mich selbst nicht mehr, daß es Römer auf der Welt gegeben hatte. Wenn ich meinen Vater besuchte, fand er nicht mehr seinen Abgott in mir, ich war nicht mehr für die Damen der galante Jean-Jacques, und ich fühlte selbst so gut, daß Herr und Fräulein Lambercier in mir ihren Schüler nicht wiedererkannt hätten, daß ich mich schämte, mich ihnen zu zeigen, und sie seitdem nicht wiedergesehen habe. Die niedrigsten Neigungen, die schändlichsten Ungezogenheiten ersetzten meine liebenswerten Vergnügungen und ließen mir nicht einmal die geringste Erinnerung an sie.« (S. 34)

47 »Adieu Braten!« (S. 36)

48 Wenn wir die Stilebene wechseln, finden wir hier die Problematik der Iphigenie wieder: hier wie dort geht es um den Konflikt von »Menschlichkeit« und medialem Gesetz.

49 »... da ich keine Frau bei all dem tätig sah, erschien mir diese Art, ans Ziel zu kommen, langsam, mühevoll und freudlos« (S. 100).

50 »Ich hatte eine zärtliche Mutter ... aber ich brauchte eine Geliebte.« (S. 217)

51 »Ich fühle so gut, daß das Geld nicht zu meinem Gebrauch ist, daß ich mich

seines Besitzes fast schäme.« (S. 41) Es genügt, daß Rousseau sich als reichen Mann vorstellt, damit er in den Augen des anderen den Vorwurf des unrechtmäßigen Besitzes liest: »Voilà un fripon . . . !« (E IV, S. 678). »Sehen Sie doch diesen Schuft . . . !« (S. 451)

52 Die Szene der Begegnung mit Madame Basile, von der außer dem Bericht der *Confessions* (C I, S. 75–77) noch zwei Varianten erhalten sind, ist von Starobinski mehrfach in sehr eindringlicher Weise interpretiert worden (*La transparence et l'obstacle*, a. a. O., S. 184 ff. und *L'œil vivant*, a. a. O., S. 108 ff.).

53 ». . . dessen Verdienst, das sie nicht kennen kann, in ihren Augen nichts sein muß.« (S. 316)

54 Starobinski, *L'œil vivant*, a. a. O., S. 118. »Die Welt wird unerträglich, wenn das Begehren, das Objekt und der Zeuge sich begegnen.«

55 Ebd., S. 119, vgl. auch ders., *La transparence et l'obstacle* S. 190/1.

56 ». . . meine Bedürfnisse zu täuschen . . .« (S. 312).

57 Ein einziges Mal in seinem Leben hat Rousseau – wie er selbst sagt – eine sexuell befriedigende Beziehung kennengelernt, auf einer Reise nach Montpellier (C I, S. 248 ff.).

Die Bedingungen, die für das Gelingen nötig waren, bestätigen, was die Zulietta-Episode im Mißlingen zeigt: Madame de Larnages, nicht sehr schön, nicht sehr jung, ist im sexuellen Code ein kleiner Wert. Rousseau begegnet ihr in einer falschen Identität; er gibt sich als Engländer aus. Ein väterlicher Reisegefährte, der die Verbindung mit humorvollen Sticheleien begleitet, funktioniert als wohlwollender Vertreter des Dritten, der vor dem gefährlichen Blick schützt. Das alles hätte aber noch nichts genützt, wenn die Dame nicht sehr drastisch die Initiative ergriffen und sich über Jean-Jacques' grenzenlose Scham hinweggesetzt hätte.

58 Daraus ergibt sich auch, daß, wer an dieser Problematik nicht interessiert ist, mit der Lektüre dieses Buchs Schwierigkeiten haben wird.

59 Jean-Jacques Rousseau, *Le persifleur*, in: *Œuvres complètes*, a. a. O., Bd. II, S. 1108. »Nichts ist so verschieden von mir wie ich selbst.«

60 Ebd., S. 1109.

61 »anders . . . als ich bin.« (S. 118)

62 »Mein Entschluß, mich zurückzuziehen und zu schreiben« (S. 118).

63 Diese ganze Problematik ist, in einer etwas anderen Perspektive, von Starobinski (*La transparence et l'obstacle*, a. a. O., besonders Kapitel III) ausführlich dargestellt.

64 Montesquieu unterscheidet zwischen demokratischen und aristokratischen Republiken, wobei die ersten das Prinzip vollständiger verkörpern.

65 Montesquieu, *De l'esprit des lois*, Buch IV, Kap. 2. Im folgenden wird *De l'esprit des lois* im Text nach Büchern und Kapiteln zitiert.

66 Die Figur der Schuld, die man nie einlösen kann, erinnert an die »Urschuld« bei Sartre. Man kann denken, daß eine solche Figur zum medialen Hintergrund der Kantischen Pflichtethik gehört. Montesquieu verwendet ein zweites, ergänzen-

des Argument. Die Gesetze der Republik, die auf Gleichheit und Frugalität abzielen, machen die Entwicklung der partikulären Leidenschaften unmöglich; damit werden die allgemeinen stärker (V,2).

67 »... wäre es erforderlich, daß die Wirkung zur Ursache würde; daß der Gemeinsinn, der die Frucht der Verfassung sein soll, die Verfassung selbst ins Werk setzte; daß die Menschen schon vor den Gesetzen das wären, was sie durch diese erst werden sollen.« (S. 303) Rousseau löst das Problem durch die Einführung der Figur des Gesetzgebers, der sich auf die Autorität des Religiösen stützt.

68 Hier lesen wir den *Contrat social* als Lösung eines Problems, das im System entsteht, wobei das System als Antwort auf eine mediale Fragestellung verstanden ist. Selbstverständlich steht der Text noch unter Bestimmungen, die aus einem ganz anderen Bereich kommen, aus der Tradition des politischen Denkens des 17. und 18. Jahrhunderts, in die Rousseau das ihr ganz fremde Motiv der Identifizierung importiert. Dieser Bereich ist hier aus pragmatischen Gründen übersprungen; daraus resultiert eine einigermaßen gewaltsame Lektüre. Die umgekehrte Einseitigkeit findet man bei Robert Derathé (*Jean-Jacques Rousseau et la science politique de son temps*, 2. Auflage, Paris 1970), der Rousseaus Vorstellungen auf die zeitgenössische Politikwissenschaft abbildet und die für uns interessanten Aspekte übergeht.

69 »die Macht der Dinge« (S. 86) »Launen der Menschen« (S. 84).

70 Der Begriff der Natur, der im *Zweiten Diskurs* präzise definiert ist, wird im *Émile* (und auch sonst öfters) in einer sehr vielfältigen Weise verwendet. (Vgl. die Bemerkungen von Pierre Burgelin in der Einführung zum *Émile* aus der Pleiadenausgabe Bd. IV, S. LXXXIX). Allen Verwendungen ist gemeinsam die Beziehung auf eine Ordnung, die sich der Herrschaft der Dimension das Für-andere entgegensetzt.

71 Auf die Bedeutung dieser wenig beachteten Fortsetzung des *Émile* hat Thomas M. Kavanagh (*Writing the Truth. Authority and Desire in Rousseau*, Berkeley, Los Angeles und London 1987) hingewiesen.

72 »Ob ein Herr mich erschlägt oder ein Fels mich zerschmettert – in meinen Augen ist es gleichviel« (S. 683).

73 Für Rousseau war das, wie wir noch sehen werden, nur einer von mehreren Lösungsversuchen.

74 Sigmund Freud, »Der Untergang des Ödipuskomplexes«, in: *Gesammelte Werke*, Bd. XIII, S. 399.

75 Rousseau hat sich mit dieser Problematik sehr intensiv beschäftigt, und man hat ihn mit gutem Grund als Begründer der Soziologie des Wissens bezeichnet. Vgl. das ausgezeichnete Buch von Gérard Namer, dem ich hier folge: *Rousseau sociologue de la connaissance. De la créativité au machiavelisme*, Paris 1978.

76 Die Tugend hat bei Rousseau also eine doppelte Bedeutung: Einmal bezeichnet sie die Haltung derjenigen, die das Glück haben, in ein freies Kollektiv hineingeboren zu sein und sich dessen Gesetzen unterwerfen, weil es die Gesetze ihrer Welt sind. In einem stärkeren Sinne bezeichnen sie die Haltung derer, die das

Gesetz hinter dem Gesetz sehen und die Gestaltung der Welt betreiben. Von dieser Unterscheidung her stellen sich Probleme für die Interpretation des *Contrat social*: Haben die *citoyens* im ganzen oder hat nur der Gesetzgeber den Zugang zu dem Gesetz der Dinge? Vgl. dazu Namer, *Rousseau sociologue de la connaissance*, a. a. O., S. 289ff.

77 Z. B. CS III, S. 381, NH II, S. 467, 611.

78 C I, S. 408f. Ein interessanter Kommentar findet sich bei Starobinski, *Transparence et obstacle*, a. a. O., S. 254ff.

79 Diese Funktion des Systems ist in vielfältiger Weise diskutiert worden, zuletzt von Hans Sanders (*Das Subjekt der Moderne. Mentalitätswandel und literarische Evolution zwischen Klassik und Aufklärung*, Tübingen 1987, S. 191).

80 »... sah ich eine andre Welt und wurde ein andrer Mensch.« (S. 346)

81 »... wurde ich wieder scheu, nachgiebig, unsicher, mit einem Wort, derselbe Jean-Jacques, der ich zuvor gewesen war.« (S. 412)

82 »als ich... in Paris den Tyrannenfeind und den stolzen Republikaner machte« (S. 182).

83 »Ich spielte keine Rolle. Ich wurde in Wirklichkeit zu dem, als der ich erschien« (S. 411).

84 Starobinski (*La Transparence et l'obstacle*, a. a. O., S. 77 ff.) hebt einen anderen Zug hervor, die *outrance* der Identifikation. Die vom Dritten beherrschten Identifikationen sind vielfältig, in ihnen kann das Subjekt seine Spaltung akzeptieren; es ist nie ganz, was es ist: die bovaristische Identifikation erfaßt das Subjekt für eine beschränkte Zeit, aber dann total; es wird ganz zu dem, was es ist. Den Bereich der Identifikationen des »alles oder nichts« sieht Starobinski als eine Sphäre des Magischen (S. 79). In Wirklichkeit ist diese Magie alltäglich; selten ist nur die Fähigkeit, sie wahrzunehmen.

85 Vgl. Th. M. Kavanagh, *Writing the Truth*, a. a. O., S. 125.

86 Die Beziehung von Politik und Traum ist bei Starobinski (*L'œil vivant*, a. a. O., S. 135f.) ausgeführt, allerdings ohne daß er daraus Konsequenzen für die Bestimmung des Politischen ableiten würde.

87 Dieser Darstellung scheint zu widersprechen, daß man Rousseau als radikalen Verteidiger der Idee der Gleichheit kennt. Aber wenn man die Idee der Gleichheit in die mediale Wirklichkeit einführt, produziert sie die absolute Differenz zwischen denen, die sich vor dem Gesetz der Dinge gleich wissen und denen, denen dieses Wissen fehlt.

88 Sicher spielt dabei auch Rousseaus sich verändernde Haltung gegenüber der Religion eine Rolle.

89 So erscheint es in einer Novelle von Diderot (*Madame de la Carlière*) ganz selbstverständlich als eine tugendhafte Handlung, wenn ein Mann die Beziehung zu einer ehemaligen Geliebten wieder aufnimmt, um auf dem Umweg über den Einfluß dieser Frau einem Freund zu helfen, einen wichtigen Prozeß zu gewinnen.

90 Im Brief an Grimm vom 19. Oktober 1757 und in dem autobiographischen Frag-

ment *Mon Portrait* (*Œuvres complètes*, a. a. O., Bd. I, S. 1126 f.) wird dieses System entwickelt.

91 Also nicht gegenüber dem eigenen Vater und dem Kind. Wie für Sartre gibt es für Rousseau nur allgemeine, keine spezifischen Verpflichtungen.

92 Die Stelle, an der Rousseau seine Reue über sein Verhalten in wenig verdeckter Form ausdrückt, findet sich nicht in der ersten Version des *Émile*. Daraus hat man – ich denke zu Recht – geschlossen, daß Rousseau diese Gefühle entdeckt hat, indem er beim Schreiben zu der imaginären Figur des Émile Zuneigung faßte (vgl. C I, S. 345, Anmerkung 1).

93 Von dem Gesichtspunkt der Medialität aus ist es klar, daß die Rolle des Vaters in der bürgerlichen Welt nur in einer widersprüchlichen Weise ausgefüllt werden kann. In dieser Widersprüchlichkeit gibt es drei typische Entscheidungen:
1. Der konservative Vater ist mit dem Medium der Plätze identifiziert und verschließt sich den Gründen, die die Legitimität dieser Identifikation in Frage stellen. Er weiß, was er tut, aber er kann es nicht begründen.
2. Der aufgeklärte Vater verleugnet die Medialität – was heißen kann, aber nicht heißen muß, daß er in der Wirklichkeit seines Lebens sich ihr in der Weise Rousseaus entzieht. Er kann begründen, was er zu tun glaubt; aber das Wichtigste von dem, was er wirklich tut, kennt er nicht.
3. Der autoritäre Vater macht aus der Vaterschaft eine Beziehung des »alles oder nichts«. Diesen Typ kennen wir von Sartre oder aus den Untersuchungen zur autoritären Persönlichkeit.

94 Es bleiben nur Spuren in der Wahnsinnsszene des ersten Teils: die Verwandlung der Geliebten und des Freundes in Verfolger.

95 »Préface de la Nouvelle Héloïse ou entretien sur les romans, entre l'éditeur et un homme de lettres« (gewöhnlich zitiert als »Seconde préface«), in: *Œuvres complètes*, a. a. O., Bd. II, S. 16.

96 »Sie sind im Delirium und glauben zu philosophieren.«

97 »Freuden ..., die der nichtswürdige Sterbliche ... genießen kann.« (S. 102)

98 NH, 2. Teil, Brief 13 und 15.

99 Michel Foucault, *La volonté de savoir. Histoire de la sexualité I*, Paris 1976.

100 Die 9. Novelle des 7. Tages kann als Beispiel dafür dienen, wie weit dieses Prinzip getrieben wird.

101 »... sich in der Dauer seines Lebens wohl zu fühlen.«

102 »Ein jeder verbreitet sich sozusagen über die ganze Erde und wird auf dieser ganzen großen Oberfläche empfindlich« (S. 72).

103 »Ich sehe nichts, was nicht mein Wesen ausdehnt, und nichts, was es teilt; es ist in allem, was mich umringt, kein Teil davon ist weit von mir entfernt.« (S. 724)

104 »... mein Herz [hat] nichts mehr zu wünschen.« (S. 724)

105 Für die »gewöhnliche« Liebe gilt diese Definition nicht. In ihr ist die Frau ein Wert in der Welt der Plätze; die Herrschaft des Dritten bleibt unbestritten.

106 »Seconde Préface«, in: *Œuvres complètes*, a. a. O., Bd. II, S. 14.

107 Wir sehen im Moment ab von der Beweglichkeit der Plätze im Bürgertum, die in ganz anderen Zusammenhängen steht.

108 Eine sehr schöne Interpretation, die den vielfältigen Konnotationen des Textes nachgeht, findet man bei Starobinski (*Transparence et obstacle*, a. a. O., S. 110ff.).

109 »O Zeit der Liebe und Unschuld, da die Frauen zärtlich und sittsam waren, da die Männer schlicht waren und zufrieden lebten! O Rahel, reizendes und so standhaft geliebtes Mädchen, glücklich der Mann, der dich zu erringen, vierzehn Jahre Knechtschaft nicht bereute!« (S. 633)

110 »Ein Hausvater, dem es in seinem Hause wohl gefällt, erhält zum Lohn für die beständige Mühe, die er sich darin gibt, den fortdauernden Genuß der süßesten Empfindungen der Natur. Unter allen Sterblichen ist er allein Herr seines eignen Gefühls, weil er glücklich ist wie Gott, ohne mehr zu verlangen als das, was er genießt... Sein Bedienter war für ihn ein Fremder; er macht daraus sein Gut, sein Kind; er macht ihn zu seinem Eigen. Vorher hatte er nur ein Recht auf seine Handlungen; nun verschafft er sich auch ein Recht auf seinen Willen.« (S. 487f.)

111 »O Empfindung, Empfindung! Süßes Leben der Seele!« (S. 628)

112 »Si je pouvais changer la nature de mon être et devenir un œil vivant, je ferrais volontiers cet échange. Ainsi mon indifférence pour les hommes ne me rend point indépendant d'eux, sans me soucier d'en être vû j'ai besoin de les voir, et sans m'être chers ils me sont nécessaires« (NH II, S. 491). »Könnte ich die Natur meines Wesens ändern und zu einem lebendigen Auge werden, so tauschte ich gern. Meine Gleichgültigkeit gegen die Menschen macht mich also nicht unabhängig von ihnen; ich habe kein Verlangen danach, daß sie mich sehen, ich aber habe das Bedürfnis, sie zu sehen, und ohne mir lieb und wert zu sein, sind sie mir gleichwohl unentbehrlich.« (S. 512)

113 Der wesentliche Unterschied zu Foucault liegt darin, daß dieser das mediale Gesetz zugleich mit seiner alten Form für historisch überholt ansieht. Das wird z. B. in der Darstellung der Psychoanalyse im ersten Band der *Histoire de la sexualité* deutlich. Für uns kann das mediale Gesetz nicht veralten, nur seine materialen Verankerungen.

114 Dabei handelt es ich nicht nur um ein Verhältnis der Macht und des Wissens, sondern – was bei Foucault nur angedeutet ist – um eine neue Ordnung des Begehrens außerhalb des medialen Gesetzes, in der Dimension des »alles oder nichts«.

115 Montaigne ist der erste, der seinen Stil, von sich zu schreiben, mit dem radikalen Zweifel begründet, ob seine Taten die Wahrheit über einen Menschen sagen können. Zu Montaigne vgl. Jean Starobinski, *Montaigne en mouvement*, Paris 1982.

116 Jean-Jacques Rousseau, »Ébauches des Confessions« in: *Œuvres complètes*, a. a. O., Bd. I, S. 1149.

117 Diese Verschlingung – die Autobiographie nimmt ebenso Züge des Romanhaften an, wie der Roman sich unmittelbar aus der Lebensgeschichte nährt – bezeichnet, wie man weiß, einen wesentlichen Zug der bürgerlichen Literatur.

Philippe Lejeune gibt eine scharfsinnige Analyse dieser Verbindung in: ders., *Le pacte autobiographique*, Paris 1975, S. 41 ff.

118 »... haben Sie wenigstens die Gewogenheit, über mein Schicksal zu gebieten...« (S. 35)

119 Brief von Rousseau an Hume vom 10. Juli 1766, in: *Correspondance complète de Jean-Jacques Rousseau*. Hrsg. von R. A. Leigh, Oxford 1976, Bd. XXX, Nr. 5274, 10. Juli 1766.

120 Ebd., S. 35.

121 Beziehungen von dem Typ, wie wir sie unter dem Begriff des »Blicks der Liebe« beschrieben haben, sind grundsätzlich immer umkehrbar. Man kann das in Sartres *Saint-Genet* zeigen; in dem Leben Rousseaus deutet sich die Möglichkeit der Umkehrung schon sehr früh an. In dem Paradies, das Rousseau mit Madame de Warens erlebt hat, war die Rolle des liebenden Herrn nicht von der *maman* allein, sondern (ähnlich wie in Clarens) von dem Paar ausgefüllt, das aus Madame de Warens und deren angestelltem Verwalter und Geliebten Claude Anet bestand, dessen Tod Rousseau sehr betrauerte. Als Rousseau nach einer Reise seinen Platz durch einen jungen Mann besetzt fand, wollte Rousseau die Situation durch die Umkehrung lösen; er wollte gegenüber dem Rivalen die Rolle spielen, die Anet ihm gegenüber eingenommen hatte (C I, S. 265).

122 *Les Pseudo-mémoires de Mme d'Épinay, Histoire de Mme de Montbrillant*. Hrsg. von Roth, Paris 1951, Bd. II, S. 400 ff. Zitiert nach Henri Gouhier, »Sur Dieu et la révélation«, in: Rousseau, *Œuvres complètes*, a. a. O., Bd. IV, S. CLXXXIV.

123 »Ich habe mein Inneres entblößt, so wie du selbst es gesehen hast.« (S. 9)

124 »Ich war besser als dieser Mensch da!« (S. 9)

125 Jean-Jacques Rousseau, »Lettre à Voltaire« (in: *Œuvres complètes*, a. a. O., Bd. IV, S. 1069).

126 Ebd. (S. 1061/62).

127 Ein in seiner Verworrenheit typisches Beispiel ist die Diskussion zwischen Psychoanalyse und Marxismus.

128 »Hier bin ich Barbar, weil jene mich nicht verstehen.«

129 »... ein Bösewicht der üblichen Art.«

130 »Nur der Böse ist allein.«

131 Diese theoretische Reflexion wird von Starobinski (*Transparence et obstacle*, a. a. O., S. 216–239) unter dem Gesichtspunkt analysiert, mit welchen Mitteln sich Sprachlichkeit – die notwendig Vermittlung ist – in den Dienst der Durchsichtigkeit stellen läßt. Diese Analyse nehmen wir im wesentlichen auf.

132 »Ébauches des Confessions« (*Œuvres complètes*, a. a. O., Bd. I, S. 1154).

133 Wir wissen, wie sehr Rousseau es liebt, Szenen dieser Art zu inszenieren, seine Freunde zu kränken, sein Unrecht zu gestehen und zu bereuen, um so der Freundschaft ihre richtige Gestalt zu geben.

134 Eine sehr differenzierte Analyse von Rousseaus Geständnislust findet man bei Philippe Lejeune (»La punition des enfants, lecture d'un aveu de Rousseau«, in: ders., *Le pacte autobiographique*, S. 49–85).

135 »Durch die Leidenschaften, die ihre Lehren beherrschen, durch ihren Eifer, dies oder jenes glauben zu machen, wird es unmöglich, zu erforschen was sie selbst glauben.« (S. 671)

136 Wenn ich auf die Schriften von Jacques Derrida, Paul de Man und die Arbeiten, die sich an sie anschließen (meinen Fragen nahestehend: Geoffrey Bennington, *Dudding. Des Noms de Rousseau*, Paris 1991), hier nicht eingegangen bin, so deswegen, weil eine angemessene Diskussion sich nicht auf Rousseau beschränken könnte, sondern das wenig aufgearbeitete Verhältnis von Lacan und Derrida einbeziehen müßte. Ganz verkürzt könnte man vielleicht folgendes sagen: mich interessiert weniger, wie das Wissen, das Rousseau ausarbeitet, sich in dieser Arbeit immer wieder auflöst, sondern wie in diesem Prozeß eine historisch folgenreiche Neuartikulation der bearbeitenden Felder entsteht.

137 Foucault führt diesen Begriff in *Les mots et les choses* als wesentliches Merkmal der um 1800 entstehenden modernen wissenschaftlichen Diskurse ein. Alles was wir oben im Anschluß an Namer über Rousseau als Wissenssoziologen gesagt haben, weist darauf hin, daß der spätere Rousseau dieser diskursiven Formation schon zuzurechnen ist.

138 So eben wird sie von unseren namensfeindlichen Autoren verwendet.

139 Bei Lacan wird, was ich hier »Endlichkeit der Welten« nenne, mit der Formel des »Mangels im Anderen« gefaßt.

140 Ich beziehe mich dabei vorwiegend auf Jürgen Habermas, *Theorie des kommunikativen Handelns*, 2 Bde., Frankfurt a. M. 1981, im folgenden abgekürzt mit KH.

141 KH I, S. 532. Die Begriffe »Bedürfnis« und »Interesse« werden kaum thematisiert und dann nicht ohne Widersprüche (vgl. Jürgen Habermas, Niklas Luhmann, *Theorie der Gesellschaft oder Sozialtechnologie*, Frankfurt a. M. 1971, S. 250f. und das Mead-Kapitel der KH, besonders KH II, S. 57 und S. 64).

142 Jürgen Habermas, »Replik auf Einwände«, in: ders., *Vorstudien und Ergänzungen zur Theorie des kommunikativen Handelns*, Frankfurt a. M. 1984, S. 499.

143 Die Entfaltung des Begriffs der subjektiven Welt in der *Theorie des kommunikativen Handelns* macht, wie in der Kritik des Buchs oft bemerkt worden ist, auch auf der immanenten Ebene Probleme. Eine Diskussion wäre interessant, aber hier zu langwierig. Einen Ansatzpunkt zu einer solchen Diskussion gibt die Kritik des Begriffs der Aufrichtigkeit im Sartre-Kapitel S. 78f., die davon ausgeht, daß Motive nicht gegeben sind, sondern gewählt werden. Damit ist Aufrichtigkeit nicht mehr die wahrhafte Mitteilung eines im Innern des Subjekts Gegebenen, sondern die Wiederholung einer vorgängigen Wahl.

144 Damit ist nicht gesagt, daß der aufklärerische Begriff des Bedürfnisses nicht brauchbar wäre. Man muß nur sehen, daß er von den Imperativen der Welterhaltung aus codiert ist, wie die entsprechenden Begriffe der Alten Welt von den Imperativen des Tauschs aus.

145 Ich beziehe mich hier auf *Garin le Loherenc*.

146 Von den medialen Institutionen aus gesehen sind die Interessenbeziehungen

ein Bereich der Perversion; als solche werden sie von den genannten Autoren dargestellt.

147 Vgl. hierzu: Hartmut Neuendorff, *Der Begriff des Interesses. Eine Studie zu den Gesellschaftstheorien von Hobbes, Smith und Marx*, Frankfurt a. M. 1973; besonders S. 13–24.

148 Vgl. Habermas, »Diskursethik – Notizen zu einem Begründungsprogramm«, in: *Moralbewußtsein und kommunikatives Handeln*, Frankfurt a. M. 1983, S. 82.

149 Vgl. KH I, S. 518ff., besonders S. 532f.

150 Vgl. KH II, S. 578.

151 Habermas begründet die universale Geltung der diskursiven Rationalität u. a. damit, daß diese in die sprachlichen Reproduktionsmechanismen der Gattung schon eingebaut sei. Dieses Argument, das in den sprachpragmatischen Untersuchungen breit ausgeführt ist, kann ich hier nicht im einzelnen diskutieren. Eine gewisse Einschätzung seines Gewichts kann man aus dem Aufsatz *Diskursethik – Notizen zu einem Begründungsprogramm* gewinnen, in dem Habermas seine Gründe für die (vorsichtig definierte) Universalität der Diskursethik in einem fiktiven Streitgespräch zwischen dem Kognitivisten und Skeptiker entwickelt. Wir können hier an die Stelle des Skeptikers den Vertreter einer medialen Ethik einsetzen. Dieser würde mit den oben genannten Gründen bestreiten, daß die Ethik des Interessenkonsenses die einzig denkbare ist. Die transzendentalpragmatische Argumentation geht gegenüber einem solchen Angriff von der Seite ins Leere. Wie man leicht nachprüfen kann, dient sie nur dem Erweis der Wahrheitsfähigkeit praktischer Fragen im ganzen; damit trifft sie den Vertreter einer medialen Ethik nicht, der ja in dieser Hinsicht mit dem Kognitivisten einig ist.

152 Vgl. das Kapitel V,1 im zweiten Band der *Theorie des kommunikativen Handelns*. Hier handelt es sich nicht um ein beiläufiges Beispiel; das Wettspiel hat, in Anlehnung an Mead, eine wichtige Funktion in der gesamten Architektur der Theorie.

153 Habermas, *Diskursethik – Notizen zu einem Begründungsprogramm*, a. a. O., S. 55.

154 KH I, S. 77; II, S. 237. Einige Abschnitte von Mauss könnten eine solche Interpretation zulassen, aber die Gesamtausrichtung ist offensichtlich eine andere: Mauss ist überzeugt, den »Felsen« gefunden zu haben, auf dem das Gebäude der sozialen Welt begründet ist. Bei Lévi-Strauss ist ganz explizit ausgearbeitet, daß der Tausch der Frauen die *erste Regel* ist, in der sich die Gesellschaftlichkeit begründet – eine fundierende Regel, die in nichts auf den Bereich des Religiösen verweist.

155 Beim Tauschobjekt ist unmittelbar einsichtig, was das Wort »zeichenhaft« bedeutet. Es ist nicht ganz einfach und hier nicht nötig, die semiotische Natur dieses »Zeichenhaften« genauer zu bestimmen.

156 Insofern hat Adorno recht, wenn er schon an den Anfängen der Menschheit die Gewalt wahrnimmt. Man kann sich allerdings fragen, welcher Typ Erkenntnis entsteht, wenn man einem sozialen System den Traum, den dieses produziert, als seine Wahrheit entgegenhält.

157 Die Verkennung des Medialen und die Annahme, daß normative Bindungen nur über diskursive Verständigung hergestellt werden können, zwingen Habermas zu sehr harten Konstruktionen, wenn er die normativen Grundlagen der Alten Welt verstehen will, in der die Verständigung durch Religion blockiert ist. Hierzu greift er auf Durkheims Erklärung der Religion zurück, deren tautologischer Charakter ihn dann zu einer problematischen Hypothese über den Ritus führt. Auf der in diesem liegenden Bindungskraft sollen die ganzen normativen Gebäude der Alten Gesellschaften aufbauen; er selbst beruht auf einer »letztlich auf Instinktresiduen gestützten Verhaltensregulation« (KH II, S. 86, vgl. auch KH II, S. 96). Diese These (der theoriearchitektonisch eine große Bedeutung zukommt), die die ganze Alte Welt letztlich unter die Herrschaft von Instinktresiduen stellt, ist wohl nicht ohne Grund in den komplexen Gedankengängen der beiden Kapitel mehr versteckt als entwickelt.

158 Rezepte kann die Theorie schon aus dem Grund nicht geben, weil mediale Spiele sich auflösen, wenn man sie von außen sieht; in sie hinein kommt man aber nicht durch Lernen, sondern durch Identifikationen. Eine Zeitschrift für Popmusik wie *Spex* versucht, die Konflikte zwischen den beiden Diskursen in einer bestimmten Situation auszutragen und eine solche Arbeit zu unterstützen. Das Problem der Rationalität von Identifikationen, das wir nur gestellt, aber keineswegs gelöst haben, kann man hier an einem konkreten Fall studieren.

Das bürgerliche System des Medialen und seine postmoderne Auflösung

Der leere Name des Bürgers

Wir haben die Alte Welt als ein Spiel beschrieben, das seine Einheit darin hatte, daß es den Hunger, die Arbeit, die physische Gewalt und den Tod, den Genuß, die Sexualität und die Fortpflanzung, das bebaubare Land, die Häuser und Schlösser, den gesamten Kreislauf mit der Natur also, als Einsatz verwendet hatte. Die Geschlechtertrennung ebenso wie die der Stände war durch die Spielregeln bestimmt: Die Männer waren die Tauschenden, die Frauen die Objekte des Tauschs; den Adligen waren die großen Spiele vorbehalten, deren Einsätze die Plätze und die Ehre waren, und sie hatten ihren eigenen Initiationsweg. Den Prozeß der Modernisierung hatten wir verstanden als Zerstörung dieses Spiels durch die Einführung der systemischen Mechanismen der Vergesellschaftung, Geld und Macht.

Was ist aber nun das Produkt der Modernisierung? Wie kann man die bürgerliche Welt als ein mediales Feld beschreiben? Wir haben zwei Figuren in diesem Feld dargestellt, den neurotischen Schriftsteller und den Aufklärer; beide entziehen sich in verschiedener Weise den medialen Spielen. Aber die Ablehnung stützt sich auf das, was sie ablehnt, und setzt seine Existenz voraus. Im folgenden will ich zeigen, daß der Prozeß der Modernisierung im 18. und 19. Jahrhundert nicht so durchgreifend war, wie es den Anschein hat; das Bürgertum bewahrt aus der Alten Welt nicht nur Bruchstücke, sondern fundamentale Strukturen, auf denen so etwas wie ein mediales System sich aufbaut. Damit wird eine genauere Beschreibung der medialen Dimension des Modernisierungsprozesses möglich werden, und wir werden sehen, daß das, was man Postmoderne nennt, als der Abschluß dieses Prozesses zu verstehen ist.[1]

In der bürgerlichen Gesellschaft sind die sozialen Positionen nicht mehr die Grundlage der medialen Struktur; die Identifikation mit den Plätzen hat ihre Legitimität verloren; es ist eine Gesellschaft von ungebundenen Individuen. Das ist die aufgeklärte Selbstauffassung des Bürgertums. In Sartres Werk ist aber der *bourgeois* die Figur, der der Gesellschaft ihr (schlechtes) Gerüst gibt; und dieser Bürger ist in ganz anderer Weise gezeichnet. Die Gesellschaft ist immer noch ein Verband von Familien; das Eigentum ist medial definiert als ein Bündel von Rechten und Pflichten; die Väter sehen wie die der Alten Welt in ihren Söhnen die Nachfolger, denen sie aufzwingen, was sie zu sein haben. Es gibt für Sartre nur diese Alternative: entweder gar keinen Namen zu haben oder diesen Namen aus der Welt der Plätze.[2] Auch Proust legt hinter die Salons die Welt von Combray, die eine Welt von Familien ist. Der realistische Roman von Balzac bis zu den *Buddenbrooks* bestätigt dieses Bild: Als *gute Gesellschaft* ist das Bürgertum ein Verband von Familien, der Familienname ist noch der fundamentale Name, durch den jeder zuerst definiert ist.[3] Gewiß ist die Mobilität größer geworden, aber die »Neureichen« können erst verspottet und dann integriert werden; das Prinzip ist bedroht, aber nicht aufgehoben.[4] Der Bürger erbt nicht einen genau umschriebenen Platz wie der Adlige in der Feudalwelt. Aber er erbt die Mittel, die ihm erlauben, sich eine eigene Position zu schaffen – Geld, Bildung, Beziehungen – und mit dieser Gabe die Verpflichtung, das auch zu tun. Wie ein Adliger muß auch er – wenn auch in einer individuellen Karriere – den Rang der Familie wahren; und dieser Rang hat seinen Bezugspunkt in einer Gruppe von Familien aus einer Stadt oder einer Schicht, aus Bereichen, die zusammengenommen das hierarchisch geordnete Ganze der bürgerlichen Gesellschaft bilden.

Die Grundlage des Namens ist das Familienvermögen. Es ist im Bereich der ökonomischen Konkurrenz, daß man den Namen vergrößern oder ihn, in der Deklassierung, verlieren kann. Wenn man im Frankreich des 19. Jahrhunderts allen Wirtschaftseinheiten nach einer ökonomischen Kennziffer einen Rang zuwiese und auf der anderen Seite, in einem Bild der guten Gesellschaft, wie es etwa die Romane Balzacs beschreiben, alle Personen nach ihrem Rang ordnete, so würden sich die beiden Bilder im großen und ganzen decken. Die Fabriken, Eisenbahnlinien, Mietskasernen, Anwaltspraxen, Präfekturen und Professorenstellen sind das Material der Namen, wie im frühen Mittelalter der Landbesitz. Es ist immer noch die alte, gewaltige und fundamentale Medialität des Kreislaufs mit der Natur, die das System der Benennung trägt. Es ist diese Medialität, die der guten Gesellschaft, die der aufgeklärte Bürger nur als eine Menge von Individuen und einen Hort der Vorurteile sieht, noch etwas von der Macht des verschwundenen Gottes bewahrt hat. Die Aufklärung hatte geglaubt, den Menschen von der Macht der vorgegebenen Medialität zu befreien; sie hatte auch dem alten Medium die Legitimität genommen; aber solange das ökonomische System als ein Verband von Familien organisiert ist, bleibt die alte Struktur in ihrer Grundlage erhalten.

Das Wort »Spiele« verleitet dazu, Medialität als Organisation von Beziehungen zwischen Personen zu verstehen. Aber das ist nur die eine Seite. Das Medium ist ein Gedächtnis, und dieses Gedächtnis ist nur sekundär das von Personen: es ist im Medium selbst, im Material der Ökonomie, daß die Positionen und ihre Veränderungen gespeichert werden. Die Menschen geben dem medialen Gedächtnis seinen Sinn, und sie umranken es mit Geschichten. Aber ihr Gedächtnis ist menschlich, es kann vergessen und sich täuschen; das mediale Material vergißt nie und täuscht sich nie.[5] Aus ihm erhalten die medialen Spiele ihren alles Persönliche transzendierenden Charakter. Aus ihm entsteht der *Wirklichkeitseffekt*, der macht, daß die medialen Spiele eben gerade nicht »Spiele«, sondern absoluter Ernst sind.

Dieses mediale Gedächtnis ist in der bürgerlichen Welt noch erhalten. Wenn die gute Gesellschaft, trotz der schon sehr großen Unübersichtlichkeit der Verhältnisse, noch das Register der Familien sein konnte, dann deshalb, weil sie sich auf dieses selbsttätige Gedächtnis der ökonomischen Positionen stützen konnte.

Aus der soziologischen Perspektive erscheint der Konkurrenzkampf als durch ökonomische Motive bestimmt. Es ist der ökonomische Mechanismus, der die Regeln festlegt und den Interessen ihre Form gibt, und die Träger dieser Interessen erscheinen mit Recht als Charaktermasken. Fragt man aber danach, was die Eigentümer an diesen Kampf fesselte, nach den medialen Motiven, so geht es um den Erhalt der Familie und des Betriebs als Lebensräume[6], an die er gebunden ist und für die er sich verantwortlich fühlt, aber damit zugleich und vor allem um die Familie als Vermögen und Nachkommenschaft. Die Familie ist noch, was sie in der Alten Welt war, weder eine Erblinie noch eine Position im ökonomischen System, sondern die Verbindung der beiden Dinge, die Einzeichnung eines Namens im Medium der Ökonomie. Von dieser Art sind die großen bürgerlichen Namen, Creusot oder Krupp, und die kleinen Namen sind aus demselben Material gemacht.

Gewöhnlich sieht man den Bürger als jemanden, der seinem Privatinteresse folgt. So hatte sich Stendhal etwa über die Fabrikanten lustig gemacht, die dafür, daß sie Geld verdienen, auch noch Orden haben wollen. Aber hinter dem Interesse ist eine Pflicht verborgen, die aus dem Interesse in keiner Weise abgeleitet werden kann – dieser Gedanke ist bekanntlich der Ausgangspunkt von Max Webers Herleitung des Geistes des Kapitalismus aus der protestantischen Ethik. Der Bürger hat seinen Namen als Gabe empfangen, er sieht ihn als etwas, das seine Person transzendiert, durch ihn ist er bestimmt und ihm ist er verpflichtet. Aber wenn man ihn fragt, warum und zu was er verpflichtet ist, so kann er es nicht sagen. Namen haben ihren Gehalt im Verhältnis zu anderen Namen, in Beziehungen des Tauschs und der medial geregelten Rivalität. Selbstverständlich besteht auch der bürgerliche Alltag aus einer Vielfalt medialer Beziehungen; aber diese sind alle von Interessenbeziehungen überlagert und pervertiert oder von dem Prinzip der Sachlichkeit zugedeckt. Auch der Bürger ist durch die Begegnung mit dem Gesetz der Dinge hindurchgegangen[7] und hat gelernt, das Geschäfts- und Berufsleben nach der Vernunft der Erhaltung, das heißt für ihn der Erhaltung des Vermögens, zu organisieren; mediale Beziehungen sind dabei nur Störungen, allenfalls können sie – als Geschäftsbeziehungen – in einer manipulativen Weise in den Dienst des Interesses gestellt werden. Der Ort, wo der Bürger nicht unter der harten Maske der Sachlichkeit, sondern als er selbst, als der Name, auftritt, die gute Gesellschaft, ist kein Ort des Austauschs; ihr ideales Modell ist der so oft karikierte englische Club, wo man hingeht, Zeitung liest und wieder geht. Was hier geschieht, ist das einzige, was geschehen kann, die wechselseitige Bestätigung der Namen. Im übrigen ist die gute Gesellschaft ein Ort, wo man Beziehungen pflegt und Geschäfte anknüpft, also Teil des Geschäfts selbst.[8] Was von dem alten System noch übrigbleibt, genügt, um den Bürger an seinen Namen zu binden, aber nicht, um dieser Bindung eine rationale Grundlage zu geben.

Wenn man vom Standpunkt der Literatur oder des aufgeklärten Denkens fragt, warum der Bürger an seinem Namen so sehr hängt, so findet man nur ungenügende Motive: Er ist abhängig von den Vorurteilen, die den Wert einer Person, statt von ihren Fähigkeiten und Leistungen, von ihrem Besitz abhängig machen, und er ist ein Konformist, der die Meinung der anderen fürchtet. Er denkt niedrig und ist zu schnell zufrieden; in einer Welt, in der man das Recht hat, zu sein was man sein will, begnügt er sich mit dem Wenigen, was ihm gegeben worden ist. Und da die immer gleiche Sorge um den einen Namen ihn bei allem denken läßt, was es kostet, darf er sich kein größeres Begehren gestatten, weder nach Liebe noch nach Ehre.

Wenn man das bürgerliche System der Namen verstehen will, muß man die beiden Dinge zusammen sehen. Einerseits ist es noch das alte System, das die Familien (im alten Sinn der Erbfolge) an den Kreislauf mit der Natur bindet. Die bürgerlichen Namen sind immer noch das Individuum transzendierende Namen, die ihm mit seiner Geburt geschenkt werden, die ihn an einen Platz und mit dem Platz an eine übergreifende mediale Ordnung binden, die ihn überlebt und die er weiterzugeben hat. Andererseits sind es leere Namen; wenn das Subjekt fragt, was es bindet, findet es nur Vorurteile. Sie geben keine Gestalt, die man bejahen könnte, die für andere in einer begründeten Weise begehrenswert wäre, und sie haben wenig in sich, was sie begehrenswert macht. Wer auf die Wahrheit seines Namens Wert legt, der muß sich von diesem vorgegebenen befreien; aber was man findet, bleibt immer von dem bestimmt, wovon man sich befreit hat.

Das Verbot zu spielen

Man kann aus diesem leeren, aber wirksamen Namen des Bürgers ein Schema des bürgerlichen Systems des Medialen entwickeln. In seinen Widersprüchen sind drei Ansprüche enthalten; die drei großen medialen Figuren des Bürgertums, der Nationalist oder Faschist, der Aufklärer und der Kunstliebhaber entwickeln jeder einen dieser Ansprüche.

Das zwiespältige Verhältnis zu dem Namen – die reale Bindung, die der Erwachsene aber nie mit guten Gründen bejahen kann – legt über die bürgerliche Welt einen gestaltlosen und harten Moralismus, der nach Formen sucht und nur schlechte Formen findet. Einerseits wirkt die Verpflichtung dem gegebenen Namen gegenüber als innerer Zwang, als die Berufspflicht »sich selber« gegenüber, von der Max Weber spricht. Andererseits ist mit dem Namen auch notwendig die Vorstellung eines medialen Systems gegeben, in dem der Name Name ist; unvermeidlich erscheint hinter der über Geld und Macht organisierten Realität das Bild eines ethisch fundierten Kollektivs. In den romantischen und konservativen Ideologien des frühen 19. Jahrhunderts treten an diese Stelle die noch lebendigen Traditionen der Alten Welt, in denen das mediale Gesetz noch enthalten ist, wenn es auch seine rationalen Grundlagen verloren hat. Mit der faschistischen Verwendung des Begriffs der Nation, deren Wurzeln auf das ausgehende 19. Jahrhundert zurückgehen, und mit dem Begriff der Rasse werden diese Traditionen bedeutungslos; die Person und Welt konstituierende Gewalt des Gesetzes, das sich begründet und das bejaht werden kann, wird übernommen von einer Figur des »alles oder nichts«. Die konstituierende Macht des Medialen wird zur gesetzlosen Allmacht eines Kollektivs, das durch willkürliche Merkmale bestimmt ist und sein Recht nur aus dem Faktum seiner Existenz zieht. Der einzelne ist nichts gegenüber dem Ganzen, aber gegenüber dem Fremden ist er alles durch die reine Tatsache der Zugehörigkeit, die diesem fehlt; der Arier ist Arier durch den Juden. Der Faschist denkt in medialen Kategorien und ahmt viele Züge der Alten Welt nach. An die Stelle des aus dem Allgemeininteresse sich ableitenden Gesetzes des Aufklärers setzt er die Ethik der Beziehungen, Kameradschaft und Gefolgschaftstreue; indem er die Ökonomie politisiert und militarisiert, legt er über die durch die Sachzwänge der Konkurrenz gelähmten Spiele des Bürgers die schreckliche Dynamik der Spiele von Gewalt und Tod.

Die Selbstsicherheit, die der Faschist – jedenfalls solange er sich einem mächtigen Kollektiv zugehörig fühlt – gegenüber der aufgeklärten Vernunft hat, ist nicht unbegründet. Er erfaßt eine Dimension der Wirklichkeit, die dem Aufklärer verborgen bleibt, die mediale Konstitution der Person und der Welt. Allerdings erfaßt er sie in einer perversen Form, und sobald das Kollektiv seine Macht verloren hat, verliert er die Sicherheit seiner Identifikation, und nicht nur das. Die Identifikationen der Alten Welt, die in dem Prinzip des Tauschs verankert waren, hatten gegen die Auflösung der sie tragenden Institutionen einen zähen Widerstand geleistet, und es gibt ein leicht zugängliches Gedächtnis, in dem sie aufbewahrt werden. Die faschistische Welt des »alles oder nichts« löst sich als Welt wie durch einen Zauber auf; wie die Welten Sartres oder Prousts ist sie, wenn sie ihre Macht verloren hat, kaum mehr erinnerbar, und die Personen haben vergessen, was sie in ihr gewesen sind.[9]

Der Aufklärer teilt mit dem Bürger die Erkenntnis, daß die Sphäre der Erhaltungsbedingungen der Kern des Wirklichen ist, an den man sich zu halten hat, und daß ein erwachsener Mann sich von der Herrschaft der medialen Motive freimachen muß. Aber an die Stelle der unbegründbaren Bindung an den Familiennamen setzt er die Rationalität der Bedürfnisse und der aus ihnen begründeten Interessen; in der Hingabe an die *Dritte Sache* findet er ein großes Spiel, das ihn mit anderen in Beziehung setzt, und einen legitimierbaren Namen. Damit ist das fundamentale Medium, das die Menschen miteinander verbindet, für ihn wie für den Bürger, wenn auch in einer ganz anderen Weise, immer noch die Sphäre des Ökonomischen. Der Aufklärer ist im bürgerlichen System des Medialen der einzige, der in einer für jedermann einsichtigen Weise seine Handlungen begründen kann.

Die dritte große Figur des Systems, der Künstler und der Liebhaber der Künste, verachtet den Bürger nicht, weil dieser nicht begründen kann, was er tut, sondern weil er, ohne es zu wissen, wie ein Toter lebt und nichts hat, was er begehrt.[10] Die Herren in der Alten Welt konnten das, was sie besaßen, ihre Burgen, Vasallen und Bauern, ihr Leben als Einsatz für die Spiele der Rache, der Ehre, der Liebe verwenden. Die großen Leidenschaften, die Konflikte, in denen die Größe eines Menschen sich zeigen kann, die Triumphe und Niederlagen waren Produkte der mit großen Einsätzen ausgestatteten Spiele. Den neuen Herren ist die Verfügung über das, was sie besitzen, weggenommen; ihren Besitz können sie nicht mehr als Einsatz in medialen Spielen verwenden;[11] er ist an die sachlichen Regeln der Konkurrenz gebunden. Wer in der bürgerlichen Welt nach medialen Regeln spielt, hat immer schon verloren. Der Bürger ist ein Asket, nicht weil er viel und konzentriert arbeiten muß, sondern weil er mit seinem Namen nicht spielen darf. Weil er nichts begehren kann, begehrt er, was ihm versagt ist, das Begehren selbst, die großen Spiele, die Leidenschaften. Das ist der Bereich der bürgerlichen Liebe zur Kunst. In der Alten Welt waren die Paläste und die Gemälde Bestandteil der Namen selbst gewesen; die Theaterstücke und Romane waren stilisierte Abbildungen der Spiele, in denen man lebte. Das Bürgertum hat auch eine Kunst dieser Art, z. B. das Boulevardtheater. Um an ihr Gefallen zu finden, muß man sich aber mit den schlechten Spielen zufriedengeben, auf die die Wirklichkeit beschränkt ist. Der Bürger, der gute und schlechte, große und niedrige Spiele unterscheiden kann, sucht in der Kunst, was Madame Bovary in dem ihr ganz und gar unzugänglichen Pariser Leben sucht, die Spiele, die es in der Wirklichkeit nicht gibt. Er träumt, er wäre ein anderer; aber diesen Traum sucht er nicht zu verwirklichen; er sucht in ihm die Wahrheit dessen, was er ist.

Eine kleine Erzählung von Merimée, *La Vénus d'Ille*, macht sehr schön deutlich, was bürgerliche Kunstliebe bedeutet. Es ist eine phantastische Novelle, eine Gattung, für die die Spielregel gilt, daß der Leser sich bereit findet, Undenkbares für möglich zu halten. Es geht um eine Hochzeit, bei der der Bräutigam sich zugleich einer wirklichen und einer phantastischen Frau vermählt. Die erste ist eine anmutige Bürgerstochter, an der aber nur das Geld interessiert. Durch eine Kette von Umständen erhält die Braut nicht den richtigen, die Tradition der Familie symbolisierenden Ring, sondern nur einen kleinen Reif, den eine Grisette dem Bräutigam nach einem gemeinsam verlebten Karneval geschenkt hatte. Den echten Ring hat der Bräutigam der zweiten Frau, einer wunderschönen, aber böse blickenden Venusstatue, die sein Vater vor kurzem unter einem Olivenbaum ausgegraben hatte, an den Finger gesteckt. In der Hochzeitsnacht legt sich die Venus in das Brautbett und erstickt den ihr angetrauten Mann in ihrer Umarmung. So jedenfalls muß man aus dem Bericht der menschlichen Frau schließen. Der Erzähler ist ein Denkmalspfleger aus Paris, der auf der Suche nach alten Kunstschätzen in die Provinz gekommen ist, ein Mann, der sich für Frauen nicht interessiert und dessen Leidenschaft den Statuen gilt. Man begegnet hier zwei typischen Auswegen, mit denen sich das Bürgertum die Möglichkeit des Begehrens bewahrt. Der leichte ist die Frivolität: man kann das Spiel des Begehrens spielen, solange nur der Name nicht involviert ist, auf den es ankommt, der des Vertreters des Familienvermögens. Wenn er diesen Namen repräsentiert, sieht der junge Baske in einer Frau nur das Geld; er hätte in ihr auch die Mutter seiner Kinder oder die Geliebte seiner Seele sehen können. Die phantastische Hochzeit mit der Venus bezeichnet, was im Wirklichen unmöglich ist: die Begegnung der Geschlechter als ein Spiel, in dem der *ganze* Name eingesetzt wird. Diese Begegnung muß mit dem Leben bezahlt werden, weil sie mit den Grenzen der bürgerlichen Welt unvereinbar ist. Der Erzähler repräsentiert die hohe Form des Begehrens: er liebt die Kunst und die Antike, d. h. die Bereiche, wo es Leidenschaft und Begehren gibt, aber als ein Schauspiel auf einer Szene, die man nie betreten kann. Er verachtet die niederen Formen, die die Wirklichkeit anbietet; der Autor hat ihn mit den Insignien der Impotenz ausgestattet: da er nur die unmöglichen Spiele liebt, spielt er überhaupt nicht.

Man kann die Novelle als Darstellung der Konstellation lesen, in der sich die bürgerliche Liebe zur Kunst und zur Alten Welt entwickelt: hier das Subjekt, das für sich keinen Namen hat; dort die Szene, auf der die großen Spiele ablaufen, in denen es alle Rollen zugleich spielen kann. In dieser Konstellation, auf dieser Bühne baut das bürgerliche Subjekt seine Museen, sammelt die Kunst der Welt, versenkt sich in die Kulturen, die es zerstört, rekonstruiert die Geschichten der alten Völker; es schafft ein unüberschaubares Wissen, in dem es selbst nirgends und überall ist, dem es als das ganz andere gegenübersteht.

Auch in der Alten Welt brauchte man Geschichten, um zu lernen, wer man ist und was man begehrt. Es ist nicht der Anblick eines schönen Mädchens allein, das die Liebe entdecken läßt; vorher muß der junge Mann die galanten Romane gelesen haben und in den Spielen, die diese beschreiben, sein wahres Begehren wiedererkannt haben. Aber die Alte Welt ist – auch außerhalb der Literatur – voller Geschichten, in denen das Begehren Gestalt finden kann. Der bürgerliche Alltag hat nur noch schlechte Geschichten; was es hier zu erzählen gibt, erweckt nicht Faszination, sondern Widerwillen. Nur in dem, was auf dieser Bühne sich abspielt, in der Literatur, in den Erzählungen von der Alten Welt, kann das Subjekt die Figuren suchen, die sein Begehren erfassen. Aber diese Bühne ist nicht wie früher Teil der Wirklichkeit, sie ist – im Fortgang des 19. Jahrhunderts immer eindeutiger – eine »andere Szene«. Nur auf ihr kann man finden, was zu sein sich lohnt. Aber man kann sie nie betreten; mit dem Wissen, das man hier findet, ist mitgegeben, daß man nie spielen, nie wirklich begehren darf.[12]

In der Kunst lebt der Widerstand gegen das Verbot zu begehren, das auf dem Bürgertum liegt. Aber da das wahre Begehren immer das unmögliche ist, ist der Künstler in dem System die asketischste Figur. Ob er als Realist zeigt, daß das Begehren die Welt beherrscht, ohne daß diese es weiß, oder ob er in immer flüchtigen Bildern dessen eigentliche Form zu fassen sucht, er darf nie die vollständige Bewegung der Spiele nachleben, bleibt immer gefesselt an das Begehren nach dem Begehren, in dem es keine Bewegung gibt.

Die postmoderne Pluralität der Spiele

So provisorisch und im einzelnen angreifbar diese Skizze auch sein mag, so macht sie doch die Grundform des bürgerlichen Systems des Medialen sichtbar. Einerseits ist die gute Gesellschaft wie die Alte Welt ein Verband von durch ökonomische Positionen definierten Erblinien; andererseits ist die Beziehung der Positionen untereinander durch systemische Mechanismen hergestellt. Daher kann sie nicht wie die Systeme der Alten Welt ihren Bestand legitimieren; es entstehen »zentrifugale« Legitimationen – die kollektivistischen Ideologien, das Denken der Aufklärung, die Kunst –, die legitimierende Diskussionen ermöglichen, aber zugleich jeweils bestimmte Grundlagen des Systems angreifen, und die mehr oder weniger gut integriert werden können.

Aufgelöst wird das System nicht durch innere Widersprüche, sondern durch die einer immanenten Logik folgende Entwicklung der systemischen Mechanismen. Die Kapitalkonzentration und eine Vielzahl sie begleitender Faktoren trennt den Zusammenhang von ökonomischen Einheiten und Erblinien.[13] Das Ergebnis dieses Prozesses ist ein Umbau des Verhältnisses von ökonomischer und medialer Struktur. Von der Ebene des Ökonomischen her ist die neue Form leicht zu beschreiben. Das systemnotwendige Interesse an der Erhaltung der ökonomischen Einheiten wurde in der bürgerlichen Welt dadurch hergestellt, daß der Erhalt des Familiennamens an den Erhalt des Betriebs geknüpft war; und auch von allen höheren Angestellten war eine Identifizierung mit dem Betriebsziel erwartet worden, das die des Eigentümers nachahmt. Weil sich in der bürgerlichen Welt das Wirtschaftssystem mit dem mächtigsten medialen Imperativ, der Bindung an die Namen, verknüpft hatte, trat es als ein mediales System auf, das die Erfüllung von Pflichten anmahnte. Die Lösung dieser Verknüpfung hat die Ökonomie entmoralisiert; der postmoderne Kapitalismus muß und kann ohne das massive Mittel der Identifikation auskommen. Niemand braucht sich mit dem Betriebsziel zu identifizieren; es hat sich als einfach erwiesen, Arrangements zu finden, in denen jeder offen seine eigenen Interessen verfolgen kann und dabei gerade dem Betriebsinteresse dient.

Für die mediale Struktur bedeutet dieser Prozeß zuerst den Verlust des *einen* Namens. Die Verbindung des medialen Systems mit dem ökonomischen Kreislauf hatte jeden Menschen durch die Gabe einer bestimmten Position an einen einzigen Namen gebunden. Die erste geschlechtliche Gestalt, die die Subjekte in der ödipalen Konstellation finden, öffnet sich auf diesen Namen und wird in ihm bestätigt und angefüllt; durch ihn ist das Subjekt auf das überpersönliche Register der Familienpositionen bezogen, in dem abgebildet ist, was er ist und sein soll, was er getan und was er versäumt hat. Das gilt für die Alte Welt, aber noch der typische Bürgersohn der fünfziger Jahre lebt unter dem Blick, der von ihm verlangt, »es zu etwas zu bringen«. Es wäre ihm vielleicht schwergefallen zu sagen, woher dieser Imperativ kommt und ihn zu begründen, aber er weiß genau, was er bedeutet, er erkennt ihn in den Augen der älteren Generation und der Altersgenossen, und nur die zählen wirklich für ihn, in denen er ihm begegnet. Der Name, an dem er, vielleicht ohne es zu wissen, am meisten hängt, ist immer noch der, der in dem ständig erneuerten Register der Familien geführt wird: Was ist aus X geworden, wen hat Y geheiratet... Das junge Mädchen braucht nicht durch ihre Kleider auszudrücken, ob sie als Punk oder als junge Dame behandelt werden will; die Einheitsuniform ihrer Schicht bedeutet jedem, in welchem Register er sich zu informieren hat, um zu wissen, wer sie ist. Der Generationenkonflikt der sechziger und siebziger Jahre ist auch die Revolte gegen Eltern, die ihre Kinder verpflichten wollen, obwohl sie nichts zu geben hatten, was sie hätte verpflichten können. Daher waren die Formen dieser Revolte immer noch durch den *einen* Namen bestimmt, gegen den sie sich wendeten.[14] Heute hat eine solche Revolte keinen Grund mehr. Es wird kaum mehr der Versuch gemacht, das Register, für das es kein Medium mehr gibt, durch die Anstrengung von Personen noch aufrechtzuerhalten. An die Stelle des einen Mediums ist eine unübersichtliche Vielzahl von medialen Spielen, von *Szenen* getreten, die alle gleichberechtigt nebeneinander stehen. Die Auswahl der Markenartikel, mit denen man sich umgibt, oder ein geschicktes Karrieremanagement können ebenso als Medium dienen, in denen man einen Namen sucht, wie das Tennisspiel oder wie die Nahrung, die man zu sich nimmt, und die Beschäftigung mit ökologischen Problemen.

Sehr deutlich wird die Auflösung des Registers der Familienvermögen an der Einstellung gegenüber dem Geld. Daß ein Sportler in einem Wettspiel eine Million verdient, wäre in einer Welt, wo das Vermögen die Stellung in einer universalen Hierarchie der Namen festlegt, als Skandal empfunden worden. Heute gilt Sport als mit einem vergleichsweise großem Einsatz gespieltes Spiel; der einfache Aufbau und die Verwendung des Körpers als Medium erlaubt es jedem, es als ein Schauspiel zu genießen. Die Million wird nicht mehr in einem Register der Vermögen eingetragen, durch das die Mitglieder der Gesellschaft in ihrem Rang verglichen werden. Es hat nur Bedeutung innerhalb des medialen Spiels; das Postulat der Übereinstimmung von Besitz und einer gesellschaftlich relevanten Leistung existiert nicht einmal mehr als Norm. Der Zuschauer profitiert von dem hohen Gewinn, denn nur dieser macht das Spiel spannungsreich und zum Schauspiel.[15]

Der Bürger war zur Askese gegenüber den medialen Spielen gezwungen worden, weil ihn die Sorge um seinen mit der Position im ökonomischen System verbundenen Namen auf den Ort der Welterhaltung festgelegt hatte; die großen Diskurse der Aufklärung und der Kunst hatten diese Askese übernommen. Die Auflösung der Familiennamen hat ihr die Grundlage entzogen. Der massive Druck, der auf der bürgerlichen Welt liegt und der alle ihre Figuren zwingt, als Abwesende zu leben und ihre Anstrengung darauf zu richten, diese Abwesenheit immer wieder zu erneuern, löst sich auf. *Es darf und es muß wieder gespielt werden.* Das 18. Jahrhundert hatte geglaubt, das alte Gefängnis der Bindung an vorgegebene Namen gesprengt zu haben, aber es hatte ihm nur den sichtbaren Teil seiner Legitimität entzogen. Die Emanzipationsbewegung der ersten Hälfte des 20. Jahrhunderts hatte die bürgerliche Welt als ein womöglich noch schlimmeres Gefängnis angesehen, und das mit guten Gründen, denn diese bindet das Subjekt innerlich an Namen, ohne diese Bindung legitimieren zu können. Erst nachdem das Register der Familienpositionen sich aufgelöst hat, sind die medialen Spiele wirklich freigegeben.

Die alte Frankfurter Schule hat in ihrer Gegenwartsdiagnose der Zerstörung der bürgerlichen Familienstrukturen ein großes Gewicht gegeben; sie hat sie im Rahmen des Gegensatzes von Individuum/Kultur und kapitalistischer Gesellschaft als Aushöhlung der beiden Widerstandspotentiale verstanden, als Schwächung des Individuums und Kolonisierung der Kultur, als Beginn einer allen Widerstand integrierenden eindimensionalen Gesellschaft. Diese Weltuntergangsvision ist berechtigt, wenn man den Begriff der Welt im Plural verwendet: Der für die *bürgerliche* Welt fundamentale Gegensatz von Individuum/Kultur und Wirtschaftssystem löst sich tatsächlich auf. Aber diese Auflösung führt nicht zu einer eindimensionalen Gesellschaft, sondern zu dem neuen Gegensatz von systemischen Mechanismen und medialen Spielen. Die Wirtschaft ist für die medialen Spiele (in der Sprache der Systemtheorie) Umwelt. Zwar entscheidet das Wirtschaftssystem, welchen Spielen es seine Ressourcen als Material zur Verfügung stellt und welche es aushungert. Aber diese Macht ist nur eine äußere Macht.[16]

Das Wirtschaftssystem kann keine Spiele erfinden; es kann sie nur auswählen, fördern und in dieser Förderung lenken.[17] Die beiden Bereiche sind wechselseitig aufeinander angewiesen; und wie sich dieses Verhältnis entwickeln wird, kann niemand voraussehen.

Die Alte Welt hat ihre Größe darin, daß man mit den großen Einsätzen spielt, die aus dem Kreislauf mit der Natur kommen, mit Hunger und Not, mit dem eigenen Leben und dem der anderen. Die modernen Spiele sitzen dem ökonomischen Kreislauf nur auf und entnehmen ihm ein begrenztes Spielmaterial. Und da kein Name das Subjekt ganz bindet, haben alle Spiele etwas Unverbindliches; man kann sie auch verlassen. Wenn wir von heute auf die totemistischen Gesellschaften mit ihren merkwürdigen Unterscheidungen und auf das System der Rache schauen, so sehen wir die Künstlichkeit der alten Konstruktionen. Und vor dem Hintergrund der modernen Alternative erscheint das Prinzip der Alten Welt, die Verwendung des Ökonomischen als mediales Material, als eine *Erfindung*. Aber das eine große Medium mit seiner Verankerung in der Bedürftigkeit des Organismus hatte den Effekt produziert, daß das Medium als etwas erscheint, gegenüber dem es keine Alternative gibt, den *Wirklichkeitseffekt*. Die Abkopplung von der Ökonomie und die Vielfalt der Medien und Register schwächen diesen Effekt ab.

Die Verwandlung der Wirklichkeit in ein Feld der *Spektakel* und der *Simulation* ist einer der am meisten diskutierten Züge der Postmoderne. Das eindrücklichste Beispiel ist das der Kriegsberichterstattung. Man hat – sicher mit Recht – gesagt, daß die während des Vietnamkriegs im Fernsehen gezeigten Szenen von Kampf und Zerstörung von den Zuschauern wie Spielfilme rezipiert wurden, daß die Grenze zwischen Wirklichkeit und Fiktion sich verwischte. Im Golfkrieg haben die kriegführenden Parteien die Inszenierung dieses Spektakels in eigener Regie übernommen.[18] Gewöhnlich werden diese Dinge der neuen Macht der audiovisuellen Medien zugerechnet, die vor die Augen der Zuschauer eine Welt von Bildern schieben, die die Wirklichkeit nicht mehr darstellt, sondern ersetzt. Das ist sicher zu einem Teil richtig. Aber auch bei ihren radikalsten Vertretern wie Baudrillard steht im Hintergrund dieser Theorie der alte Begriff der Wirklichkeit: die Vorstellung, es hätte früher eine Wirklichkeit gegeben, die etwas anderes ist als ein System von Symbolen und die heute verloren ist.[19] Seit Menschen miteinander kämpfen, bestand die Darstellung der Kämpfe aber immer schon aus Geschichten, d. h. aus Inszenierungen. Geschichten sind dann Darstellungen der Wirklichkeit – von Fiktionen unterschieden –, wenn die Zuhörer sich selbst in der von ihnen eröffneten Welt als benannte Personen situieren; die in jeder Erzählung mitgegebene Interpretation erscheint dann als *Abbild* eines vorgegebenen Wirklichen, wenn das System der Benennung die dargestellten Menschen und die Zuhörer zugleich benennt und die Bedeutung der Handlungen und Ereignisse für beide nach den gleichen Regeln festlegt. Die Toten eines Krieges fragen den Zuschauer nach dem Namen, der ihnen gemeinsam ist. Wenn der Zuschauer einen solchen Namen nicht besitzt, dann zerfällt das Ereignis in eine Faktizität, die gar nichts bedeutet, nicht einmal die Absurdität des Todes, und in eine Vielzahl von Fiktionen, die über dem Wirklichen schweben und es nie erfassen können. Darin hatte das Gespenstische in der Diskussion über den Golfkrieg seine Ursache. Die Hauptanstrengung der Diskutanten ging darauf, die gemeinsame Ordnung der Bedeutungen zu finden, in denen er sich selbst und die Opfer des Kriegs situieren könnte. Die Verschiedenartigkeit der Angebote und vor allem die Tatsache, daß diese sich auch nicht als Gegensätze aufeinander beziehen lassen, macht deutlich, daß niemand mit den Toten einen Namen gemeinsam hat, daß sie in der Dimension ökonomischer und strategischer Kalküle verschwinden. Den offiziellen Inszenierungen kann man nur andere Inszenierungen entgegensetzen, die ebensowenig auf eine gemeinsame Wirklichkeit durchgreifen.[20] Solange die Ökonomie benennt, sind alle Kriege Kriege der Namen; wenn sie nur noch ein systemischer Mechanismus ist, an den sich verschiedenartige Spiele anhängen, dann entstehen die Effekte, die Worte wie Simulation oder Spektakel bezeichnen.

Die Tendenz zur Übertreibung, die für die Postmoderne-Diskussion bezeichnend ist, macht zwar die Phänomene sichtbar, verdeckt aber ihre Grenzen und ihre wirkliche Gestalt. Daß Welten symbolische, zu einem Teil willkürliche Konstruktionen sind, ist nichts Neues; und immer schon sind die willkürlichen Namen auch todbringende Namen gewesen. Neu ist nur, daß es kein gemeinsames Medium für die Namen mehr gibt. Wenn, wie im Golfkrieg, heterogene Spiele sich über einem systemischen Mechanismus treffen, so werden sie gewissermaßen von der Seite sichtbar, und der Widerspruch zwischen ihrem willkürlichen Charakter und ihrer zerstörerischen Macht tritt in ganzem Maße zutage.

Die Alte Welt hatte den Neugeborenen mit einem Namen empfangen. Dieser Name ist in der Gestalt, die in der ödipalen Konstellation erworben wird, schon angelegt und wird in der Initiation bestätigt und erweitert. Für den Bürger, der die Bindung an das Familienvermögen nicht akzeptiert, der sich seinen Namen selbst wählen will, bedeutet die Initiation die Ablehnung dieses ersten Namens. Er hat einen Namen, der in einem Register verzeichnet ist, und er hat die Gewißheit, unter einem Blick zu stehen, der sein Leben aufmerksam verfolgt – so wie die Turmgesellschaft die Entwicklung von Wilhelm Meister aus dem Verborgenen begleitet. Und weil er in der Ablehnung dieses Namens sich selbst findet, hat er zugleich das Bewußtsein, sein eigener Erzeuger zu sein. Die in dem abgelehnten Namen enthaltenen Ansprüche kann er bejahen; sie sagen ihm, was er zu suchen hat; da er sie gewählt hat, versteht er ihre Erfüllung als Selbstverwirklichung. Zugleich einen Namen zu besitzen und die Macht, ihn abzulehnen – das ist die Grundlage, auf der das bürgerliche Individuum seine Selbstgewißheit und das Gefühl seiner Autonomie aufbaut. Für das postmoderne Subjekt erweist sich der ödipale Name als leer; in seiner »Initiation« lernt es, daß niemand es anschaut; es sind ihm weder Schuld noch Forderungen mitgegeben, nur der eine große Wunsch nach Welt und einem Namen.

Die Postmoderne befreit von dem Druck der vorgegebenen Namen, aber sie baut in die Wirklichkeit eine neue Angst ein, die Angst, keinen Namen zu haben, von niemandem gesehen zu werden und nichts zu bedeuten.[21] Bisher war die fundamentale Opposition, die das Feld der Namen strukturiert, die von falschen und wahren Namen; darum ging es in der Diskussion zwischen dem Imperativ der Ehre und dem christlichen Glauben; darum ging es in der Auseinandersetzung zwischen dem Bürger, dem Aufklärer und dem Künstler. In der Postmoderne ist die fundierende Opposition die von Namen und Namenlosigkeit; in dieser Opposition sind zuerst einmal alle Namen gut.

Den Effekt, den Begriffe wie die »Agonie des Realen« beschreiben, haben wir oben mit der Pluralität der Welten in Verbindung gebracht; von einer anderen Seite her ist er verbunden mit der Wandlung des Verhältnisses des Subjekts zu seinen Namen. In der bürgerlichen Epoche ist die Position des welt- und namenlosen Subjekts – die Position, von der aus dieses Buch geschrieben ist – marginal; typisch ist das Individuum, das über einen Namen verfügen kann. Jetzt ist die Namenlosigkeit ein Moment des normalen Initiationswegs. Für das namenlose

Subjekt sind aber Welten nicht die selbstverständlich gegebene Form des Wirklichen; sie erscheinen, wie wir sie hier beschreiben: als Spiele. Reale Spiele und Fiktionen liegen sehr nahe zusammen. Das weltlose Subjekt sieht in den fremden Welten Spiele, die es faszinieren und in die es sich genauso hereinziehen lassen kann wie in Fiktionen. Wirklichkeit gibt es nur für Personen, die an eine Welt gebunden sind; sie entsteht in der Unterwerfung unter den Dritten.

Der Eindruck, daß die Postmoderne eine Sphäre der Simulation und des Spielens ist, hat noch einen weiteren Grund. Viele der zeitgenössischen Szenen liegen in der Dimension des »alles oder nichts« und des narzißtischen Prestiges und operieren mit den Verfahren der Cliquenbildung und des Ausschlusses. Diese Mechanismen binden die Subjekte nicht über Schuld und anerkanntes Begehren, sie stellen sie nicht einem Namen gegenüber, den sie bejahen können. Auch wenn sie institutionalisiert sind und mit einem »harten« medialen Material arbeiten, bleiben es doch »Spiele« in dem Sinn, wie Sartre dieses Wort verwendet, Inszenierungen, die das Gefühl des Wirklichen nie ganz erzeugen können. Diese Dimension ist unter den Stichworten des Narzißmus[22] oder der »Tyrannei der Intimität«[23] ausgiebig diskutiert worden. Die positiven Gegenbegriffe sind dabei immer der bürgerlichen Welt entnommen; daher haben alle diese Schriften etwas von einer konservativen Kulturkritik, die einer besseren Vergangenheit nachtrauert. Das mediale System als weltenerzeugendes hat aber in sich eine ethische Struktur; es kritisiert sich ununterbrochen selbst. Der Standpunkt der Kritik ist in der medialen Vernunft gegeben, man braucht ihn nicht in einer ihrer vergangenen Realisierungen zu suchen.[24]

Aber der Kern der postmodernen Erosion des Wirklichen, die Bedingung von allem bisher Genannten, ist das Ende der Herrschaft des einen Mediums in seiner Funktion als Register oder Gedächtnis. Das eine und unfehlbare Gedächtnis der Ökonomie schlägt durch die ganze Vielfalt der Spiele hindurch und erlaubt es, sie als einen idealistischen Überbau zu behandeln und sie auf den harten Kern von ökonomischer Macht zu reduzieren. Auf diesem festen Boden ruht der naive und mächtige Zugriff der bürgerlichen (inklusive der marxistischen) Geschichtsschreibung, für die die Geschichte der Alten Welt eine Geschichte der Macht und deren struktureller Bedingungen ist. Solange die Ökonomie benennt, ist sie auch in der medialen Dimension, wie der Marxismus sagt, die Basis, und alles andere ist Überbau. Das mediale System der Postmoderne produziert regionale Gedächtnisse, die selbst vergänglich sind. Das Register der Ökonomie bewahrt von jedem Menschen eine Spur, auch wenn diese Spur von keinem menschlichen Gedächtnis festgehalten ist. Heute sind diese Register selbst sterblich. Die Endlichkeit der Spiele, in die wir selbst verwickelt sind, vergessen wir notwendigerweise. Aber die der Spiele der anderen sehen wir. Wir können nicht umhin zu wissen, daß alle Spiele endlich sind. Die Wirklichkeit hat Grenzen bekommen, auch wenn man diese Grenzen nicht sehen kann. Eine Wirklichkeit mit Grenzen hat aber einen Schleier von Unwirklichkeit.

All das bedeutet aber nicht, daß in der Postmoderne eine Tendenz angelegt ist, die die Wirklichkeit zunehmend in Spektakel verwandeln würde. Weltlosigkeit ist ein seltener, wenn auch wichtiger Moment des typischen postmodernen Lebenslaufs; das Alltägliche bleibt die Bindung an die Welt. Die narzißtischen Spiele sind eine Form unter anderen. Wer in Spiele verflochten ist, vergißt die Sterblichkeit des medialen Gedächtnisses. Allerdings wird die Wirklichkeit zu etwas, das auch fehlen kann; die Gegensätze von Welt und Nichtwelt, von bindenden und narzißtischen Namen werden zu fundamentalen Oppositionen.

Das Subjekt der Alten Welt war durch die Gabe des Namens an ganz bestimmte mediale Spiele gebunden, das postmoderne Subjekt ist an nichts gebunden, aber es ist – in einer unbestimmten, aber nicht weniger drängenden Weise – von den Spielen abhängig (und weiß es), weil es keinen Namen hat und sein erster Wunsch sein muß, einen Namen zu finden. Der Aufklärer gewinnt seine Souveränität gegenüber dem Medialen dadurch, daß er zwischen den beiden Positionen steht. Er hat einen Namen, den er ablehnt; er hat ihn in sich und sieht ihn als Grundlage der Welt, die ihn umgibt. Daher hat er die moderne Freiheit gegenüber den Namen, ohne ihren Preis zu zahlen: die Namenlosigkeit und die Abhängigkeit, die diese notwendig schafft; er kann sich als autonomes Individuum erleben. Diese Position erlaubt ihm, sich an dem Ort der Welterhaltung einzurichten und hier seine weltbeherrschende Vernunft auszuarbeiten, das Verhältnis zu den Dingen auf das Bedürfnis, das zu den Mitmenschen auf das Interessenverhältnis und das Gefühl zu reduzieren.

Dieses Individuum löst die Postmoderne auf. Das heißt nicht, daß die Fähigkeit, Welten vom Standpunkt der Erhaltung und des Interesses aus zu sehen, verlorengegangen wäre. Im Gegenteil, sie hat sich verbreitet und hat nicht mehr den Charakter eines Klassenprivilegs. Aber die Subjekte des Erhaltungsinteresses sind nicht mehr die vernünftigen Individuen, sondern die medialen Spiele.

Damit stellt sich ein neues Problem. Die mediale Ethik und die der Welterhaltung sind im Prinzip unvereinbar, wenn sie sich auch in einzelnen Zielen treffen können. Man kann es mit guten Gründen als Skandal empfinden, wenn in einem Spiel, in dem Einladungen und Feste das Medium bilden, für ein Essen ausgegeben wird, wovon an einem anderen Ort der Erde jemand ein Jahr leben könnte. Aber wenn man von dem, der die Einladung gibt, verlangt, daraus die Konsequenzen zu ziehen, dann heißt das nicht, daß er auf ein Vergnügen verzichtet, sondern daß er seinen Namen verschenkt; denn die Einladung ist ein Teil des medialen Spiels. Die Welterhaltung zum Inhalt des Lebens zu machen, verlangt das Opfer der Namen. Die Alte Welt hatte der medialen Ethik das Primat gegeben, das Bürgertum hatte diese insgesamt als primitiv, kindlich und vernunftlos verurteilt. Heute ist ersichtlich, daß das Leben-in-der-Welt der Welterhaltung vorausgeht, wenn es diese auch voraussetzt. Wie sich dieses widersprüchliche Nebeneinander organisieren wird, kann man nicht voraussagen; zumindest kann man es richtig beschreiben.

Ebenso wie dem Denken der Aufklärung werden auch der Kunst die Fragen entzogen, auf die sie geantwortet hatte. Das postmoderne Subjekt ist nicht mehr das (benannte und seinen Namen ablehnende) Individuum, das die Frage verfolgt, was es eigentlich begehrt; es ist das leere Subjekt, das Spiele sucht. Die Gebilde, in die sich die bürgerliche Literatur versenkt, die gleichzeitig Träume und die Wahrheit des verbotenen Begehrens sind, sind jetzt nur noch – schwierige und mühsame – Träume; es ist niemand mehr da, dem sie die Wahrheit sagen. Wie in der Alten Welt sind es wieder die wirklichen Spiele, auf die es ankommt; man kann und muß wieder spielen, daher kann man auch wieder erzählen. Aber die Erzählungen der Alten Welt lagen in einer dem Leser und den Personen der Handlung gemeinsamen Welt, einem hierarchisch aufgebauten System von Spielen. Die gemeinsame Welt ist jetzt leer, eine Welt, die nicht bindet, eine Sammlung von Interessen und Spektakeln. Der Schriftsteller, der die bindende Welt seiner Gestalten darstellen will, findet ein ganz spezifisches, partikuläres System von Spielen. Indem er erzählt, muß er gleichzeitig die Struktur der medialen Spiele selbst entwickeln, in denen sich die Wirklichkeit der Personen artikuliert, in denen diese Wünsche, Ängste, Zukunft und Vergangenheit finden. In einer solchen Seitenansicht auf eine fremde Welt hat alles eine Bedeutung, und das Ganze bedeutet nichts. Man sieht nur Zeichen, die auf Zeichen verweisen; und dahinter steht keine Wirklichkeit.

Wie die Literatur die Erzählung von Erzählungen ist, die den Subjekten ihre wirkliche Zukunft und Vergangenheit geben, so ist die bildende Kunst Abbildung von Gegenständen, die die Subjekte füreinander vertreten, und schafft selbst solche Gegenstände. Ein Ensemble der Alten Kunst wie das Schloß von Versailles – die Parkanlagen, die sich auf das Land öffnen und ihm das Zentrum geben, die Statuen, Gemälde und Möbel – repräsentieren, was der König besitzt und die anderen begehren; zugleich stellt es in den Gegenständen die transzendente Ordnung dar, durch die der König und seine Untertanen ihre Namen haben; wenn er es für einen Moment vergäße, jedes Ding und jede Perspektive würde Ludwig sagen, in welcher Reihe er der vierzehnte ist.[25] Das historistische 19. Jahrhundert hatte diese Funktion vor allem der Architektur in einer problematischen Weise noch einmal nachgespielt. Der ganzen klassischen Moderne ist die Feindschaft gegen die Dimension der Repräsentation gemeinsam. Für die Architektur ist der Mensch nicht mehr ein Name, der sich auf andere Namen bezieht, sondern ein Punkt im Raum oder der Träger einer funktionalistisch gedachten, arepräsentativen Objektbeziehung; der Raum ist nicht mehr die Vergegenständlichung der Ordnung der Namen, sondern geometrischer oder Funktionsraum. Die Ablehnung der Vertretung der Namen durch die Dinge ist die Scheidelinie, die den für die Moderne fundamentalen Schnitt zwischen hoher und Trivialkunst markiert. Wenn man aber an dem Ort der Leere steht – der z. B. für Warhol der Ort ist, an dem er sich zu Hause fühlt[26] –, dann ist alles gut, was Namen gibt, »Comics, Picknicktische, Herrenhosen, Berühmtheiten... – die ganzen tollen modernen Sachen, die die abstrakten Expressionisten mit aller Kraft ignorierten« (S. 453). Die klassische Moderne (für die bei Warhol die abstrakten Expressionisten stehen) hatte in den Dingen noch die *Wahrheit* der Namen gesucht und die spontan entstandene Medialität der Konsumwelt »mit aller Kraft ignoriert«. Wenn es nicht mehr auf die Wahrheit, sondern auf die Spiele ankommt, kann man diese Anstrengung fallenlassen. Alles ist willkürliches mediales Spiel, d.h. Kunst. Man kann nicht sagen, »wo das Künstliche aufhört und das Wirkliche anfängt« (S. 453). Ein Kaufhaus ist eine Art Museum (S. 453), Geld-Machen ist Kunst, Warhol ist ein Business-Künstler, spielt das Spiel des Geld-Machens (S. 450).[27]

Postmoderne und Theorie des Medialen

Das Denken der Aufklärung beginnt mit dem Gegensatz von schlechter (ungerechter, entfremdeter) und guter (gerechter, durchsichtiger) Welt, wir haben die Differenz von Welt und Nicht-Welt an den Anfang gesetzt und die Frage, wie sich Träume in Wünsche verwandeln, was die Subjekte an eine Position in der Welt in der Weise bindet, daß es, wenn es »ich« sagt, diese Position meint.

Die Antwort haben wir in dem Begriff des Tauschs gefunden, wie ihn Mauss und Lévi-Strauss als das vergesellschaftende Prinzip der Alten Welt dargestellt haben. Tausch ist dabei nicht die Beziehung zwischen zwei Personen mittels eines Dings, sondern das Schema, in dem Subjekte als Tauschende zu Personen und materielle Objekte als Gegenstand des Tauschs zu Dingen werden, in dem die Subjekte sich materialisieren und das Materielle sich personalisiert. Der Tausch ist das Gesetz, das den Dritten produziert, von dem aus das Subjekt sich als Mensch unter Menschen sieht, und das die Gegenwart der Dinge hinter der Ordnung von gegenständlichen Signifikanten verschwinden läßt, aus der eine Welt besteht.

Das Tauschschema funktioniert nur, wenn es in einem Material seinen medialen Körper findet, wobei, bezogen auf das Schema, die Wahl des Materials willkürlich ist. Die Alte Welt hat den Kreislauf der biologischen Reproduktion als mediales Material verwendet, als Position im Tausch und überindividuelles Tauschsubjekt die Abstammungslinie festgelegt und die Geschlechterbeziehung über den Unterschied von Tauschenden und Werten definiert. Aus dem Untergang dieses Systems bewahrt das Bürgertum einen grundlegenden Zug, die Definition der ersten Namen über die Abstammungslinie, die ihrerseits durch die Position im ökonomischen Kreislauf bestimmt ist, und damit das Verhältnis von Vater und Sohn als ein Verhältnis von Gabe und Verpflichtung. Durch dieses Verhältnis, den Ödipus, beschreibt Freud den Zugang des Kindes zur Welt. Bei Lacan wird klar, daß es der *Name* des Vaters ist, auf den es dabei ankommt; was entscheidet, ob ein Kind den Weg der Psychose oder der Normalität geht, ist die Beziehung zu diesem Namen und zu dem Gesetz, in dem er sich herstellt.[28]

Das Bürgertum bewahrt die Grundlage der Alten Welt als etwas, was man nicht bejahen kann und dem der Zugang zu der Vernunft der Erwachsenen versperrt wird. Damit entsteht jene einzigartige – gleichzeitig reale und illusionäre – Souveränität gegenüber dem Medialen, die Herrschaft über den Kreislauf der Bedürfnisse mit der Natur, die erlaubt, die Dinge in der Welt in der massiven Weise umzugestalten, die man kennt. Diese Umgestaltung ergreift schließlich die Grundstrukturen der Welt selbst, löst die fundamentale Identifikation mit dem Familiennamen, trennt die Bindung der Welt an das eine Medium, raubt den bürgerlichen Diskursen die Grundlage, die ihnen ihre verborgene Einheit gegeben hatte. Die neue Sitte, sich unter einem Stück Rasen und ohne Namen beerdigen zu lassen, verweist auf den spezifischen Charakter dieses Bruchs. Es ist ein belangloses Ereignis, das in den Kategorien, in denen wir denken, kaum wahrgenommen wird, aber etwas wird verlassen, was der Menschheit von ihren Anfängen an wesentlich gewesen war.

Damit ist dem Tauschschema sein alter Körper genommen; in seiner regulären Form und vor allem auch in seinen »perversen« Varianten, den Spielen des »alles oder nichts«, kann es jetzt seine generative Potenz entfalten. Die Sexualität hat die Bindung an die Fortpflanzungsfunktion durch die Aufgabe, Vertreter der Positionen und Werte zu erzeugen, die ihr die alte Inkarnation des Tauschschemas auch noch in der bürgerlichen Epoche aufgezwungen hatte, abgestreift und dient als Material für die vielfältigsten medialen Spiele. Jugendliche, die keinen Zugriff auf die Ressourcen des ökonomischen Systems haben, finden die aus der Alten Welt bekannten, zugleich billigen und starken Spiele von Ehre, Rache und Tod wieder.[29] Auch dort, wo die Ökonomie Einsatz fordert und Prämien abgibt, sind die Verhältnisse grundsätzlich nicht anders: Geld, Erfolg, die Arbeit selbst werden in mediale Spiele eingebaut, die teils naturwüchsig entstehen, teils als »Firmenkulturen« entwickelt und gepflegt werden. Auch in der bürgerlichen Welt gab es nicht nur die Konkurrenz der Namen innerhalb eines Mediums, sondern die Konkurrenz der Spiele untereinander, etwa der Namen, die in der Wirtschaft und derjenigen, die in der Kultur entstehen. Diese Konkurrenz beruhte auf der Grundlage der gemeinsamen, wenn auch widersprüchlichen Ansprüche; es ging um die Wahrheit der Namen, wobei jeder Name sich auf ein Wahrheitsmoment berufen konnte, das der andere ausschließen mußte. Die Konkurrenz der Spiele hinsichtlich der Namen, die sie zu vergeben haben, liegt jetzt nicht mehr in der Dimension einer Wahrheit; die Spiele stehen unverbunden nebeneinander; was die Qualität eines Spiels ausmacht, ist zuerst die »Spielförmigkeit« selbst, d. h. die Organisation einer Tätigkeit in der Struktur von Einsätzen, Proben und Belohnungen, dann der Umfang der Ressourcen, der zur Verfügung steht.

Der Versuch, den Modernisierungsprozeß mit medialen Kategorien zu beschreiben, hat zu einem Verständnis der Postmoderne als Abschluß dieses Prozesses geführt. Damit haben wir uns auf einem Kreis bewegt, in einem gewissen Maß war dieses Ergebnis in dem Anfang schon mitgesetzt. Die Phänomene, die unter dem Ausdruck »Postmoderne« beschrieben werden, bezeichnen einen Bruch, der im Kern die mediale Organisation des Wirklichen betrifft und also nur mit einer Theorie des Medialen erfaßt werden kann – das ist die These, die ich in diesem Kapitel entwickelt habe.[30] Und umgekehrt enthält schon die Vorstellung, es solle eine Theorie des Medialen geben, eine historische Voraussetzung: man muß das mediale Material als willkürlich ansehen, das heißt, man muß den Bereich des *einen* Mediums verlassen haben – ganz und gar verlassen, und nicht nur, wie die Aufklärung, verneint und in der Verneinung bewahrt.[31] Was ich hier Postmoderne nenne, ist zunächst nichts anderes als der Ort, von dem aus die mit dem Begriff des Medialen gefaßte Beschreibung des Modernisierungsprozesses entworfen ist. Die Tatsache, daß auf diesem Weg der Entwurf einer historischen Theorie des empirischen Phänomens »Postmoderne« entsteht, zeigt allerdings darüber hinaus, daß die mediale Begrifflichkeit »greift«, daß die Setzung, mit der wir begonnen haben, ein guter, d. h. ein wirklichkeitserschließender Anfang war.

Historische Theorien der Postmoderne gibt es nur auf der Grundlage des Denkens der Aufklärung;[32] eine postmoderne Theorie der Postmoderne, die an Reichweite mit den klassischen Rekonstruktionen des Modernisierungsprozesses vergleichbar ist und die das in diesen entwickelte Wissen aufnimmt, gibt es nicht. Das hängt sicher zusammen mit einer Theoriefeindlichkeit, die die Postmoderne in Reaktion auf die aufklärerischen Formen der Theoriebildung entwickelt hat. Diese Frontbildung ist aber ganz provisorisch; natürlich kann es umfassende postmoderne Theorien geben; deren Aufbau folgt allerdings spezifischen und neuen Regeln. Sie müssen den Glauben an die Natürlichkeit bzw. die Einheit der Welt[33] aufgeben, also die unmittelbare Verbindung zwischen Subjekt und Sinn auflösen, wie sie in den Begriffen des Bedürfnisses oder der Intentionalität gegeben sind, und nach den sinnproduzierenden Systemen suchen. Geschichte kann nicht als Folge von Ereignissen und Entwicklungen innerhalb der einen gemeinsamen Welt, sondern nur als Geschichte von Welten und weltbildenden Strukturen beschrieben werden. Und postmoderne Theorien dürfen nicht versuchen, ihre Selbstbezüglichkeit aufzulösen; sie wissen, daß sie die Setzung, mit der sie begonnen haben, nie einholen können. Diese Setzungen artikulieren die gesamte Wirklichkeit; daher sind es totale, aber keine universalen Theorien. Das heißt auch, daß es viele Theorien der Postmoderne geben muß. Was ich hier in Anknüpfung an Mauss, Lévi-Strauss und Lacan ausgearbeitet habe, ist situiert und begrenzt. Erst wenn es viele Theorien geben wird, kann im Widerstreit[34] zwischen ihnen eine neue Ordnung des Wissens entstehen.[35]

ANMERKUNGEN

1 In diesem Kapitel wird die These ausgeführt, daß die Phänomene, die unter dem diffusen Etikett »Postmoderne« beschrieben werden, nur im Feld einer Theorie des Medialen verstanden werden können; der Begriff wird also im folgenden inhaltlich bestimmt. Ich behalte das Wort »Postmoderne« bei, obwohl ein Ausdruck wie »abgeschlossene Moderne« treffender wäre, weil er sich nun einmal durchgesetzt hat und weil in ihm die Tatsache erfaßt ist, daß der Abschluß der Moderne einen tiefgehenden Bruch bedeutet. (Oft bezeichnet »Postmoderne« auch nicht mehr als eine Mode, z. B. die der Theoriefeindlichkeit und der Beliebigkeit des Denkens; das ist hier nicht gemeint.)
Das Wort »bürgerlich« benutze ich wie bisher als Epochenbezeichnung, nämlich für die Periode, die im 18. Jahrhundert beginnt und von der heute klar wird, daß wir sie schon eine Weile verlassen haben.

2 Im zweiten Sartrekapitel (S. 318ff.) werden wir eine weitere problematische Möglichkeit kennenlernen.

3 »Gute Gesellschaft« hat eine Doppelbedeutung. Der Ausdruck bezeichnet, was ich hier meine, den Verband der durch das Vermögen festgelegten Familienna-

men; andererseits die bürgerlichen *Salons*, die die Tradition des aristokratischen 18. Jahrhunderts fortsetzen. Hier ist der Familienname nur Zulassungsbedingung; um den Namen, der zählt, wird in einer erbitterten und untergründigen Weise ununterbrochen gekämpft. Eine Analyse des in ihnen realisierten medialen Systems extrem beweglicher Namen – das zur Starre der guten Gesellschaft als Familienverband in massivem Gegensatz steht – haben wir bei Crébillon kennengelernt, einer eingehenderen werden wir mit Proust begegnen. Im folgenden verwende ich den Ausdruck »gute Gesellschaft« für den Familienverband, sonst spreche ich von Salons.

4 In *Les héritiers, les étudiants et la culture* (in Zusammenarbeit mit Jean-Claude Passeron), Paris 1964 beschreibt Pierre Bourdieu die verborgene Vererbung der Positionen noch in der zeitgenössischen Gesellschaft.

5 Zu dem »objektiven Gedächtnis« vgl. Niklas Luhmann, *Soziale Systeme*, Frankfurt a. M. 1988, S. 102, Anm. 18.

6 Mit »Lebensräumen« sind die Strukturen der Familie als Ort des Gefühls und der paternalistischen Betriebsorganisation gemeint, die ich am Beispiel von Clarens dargestellt habe.

7 Da es uns um das Denken der Aufklärung ging, haben wir die Entdeckung des Orts der Weltbedingungen als den Ort, an den man sich zu stellen hat, am Beispiel Rousseaus dargestellt. Es ist eine andere Frage, wie eine ganze Schicht zu dieser Entdeckung kommt. Max Weber hat den Grund in dem Einfluß der puritanischen Glaubenslehren gesehen. Das zu erklärende Phänomen war für ihn die kapitalistische Askese gewesen, das Verbot, der seiner Meinung nach dem Menschen natürlichen Tendenz zu folgen, Besitz in Genuß umzuwandeln. Von unseren Gesichtspunkten her liegt das interessante Phänomen in der Tatsache, daß man den Namen nicht in medialen Spielen, sondern in einer amedialen Vermögenssteigerung sucht.

8 Wir haben es hier mit den medialen Institutionen des Bürgertums zu tun, die ein Regelsystem und ein Wissen von sich selbst ausgearbeitet haben. In diesem Zusammenhang ist die rationale Gestalt des Bürgers die wesentliche, also diejenige, die der Darstellung von Max Weber entspricht. Wo der realistische Roman, Balzac, Flaubert oder Zola, das Wirtschaftsleben unter medialen Kategorien darstellt, ergibt sich ein ganz anderes Bild. Mediale Spiele entstehen überall, wo Menschen miteinander zu tun haben, sozusagen naturwüchsig. Die Auflösung der alten Institutionen mit ihrer starken normierenden Macht hat diese generative Potenz freigesetzt, und die Bedingungen der Konkurrenz wählen aus dem so entstandenen Repertoire die in ihr erfolgreichen aus. So entsteht eine chaotische Medialität, die die Schriftsteller mit einer Mischung aus Abscheu und Faszination beschreiben und in der meistens die schlechteren Spiele über die besseren siegen.

9 Über die Unfähigkeit der Nazis, sich zu erinnern und Schuld anzuerkennen, ist viel geschrieben worden. Man kann das aber nicht als ein psychologisches Problem behandeln. Die faschistische Welt ist auch ein Gedächtnis; der Nazi hat nicht seine Taten vergessen, sondern den Ort verlassen, wo sie gespeichert wa-

ren. Es bleibt ihm höchstens das Gefühl, daß »alles ganz anders war«, ein Gefühl, das ihm alle Vorwürfe als »daneben« erscheinen läßt.

10 Im folgenden ist viel von dem nur angedeutet, was im Kapitel über Proust ausgeführt werden wird.

11 Diese Enteignung ist die Rückseite der (bekannteren) Befreiung des bürgerlichen Eigentums aus den feudalen Fesseln. Man besitzt nur das, wovon man besessen wird. Der Prozeß dieser Enteignung – und der Widerstand gegen ihn – hat schon im Hochmittelalter eingesetzt und begleitet die ganze europäische Geschichte.

12 Wie man sieht, stellt die Darstellung das vertraute Phänomen der Autonomie der bürgerlichen Kunst in einen neuen Zusammenhang.

13 Das ist ein oft beschriebener, im einzelnen komplexer Prozeß, der sich über die erste Hälfte unseres Jahrhunderts hinzieht. Eine auf Frankreich bezogene Darstellung findet man bei Gerhardt Haupt, *Sozialgeschichte Frankreichs seit 1789*, Frankfurt a. M. 1989, S. 232–244.

14 In den Kommunen, in der Hippiebewegung, in den Psychogruppen war die Revolte gegen einen bestimmten Namen die Revolte gegen die Namen überhaupt, war der Versuch, eine Rousseausche Welt einzuführen, wo es nur Gefühle und Unmittelbarkeit gibt, wo kein Medium sich zwischen die Menschen schiebt. Auch die typischen politischen Gruppen dieser Zeit hatten den Aufbau, den wir aus Rousseaus Republik kennen und dem wir in Sartres *groupe en fusion* wiederbegegnen werden: sie verlangen, als die einzige namengebende Instanz anerkannt zu werden, setzen gegen den *einen* falschen den *einen* wahren Namen.

15 Vgl. den Hinweis bei Russell A. Berman, daß in der Postmoderne »Reichtum und Armut zu gleichwertigen kulturellen Optionen erklärt werden«. Berman, »Konsumgesellschaft. Das Erbe der Avantgarde und die falsche Aufhebung der ästhetischen Autonomie«, in: Christa Bürger, Peter Bürger (Hrsg.), *Postmoderne. Alltag, Allegorie und Avantgarde*, Frankfurt a. M. 1987, S. 69.

16 Wenn in der marxistischen Tradition gegen die bürgerliche Vorstellung der Selbstbenennung immer betont wird, daß die Ökonomie den Menschen in seinem Kern festlegt, d. h. benennt, dann ist das im Prinzip richtig – aber eben nur innerhalb des bürgerlichen Systems. Der einzige marxistische Denker, der diese Grenze überschritten, die Ökonomie als rein systemischen Mechanismus beschrieben und die strukturelle Autonomie des Medialen (in seiner Sprache: der Ideologie) erkannt hat, ist Althusser – eine Erkenntnis, die sich der Auseinandersetzung mit Lacan verdankt.

17 Darin hat es sich als erfinderisch erwiesen; ein oberflächlicher Blick auf die Entwicklung der letzten Jahre zeigt, in welchem Ausmaß Spiele, Motive, Persönlichkeitstypen, die früher – weil sie dem der bürgerlichen Ökonomie immanenten Moralismus widersprechen – als »unmöglich« gegolten hatten, heute in das ökonomische System integriert sind und in ihrem produktiven Potential ausgenützt werden. Ein bekanntes Beispiel ist die Entwicklung des Personal Computer und die Geschichte der Firma Apple.

18 Man hat die Kontrolle der Berichterstattung oft darauf zurückgeführt, daß »der

Vietnamkrieg im Fernsehen verloren wurde«, was der obigen Analyse widerspricht. Sicher ist beides richtig. Für die ganze Postmoderne-Diskussion ist typisch, daß die statistische Relevanz der hervorgehobenen Phänomene überzogen wird, was im übrigen ihre Bedeutung nicht unbedingt herabsetzt.

19 Auf diesen Widerspruch weist Peter Bürger hin (»Der Alltag, die Allegorie und die Avantgarde. Bemerkungen mit Rücksicht auf Joseph Beuys«, in: Ch. Bürger, P. Bürger (Hrsg.), *Postmoderne. Alltag, Allegorie und Avantgarde*, a. a. O., S. 211).

20 Das ist eine verkürzte Darstellung. Schon in Zolas Buch über den siebziger Krieg und in allen späteren Antikriegsromanen wird beschrieben, daß die Soldaten nicht für die patriotischen Namen sterben, die die offizielle Rhetorik zelebriert. Aber der Autor und der Leser können die Toten benennen: als sinnlose Opfer. Sie wissen, daß kein Name das Opfer eines Lebens verlangen kann; und zugleich kennen sie den Kampf, der ein solches Opfer doch rechtfertigen würde, den für eine Welt, die es nicht mehr verlangt. Es ist der Verlust des Orts dieses Wissens, der heute die Interpretationen in Fiktionen verwandelt.

21 Unsere neurotischen Autoren konnten in der Ablehnung der Namen leben, weil sie mit ihr das verwirklichten, was in dem System der schlechten Namen, auf das sie sich stützten, als Anspruch angelegt war. In der Postmoderne gibt es nichts, worauf man sich stützen kann.

22 Thomas Ziehe, Christopher Lasch u. a.

23 Richard Sennett, *Verfall und Ende des öffentlichen Lebens. Die Tyrannei der Intimität*, Frankfurt a. M. 1983.

24 Die Diskussionen, die die genannten Schriften ausgelöst haben, zeigen, daß sie selbst Moment einer solchen Kritik sind. Die der Vergangenheit entnommenen Ideale verwandeln sich von selbst, wenn sie auf die Gegenwart bezogen werden.

25 Diese Kunst setzt in Szene, was in der Organisation der Ökonomie schon nicht mehr unmittelbar ablesbar ist.

26 »Das beste ist, wenn man an nichts denkt... Sehen Sie, nichts ist aufregend, nichts ist sexy, nichts ist nicht peinlich. Das einzige, was ich jemals sein möchte, ist außerhalb einer Party, so daß ich hineingehen kann.«

(Zitiert in: *Andy Warhol: Retrospektive*. Hrsg. von K. McShine, München 1989, S. 456. Auf dieses Buch beziehen sich die folgenden Seitenangaben im Text. In dem Buch findet man auch die genauen Quellenangaben.)

27 Wenn man den Modernisierungsprozeß in medialen Kategorien faßt, müßte man auch die gängigen Anschauungen über die Entwicklung der Kunst entsprechend umarbeiten. Das ist hier nicht geschehen; ich habe die Literatur nur verwendet, soweit sie Zugang zu der medialen Organisation der Wirklichkeit gibt. Daher bleiben die Aussagen über die Kunst selbst notwendig auf der Ebene von Andeutungen.

28 Daß in der bürgerlichen Welt das Vater-Sohn-Verhältnis zum Zentrum des medialen Systems geworden ist, sieht man u. a. an der umfangreichen Diskussion über die »vaterlose Gesellschaft«. Zur Diskussion in Frankreich vgl. *Fragen nach*

dem Vater. Französische Beiträge zu einer psychoanalytischen Anthropologie. Hrsg. von Jochen Stork, Freiburg und München 1974.

29 Meist in der gewaltsameren und regellosen Form von Spielen in der Dimension der absoluten Differenz.

30 Das fundamentale Problem, daß eine Erscheinung wie die Postmoderne *theorieabhängig* ist, d. h. je nach dem von dem Betrachter gewählten Anfang erscheint, verschwindet oder verschiedene Gesichter zeigt, ist meines Wissens noch nie diskutiert worden, auch nicht von Luhmann, der doch solche Überlegungen in die Gesellschaftswissenschaften eingeführt hat.

31 Die Abfolge dieser drei Etappen formuliert Lacan folgendermaßen: 1) Es gibt einen Gott. 2) Gott ist tot. (Diese Formel bewahrt die Anwesenheit des negierten Gottes) 3) Lacans eigene Formel: Gott ist unbewußt. (Er existiert als Effekt des symbolischen Gesetzes, aber nichts in der Wirklichkeit stützt ihn) (*Le séminaire. Livre XI. Les quattre concepts fondamentaux de la psychanalyse*, Paris 1973, S. 58.)

32 So das Buch von Fredric Jameson, *Postmodernism or the Cultural Logic of Late Capitalism*, Oxford 1991.

33 Ich habe hier immer gegen den Begriff der Lebenswelt Welten im Plural genommen und als signifikante Organisationen behandelt. Damit stellt sich natürlich das Problem, daß man auf einen übergreifenden Weltbegriff offensichtlich nicht verzichten kann, aber es stellt sich in einer neuen Weise.

34 Diesen Begriff verwendet Lyotard, um das Verhältnis von Sprachfiguren zu beschreiben, zwischen denen es keine gemeinsame Wahrheit gibt.

35 Foucaults Geschichtsschreibung, die ein solches Programm als erste ausgeführt und theoretisch begründet hat, ist der Vergangenheit, der durch die Dispositive der Disziplin und des Geständnisses charakterisierten Moderne, zugewendet. Die Aktualität erscheint nur als der Ort, von dem aus Foucault spricht und den er sich so energisch zu bestimmen weigert.

Teil II
Der Raum vor den Namen

Im ersten Teil habe ich beschrieben, wie sich das Bild des Prozesses der Modernisierung durch die Einführung einer neuen Differenz verändert, der Differenz – in Lacans Sprache – zwischen der symbolischen und der imaginären Artikulation des Sozialen. Die neurotischen Schriftsteller haben uns den Zugang eröffnet, weil diese Differenz ihnen, sozusagen von Natur, immer gegenwärtig ist und weil sie sich in diesem Punkt nie irren. Im folgenden ist die Ablehnung der Namen nicht mehr nur die Brille, die uns sehen läßt, sondern zugleich auch der Gegenstand.

An zwei Beispielen will ich zeigen, welche Bedeutung in der bürgerlichen Epoche Versuche haben, Wirklichkeit diesseits der Unterwerfung unter das mediale Gesetz zu begründen und in welcher Weise Kunst und Politik in den Dienst solcher Versuche gestellt werden. Der erste Teil hat eine systematische Einheit, er entwirft das Schema eines historischen Ablaufs, die Geschichte der materialen Verankerung des medialen Gesetzes, und, in einem damit, das Schema einer Geschichte der »Theorien« des Sozialen. Die folgenden zwei Analysen bleiben, obwohl sie in vielen Punkten umfassendere Zusammenhänge berühren, fragmentarisch. Ich möchte hier ein Feld öffnen, nicht einen schon überschaubaren Bereich abmessen. Dazu scheint mir dieses Hin und Her zwischen Texten, die sich in ihre Gegenstände hineinziehen lassen, und massiven Schematisierungen ein gangbarer Weg.

Sartre II: Das Engagement und der Wunsch, geboren zu werden

Wir haben bisher einen esoterischen Sartre kennengelernt, der scheinbar wenig zu tun hat mit dem engagierten Linken und dem Herausgeber der *Temps Modernes*, der in der Nachkriegszeit die intellektuelle Szene in Frankreich beherrscht. Im folgenden möchte ich zeigen, daß das Engagement in keiner Weise einen Bruch mit der alten Problematik darstellt, sondern nur eine andere Lösung, einen neuen Weg zur Gestalt. Über das Interesse an Sartre heraus ist es interessant, diesen Weg zu verfolgen: er führt in den Bereich der identifizierenden Verwendung des Politischen, dem wir schon bei Rousseau begegnet sind und der für die politischen Diskurse der Moderne eine grundlegende Bedeutung hat.

Das artige Kind

Der Mensch, der sich keinem Anderen unterworfen hat, ist ohne Erinnerungen,[1] er hinterläßt so wenig Spuren wie ein Gegenstand, der ins Wasser fällt;[2] ihm gehört nichts, und er gehört niemandem.[3] Es ist immer nur *un enfant qui vient de naître;*[4] sein Leben ist eine Geburt, die sich immer wiederholt. Die definitive Geburt, die aus dem Anfang heraus und in die Welt hineinführt, ist der Eintritt in das Medium. Das Medium bindet das Subjekt an eine Gestalt, die das Substrat für alle Verwandlungen ist; durch das Medium gibt es Erinnerungen, in ihm hinterläßt der Mensch Spuren, die nicht ausgelöscht werden können; in ihm gibt es Wünsche und Zukunft. Was all das zusammenfaßt: durch das Medium verwandelt sich das Leben in Geschichten.

Am deutlichsten ist der Gegensatz von Wiederholung der unmöglichen ersten Begegnung und Verwandlung durch den Zugang zum Medium in der Beziehung zu den anderen. In Sartres Universum ist der andere immer ein »explosiver Gegenstand«; er kann in jedem Moment meine Welt zusammenfallen lassen und mich mir ganz entfremden.[5]

Aus jeder Begegnung kann sich die Urszene entwickeln, mit der absoluten Angst und den absoluten Versprechungen, die in ihr wohnen. In der medialen Welt ist die dramatische Zwischenmenschlichkeit, die für Sartres Werk so charakteristisch ist, beruhigt. Wer sich dem Blick des Mediums unterworfen hat, muß dessen Gesetze verletzen, um dem Anderen zu begegnen; normalerweise sind die Anderen einfach Andere Menschen; nichts Explosives wohnt in ihnen. Andererseits ist das absolute Drama der wiederholten Urszene auch absolut folgenlos; es gibt keinen Ort, an dem etwas festgehalten würde; am nächsten Tag ist das Subjekt ein neuer Mensch. In der medialen Welt gibt es diesen Ausweg nicht; es gibt zwar nur relative, keine absoluten Unterschiede; aber an diese sind die Personen gefesselt. Von allem, was diese Bindungen produzieren, den langen Kränkungen, den aussichtslosen Wünschen, den Sorgen – von dem allen ist man in Sartres Universum befreit.

Wenn wir in Sartres Urszene einen anderen, den medialen Ausgang eingezeichnet haben, so sind wir nur einer Tendenz gefolgt, die in dieser schon angelegt war. Geboren zu werden, ein Mensch mit Erinnerungen, Gewicht, Schuld und Zukunft zu sein, ein Mensch unter Menschen, ist in Sartres Werk das Ziel hinter allen Zielen. Die Beharrlichkeit, mit der er dieses Ziel verfolgt, hat einen bestimmten Stil: sich auf jede Hoffnung ganz und gar einlassen, in dem Moment, wo diese sich auflöst, sie ebenso radikal aufgeben, den Verlust als Öffnung nehmen und sich der neuen Hoffnung anvertrauen. Und jeder der Kreise dieser Spirale ist ein Stück, ein Buch, eine politische Entscheidung. Die Hast, die diese Bewegung antreibt,[6] ist schuld daran, daß Sartre (außer den *Wörtern*) kein wirklich geglücktes Buch hinterlassen hat; aber das Ganze der Bahn, die an seinen Büchern abzulesen ist, bildet ein einzigartiges Werk. Der Versuch, *an der Medialität vorbei*, oder genauer (wie wir sehen werden): durch einen »anderen Gebrauch« der Medien in die Welt zu kommen, entwickelt in einer unvergleichlichen Weise die Konstellation des »Anfangs«, die hinter den medialen Welten liegt, als das Problem, das diese lösen und damit zum Verschwinden bringen.

Bisher sind wir in Sartres Auflösung der Urszene immer dem bösen Vater begegnet, der ablehnt und ausschließt. In den *Wörtern* zeichnet Sartre eine milde Variante, eine Form des Angenommen-Werdens, die dieselbe Wirkung hat wie die Ablehnung. Der Ort, der den Weltzugang des Subjekts bestimmt, ist in den *Wörtern* nicht als Szene, sondern als eine über einen unbestimmten Zeitraum wirkende Konstellation beschrieben. Ein typisches Bild: die Ankunft des Großvaters, der am Bahnhof von dem kleinen Poulou und seiner Mutter abgeholt wird. Der Großvater stellt sich in Position, die Füße angewinkelt, die Arme ausgebreitet; Poulou macht das Pendant, angespannt zum Loslaufen. Pause, Bild – für den Zuschauer und einen fiktiven Fotografen. Der Kleine läuft in die Arme des Großvaters, Liebesszene – zweites Bild (S. 24). Der Großvater ist ein starker, vitaler Mann; ihm soll weggenommen werden, trotz seiner noch vorhandenen Kraft, was die anderen weiter genießen, das Leben im Beruf und das Leben überhaupt. Poulou ist die Waffe, die er gegen diese Beraubung gefunden hat. Der Enkel ist ein Wunderkind, die Verkörperung eines zugleich natürlicheren und höheren Lebens: der Sensibilität, der Herzensgüte, der prophetischen Weisheit (S. 28f.). Das Wunderkind und der Greis, der die Fähigkeit hat, das Wunder wahrzunehmen – das Bild dieses Paares hält der alte Schweitzer der Welt entgegen, die ihn wegzuwerfen sich anschickt.

Der kleine Poulou ist im Paradies (S. 31). Wir kennen den Preis, der für die mediale Welt zu zahlen ist: der Verzicht, als Ganzer etwas zu sein, die Verpflichtungen, das Sich-vergleichen-Müssen mit lästigen Rivalen. Poulou erhält die Gestalt geschenkt, ohne jede Bedingung. Er braucht keine Opfer zu bringen; er ist eine Gabe des Himmels; so wie er ist, ist er wunderbar.

Die geschenkte Gestalt verstellt den Zugang zur medialen Welt vielleicht noch tiefer als die Ablehnung. Die *Wörter* wiederholen in erzählender Weise die ganzen Blockierungen, die wir aus *Das Sein und das Nichts* kennen. Die mediale Gestalt erhält man als eine Aufgabe, sie ist immer unvollständig, mehr begehrt als besessen; sie eröffnet eine Zukunft. Für das Wunderkind ist alles, was es je geben kann, schon realisiert. Sein Leben besteht darin, die wunderbaren Szenen, wo es für den anderen alles ist, immer wieder nachzuspielen: die Trennung und das Wiederfinden, die überraschenden Geschenke und theatralischen Enthüllungen (S. 90).

Die *Wörter* beginnen mit der Darstellung des »Paradieses« und lassen dieses erst später sich auflösen. Aber von Anfang an ist in diesem Paradies eine extreme Angst spürbar. Der Sohn des Vaters, der sich einen Nachfolger wünscht – dieses in den *Wörtern* immer wieder evozierte Gegenbild –, hätte sich auf ein Begehren stützen können, das jenseits aller Launen das Begehren des Dritten ist, und darin hätte die Sicherheit seiner Gestalt beruht (S. 76). Die Spiele der Erwachsenen, in denen der kleine Poulou seine Gestalt findet, können zwar wichtig sein und intensiv gespielt werden; dahinter liegt aber die eigentliche Wirklichkeit der Positionen, des Geldes, der Familie im »ernsthaften« Sinn (S. 74f.). In diesem Bereich des Ernstes, in dem der Sohn als Nachfolger seinen Platz hat, ist Poulou nichts, was er ist, muß er gegen diesen Bereich durchsetzen. Er muß *gefallen* (S. 30, 36), und dabei geht es im genauen Sinn des Wortes um Sein oder Nicht-Sein. In Wirklichkeit steht auch die Gestalt des Wunderkindes unter Bedingungen, aber unter anderen als die des Sohnes. Dieser muß sich Festlegungen und Forderungen unterwerfen, das Wunderkind muß so *sein*, daß der bewundernde Blick entsteht. Das Glück, alles zu sein, bezahlt es mit der Angst, nichts zu sein. Diese Angst überformt das ganze Leben. Nehmen wir z. B. die Moral. Für den »Sohn« gibt es Sachen, die er nicht darf und doch tut, Revolte, Wut, Unterwerfung, Ausflüchte, Bündnisse gegen das Verbot, Bündnisse mit dem Verbot gegen andere Kinder, Spott, Verhöhnung – ein guter Teil eines Kinderlebens dreht sich um diesen Angelpunkt. Auch mit großem Druck und vielen Strafen ist es nur möglich, diese Bewegung unter Kontrolle zu bringen, zum Stillstand bringen kann man sie nicht. Der kleine Poulou ist ein artiges Kind, von allein, einfach, weil er »ein gutes Naturell hat«. Offenbar ist hier ein Mittel der Anpassung am Werk, das nachhaltiger wirkt als harte Strafen. Was ist dieses Zaubermittel? Die Gutartigkeit ist eine Seite des Wunderbaren am Wunderkind, dessen, was Poulou von dem Patriarchen der Familie angeboten wird als das, was er ist; und als was er sich fühlt, wenn ihn die Blicke der Fremden treffen. In seinem Weltbild sitzen ganz oben auf der Leiter der Hierarchie die strengen und würdigen Herren, dicht darunter auf einer besonderen kleinen Stange sitzt er, Poulou, und betrachtet mit der Salbung eines zukünftigen Kirchenfürsten den Rest der Welt. Um diese Position zu wahren, ist Poulou ohne Unterlaß brav. Max Weber hat in seiner berühmten Analyse des Protestantismus gezeigt, daß der Glaube, an seinen Handlungen sei abzulesen, ob jemand auserwählt oder verdammt ist, ein viel wirksameres Mittel der Motivation darstellt als jede Strafandrohung. Genau das ist die Situation des kleinen Poulou; wenn er nicht gut wäre, wäre er verdammt, nichts zu sein. Seine Handlungen sind Gesten, Zeichen, an denen er abliest, was er ist. Aber das gilt für ihn noch in einem radikaleren Sinn als für die Protestanten. Diese hatten keinen Zweifel, daß ihr Gott existiert. Sartres Gott ist ein Komödiant, die Unarten, die Poulou sich vorstellen kann, sind Blasphemien (in ein Weihwasserbecken pinkeln, z. B., S. 26), und wenn er bei den anderen sieht, daß man an diesen Göttern zweifeln kann[7], dann dreht sich alles um ihn, und die Welt bricht zusammen. Die Moral hat für Poulou nichts mit Verboten zu tun; sie ist etwas, was auf seinen Schultern ruht, er muß sie tragen; genauer: er muß das Gute sein, sonst ist er nichts, und das Gute ist auch nicht.[8]

Das artige Kind kann weder hassen noch lieben (S. 36). Haß und Liebe setzen voraus, daß eine Beziehung vorgegeben ist, *innerhalb* der die Gefühle sich entwickeln können. Wer gefallen muß, sortiert die Menschen in zwei Klassen; die, denen es sich lohnt zu gefallen, und hier macht die fundamentale Abhängigkeit Haß und Liebe gleichermaßen unmöglich; und die übrigen sind keiner Aufmerksamkeit wert.

Das Wunderkind ist einzigartig; wo verglichen wird, hat es keinen Zugang. Die Anforderungen der Schule gleiten an dem kleinen Poulou ab. Den Kindern, die im Park spielen, möchte er wohl gefallen. Aber wenn irgendwo die Medialität unumschränkt herrscht, dann in den Gruppen gleichaltriger Jungen. Das Wunderkind, das in keinem medialen Spiel zu Hause ist, existiert für sie nicht (S. 115f.).

Das Paradies hat ein Ende. Poulou, nicht mehr ganz ein Kind, durchlebt die Qualen einer alternden Schauspielerin (S. 91). Obwohl er sich immer mehr anstrengt, schaut er immer öfter statt in bewundernde in betretene Gesichter. Zugleich wird ihm klar, daß die Erwachsenen Komödianten sind; er beginnt, den Spielen, die die Erwachsenen mit ihm spielen, zu mißtrauen; er sieht, daß deren wirkliche Interessen anderswo liegen und daß er für nichts zählt (S. 76). Wenn er aber in sich selbst sucht, was er nun eigentlich ist, findet er »*nichts*: eine unauslöschbare Durchsichtigkeit« (S. 79). In dem Durchgang durch den Kampf um die Anerkennung im Medium verfestigen sich die Wünsche und nehmen Gestalt an. Mit ungeheurem Neid sieht Poulou bei den anderen, daß sie unterscheiden können, was ihnen gefällt und mißfällt. Er hat nur Launen, auf die er sich selbst nicht verlassen kann.

Zwar sind es normalerweise die Eltern, in denen das Kind zum erstenmal dem medialen Anderen begegnet; aber wenn es sich von den Eltern trennt, bleibt der Blick erhalten, und es findet ihn in den anderen Menschen wieder. In der Trennung verliert es die Personen, aber nicht den Blick, für den es seine Gestalt hat. Die Trennung von der Kindheit ist für Poulou der Verlust der Gestalt, die Rückkehr in die absolute Beschämung. Von dort muß er sich auf seine Weise eine Welt und eine Gestalt aufbauen.

Mourir et naître infini

Die mediale Geburt ist Unterwerfung und Gabe. Der kleine Sartre ist frei geblieben, aber ohne Gestalt. Seine Geburt ist »vague naissance«, »n'importe où, n'importe comment« (S. 163)[9]; die zweite Hälfte des Buches beschreibt die lebenslange Anstrengung, die versäumte Geburt nachzuholen. Da kein Herr da ist, dem er sich unterwerfen kann, muß er Vater und Sohn in einem sein: *fils de ses œuvres* (S. 146).[10]

Am Anfang stehen die Träume: ein hilfloses Mädchen in auswegloser Bedrohung; nur einer kann helfen – Sartre. Fast alle Kinder träumen in dieser Weise. Auch wenn ihnen für später etwas versprochen ist, jetzt sind sie sehr wenig; die Träume sind eine Abkürzung auf dem langen Weg zu einer ansehnlichen Gestalt. Aber gewöhnlich sind sie nur eine kurze Entlastung; das Kind verfolgt den eigentlichen Weg. Für Poulou sind die Träume der wirkliche Anfang; er opfert sie nicht der Wirklichkeit, sondern er nährt sie mit Wirklichkeit, so lange, bis er eine Gestalt und eine Welt findet, die von außen gesehen den üblichen gleichen, die aber nach ganz anderen Regeln aufgebaut sind.

In den Träumen ist das Kind zu offensichtlich ein anderer. Das Problem ist, die Träume »in der Welt zu verankern« (S. 121). Poulou schreibt seine Träume auf; jetzt hat er das Vergnügen, sich in die Helden seiner Geschichten zu verwandeln; derjenige, der schreibt, ist aber wirklich er selbst. Schreiben ist ein Medium, es schafft eine Gestalt, verlangt Anerkennung. Wenn Sartre sagt: »Je suis né de l'écriture« (S. 130)[11], dann ist das keine Metapher. Er ist nicht ein Mensch, der schreibt; durch das Schreiben ist er ein Mensch geworden. Der Zwang zu gefallen hatte ihm unmöglich gemacht, zu lieben, zu hassen, seine Wünsche zu kennen. Als Schreibender ist er ein Schreibender; er entdeckt, was er begehrt und was er fürchtet; die Anerkennung des Begehrens, die ihm in der Begegnung mit anderen versperrt ist, findet er auf diesem anderen Weg (S. 130).

Für das Schreiben gilt, was für jedes Medium gilt: die Gestalt kommt vom Anderen und verlangt dessen Anerkennung. Das Bild des Wunderkinds an seinem Pult hätte leicht Bestandteil der Familienkomödie werden können. Wirkliches Medium ist es geworden, weil der Großvater die Spielerei des Kindes als Berufswunsch ernst nimmt und fürchtet. Daher begegnet Poulou nicht dem Komödianten, sondern der trockenen und harten Stimme des medialen »Vaters« (S. 134). Diese Stimme gibt ihm die Anerkennung und nennt die Bedingungen: Schreiben ist ein harter und brotloser Beruf. Und er wird ein mittelmäßiger Schriftsteller werden. Damit hat Poulou einen Platz und eine Zukunft und ist zuerst einmal zufrieden.

Ein zweitrangiger Schriftsteller zu werden, ist nicht eigentlich ein Angebot, es ist eine Resignation. Poulou hätte auf sich verzichten müssen (S. 137), er konstruiert sich bald wieder ein Szenario des »alles oder nichts«. Aber sein Berufswunsch ist jetzt anerkannt, Schreiben ist ein Teil der medialen Welt; die neuen Szenarios sind jetzt nicht mehr Träume, die in der Sphäre der geliebten Abenteuerromane angesiedelt sind; sie haben ihren Ort in der Welt der Erwachsenen. Das Material liefert die Kulturgläubigkeit des alten Schweitzer. Das Leben im allgemeinen ist böse und niedrig, die höhere Bestimmung der Menschheit lebt nur in einigen Auserwählten: in den Schriftstellern und den Künstlern. Diese Hüter der Ideale sind den gewöhnlichen Menschen verhaßt, weil sie ihr niedriges Treiben stören; sie werden aber schließlich bewundert und verehrt, weil in allen doch das Gute verborgen ist. Auf dieser Grundlage baut Poulou seine neuen Szenen. Nach einem Leben in Einsamkeit und Haß, das ganz dem großen Werk gewidmet ist, sieht er sich auf seinem Eisenbett sterben. In diesem Augenblick hat das Buch den Verleger gefunden; es ist der große Erfolg, alle fragen sich, wer ist dieser Mann, dieser Sartre, den niemand kennt.

Das Buch ist Geschenk, der Schriftsteller ist der Gebende, der sich selbst gibt. Wir sind in der Sphäre des Tauschs, genauer gesagt, bei der Figur der »großen Tat«, die wir bei der Analyse des Märchens kennengelernt haben.

Die große Tat ist zwar an Situationen des Mangels oder der Bedrohung gebunden – je größer der Mangel, um so größer die Gabe. Aber sie ist zugleich ein Bereich der Befreiung und des Rauschs – daher die Nähe zu Traum und Literatur. Aus zwei Gründen: Die Welt der Plätze ist (nicht nur in den traditionellen Gesellschaften) von einer bedrückenden Starre; nur in der Situation der Bedrohung des Kollektivs kann aus dem kleinen Hans der Prinz werden. Und das System der Positionen steht unter der Herrschaft der Schuld. Schon der Eintritt ist an die Übernahme einer Schuld gebunden; der Platz ist eine Gabe, mit der das nackte Subjekt das Recht zu begehren erwirbt; aber in der Gabe steckt die Schuld; so geht es weiter, immer ist das Subjekt in der Position dessen, der zurückzahlen muß. Der Held wird ein Held, weil er gibt, was er nicht zu geben braucht, er ist der einzige, der gibt, wo er nichts bekommen hat; in einer Welt, wo jeder Glied in einer Kette ist, ist er Anfang und Urheber.

Wer mit seiner Position in der Welt der Plätze unzufrieden ist – so alle Kinder –, träumt in den Strukturen der »großen Tat«. Aber Sartres Unzufriedenheit ist von einer anderen Art, und daher verzerren seine Träume die Struktur in einer spezifischen Weise. In den traditionellen Gesellschaften ist die große Tat ein ekstatischer Moment, weil sie die schicksalshafte Zuordnung der Plätze für einen Moment aufhebt. Aber das bedeutet doch nur einen Sprung zwischen zwei Ordnungen der Plätze, einen Sprung, in dem sich sehr wenig in sehr viel verwandelt. In den Träumen Poulous soll sich nichts in alles verwandeln; es geht um eine Geburt: »pour renaître il fallait écrire« (S. 163).[12] Zum Schreiben braucht man ein Gehirn, Augen, Arme; nach getaner Arbeit würden diese Organe sich zurückbilden. Um das Jahr 1955 würde die Larve platzen; fünfundzwanzig In-Folio-Schmetterlinge würden auffliegen und sich auf den Regalen der Nationalbibliothek niederlassen. Diese Schmetterlinge wären nichts anderes als *Ich* (S. 164). Der kleine Hans des Märchens wird ein König wie andere Könige; ein Schriftsteller unter Schriftstellern will Poulou aber nicht werden. Ein Geschenk ist Geschenk nur in dem Moment des Gebens, nur in diesem Augenblick ist das Publikum der nicht gesehene Andere, der die Gestalt verleihen kann, das schwarze Loch, vor dem Anny ihre Szenen spielt. Ein Leben *im* Ruhm ist nicht denkbar. Das Publikum würde zu einzelnen Menschen werden und die Gestalt sich wieder auflösen. Der Ruhm ist die endlich gewordene Gestalt; aber Geburt und Tod fallen notwendig zusammen.

Diese Phantasie verwurzelt sich in dem Kind; es genießt es, sein ganzes Leben als Vorgeschichte dieser Geburt zu sehen. Aber es bleibt doch eine Phantasie, die, wie Annys »vollkommene Momente« nur mit »spirituellen Exerzitien« am Leben zu halten ist. Poulou ist noch immer der Schuster, der sich für einen Prinzen hält und nie ganz vergißt, was er wirklich ist (S. 175). Nur wer sich in einer medialen Gestalt wiedererkennt, vergißt nicht, wer er ist, auch wenn er nicht daran denkt. Aber im Medium ist die Geburt Vergangenheit; dem Anderen, dem man sich unterworfen hat, kann man nicht mehr begegnen; auch ein großer Schriftsteller ist nur einer unter anderen. Sartre gelingt es, diesen Widerspruch zu lösen. Er unterwirft sich dem Medium und wird wirklich; aber er gibt dem Medium eine andere Verwendung. Er lebt mit den anderen Menschen, aber nicht in ihrer Welt.

In der Schule und im Spiel mit Gleichaltrigen begegnet das Kind den offiziellen Medien unserer Kultur, in denen es sich situieren muß. Das Wunderkind hatte nicht gespielt; in der Schule hatte es versagt; das war der Schule angelastet worden, und man hatte den feineren Weg des Privatunterrichts gewählt. Aber einige Jahre später als andere hat Poulou doch gelernt, sich vergleichen zu lassen; er hat Freunde; er kennt einen anderen Blick auf sich als die Komödie der Bewunderung. Zum erstenmal *liest* er seine Werke, liest sie mit den neuen Augen. Voller Scham vergräbt er seine Hefte.

Es sieht aus, als wäre er normal geworden; in Wirklichkeit ist er erst jetzt »vollkommen verrückt« (S. 175f.). Poulou träumt nicht mehr, aber der Traum wird zum unsichtbaren Horizont seiner Welt. Es bleibt das Verfahren, das Leben von hinten zu *lesen*, von der untergegangenen Phantasie der glorreichen Geburt aus. Die anderen Kinder organisieren ihre Erfolge und Mißerfolge um den medialen Kern herum, den sie in der Begegnung mit dem »Vater« erworben haben. Die Erfolge werden zu einem Teil der Gestalt und in die jeweiligen Spiele eingesetzt. Sartre ist anfangs ein schlechter Schüler; es ist ihm gleichgültig; am Ende – wenn er 50 sein wird – wird man sehen, wer der Bessere ist (S. 185). Die anderen lieben sich selbst, ihm ist gleichgültig, was er ist; es kommt nur darauf an, was er am Ende sein wird. Jeder Fortschritt ist nicht ein Gewinn, sondern ein Zeichen, an dem sich ablesen läßt, ob die Richtung die richtige ist. Sartre ist ein »Verräter« (S. 199). Seine Vergangenheit macht er nicht zu einem Besitz, sondern wirft sie weg. Er ist ein Meister in der Kunst, alles, was er getan hat, in Frage zu stellen, aber nur, weil damit bewiesen ist, daß das Neue besser ist als das Alte. Was damit vor jeder Infragestellung geschützt ist, ist das große Ereignis in der Zukunft. Was für die anderen zählt, zählt auch für Sartre; aber gezählt wird an einem anderen Ort. Wie intensiv er sich auch auf eine Arbeit, einen Freund, eine Erbitterung einlassen mag, im Herzen der intensivsten Gegenwart ist er abwesend (S. 193, 199). Sein Freund Nizan betrachtet mit zwanzig Jahren die Frauen und die Autos, alle

Güter dieser Welt, mit einer verzweifelten Hast; er wird überfallen von Anfällen panischer Todesangst. Sartre betrachtet ihn nicht ohne Neid, er kennt weder den Hunger auf das Leben noch die Todesangst. Er ist nicht da, um zu genießen, sondern um ein Ergebnis zu produzieren (S. 167), um aus sich »den Körper des Ruhms in Wörter herauszumeißeln« (S. 167). Da er nichts begehrt, außer den Moment, wo das postume Bild den Blick entstehen läßt, so sieht er in keiner unbekannten Frau die Umrisse eines großen Versprechens und im Tod keine Bedrohung; sein wirkliches Leben ist nur Vorgeschichte zu diesem Ereignis.

Die Geburt durch das Verbrechen

Den Traum der Geburt durch das Schreiben hat Sartre in den *Wörtern* als Traum gesehen und damit verabschiedet. Er hat ihn verabschieden können, weil er einen anderen Weg gefunden hatte, das politische Engagement. Diesen Weg hat Sartre nie aufgegeben; und das bedeutet auch, daß wir zu ihm einen anderen Zugang haben. Mit den Biographien[13] treffen wir immer auf die Welt der anderen, die man als Ganze in ihrer symbolischen Struktur überblicken kann und wo der konstituierende Blick sichtbar wird. Die Theaterstücke, die uns den Zugang zu dem Weg des Engagements geben, sind Darstellungen von Brüchen: eine Phase wird abgeschlossen, eine neue öffnet sich. Der Weg als ganzer bleibt für Sartre unsichtbar.

Das erste dieser Stücke, *Die Fliegen*, beschreibt den wesentlichen Schritt. Ein reicher, gebildeter junger Mann kommt als Tourist in eine finstere, von Gewissensbissen zerfressene Stadt, nach Argos. Die Schuld, die auf ihr lastet, ist die insgeheim von allen begrüßte Ermordung des früheren Königs Agamemnon durch seine Frau und deren Geliebten. Auf dem schlechten Gewissen, das diese Schuld verursacht, bauen der König und der Gott, Jupiter, ihre Autorität auf. Der Tourist ist aber Orest, der in glücklichen Umständen aufgewachsen ist und dem seine Herkunft gleichgültig ist. In den Gesprächen mit seiner Schwester Elektra wandelt sich der feine junge Mann in den Atridensohn, der den doppelten Mord vollbringt und damit zugleich dem Land die Möglichkeit gibt, sich für die Freiheit zu entscheiden; worauf er wegzieht – auf die andere Seite des Flusses und der Berge, wo ein anderer Orest auf ihn wartet.

Wir kennen die Konstellationen, mit denen Sartre seine Szenarios konstruiert. Die Grundopposition der *Nausée* findet sich auch hier: den Normalen, die an ihre Welt gebunden sind, steht der Held gegenüber, dessen Problem die fehlende Gestalt ist. Aber Orest ist jünger als Roquentin; es ist an einem früheren Punkt des Wegs, daß er die Entscheidung trifft, die den Inhalt des Stückes ausmacht. Orest ist das Wunderkind, dem die schmerzlichen Erfahrungen Poulous erspart geblieben sind. Aus dem ruhigen und vernünftigen Kind, das immer »Verzeihung« und »danke« sagt, dem Stolz des Adoptivvaters, ist der reiche und sorglose junge Mann geworden, der mit dem Hauslehrer die Stätten der Kultur besucht. Das Leben ist leicht; die Morgen voller Hoffnungen, die Abende schön in seiner Heimatstadt, wo man abends die Mädchen auf den Straßen lachen hört (I, 4, S. 131). Die Welt ist ihm freundlich; dem bewundernden Blick der Eltern begegnet er jetzt in allen Augen.

Dieser glückliche Bruder von Poulou leidet nicht wie dieser unter dem Verlust der geschenkten Gestalt, sondern unter dieser selbst. Das Leben ist *zu* leicht. Er steht der Wirklichkeit gegenüber wie ein Tourist, der die Welt der anderen besichtigt. Den Palast seiner Eltern sieht er mit denselben Augen, mit denen er in Begleitung des Pädagogen den berühmten Tempel von Ephesus besichtigt hatte. In der Unterwerfung unter das Medium wird die Wirklichkeit Material für die Gestalt; sie wird Eigentum, das Gewicht gibt. Orest ist gewichtlos wie eine Spinnwebe, und nichts gehört ihm, selbst die Geräusche des Regens auf den Dächern gehörten den anderen. Er hat keine Erinnerungen, ebensowenig wie er die Freude kennt, irgendwohin zu gehen (I, 2, S. 121). Er kann weder lieben noch hassen; für Liebe und Haß muß man etwas zu *geben* haben. Noch den geringsten Sklaven beneidet er um das Glück, *in* der Stadt zu sein, in der er lebt (II, 4, S. 175).

In der *Nausée* waren die dem Medium Unterworfenen als in Spiele der *mauvaise foi* verstrickt entlarvt worden. Jetzt sind es Menschen, die »engagiert geboren sind« (I, 2, S. 121), sie besitzen, was Orest fehlt, Gewicht und Eigentum. Sie leben zwar in der Unfreiheit, weil sie die Schuld des Königsmordes nicht ertragen können und Zuflucht bei den Göttern suchen. Aber Unfreiheit und Gewicht sind nicht notwendig miteinander gekoppelt. Das Ziel, das das Stück anstrebt, ist die Verbindung: »être un homme de quelque part, un homme parmi les hommes« (II, 4, S. 175)[14]; gerade dadurch wird man frei. In der *Nausée* und in *Das*

Sein und das Nichts ging es um den Nachweis, daß es eine bindende Gestalt nicht gibt; dahinter stand der dem Schreibenden unsichtbare Glaube, daß es diese wohl gibt, aber nicht für den Menschen als Mensch, sondern nur für den Menschen als Buch. Jetzt geht es um die Geburt als *Mensch unter Menschen*. Der Weg zu dieser Geburt ist das Verbrechen.

Der Elternmord in den *Fliegen* ist ein abstraktes Verbrechen. Die Personen, die zu Tode kommen, zählen nicht. »Es ist meine einzige Chance«, sagt Orest (II, 4, S. 175), seine einzige Chance nämlich, seinen Platz unter den Männern von Argos zu finden. Der Mord ist eine Geste, und der Adressat dieser Geste ist Jupiter; in dem Dialog mit dem Gott findet Orest seinen Entschluß.

Jupiter ist ein Gott mit zwei Gesichtern. Den Einwohnern von Argos gegenüber spielt er den Hüter der heiligen Ordnung; er verspricht furchtbare Strafen, wenn die Rituale der reuigen Unterwerfung nicht gehalten werden. Für Orest ist er »die weise Amme«, die sich von der Höhe des Olymps zu ihm herunterbeugt (II, 4, S. 177). Er ist die Hitze des Tages, die sich für Orest mildert, der liebevoll verschleierte Blick der Natur (vgl. III, 2, S. 234); er ist es, der sich über das Kind freut, das immer »bitte« und »Entschuldigung« sagt. Dieser Jupiter ist der allgegenwärtige Blick, Vater und Mutter in einem, der dem Wunderkind seine gewicht- und schuldlose Gestalt schenkt.

Das Verbrechen ist die Revolte und der Bruch mit diesem Herrn. In der Ungewißheit, was er tun soll, wendet Orest sich an die Statue des Gottes; er soll ihm ein Zeichen geben. Jupiter gehorcht nur zu gern, seine Statue erstrahlt in glänzendem Licht. Gegenüber diesem Befehl findet Orest sein *Nein* und entschließt sich zum Mord. Der Entschluß ist Befreiung und Verlust. Was lebendig und warm war um Orest, stirbt; er ist in einer unendlichen Leere (II, 4, S. 178), von Jupiter und dem liebevollen Blick der Natur verlassen (III, 2, S. 234).

Das Verbrechen kann nur Befreiung und Zugang zu den Menschen bedeuten, weil es mehr ist als der Beschluß eines Kindes, nicht mehr artig zu sein. Dieses *Mehr* sind nicht die Folgen (um die sich das Stück wenig kümmert), es ist die Schuld. Die Schuld ist eine Last, der man sich niemals entziehen kann – Elektra, die immer von dem Mord geträumt hat, kann diese Last nicht mehr tragen und flüchtet sich in den Schutz der Götter. Die Schuld hat die Kraft zu binden und Gewicht zu geben. Der Mord ist Geburt. »Il me semble que je t'ai fait naître et que je viens de naître avec toi«, sagt Orest seiner Schwester (II, 8, S. 207).[15] Jetzt kann er, der geschwebt hatte wie eine Feder, in die Wirklichkeit »eintauchen« (II, 4, S. 179), ist »Mensch unter Menschen«.[16]

In dem Weg, den die *Wörter* beschreiben, hatte Sartre Elemente der Medialität und des Tauschs benützt, um ein Szenario des »alles oder nichts« zu entwerfen: die Geburt durch die Gabe seiner selbst als Buch. Der neue Weg trifft eine andere Auswahl, an der Stelle von Buch und Geschenk stehen Verbrechen und Schuld. Das Verfahren ist wieder das gleiche. Aber es ist ein Weg, der weniger Opfer verlangt; das Verbrechen ist nicht eine Geburt im Tod; die *Fliegen* sind voll von dem Triumph, endlich die Wirklichkeit packen und in sie eindringen zu können (vgl. II, 4, S. 179). Der Weg über das Schreiben hatte die Sexualität ignoriert, das Verbrechen in den *Fliegen* ist von einer massiven sexuellen Orchestrierung begleitet. Und vor allem ist das Verbrechen die Antwort auf die Frage des Kontrolleurs nach dem Billet. Jetzt hat Sartre den Preis bezahlt; er hat die Schuld auf sich genommen. Und, wie immer, hat er mehr bezahlt als verlangt wurde.

Im System des Tauschs ist die Schuld eine Schuld gegenüber einer Person; sie entsteht aus einer Gabe, die man von jemandem erhalten oder aus einer Kränkung, die man jemandem zugefügt hat. Jede Schuld ist Glied einer Kette; indem sie das Subjekt in dieser situiert, macht sie es zum »Menschen unter Menschen«. In dem antiken Mythos rächt sich Orest, der durch den Mord des Vaters gekränkt worden ist; er will sich rächen, und er ist dazu verpflichtet. Dem Orest Sartres ist der Gedanke der Rache ganz fremd; in dem Verbrechen sucht er die »Schuld an sich«, den Weg zum Gewicht.[17]

Ein Gestaltmedium kann man nicht wählen: entweder man ist außen, oder man ist innen, aber dann auf einem bestimmten *Platz*. Orest hat das Medium *selbst* gewählt, ohne sich dadurch in ihm zu situieren. Am Anfang kommt er als der, der nichts hat, zu denen, die etwas haben; am Ende ist er gegenüber denen, die etwas haben, der, der das Ganze hat. Die freie Wahl des Mediums schafft wieder eine Konstellation des »alles oder nichts«. Das Stück verschleiert diese Konstellation nicht. Orest erscheint als ein zweiter Christus, der die Reue der Stadt auf sich lädt und mit sich fortträgt, und der so den Bürgern die Chance der Freiheit gibt (vgl. II, 4, S. 180 und III, 6).

Wir haben die *Fliegen* als ein Psychodrama gelesen. Es ist aber in der Zeit der deutschen Besatzung als ein politisches Stück geschrieben und gespielt worden. Nach der Befreiung hat Sartre erklärt, was sein eigentliches Thema war: das Drama des Widerstandskämpfers, der, weil er deutsche Soldaten erschießt, die Exekution von fünfzig Geiseln auslöst und der Versuchung widerstehen muß, sich zu stellen.[18] Die Verknüpfung des Geiselproblems mit dem Thema der Geburt im Medium (das die innere Dramatik trägt) erscheint für ein politisches Stück der Besatzungszeit absurd. Aber gerade diese Verknüpfung ist für Sartre fundamental. Die Kette der Stücke, die Engagement mit Verbrechen verbinden, lassen keinen Zweifel daran, daß das der Weg war, der von dem esoterischen Beobachter des Weltgeschehens zum Herausgeber der *Temps Modernes* geführt hat.

Die Verknüpfung von »persönlichen« Problemen – die wir Probleme des Weltzugangs nennen – mit Fragen, wo es um Leben und Existenz Tausender geht, scheint uns skandalös. Sartres politische Selbstinterpretation gibt dem Stück eine bedrohliche Dimension; man kann einen Widerstandskämpfer, der den Tod von fünfzig Geiseln in Kauf nimmt, weil er wie Orest die Schuld als Weltzugang sucht, nur fürchten. Wir entschärfen gewöhnlich solche Probleme, indem wir die Person in einen persönlichen Teil, wo die Gesetze der Psychologie, und in einen politischen, wo die Gesetze der allgemeinen Wirklichkeit herrschen, aufspalten. Was wir an Sartre lernen können, ist gerade, daß diese Aufspaltung falsch ist. Genau mit der Verbindung der Bereiche ist Sartre ganz und gar *in* der Wirklichkeit. Der Erfolg des Faschismus beruht auch gerade darauf, daß er *Welt*probleme mit *politischen* Mitteln löst – Sartre hat das in den *Reflexions sur la question juive* ausführlich dargestellt. Der Faschismus und Sartre spielen dieselben Spiele; der eine auf der Seite des Antisemiten, der andere auf der Seite der Juden. Es gibt sicher ganz andere Verknüpfungen von politischen und Weltproblemen; aber es ist sehr zweifelhaft, ob es überhaupt einen Standpunkt gibt, von dem aus man die beiden Bereiche tatsächlich voneinander trennen kann.

Orest entdeckt, daß Verbrechen binden. Am Ende ist er aber an nichts gebunden als an das Prinzip der Bindung selbst. Ein Verbrechen ist aber jeweils ein besonderes, und es bindet in einer spezifischen Weise. Das ist das Problem der *Schmutzigen Hände*.[19]

Hugo, die Hauptperson, hat Sartre mit anderen Eigenschaften des Wunderkindes ausgestattet: er kann nicht nicht spielen. Nur wenn er sich für ein Gegenüber *darstellt*, weiß er, wer er ist, und dieses Wissen verschwindet mit dem Gegenüber. Den Schritt, den die *Fliegen* beschreiben, den Bruch mit dem Blick, der ihm die Gestalt geschenkt hatte, hat Hugo schon getan; er hat seine großbürgerliche Herkunft verraten und ist Mitglied der kommunistischen Partei geworden. Aber in diesem Bruch ist er immer noch auf den Vater bezogen, Sicherheit hat er nur in der Verneinung. *Im Inneren* der neuen Welt, die er gewählt hat, ist er leer und ohne Willen. Die Leere schafft einen Gott; Hugos neuer Gott ist Louis, ein kommunistischer Führer, der alles verkörpert, was ihm fehlt: er ist massiv eins mit sich selbst, weiß, was er will. Von ihm erhält Hugo den Auftrag, sich bei einem Gegner, Hoederer, als Sekretär einzuführen und ihn zu töten. In seinem Opfer trifft Hugo in noch höherem Maße auf die Eigenschaften, die ihn faszinieren; damit beginnen die Schwierigkeiten.

Das Problem des Stücks ist die Gewißheit des Wollens: Comment peut-on dire: je veux ou je ne veux pas (IV 6, S. 163)?[20] In *Das Sein und das Nichts* ist dieses Problem analysiert.[21] Wenn ich einen Entschluß fasse (etwa den, mich von meiner unseligen Spielleidenschaft zu lösen) – wie kann ich sicher sein, daß ich morgen noch derselbe sein werde, der den Entschluß gefaßt hat, daß die Motive, die heute Macht über mich haben (z. B. der Gedanke an das Unglück meiner Familie), morgen ihre Kraft noch behalten haben? Die Entdeckung, daß es mir unmöglich ist, mich selbst an einen Entschluß zu binden, umgibt jedes Wollen mit Ungewißheit und Angst. Auf den Entschluß des Mordes bezogen: der Tote ist morgen noch tot, aber werde ich ihn morgen noch getötet haben wollen?

In *Das Sein und das Nichts* dient die Analyse dem Nachweis, daß es ein Bewußtsein der Freiheit gibt und daß die Angst eben dieses Bewußtsein darstellt (S. 71). Die literarischen Werke erlauben es, die Unmöglichkeit zu wollen in den Konstellationen der Spiele des »alles oder nichts« zu situieren. Sartre betont in der zitierten Stelle mit Recht, daß ein psychologisches Motiv nie Grund einer Handlung sein kann. Das Subjekt steht immer seinen Motiven *gegenüber*; es wählt sie und muß sie immer neu wählen. Wenn Achill seinen Freund so grausam rächt, so ist das nicht »blinder Rachedurst«, es ist Unterwerfung unter ein mediales Gesetz und die Wahl einer Gestalt. Das Motiv muß in ihm als Gefühl existieren; sonst wäre Achill ein Komödiant; aber es muß gewählt sein; sonst wäre die Rache keine Handlung, sondern eine Verkettung von Umständen. Das Beispiel zeigt, was in einem medialen System die Gewißheit des Wollens ermöglicht. Einerseits produziert es Motive als bekannte und anerkannte; andererseits macht es den Entschluß zu der Wiederholung einer Bejahung. In dem Universum des »alles oder nichts« ersetzt – mit den Einschränkungen, die wir kennen – der »Herr« das Medium. Die Wahl eines Motivs und einer Handlung kann dann nur die Bestätigung der Unterwerfung unter diesen Herrn sein.

Hugo muß sich zwischen zwei Herren entscheiden. In dieser Wahl kann es keine Gewißheit geben[22]; sie erzeugt die absolute Angst.

Schließlich führt Hugo den Mord aus, aber aus Gründen, die mit der ursprünglichen Aufgabe und der Entscheidung, die sie verlangt, nichts zu tun haben: er überrascht seine Frau in den Armen Hoederers. Der einzige Entschluß, den er gefällt hat, ist, dem Impuls der Eifersucht *nachzugeben*, also keinen Entschluß zu fällen. Damit ist er gebunden an einen Mord, der nicht sein Mord ist.

Das Verbrechen allein führt nicht zum »Mensch unter Menschen«. In der Folge der Stücke sind *Die schmutzigen Hände* eine Kritik an dem Weg der *Fliegen* und bereiten die neue Lösung vor, die *Der Teufel und der liebe Gott*[23] entwickeln wird.

Man könnte glauben, daß das Problem der mangelnden Gewißheit des Wollens ein allgemeines Problem in dem vormedialen Universum darstellt. Die Macht des Anderen ist immer vom Subjekt selbst produziert; daher scheint sie nie die Gewißheit einer Gestalt garantieren zu können. Dem widersprechen die späteren Texte: Goetz und Genet entschließen sich schnell und fürchten die Folgen ihrer Entschlüsse nicht. Als leere Maske der Allmacht erscheint der Andere nur, wenn man die Spiele von ihrem Ende aus betrachtet und die Zeitlichkeit übersieht, die ihr Wesen ausmacht. In der Urszene ist der beschämende Blick am Anfang wirklich der Blick des absoluten Herrn; in ihm inkarniert sich der reale Gegensatz zwischen dem gestaltlosen Subjekt und der absoluten Macht der Medialität. Erst später zeigt sich, daß der Andere nicht Herr *des* Mediums, sondern höchstens ein Mensch *im* Medium ist, d. h. vom Standpunkt des Wunschs nach dem Ganzen ein »Nichts«. In den Spielen gibt es gute und schlechte Züge. Die guten Züge haben die Kraft, dem anderen seine ursprüngliche Allmacht für eine Weile wiederzugeben. Die Hauptfigur aus dem *Teufel und dem lieben Gott* hat, noch bevor das Spiel beginnt, einen solchen Zug getan. Goetz gehört auch in die Kategorie der von Geburt an Nichtengagierten, der »Freien«. Aber er weiß, warum er frei ist: er ist ein Bastard; die Welt gehört den legitimen Söhnen; ihm bleibt es, durch das Schlüsselloch auf das schöne kleine Ei zu schauen, das die anderen sich teilen (II 4, S. 64). Seine Antwort ist das Verbrechen, aber nicht das moralisch legitimierte Verbrechen des Orest oder Hugo, sondern das Böse um des Bösen willen: Mord, Totschlag, Folter. Das Verbrechen stellt die Urszene in ihrem ganzen Glanz wieder her: die Provokation durch das Übel zwingt die Weltordnung, selbst in Erscheinung zu treten: der abgelehnte Herr verdammt den Bösen und gibt ihm damit die Gestalt.

Die schlechten Züge gehen in die umgekehrte Richtung, sie versuchen die Differenz zwischen dem Subjekt und dem Herrn zu verkleinern. Anny will werden wie die Bilder in den Büchern; der Leidende will Statue des Leidens werden, Hugo die Anerkennung von Louis finden. In dieser Anstrengung geht gerade der Blick verloren, der die Gestalt sichern sollte.

Aber auch das Böse erschöpft sich; wenn der Herr seine Macht verliert, dann wird der gute Spieler zum *Verräter*. Das gilt für Goetz und für Genet; an der Biographie kann man es leichter klarmachen. Der ängstliche Gelegenheitsdieb Genet bewundert den stolzen und mutigen Verbrecher. Indem er sich diesem in der erniedrigendsten Weise sexuell unterwirft, bringt er ihn in die Position des wirklichen Herrn. Auf die Desillusionierung antwortet er nicht, indem er sich an den weltverbürgenden Anderen anklammert. Die Selbsterniedrigung war ein Entschluß. In der extremen Beschämung war das vergessen; aber wenn der Andere seine Macht verliert, dann sieht Genet in ihm das gestaltlose Wesen, das seine Gestalt nur dem Spiel verdankt, das er selbst, Genet, inszeniert hat. Eben noch war er gefangen im Spiel, jetzt ist er dessen Regisseur. Der Schwächste von allem wird mit einem Schlag zum Stärksten (S. 139). Er verrät den, dem er sich unterworfen hatte; damit hat er auch seine eigene Gestalt geopfert, ist ganz leer und unendlich beschämbar; er ist wieder in der Position, die eine neue Begegnung provoziert.[24]

Der Teufel und der liebe Gott ist die vollständige Darstellung eines Spiels dieser Art[25] und damit dessen Auflösung. Am Ende des Stückes steht die Entdeckung, daß es keinen Gott gibt, also keinen Anderen, durch den man Gestalt gewinnt (vgl. X 4, S. 267). Mensch unter Menschen zu sein (XI 2, S. 275) bedeutet, nicht *ganz* zu sein, weder nur zu zerstören noch alles zu geben; sondern wie alle, Gutes *und* Böses zu tun, zu geben und zu nehmen. Dieses Ende ist – ähnlich wie das der *Fliegen* – eine Hoffnung, keine Lösung. Der Andere, der die Macht hat, festzulegen, durch den die Konstellation der zweiten Geburt erst vollständig ist, bleibt unauffindbar.

Die Konversion zur Dritten Sache

Sartre hat oft von seinen Konversionen gesprochen. Der Krieg hat ihm gezeigt, daß hinter der Gewalt der Blicke und stärker als sie die Macht über die Körper liegt. Diese Erfahrung hat nur dazu geführt, daß er seine Bücher jetzt nicht mehr als Gabe an die Menschheit, sondern als Tat und Verbrechen versteht; er verkündet nicht mehr die Unmöglichkeit der Welt, sondern das Engagement. Erst die zweite Konversion, die zwischen *Der Teufel und der liebe Gott* (1951) und der ersten Redaktion der *Wörter* (1954) liegt, macht (scheinbar) den Spielen ein Ende. Die letzten Seiten der *Wörter* beschreiben diese Konversion als Erwachen zur Vernunft: »Je vois clair, je suis désabusé, je connais mes vrais tâches ... je suis un homme qui s'éveille, guéri d'une longue, amère et douce folie« (S. 212).[26] Dieses Erwachen wird gleich wieder eingeschränkt. Er hat die alten Träume durchschaut, bekämpft und zu zertreten versucht, aber sie leben immer noch; er ist noch Pardaillan und Strogoff. Möglicherweise ist die »Heilung« nur eine neue Spirale in seinen alten Spielen; der Verzicht auf die Hoffnung ist vielleicht gerade das äußerste Opfer, durch das die Hoffnung schließlich doch noch realisiert werden soll.

Von Genet sagt Sartre, dieser habe zwar seine großen Hoffnungen aufgegeben; er glaube nicht mehr an das *Heilige* und an das Böse; trotzdem könne er über nichts anderes schreiben. Das gilt auch für Sartre selbst. Alle großen Werke der späteren Zeit, *Die Eingeschlossenen von Altona*, der *Flaubert*, sogar – wie wir sehen werden – die *Kritik der dialektischen Vernunft* sind um das alte Thema des Begehrens nach der Gestalt organisiert. Trotzdem bedeutet diese Konversion einen tieferen Bruch als der Übergang zum Engagement. Die alten Texte sind alle gewissermaßen in der ersten Person geschrieben. Sie behandeln das Begehren nach der Gestalt, und sie *sind* Etappen in dem Weg dieses Begehrens. Es gibt keinen Ort, von dem aus man das Begehren als Ganzes sehen und einordnen könnte; dieses selbst ist der Ort, von dem aus alles sich situiert; es kann nicht gesehen werden, weil es den Blick leitet. Der späte Sartre kann immer noch diesen Blick übernehmen; aber er tut es in der dritten Person; er steht zugleich immer auch über diesem Blick und ordnet ihn in eine nach ganz anderen Prinzipien aufgebaute Welt ein.

Die Konversion zum Engagement versteht man durch das Theater; für die zweite Konversion gibt es keine vergleichbaren Texte; wir sind auf die Bemerkungen in den Interviews angewiesen. »Mais j'ai découvert brusquement que l'aliénation, l'exploitation de l'homme par l'homme, la sous-alimentation, reléguait au second plan le mal metaphysique, qui est un luxe. La faim, elle, est un mal tout court... En face d'un enfant qui meurt, *La Nausée* ne fait pas le poids.«[27] Was bedeutet diese »plötzliche Entdeckung«? Es gibt ein Offenwerden für fremdes Leiden; man kann an ein anderes berühmtes Mitglied der Familie Schweitzer denken, das abends die Lichter löscht, weil er die Mücken nicht sterben sehen will, oder das im Urwald ein Krankenhaus baut, um das Leid einiger Menschen zu lindern. Die Entdeckung Sartres liegt ganz und gar nicht in diesem Bereich. An dem viel diskutierten Satz »Gegenüber einem Kind, das stirbt, hat *Der Ekel* kein Gewicht« interessiert uns nicht das Verhältnis von Leiden und Kunst, sondern der Ort, von dem aus er gesprochen ist. In der Logik von *Das Sein und das Nichts* wäre der Satz absurd. Das metaphysische Übel bezeichnet ein Verhältnis *zur* Welt, das Leiden etwas *in* der Welt; man kann nicht das Verhältnis zu einer Sache und diese selbst gegeneinander abwägen. Die »plötzliche Entdeckung« ist ein Blickwechsel; Sartre steht an einem neuen Ort, von dem aus er sein altes Ich und das Leiden des Kindes nebeneinander und als vergleichbar sieht. Diesen neuen Ort kennen wir: es ist die Welt der *Dritten Sache*, die durch das Medium der Bedürfnisse der anderen (und des anderen, der ich als Bedürfniswesen bin) bestimmt ist.

Auf welchem Weg ist der neue Blick auf die Wirklichkeit und auf sich selbst entstanden? Was bindet das Subjekt an diese Welt? In den Interviews findet man Hinweise. »A la suite des évènements politiques mes rapports avec le parti communiste m'ont vivement préocuppé. Jeté dans l'atmosphère de *l'action*, j'ai soudain vu clair dans l'espèce de névrose qui dominait toute mon œuvre antérieure. En 1954 j'étais très près de regretter (d'avoir choisi la littérature). J'étais néophyte dans un autre monde. J'avais rêvé ma vie pendant près de cinquante ans.«[28]

Vorher hatte, auch in der Phase des Engagements, das Schreiben das Medium gebildet; »j'ai pris ma plume pour une épée«, sagen die *Wörter* (S. 212)[29]; die »andere Welt«, in der Sartre *néophyte* ist, entsteht über das Medium des zielgerichteten gemeinsamen politischen Handelns.

Aber das sind nur Vermutungen. Über die Strukturen der neuen Welt können wir mit Sartre nichts erfahren. Der junge Sartre ist so außerordentlich kenntlich geworden, weil er in Welten lebt, die er selber schaffen und stützen muß. Wenn ihm deren Künstlichkeit durchsichtig war, hat er sie nicht einfach fallenlassen, sondern mit einem Buch verabschiedet. Jetzt hat er den Eingang in eine mediale Welt gefunden, die nicht er produziert, sondern die ihn zu dem macht, was er ist und die er nicht mehr beschreiben kann.

Die Gruppe als Urszene

Sartres Bahnen vor der Konversion waren Auseinandersetzungen mit dem Herrn-Vater. Die große Wahrheit, die der Schriftsteller den Menschen verkünden wollte, war die Nachricht, daß das große Bild leer ist; es ging um Entlarvung. Der Preis dieser Entlarvung war die esoterische Erkenntnis, daß der Mensch eine nutzlose Leidenschaft ist und daß es keine Welt gibt. Der Krieg hatte Sartre gelehrt, daß der Vater zwar hohl, aber mächtig ist. Der Vatermord, die Übernahme der Schuld gibt einen Zugang zur Wirklichkeit und ermöglicht das Engagement. Das letzte große Stück, *Les séquestrés d'Altona*, zeigt, was aus dieser Auseinandersetzung nach der Konversion geworden ist.

Das Stück ist aufgebaut um das immer gleiche Paar: die Bürger von Bouville und Roquentin, Jupiter und Orest, Hoederer und Hugo – hier ist es der mächtige Industrielle und der rebellische Sohn. Entlarvung und Mord hatten den Herrn im Grunde unberührt gelassen. Genauso wie es Sartre im *Saint Genet* zeigt, war er immer wieder auferstanden, immer bereit für die nächste Runde im Spiel. Die *Eingeschlossenen* beschreiben nicht mehr die Auseinandersetzung mit dem Vater, sondern die Auflösung der Differenz zwischen Vater und Sohn: am Ende sind beide im Selbstmord vereint. Der beschämende und verurteilende Blick liegt nicht mehr im Vater; er ist bei den »Krabben«, der Verkörperung einer unfaßbaren Nachwelt; für diesen Blick hat der Sohn sich sequestriert; aber er kann ihn nicht lokalisieren; das Urteil, das er in ihm liest, sagt schließlich nur, daß er *nichts* getan hat, nicht einmal seine Verbrechen sind *seine* Verbrechen gewesen. Die großen Szenarios, die die Urszene in Welten auflösen, sind verschwunden; das Stück führt in die Begegnung mit der ursprünglichen Verurteilung zurück; für die Hoffnung nach der Geburt gibt es keinen Weg mehr. In ironischem Ton hatte Sartre in den *Wörtern* dasselbe beschrieben: er sitzt stumm dem Kontrolleur gegenüber, der ihn nach seinem Billet fragt.

Aber dieses düstere Fazit gilt nur für das Stück; in Wirklichkeit hat Sartre die Hoffnung nur verlagert; er hofft nicht mehr in der ersten Person, sondern in der dritten, nicht für sich, sondern für die Menschheit. Das zweite große philosophische Werk, die *Kritik der dialektischen Vernunft*, beschreibt die Szene einer bejahten Identifikation und einer Weltentstehung als kollektiven historischen Prozeß.

Wie *Das Sein und das Nichts* hat die Kritik eine dualistische Grundstruktur: Auf der einen Seite stehen *Kollektiv* und *Serialität*, der Bereich der Entfremdung und der aufgezwungenen Identifikationen. Den positiven Gegenpol bildet nun nicht mehr die Authentizität, sondern die *fusionierende* (d. h., meistens die revolutionäre) *Gruppe*, die eine Welt schafft, die freies, wirksames Handeln ermöglicht und die die Subjekte in einer Weise identifiziert, die diese bejahen können. Kollektiv und Serialität bilden die Grundlage, aus der die *Gruppen* entstehen und in die sie immer wieder zurückzufallen drohen.

Der Sartre vor der Konversion hatte den Zugang zur Gestalt über den Blick des Anderen gesucht; entsprechend hatte *Das Sein und das Nichts* die welterschließende Kraft des Begehrens nach dem Sein an den Anfang gestellt. Jetzt ist der Glaube an diesen Zugang aufgelöst; die *Kritik* setzt an den Anfang das Bedürfnis. Die schlechten Identifikationen entstehen nicht mehr über die Spiele der *mauvaise foi*, sondern über die Verflechtung der Bedürfnisse untereinander.[30] Die Verflechtung steht unter zwei Bedingungen. In der *Kritik* gibt es eine grundlegende Verbindung der Menschen untereinander, die durch die Knappheit geschaffen ist, Knappheit der Güter und Knappheit der Produktionsmittel. Der Mitmensch ist der, der mir wegnehmen will, was ich zum Leben brauche; das ist die erste Beziehung der Menschen. Sie begründet auch das Verhältnis der Menschen zu ihren Gegenständen. Die Möglichkeit der Entfremdung ist in den Dingen immer schon angelegt. Ich bin frei, wenn ich entdecke, daß ich einen Stein als Hammer benützen kann; in dem Hammer liegt schon eine Kette von Anweisungen, die mich binden. Je komplexer die Welt der Gegenstände ist, um so dichter wird dieses Netz der Anweisungen. Die Knappheit bewirkt nun, daß jeder sich den Gegenständen, die ihm eigen sind – auf die immer schon ein anderer wartet, der sie ihm wegnehmen will – völlig unterwirft; so daß die gegenständliche Welt die Freiheit aufsaugt. Über dieses sehr allgemeine Schema legt Sartre eine Analyse der intersubjektiven Beziehungen, die die Darstellung aus *Das Sein und das Nichts* aufnimmt und umbaut. Dort war die beherrschende Figur die Zweierbeziehung gewesen. In der Unmöglichkeit, den Dritten einzuführen, hatten wir den Kern der Blockierung von Sartres Denken gesehen. In der *Kritik* nun besteht die Minimalkonstellation aus drei Personen. Ein Beispiel kann das erläutern.[31] Zwei Arbeiter führen in Gegenwart eines Werkmeisters eine gemeinschaftliche Arbeit aus. Zuerst einmal besteht zwischen ihnen ein Verhältnis der Reziprozität; sie stimmen Bewegungen, Absichten, Werkzeuggebrauch aufeinander ab. Aber diese Reziprozität ist geleitet durch eine Zielsetzung, die von dem beobachtenden Werkmeister, dahinter von der Betriebsleitung, dahinter wieder von Markt und Konkurrenz vorgegeben ist. Normalerweise haben die Arbeiter diesen Blick des Dritten verinnerlicht, sie sehen ihre Zusammenarbeit von diesem Ort aus. Im Bereich der Serialität ist dieser Dritte immer ein Anderer, über den die Subjekte keine Macht haben; nicht ein konkreter Anderer, sondern jemand, für den selbst ein Anderer der Dritte ist, und so weiter in unendlicher Rekurrenz. Typisches Beispiel sind Markt und Konkurrenz, wo jeder handelt, indem er sich an anderen orientiert, die sich wieder an anderen orientieren. Auf diese Weise entsteht aus Einzelhandlungen eine Gesamthandlung (etwa eine Preisbildung), die kein Subjekt hat. In dieser Struktur gibt es kein Tun, das das Subjekt als das Seinige wiedererkennen könnte; in diesem unfaßbaren Anderen findet das Subjekt nie eine Gestalt, die es bejahen kann.

In der Struktur der Serialität zeichnet sich ab, was die fusionierende Gruppe leisten muß, um die Entfremdung aufzuheben und die Freiheit herzustellen. Entfremdung bedeutet im wesentlichen zwei Dinge. Eine Handlung ist frei, wenn eine Chance besteht, daß die angestrebten Dinge auch erreicht werden. Die Handlungen sind aber immer in gesellschaftliche Zusammenhänge verflochten; in der Serialität gibt es nur individuelle Handlungen, die grundsätzlich etwas anderes bewirken, als beabsichtigt war. Freiheit kann es also nur geben, wenn es möglich ist, gemeinschaftliche Ziele zu setzen. Das ist ein aus der marxistischen Tradition altbekannter Gedanke. Typisch für Sartre ist der zweite Zug: das Subjekt ist »es selbst«, seine Freiheit, zuerst einmal in seinem individuellen Projekt – das bleibt auch hier die absolute Evidenz, der Punkt, von dem das Denken anzusetzen hat. Wenn das Subjekt ein Ziel übernimmt, das ihm von den anderen kommt, dann kann es das nur als »anderer als es selbst« übernehmen; zur Freiheit gehört also auch, daß das Subjekt diesen Anderen in ihm als »es selbst« anerkennen kann.

Sartre stellt die fusionierende Gruppe dar an dem Beispiel der Volksaufstände, die zur Erstürmung der Bastille führen. Aus den detaillierten Analysen will ich eine Szene herausgreifen. Aus Reaktion auf Plünderungen von Getreidespeichern hat die königliche Regierung beschlossen, Truppen zu schicken, um eine Strafaktion durchzuführen. Diese Nachricht kann zwei Reaktionen erzeugen: In der Dimension der Serialität versucht jeder auf eigene Faust, sich und seinen Besitz in Sicherheit zu bringen. Durchgesetzt hat sich die andere Möglichkeit, das gemeinsame Projekt, sich gegen die Truppen zur Wehr zu setzen. Was in einem solchen Moment geschieht, ist für Sartre ein radikaler Bruch und ein Neuanfang; es hat die Bedeutung, die für Rousseau der Staatsvertrag und die Erfindung der Republik hatte.

Die üblichen Interpretationen dieses Phänomens betonen das gemeinsame Interesse. Tatsächlich kann aber das Interesse die beiden Bahnen gehen, die der individuellen Rettung und die der gemeinsamen Verteidigung. Für das Interesse jedes einzelnen ist die Verteidigung nur eine Lösung, wenn eine Mehrheit diese Lösung wählt. Nur für diejenigen, die sich entscheiden, wenn sich schon hinreichend viele entschieden haben, kann also das private Interesse das Motiv sein. Sartre kommt es darauf an zu zeigen, daß der, der die Barrikaden baut, nicht derselbe ist wie derjenige, der an sein individuelles Interesse denkt. Daher verfolgt er auch nicht die Frage, was die Entscheidung für die eine der Bahnen motiviert, sondern was in dieser Entscheidung geschieht und was in ihr entsteht.

Der Neuanfang ist nicht etwas, was aus dem Seriellen herauswächst; er ist ein absoluter Bruch – Sartre verwendet Ausdrücke wie Verschmelzung oder Apokalypse. Alles von der Art einer Abstimmung, alle Verfahren der kollektiven Willensbildung, die die Entscheidung der Ausführung vorausgehen lassen, würden immer nur die Interessen des seriellen Menschen zu Wort kommen lassen. Die langen Analysen von konkreten Verlaufsmustern von Aufständen zielen alle darauf ab zu zeigen, daß im Moment der Fusion Handlung Entscheidung und Entscheidung Handlung ist. Wenn in einer Gruppe von panisch vor den Soldaten Flüchtenden einer stehenbleibt und ruft, »hier können wir sie aufhalten«, dann ist das Stehenbleiben gleichzeitig der Anfang der

Aktion selbst, Wahl zwischen den zwei fundamentalen Bahnen und Appell an die anderen. Nach diesem Muster beschreibt Sartre, wie die Angst vor der Strafaktion in den Vorschlag umschlägt, Barrikaden zu bauen, um das Faubourg zu verteidigen. Die Bedingungen für die Entstehung der Gruppe sind völlig zufällig. Eine Bedrohung muß einem Kollektiv von außen eine Einheit aufzwingen; die gemeinsame Aktion muß als chancenreich erscheinen; die Bedrohten müssen fähig sein, sich zu wehren, mutig, geneigt, einander zu vertrauen – man kann die Aufzählung der Bedingungen beliebig verlängern. Wenn aber die Gruppe und das Projekt der gemeinsamen Verteidigung einmal entstanden ist, dann lebt es nicht mehr aus den Motiven, die seine Entstehung erlaubt hatten, es steht für sich selbst und schafft sich selbst seine Motive.

Wenn jenseits des apokalyptischen Moments der Verschmelzung die Gruppe auftaucht, dann ist die serielle Entfremdung aufgehoben (S. 407), und die Freiheit ist wiedergefunden (S. 453). Das Subjekt findet seinen Plan – sich zu retten – als gemeinsamen Plan wieder; sein Handeln kommt auf die Ebene des Gesellschaftlichen, es wird wirksam, ohne daß es aufhört, *sein* Handeln zu sein.

Der Gewinn der Freiheit verbindet sich mit der Verwandlung des vorher isolierten Subjekts in den *homme commun*. Hier wird wieder die im Bereich der Serialität entwickelte Dreierkonstellation wichtig. Vorher waren die heranrückenden Soldaten der organisierende Dritte; von ihnen aus hatte das Individuum Gefahren und Rettungschancen gesehen und Reaktionen erwogen. In dem Umschlag zum Entschluß, sich zu verteidigen, ist die Gruppe durch einen Dritten koordiniert, der die gefährlichen Punkte bezeichnet, die Aufgaben verteilt usw. In dieser Phase ist jeder der Dritte, jeder ist Chef. Es ist Zufall, wer gerade die Losungsworte ausgibt; jeder sieht die Aufgaben, die Chancen, die Gefährdungen der Gruppe als ganzer, jeder sieht die anderen und sieht sich selbst von diesem Ort aus: es ist als Dritter, daß er sich etwas wünscht, sich freut, sich ängstigt. Das bedeutet nicht, daß er ganz und gar mit dieser vom Dritten gesehenen Person zusammenfiele; jede Gefahr und jede Angst kann ihn wieder dazu bringen, sich für sich selbst retten zu wollen. Der Dritte ist eine Position, die wirklich existiert, und gleichzeitig ist die Identifikation mit dieser Position eine dauernde Aufgabe (S. 430).

Die Beziehungen zu den anderen sind durch den Dritten vermittelt. Durch die anderen ist das Projekt mehr als eine leere Wunschvorstellung; die anderen geben dem Subjekt sein Sein als *homme commun*, wie sie ihr Sein von ihm erhalten. Und jeder andere ist »Bruder«, weil er sich wie das Subjekt von der Gruppe aus sieht und die serielle Perspektive abgelegt hat.

Die Gruppe ist nie Gegenstand eines Wunsches, ein Ziel gewesen, das man erreichen wollte. Am Anfang steht eine »unmögliche« Situation, eine Situation, die im Bereich des Seriellen sich auf keine denkbare Zukunft öffnet. Die Unmöglichkeit im Seriellen macht die apokalyptische Fusion möglich, in der eine neue Welt und eine neue Zukunft entsteht. Wenn die Gruppe sich einmal gebildet hat, wird von ihr aus das Serielle als die Hölle, die es ist, sichtbar. Die Gruppe ist damit nicht nur die Lösung des konkreten Überlebensproblems; sie ist zugleich auch der Ausgang aus dieser Hölle, für jeden einzelnen eine Neugeburt und die Entstehung einer Welt. Jetzt ist die Gruppe Ziel geworden: das erste Ziel, von dem alle anderen Ziele abhängen, ist ihre eigene Erhaltung als Gruppe.

Solange die Bedrohung unmittelbar gegenwärtig ist, stellt sich das Problem der Erhaltung als äußeres. Erst wenn die feindlichen Truppen sich zurückgezogen haben, wenn die Bedrohung sich in eine unbestimmte Zukunft verlagert, wird sichtbar, daß die Gruppe nicht nur Freiheit ermöglicht, sondern auch in der massivsten Weise Freiheit wegnimmt. Sartres Gruppe ist definiert durch den Imperativ: »Gebt alles, und alles wird euch wiedergegeben werden« (S. 475).[32] Die individuelle Freiheit muß weggegeben werden, damit der *homme commun* entsteht. Die absolute Gewalt, die in dieser Verwandlung liegt, realisiert sich im Schwur. Die Gruppe ist Geburt, und der Schwur ist Bestätigung dieser Geburt.[33] Sartre stellt ausdrücklich Beziehungen zur Initiation in den Stammesgesellschaften her (S. 492). Der Schwur besagt, daß das Subjekt das und nur das sein will, was es für die Gruppe ist, und daß es dieser das Recht gibt, es zu töten, wenn es diese Verpflichtung verrät. Der Schwur macht die Mitglieder zu Brüdern; das bedeutet: jeder ist durch den anderen, was er ist. Das Lynchen des Verräters ist ein Akt der Brüderlichkeit; die Lynchenden retten, gegen die Tat des Verräters, seine eigentliche, die beschworene Gestalt.

Was Sartre hier entwirft, ist wirklich ein mediales System. Das Subjekt bestimmt sich durch ein von außen gegebenes Material, die Handlungen, die von der Praxis der Gruppe verlangt werden. Dadurch findet es einen Blick, der ihm seine Gestalt gibt; der Träger dieses Blicks ist nicht mehr das wirkliche Gegenüber, das als Bild der Allmacht immer wieder neu entsteht und neu zerstört wird; es ist wirklich der Dritte, der als Person nirgends existiert, aber von allen vertreten wird. Diesen Blick kann das Subjekt übernehmen, es kann sich von ihm aus sehen, die Gestalt bejahen, die es in ihm findet. Diese Bejahung bedeutet eine totale Verwandlung (S. 475). Alle natürlichen Eigenschaften (Beziehungen zu Dingen) verwandeln sich in mediale Eigenschaften (d. h. solche, die als Beziehungen zu Dingen Beziehungen zu anderen bedeuten). Das ganze frühere Werk Sartres war heimgesucht von dem Traumbild einer solchen Verwandlung. Dies Bild blieb unerreichbar, weil das Subjekt mit dem *zusammenfallen* wollte, was der andere in ihm sah. Hier hat die Gestalt im Medium eine materiale Realität; vom Subjekt bleibt sie durch einen unaufhebbaren Abstand getrennt; sie ist eine Aufgabe, die erfüllt werden muß (S. 430). Und schließlich: für die mediale Gewalt hatte Sartre bisher nur Bilder gehabt, wie das der Zigeuner, die ihre Kinder durch Einschnürungen verkrüppeln. Jetzt erscheint die Gewalt in ihrer massivsten Form, als Lynchjustiz, und sie wird als Akt der Brüderlichkeit bejaht.

Das System der Gruppe und das des Tauschs nehmen wir als zwei Lösungen desselben Problems, der Herstellung einer medialen Welt; als solche können wir sie vergleichen. Der Tausch hat kein anderes Außen als das, das er selbst produziert, und daher hat er keinen Anfang. Die Gruppe begründet sich gegen eine Welt, die als »Welt von niemandem« immerhin schon existiert. Der Anfang ist der Moment, wo mein Wille und der Wille der Gruppe zusammenfallen; wenn ich mich in dem Blick des Dritten wiedererkenne, dann genau in dem, was ich ganz und gar selbst will. Ich komme nicht, wie in der Initiation, aus einem Außen und begegne den Vertretern des Kollektivs; mein Blick legt die anderen fest, wie umgekehrt ich durch sie festgelegt werde. »... nous sommes *nos propres fils*, notre invention commune«.[34] Wenn dann eine Medialität entsteht, die das Subjekt auf etwas festlegt, was nicht mehr unbedingt sein aktueller Wille ist, wenn das Medium Gewalt wird, dann leitet sich die Legitimität dieser Gewalt von dem fundierenden Akt ab, in dem ich nur meinem eigenen Willen begegne, wo ich zugleich Sohn *und* Vater des Mediums bin.

Im Tausch übernimmt das Subjekt eine ihm vorgegebene Gestalt, weil der Dritte sie begehrt. Seinen ursprünglichen Wunsch, den Wunsch nach der Gestalt, gibt es auf; es übernimmt die Motive, die das

System ihm gibt. Dieser erste Moment der Passivität, des »du bist«, das aus dem System kommt, ist in der Konstruktion der *Kritik* abgewehrt. Die Gruppe ist eine Art Kompromiß; sie schafft ein Medium, aber das Subjekt unterwirft sich nur dem, was es selbst begründet hat.

Diese Abwehr hat ihren Preis. Der Tausch begründet einen Dialog zwischen Innen und Außen; die Gabe der Gestalt antwortet auf ein Begehren. Die Gruppe antwortet auf nichts; sie ist kontingentes Ereignis, eine Entdeckung, die erst im nachhinein als solches sichtbar wird.[35] Damit ist der Dialog zwischen Innen und Außen, aus dem der Tausch seine spezifische Rationalität zieht, verlorengegangen.[36] Die Bedrohung, die die Gruppe produziert, ist eine Gnade der Geschichte. Manchem wird sie zuteil, anderen nicht.

Der wichtigste Unterschied liegt in der Natur des medialen Gesetzes. Der Tausch ist ein in sich gültiges ethisches Prinzip. An seine Stelle tritt hier die Gefährdung von außen. Das Medium hat immer eine absolute Macht, es gibt Sein und Welt und kann sie auch nehmen. Für Sartre – und das gilt allgemein für das bürgerliche Denken, wenn es diese Frage überhaupt stellt – ist nur ein legitimierendes Prinzip für eine solche Macht vorstellbar: die Bewahrung des Lebens. Aus dem Gesichtspunkt der Erhaltung leitet sich dann die Berechtigung der medialen Festlegungen ab, die durch die unausweichliche Entwicklung der Arbeitsteilung immer einschneidender werden. In den Alten Gesellschaften begegnet das Subjekt, wenn es nach der Begründung seiner Pflichten und Rechte fragt, dem medialen Gesetz. Dieses Gesetz ist in vielfältiger Weise von seiner jeweilig herrschenden Auslegung unterscheidbar; in Konflikten kann der einzelne oder die Minderheit immer seine Auslegung gegen die des Kollektivs wenden. In der verschworenen Gruppe ist wahr, was die Gruppe für wahr hält. Auch wenn der, der sich gegen die Gruppe stellt, recht hat (etwa in der Einschätzung der Macht der Feinde), bekommt er doch unrecht, wenn es ihm nicht gelingt, die Mehrheit zu überzeugen; er wird ein Verräter, weil er das wichtigste, den Gruppenzusammenhalt, bedroht. Dieser Verurteilung kann er selbst nichts entgegensetzen; er ist nicht nur in seinem Leben, sondern auch in seinem Sein (d. h. in der Gestalt, in der er sich von dem Dritten in ihm gesehen sieht) von der Gruppe abhängig.[37] Jedes mediale System, das die Person als ganze erfaßt, ist in gewisser Weise totalitär. Man kennt das christliche Paradox von Freiheit und Sünde: die Bejahung des Gesetzes ist frei; aber der Preis der Verneinung ist der absolute Verlust. Aber wenn das Gesetz auch allmächtig ist, so ermöglicht seine unendliche Auslegbarkeit doch einen Raum für eine inhaltsvolle Freiheit gegenüber denen, die es vertreten. In der Gruppe ist auch diese Freiheit verschwunden.

Im Herzen der Gruppe liegt wieder eine Beziehung des »alles oder nichts«, die Beziehung dessen, der die Mehrheit vertritt, zum Verräter. Das kann auch nicht anders sein, wenn man die mediale Gewalt ohne Gesetz denken will.

Mediale Systeme sind generative Systeme; sie können sich auf den verschiedensten Abstraktionsebenen neu reproduzieren. Wir haben das Beispiel der australischen Ureinwohner zitiert, die nach der Katastrophe der Verbringung in ein Lager ihr System der Hälften wieder aufgebaut hatten. In dieser Perspektive können wir Sartres Weltspiele sehen. Vom Standpunkt des medialen Systems ist die Entstehung der Moderne eine Katastrophe, wie sie größer kaum denkbar ist: der Gesellschaftsaufbau wird von der medialen Struktur gelöst; es gibt eine Wirklichkeit außerhalb der Welt. Der alte Systemaufbau ist in einer fundamentalen Weise gestört und verrückt; damit ist zugleich auch die generative Potenz des Systems freigesetzt. Sartre ist ein Häretiker; er lehnt das Grundprinzip ab, das besagt, daß die medialen Gestalten dem Subjekt vorgegeben sind. So tut er auf eigene Faust und gegen das Gesetz, was die Aborigines im Kollektiv und mit dem Gesetz taten; er baut sich Welten. Dabei begegnet er den Prinzipien der alten Medialität in ihrer abstraktesten Form und verwandelt sie jeweils, wie seine häretische Position es verlangt.

- Die Initiation ist Begegnung dessen, der nichts hat, mit denen, die alles haben. Die Wiederholung dieser Begegnung ist die Grundform von Sartres Spielen. Aus dem fundamentalen initiatorischen Tausch – für die Gabe des Platzes gibt der Initiant, was er gewesen ist, ist er bereit zu »sterben« – macht Sartre die lebenslängliche und todbringende Gabe des literarischen Werks.
- Indem der Initiant selbst Mitglied wird, verlieren die Initiatoren die Allmacht, die sie haben, solange sie den Zugang geben oder verweigern können. Sie sind »getötet«, jetzt selbst dem Gesetz unterworfen. Aus der Wiederholung des Mords, der dem Paradies der Kindheit ein Ende setzt, aber nie zur Einführung des Gesetzes führt, baut Sartre eine zweite Kette zerbrechlicher Welten.
- Indem er die Gruppe in die Position der initiatorischen Allmacht

bringt, entdeckt er, was außerhalb des Gesetzes der legitimen medialen Gewalt am nächsten kommt, die Verwandlung des Subjekts durch das kollektive Handeln im Dienst der Selbsterhaltung der Gruppe, und die Entstehung des medialen Gedächtnisses.

Wenn man es in seiner ausdrücklichen Intention nimmt, ist Sartres politisches Denken heute nicht mehr interessant. Was man aber an ihm studieren kann – an einem einzigen Fall, aber mit einer unvergleichlichen Genauigkeit der Analyse –, ist die Verschränkung von politischen Problemen mit Problemen der medialen Welt und der Identifikation. Die sozialpsychologischen Studien zum autoritären Charakter und zum Faschismus haben die Problematik psychologisiert, und dasselbe haben die psychoanalytischen Untersuchungen zur Studentenbewegung wieder getan. Sartres Analysen liegen in der richtigen Dimension. Wer die Studentenbewegung aus der Nähe miterlebt hat, der hat gesehen, wie Aktionen in einem Schlag die Kategorien der Welterfassung umstürzen und die »Personen« der Handelnden neu zusammensetzen können, wie – in den späteren Phasen – der Handlungszwang, den die Gruppen zur Aufrechterhaltung ihrer identifizierenden Kraft entwikkeln müssen, die Konstruktion der Gegner, die Interpretation der Wirklichkeit, die Auswahl der Führer und die Produktion der Abweichler bestimmt, wie schließlich, wenn das Bewegungstempo nicht mehr bewahrt werden kann, die ganze Konstruktion zu etwas zusammenbricht, was man nicht einmal mehr verstehen kann.[38] Die sozialpsychologischen Studien setzen die absolute Differenz zwischen den Beobachtern und den Beobachteten an den Anfang; die Untersuchenden wissen von vornherein, daß sie nichts von sich in ihrem Gegenstand wiederfinden. Sartre hat in diesem Feld gelebt, in ihm die Feinde gefunden, die er verstanden und gerade deswegen gehaßt hat, und in ihm für die Probleme, die ihm mit den Faschisten gemeinsam waren, seine Lösungen gesucht. Wenn man Sartres Bahnen folgt, wird sichtbar, wie eng der Bereich des Totalitären mit dem medialen System der Moderne verbunden ist und welche Entscheidungen dieses Feld dann in die Gegensätze von links und rechts, libertär und totalitär gliedern.

Sartres Analysen sind von einer extremen Reinheit. Gewöhnlich stützen sich solche Prozesse auf vorhandene, im Bereich der Rechten z. B. nationalistische Traditionen. Aber auch dann wirken diese Traditionen nicht durch die Macht des Überkommenen, sondern durch sie hindurch wirkt die Kraft der generativen Schemata. Und da, je mehr die Strukturen der Alten Welt sich auflösen, Weltprobleme sich aufdrängen, besteht kein Grund zur Annahme, daß diese Schemata ihre Macht verlieren, auch wenn sich ihre Formen ändern.[39]

ANMERKUNGEN

1 Jean-Paul Sartre, *Les Mouches* I 2, in: ders., *Huis clos suivi de Les mouches*, Paris 1971, S. 121.

2 Ebd., II 4, S. 174.

3 Ebd., I 2.

4 »*ein neugeborenes Kind*«, Jean-Paul Sartre, *Les Mots*, S. 201. Hervorhebung von Sartre. Im folgenden durch Seitenangabe zitiert nach der deutschen Übersetzung: Jean-Paul Sartre, *Die Wörter*, Übersetzung und Nachbemerkung von Hans Mayer, Reinbek bei Hamburg 1983. Das Zitat auf Seite 184.

5 Jean-Paul Sartre, *L'être et le néant*, a. a. O., S. 358.

6 Vgl. Jean-Paul Sartre, *Les Mots*, a. a. O., S. 195.

7 Z. B. wenn auf der Wandtafel der Schule der auf den Lehrer gemünzte Satz steht: *Le père Barrault est un con* (S. 69).

8 Der Text *L'existentialisme est-il un humanisme?* ist aus dieser Position geschrieben. In jedem Akt (z. B. wenn ich heirate) bin ich die ganze Menschheit, ich bin immer auch Gesetzgeber, der unter dem Blick und mit der Verantwortung für die ganze Menschheit handelt. Die Angst, bin ich es wirklich, der das Recht hat, die Menschheit zu binden, bin ich beauftragt, muß man auf sich nehmen. Hier wird der moralische Größenwahn aus dem imaginären Szenario zum Imperativ der Imperative: gegen die Angst, alles ist nur Spiel – diese Angst steckt in der Frage: bin ich beauftragt? – muß man an ihm festhalten. Man muß sagen, daß Sartre diesen Text später nicht schätzte.

9 »Lange hatte ich gedacht, so enden zu müssen, wie ich begonnen hatte, irgendwo, irgendwie, so daß dieses blasse Sterben bloßer Reflex sei meiner blassen Geburt.« (S. 147)

10 »ein Sohn meiner Werke« (S. 131).

11 »Durch Schreiben wurde ich geboren.« (S. 116)

12 »um wiedergeboren zu werden, muß man schreiben« (S. 148).

13 Auch *Das Sein und das Nichts* haben wir von den Biographien her gelesen.

14 »ein Mensch sein, der irgendwohin gehört, ein Mensch unter Menschen« (S. 44).

15 »Mir ist, als wärst Du durch mich geboren und ich mit Dir zugleich;« (S. 58).

16 Die Freiheit in den *Fliegen* ist nichts anderes als die Wahl und das Aufsichnehmen einer Schuld. Das ist eine andere Bestimmung als in den früheren Werken.

17 Die inhaltliche Begründung des Verbrechens ist eine allgemein moralische: die

Befreiung der Stadt; auf dieser Ebene kann man von Schuld im medialen Sinn nicht sprechen, sondern nur von Recht und Unrecht (vgl. II 6).

18 Vgl. Michel Contat und Michel Rybalka, *Les écrits de Sartre. Chronologie, bibliographie commentée*, Paris 1970, S. 90. Ein zweites Motiv ist der Versuch des Vichy-Regimes, mit dem Appell an Schuldgefühle und Reue seine Politik der Resignation zu unterstützen. Das Thema der politischen Funktion der Reue hat in dem Stück eine größere Bedeutung, als aus unserer Wiedergabe ersichtlich geworden ist.

19 Jean-Paul Sartre, *Les mains sales*, Paris 1948.

20 »Wie kann man sagen: ich will oder ich will nicht?«

21 Die Beispiele, die Sartre verwendet, sind der Höhenschwindel und der Entschluß des Spielers, nicht mehr zu spielen (Sartre, *L'être et le Néant*, a. a. O., S. 69 ff.).

22 Seine Frau Jessica sagt über Hugo mit Recht: welche Ideen er gewählt hat, hängt in Wirklichkeit nur davon ab, welchem der beiden Männer er zuerst begegnet ist (V 2, S. 183).

23 Jean-Paul Sartre, *Le diable et le bon dieu*, Paris 1951.

24 Ebd., S. 127–145. Mit einem Hinweis auf Hegel faßt Sartre diese Bewegung zusammen: »Une œuvre de Genet, comme la phénoménologie de Hegel, c'est une conscience qui s'abîme dans les apparences, se découvre au plus fort de l'aliénation, se reprend et fait passer les choses au rang de *ses objets*. La conscience est traîtresse parce qu'elle n'obéit que pour mieux dominer« (S. 145, Hervorhebung im Text).

25 Allerdings sind die Spiele von Goetz – den Anforderungen des Theaters angepaßt – einfacher und weniger vollständig dargestellt.

26 »Ich sehe klar, bin ernüchtert, kenne meine wirklichen Aufgaben... ich bin ein Mann, der geheilt aus einem langen, bitteren und süßen Wahn erwacht.« (S. 194)

27 »Jean-Paul Sartre s'explique sur Les Mots«, Interview par Jacqueline Piatier, in: *Le Monde*, 15. April 1964. Zitiert in Contat, *Les écrits de Sartre*, a. a. O., S. 398. »Aber ich habe plötzlich entdeckt, daß die Entfremdung, die Ausbeutung des Menschen durch den Menschen, die Unterernährung das metaphysische Übel, das ein Luxus ist, in den Hintergrund drängten... Gegenüber einem Kind, das stirbt, hat *Der Ekel* kein Gewicht.«

28 Ebd., S. 385, 387, Hervorhebung von mir. »In der Folge von politischen Ereignissen haben mich meine Beziehungen zur Kommunistischen Partei heftig beschäftigt. In die Handlung hereingeworfen, habe ich plötzlich in dieser Art Neurose, die mein ganzes früheres Werk beherrschte, klar gesehen. 1954 war ich sehr nahe daran, es zu bereuen (daß ich die Literatur gewählt hatte). Ich war Neophyt in einer anderen Welt. Ich hatte mein Leben während 50 Jahren geträumt.«

29 »Lange hielt ich meine Feder für ein Schwert« (S. 194).

30 Eine sehr sorgfältige Wiedergabe findet man bei Ingbert Knecht, *Theorie der Entfremdung bei Sartre und Marx*, Meisenheim am Glan, 1975.

31 Jean-Paul Sartre, *Critique de la raison dialectique*, Paris 1960, S. 195 ff., vgl. auch Knecht, *Theorie der Entfremdung bei Sartre und Marx*, a. a. O., S. 79 ff.; das Beispiel ist etwas umgeformt.

32 Hier ist die Nähe zu Rousseaus *Contrat social* besonders deutlich.

33 »Ce qui est sûr, c'est que la naissance est serment dans la mesure exacte où le serment est naissance« (S. 492).

34 Sartre, *Critique de la raison dialectique*, a. a. O., S. 453, Hervorhebung von Sartre. Zu dem Thema der Selbstgeburt vgl. Christoph Miething, *Saint-Sartre oder der autobiographische Gott*, Heidelberg 1983.

35 Im Werk Sartres zeigt sich dieser Sachverhalt darin, daß die Gruppe nicht auf die Frage der Urszene antwortet; sie erscheint als Antwort erst, wenn der Weg, den die Urszene weist, verlassen ist.

36 An einer Stelle spricht Sartre unter dem Einfluß von Lévi-Strauss von der Initiation in den Stammesgesellschaften. Diese ist hier als der Eintritt in eine durch den Schwur verbundene Gruppe gesehen; sie erscheint als Dialog und als Übergabe einer durch Rechte und Pflichten gekennzeichneten Position. Das ist aber ein in sich widersprüchlicher Gedanke; die Legitimität der Gruppe ist gesetzt, aber deren Ursprung vergessen.

37 Anläßlich der Moskauer Schauprozesse war diese Problematik intensiv diskutiert worden. Im *Saint Genet* zitiert Sartre den berühmten Satz von Merleau-Ponty über Bucharin: »Tout opposant est un traître, mais tout traître n'est qu'un opposant« (S. 658). »... jede Opposition ist Verrat, aber jeder Verrat ist nur Opposition« (S. 92). Das moralische Problem, das dieser Satz formuliert, ist für Sartre notwendig mit der Gruppe verbunden; deren grundsätzliche Legitimität ist damit nicht in Frage gestellt. Für den Verräter gibt es nach Sartre die *eine* Möglichkeit, sich diesen Status zu eigen zu machen. Das ist die Position von Genet.

38 Wenn Sartres Analysen damals nicht aufgenommen wurden, so einfach deswegen, weil sie offen aussprechen, was diejenigen, die diese Spiele tatsächlich spielten, nicht wissen wollen konnten.

39 Sartre war ein *maître à penser*, mit ihm und gegen ihn hat sich eine ganze Generation definiert. Die heutige Auseinandersetzung mit ihm ist zu einem großen Teil eine Verabschiedung dieses Meisters, dessen Wahrheiten nicht mehr greifen. Gleichzeitig entdeckt man in ihm – so Geneviève Idt – den Künstler (in einem Sinn, der mit Sartres eigener Kunsttheorie nichts zu tun hat), den artistischen Eklektiker und mimetischen Virtuosen, der die verschiedensten Sprachen sprechen, Stile imitieren, Traditionen aufnehmen und verknüpfen kann, und der gleichzeitig die Anforderungen des literarischen Felds in einer souveränen Weise überblickt und seine Mittel gezielt einsetzt. Da ist eine postmoderne Lektüre: Sartre erscheint als ein Spieler im Feld des Literarischen; die Frage nach der Selbstgewißheit und die ganze Problematik der Identifikation wird nicht ernst genommen; sie ist ein Element, das im Repertoire der zeitgenössischen Literatur zu finden ist; die Frage nach dem Verhältnis zu den Spielen verwandelt sich in einen Zug im Spiel. Das ist richtig, aber einseitig: die postmoderne Einsicht in die Pluralität der Spiele und damit in deren Spielcharakter gibt der Frage nach dem Verhältnis zu den Spielen nur eine andere Form, aber hebt sie nicht auf. Andererseits sieht man (Josette Pacaly, *Sartre au miroir. Une lecture psychanalytique de ses*

écrits biographiques, Paris 1980) in Sartre den Neurotiker, dessen Sicht seiner eigenen Biographie, der anderen Menschen und der Wirklichkeit überhaupt grundsätzlich verzerrt ist. Zwischen dieser ernsthaften und jener spielerischen Interpretation liegt die Frage, die uns interessiert. In der mimetischen Virtuosität, die den Biographien und literarischen Texten ihr Leben gibt, stellt sich das Problem der Identifikation und der Unmöglichkeit, nicht zu spielen, d. h. des Verhältnisses des Subjekts zu den Gestalten, in denen es erscheint; und genau das ist das Problem, das in der Psychoanalyse Kastration heißt.

Proust: Das Begehren nach dem Begehren

Die Ablehnung der Benennung macht eine Welt im starken Sinn unmöglich, d. h. eine Welt, in der ein Gedächtnis Eigenschaften und Handlungen der Personen festhält, und zwar nach den Prinzipien, nach denen die Personen sich selbst gesehen sehen. Gleichzeitig produziert sie aber das Begehren nach Welt und schafft Welten, die auf den täuschenden Spielen des »alles oder nichts« beruhen. Die Bahnen Rousseaus und Sartres, denen wir nachgegangen sind, waren immer Aufdeckungen von Täuschungen, die sich auf die Produktion von neuen Täuschungen stützten. Rousseau durchschaut die Illusionen seiner Jugendfreundschaften und des Tugendrauschs; aber er bleibt bis zu seinem Tod an den Glauben an die zwei Gottheiten gebunden: den guten Gott der Liebe und die verfolgenden *ces messieurs*.[1] Satres mühsame Desillusionierung betrifft nur seine eigene Erlösung; die Konstruktion der *groupe en fusion* belegt seine fortdauernde Hoffnung auf die Existenz einer Benennung ohne Unterwerfung unter den Dritten. Proust ist der einzige, der eine Position jenseits der Täuschung gefunden hat: das asketische Gegenüber des Begehrens nach Welt, das jede Hoffnung auf Befriedigung aufgegeben hat, und den Bildern in der Wirklichkeit, die das Begehren wecken. Diese Position ermöglicht die vollständigste Darstellung der Welt, wie sie unter der Bedingung der Ablehnung des Medialen sich herstellt. Die *Recherche* beschreibt mit unvergleichlicher Genauigkeit die Konstellationen, die Welten entstehen lassen; die Sterblichkeit der Welten, die Sartre mit dem Pathos des Absurden umkleidet, analysiert Proust als das triviale und fundamentale Faktum, das sie ist; die Theorie der *mémoire involontaire* behandelt sehr eingehend das Problem, unter welchen Umständen Welten als konstruierte und sterbliche sichtbar werden und warum sie es in der Regel nicht sind.

Die drei Autoren sind hier nicht nur Gegenstände, sondern auch Lehrer. Von ihnen stammt ein guter Teil der Begriffe, mit denen ich hier arbeite. Das gilt am meisten für Proust. Daher unterscheidet sich dieses Kapitel auch von den vorhergehenden; es ist in der Entstehungsgeschichte das erste dieses Buchs, es beschreibt den Prozeß der Entdekkung eines Wissens und ist nicht aus der Position des Mehrwissens geschrieben, die das Ordnen leichter macht.

Was wird gesucht in der *Suche nach der verlorenen Zeit*?[2] Die Vergangenheit, aber nur, weil in ihr etwas enthalten ist, was schon das »unbestimmte, aber dauernde Ziel der Gedanken« (I, S. 84) des jungen Marcel am Anfang der *Recherche* gewesen war. Das Geheimnis der »Wahrheit und der Schönheit«, das für ihn in einem Buch enthalten ist, das ein Professor oder Kamerad ihm gerühmt hatte, in einem Mädchen, weil sie die Tochter des faszinierenden Swann ist; oder, aus weniger durchsichtigen Gründen, in dem geheimnisvollen Reiz, der von einem Teich ausgeht, in dem sich ein Ziegeldach spiegelt. Wenn das Bedeutungsvolle an einigen Orten so konzentriert ist, so heißt es auch, daß es an den meisten Orten in schmerzhafter Weise fehlt, nämlich dort, wo sich das banale Leben des Erzählers abspielt (I, S. 394). Was sind die Gegenstände, die es wert sind, begehrt zu werden? Das ist die Frage, um die die ganze *Recherche* organisiert ist. Für das Kind ist es klar, daß es Begehrenswertes gibt und daß die große Aufgabe darin besteht, es zu finden. Der Fortgang des Lebens, das die *Recherche* beschreibt, bringt sukzessive Enttäuschungen: die Faszination der Salons des Fauborg Saint-Germain bricht zusammen, sobald Marcel in ihnen aufgenommen wird; nie verwirklicht der Besitz einer Frau auch nur das mindeste von dem, was ihr Bild ursprünglich versprochen hatte. Als letztes bleibt der Bereich der Kunst. Aber schließlich erweist sich auch die Literatur als eine trügerische Idealisierung, die auf nichts Wirkliches verweist. Es gibt nichts, was eine Anstrengung lohnen würde. Erst am Ende des Werks zeigt die Erfahrung der *mémoire involontaire*, daß auch die Resignation ein Irrtum war: Es gibt Begehrenswertes, eine Erfahrung, die die drei Bedingungen erfüllt, die Marcel stellt: eine Erfahrung der Gegenwart, die sich in der Freude bezeugt, die sie hervorbringt, eine Erfahrung, die die Gewißheit in sich trägt, das Wahre an der Welt zu enthüllen, und die der Vergänglichkeit alles nur Wirklichen standhält (III, S. 867).

Das Objekt des romantischen Begehrens

Wir hatten am Anfang die Menschen in zwei Klassen eingeteilt: die einen *bekommen* nicht, die anderen *wissen* nicht, was sie wollen; oder wollen nur solche Dinge, die grundsätzlich nicht erreichbar sind. In den Romanen Balzacs finden wir vorwiegend den ersten Typ; die Welt hat etwas beruhigend Festes; jede Sache, jeder Mensch ist, was er ist; der Dritte des Tauschs legt es fest; das Begehren ist kein Problem des Subjekts oder der Welt *im allgemeinen*; in jede Sache ist in einer ihr spezifischen Form ein Wert und eine Fähigkeit, Begierde zu erwecken, als eine objektive Eigenschaft eingeschrieben; sei es nun ein schüchternes Mädchen aus der Provinz, ein Stück Land oder ein Gedicht. Auf der anderen Seite ist es eine grausame Welt: wenn die Menschen unlösbar verbunden sind mit ihren Plätzen und ihren Wünschen, sind sie auch vollständig der Ungerechtigkeit der Welt ausgesetzt.

Das Grundproblem der romantischen Welt ist nicht Ungerechtigkeit, sondern Leere. Wenn man die Welt der Plätze und die Bestimmung des Begehrenswerten durch den Tausch ablehnt, so hat sich das Subjekt befreit, aber es hat die Welt entleert. Die semantische Konstruktion der romantischen Welt ist viel einfacher als die der realistischen; »Leere« und »Fülle« bilden die Grundachsen, auf denen sich alles in der Welt einordnen läßt. Gesucht ist ein Objekt, das *in sich* begehrenswert wäre und nicht deswegen, weil es die anderen begehren, ein Objekt also, dessen Wert von Wertsetzungen der normalen Welt unabhängig ist. Wie man weiß, verwendet die Romantik vorwiegend die Liebe, um ein solches Objekt herzustellen. Das geht nicht ohne eine ganz spezifische Inszenierung: die Frau darf nicht als ein Wert unter Werten erscheinen, sondern als Gegenstand außer der Welt und Grund einer anderen Welt. Man kann Chateaubriands *René* als Beispiel einer solchen Inszenierung nehmen. Am Anfang des Buches wird ausführlich in berühmt gewordenen Seiten die Leere des Lebens beschrieben, der auf poetische Weise jedem Eindruck offene und quälend gelähmte Zustand dessen, der durch nichts festgelegt ist und dessen Wünsche sich nirgends festlegen. Das Liebesobjekt, die Schwester, ist, sobald sie entdeckt worden ist, auch wieder entzogen. Nur als verlorene kann sie den Status des absoluten Objekts bewahren. René wird dank ihr seine Position wechseln können: von einem, der von dem, was er will, *nichts* weiß, ist er zu einem geworden, der *ein für allemal* weiß, was er begehrt. War er vorher in einem Bereich *vor* der normalen Welt, so ist er jetzt in einem Bereich jenseits von allem, was die Menschen bewegt.

Das 19. Jahrhundert in seinen realistischen Tendenzen löst diese Objekte auf, indem sie sie als Elemente der gemeinsamen Wirklichkeit darstellt; und es produziert, wie etwa im Symbolismus, immer neue Objekte dieser Art. Als Beispiel kann man Madame Bovary mit der Darstellung der romantischen Träume als Klischees auf der einen Seite, Salammbô auf der anderen Seite nehmen, wo die Objekte als kosmische Kräfte (das männliche und das weibliche Prinzip und ihr wechselseitiges Begehren) erscheinen, die über das Unbewußte der Personen herrschen. Proust ist *ein Realist des romantischen Begehrens.*[3] In einer langen Arbeit, in der er Objekte findet, sich ihnen nähert und sie dann als Illusionen auflöst, sucht er eine Gewißheit, die jedem Zweifel standhält. Die realistische Kritik an der Romantik wird in der *Recherche* nicht ignoriert, der Roman enthält eine Gegenkritik. Der realistische Roman erfaßt nicht, wie er glaubt, die Wirklichkeit, sondern nur die konventionellen und täuschenden Selbstabbildungen, die die Wirklichkeit immerzu von sich herstellt. Es gibt aber in der Wirklichkeit keinen Ort, wo feste Bedeutungen und ein dauerhaftes Gedächtnis entstehen; das Wort Wahrheit hat im Innern der Welt keinen Sinn. Ein wahres Wissen gibt es nur bezüglich des Begehrens, das in die Welt hereinführt und sie am Laufen hält. Das Wissen über das romantische Begehren ist also auch das einzige allgemeine Wissen über die Wirklichkeit, und den Zugang zu diesem Wissen gibt die Kunst. Die Artikulation dieses Systems darf man allerdings nicht in Prousts expliziter Kunsttheorie suchen, sondern im Roman als ganzem.

Die Konfiguration des Begehrens nach dem Begehren

Was sagt Proust selbst über das Freude, Gewißheit und Unsterblichkeit verleihende Objekt? Zuerst: Es ist etwas Reales, zwar außerhalb der Wirklichkeit der Alltagswahrnehmung (für sie verwendet Proust den Ausdruck Gewohnheit), aber doch nicht etwas rein Subjektives; es sind überzeitliche Essenzen, die in Erinnerungserlebnissen wie denen der Madeleine entdeckt werden.[4] Diese Essenzen lassen auch ein anderes *Ich* hervortreten, das nur in ihnen sein Lebensmilieu hat (III, S. 871). Über diese Essenzen selbst ist außerordentlich wenig gesagt: ihr außerzeitlicher Charakter wird kurz dadurch begründet, daß sie der Vergangenheit und der Gegenwart gemeinsam sind (III, S. 872, 898). Diese kurzen Überlegungen hat man mit der Rolle der Metapher in Prousts Stil zusammengebracht und hat ihnen ein großes Gewicht gegeben.[5]

Ich glaube, es handelt sich hier eher um eine Hilfskonstruktion; in keinem der Erinnerungserlebnisse spielt das Gemeinsame zwischen Vergangenheit und Gegenwart auch nur die geringste Rolle.[6] Wichtig ist, daß diese Essenzen ihren Ort im Leben, nicht in der Kunst haben. Der Übergang zur Kunst hat seinen Anstoß in der Bemerkung, daß diese Enthüllungen des Ewigen im Ablauf des Lebens flüchtige Momente sind. Also, wie diese Momente – die das einzig Wertvolle sind – auch zum realen Zentrum des Lebens machen? Ein falscher Weg wäre z. B., die Orte wieder aufzusuchen, auf die die Erinnerungen verweisen. Es gibt nur einen inneren, geistigen Zugang zu dieser Erfahrung, das ist der der Kunst. Es ist aber ausgeschlossen, daß die Kunst der Gegenstand ist, sie ist – allerdings der einzige – Weg zu ihnen.

Ausführlich dargestellt wird das Verhältnis des Gegenstandes (der Essenzen) zur Alltagsrealität. Vollkommen im Irrtum ist jede Form des Realismus, der meint, das Wirkliche sei das Reale (Essentielle). Andererseits kann die Wahrheit aber nie das Produkt eines Subjekts sein, das sich von der Wirklichkeit zurückgezogen hat. Sie wird immer *entdeckt*, außerhalb des Subjekts in der Wirklichkeit. Das ganze wirkliche Leben Marcels ist also gleichzeitig vertane Zeit und Material für die Kunst, Träger der Essenzen. Das bedeutet: Das Material des Lebens muß in einer bestimmten Weise »übersetzt« werden (III, S. 890). Proust gibt einige einfache Beispiele für solche Übersetzungen, so ist die Bewunderung eines Gastes für die menschlichen Qualitäten seines Gastgebers zu übersetzen als Befriedigung, endlich eingeladen worden zu sein. Hier handelt es sich um eine Psychologie der *Demaskierung*, die in der *Recherche* tatsächlich eine Rolle spielt, aber keine zentrale. Die Gedanken über das Verhältnis von Leben und Kunst führen zu der Frage: Wie muß man gelebt haben, um schreiben zu können? Das Fazit ist etwa: es ist besser, seine Zeit mit einem unbedeutenden Mädchen zu verbringen, auf das man quälend eifersüchtig ist, als mit einem bedeutenden Maler. Die Liebe, die Leiden der Liebe in der Eifersucht sind es, die uns »die Materie entdecken, aus der wir gemacht sind« (III, S. 909). Das Gemeinsame in allen Liebesbeziehungen aufzudecken erscheint als eines der großen Ziele. Das heißt, nicht nur die Wiederholungen darzustellen, es heißt zu zeigen, daß in der Liebe nie die Partner gemeint waren, sondern die *chimère amoureuse* (III, S. 905)[7], die eine zufällige Verkettung von Umständen in ihnen aufgerichtet hatte.[8]

Ist diese *chimère amoureuse* das Objekt des Begehrens? Sicher nicht; aber ihre Entdeckung ist doch nach Prousts Auffassung unlösbar mit der Enthüllung des Objekts verbunden – auf welche Weise allerdings, welche Art die Beziehung zwischen dieser Entdeckung und der Entdekkung der *mémoire involontaire* ist, bleibt unklar. Die Theorie der Liebe ist das zweite Zentrum von Prousts Kunsttheorie. Diese Seite hat wenig Aufmerksamkeit gefunden, ebenso wie auch die Bücher, die sich mit der lesbischen Albertine befassen, meist eher Verlegenheit erzeugt haben. Die *Recherche* ist zuerst einmal die Geschichte einer Berufung zum Künstler, die in der Offenbarung am Ende des Romans mündet. Beachtet man Prousts Theorie der Liebe, legt sich über diese Struktur eine zweite: die Liebe ist nicht nur ein Irrweg, der in Enttäuschung und Resignation mündet, sie lehrt auch etwas, was genauso notwendig für die Entdeckung des Objektes ist, wie die immer zitierte Kette, die von den Kirchtürmen von Martinville über die Madeleine zur *Wiedergefundenen Zeit* führt. Man kann das etwas genauer fassen. Die Frauen sind eine Enttäuschung nicht nur, weil man nicht mit ihnen glücklich wird; sie entlarven die Versprechungen, die in ihnen liegen, als Projektionen, sie sind nicht das Objekt, nicht als Personen in irgendwelchen faßbaren Eigenschaften des Körpers oder der Seele, in nichts von dem, was man gewöhnlich an einer Frau als wertvoll ansieht. In der Liebe ist es schwerer zu ertragen als gegenüber einer Landschaft oder einer gotischen Kirche, daß die einzig mögliche Art, eine Sache zu besitzen, die geistige Erkenntnis ist und daß man nur Abwesendes besitzen kann. Das muß gelingen, aber dann ist der Weg durch die Liebe der einzige, der zum Objekt und zur Dreieinigkeit der Kunstposition, Freude, Gewißheit, Unsterblichkeit führt. Aber diesen Weg betritt man nicht ohne Vorbereitung.

Die Bilder

Die erste, nicht hinreichende, aber notwendige Bedingung, die eine Sache erfüllen muß, um in irgendeiner Art in die Nähe zum Objekt zu kommen, ist die absolute Differenz zum Erzähler und zu seinem Leben.

Das Gemeinsame aller Träume Marcels besteht darin, das *ganz andere* zu finden, das ihn aufnimmt und zu sich hinüberzieht, in das andere Land; sein Jammer, daß (fast) immer das Gegenteil eintritt: Marcel zieht den Gegenstand zu sich hinüber, in *seine* Welt ohne Bedeutung; dieses Zusammenbrechen der Differenz ist *das* Ungück, das Marcels Leben beherrscht. Eine Ausnahme: eine Unbekannte war unbekannt geblieben; die Nähe hatte die Differenz nicht aufgelöst. Diese schöne Fremde ist die Musik von Vinteuil; allerdings bleibt sie ein Ruf, eine Erscheinung, die sich wieder zurückzieht, den Weg in die Heimat der Fremden findet Marcel noch nicht.

Die größte Differenz, die man sich denken kann, ist die zwischen den *Bildern* und der Wirklichkeit. Combray lebt ganz und gar von der Allgegenwart des Objekts in den Bildern. Am Anfang steht das Bild der *laterna magica*: Golo in rotem Mantel und voll böser Absichten reitet durch die gelbe Heide auf das Schloß der bedauernswerten Genoveva zu. Die Glasfenster der Kirche, die Namen der Städte mit ihrer synästhischen Kraft, aber vor allem die Literatur sind die Pole, die dieses Kraftfeld organisieren, nach dem Combray unter dem einzig relevanten Gesichtspunkt, dem des Begehrens, organisiert ist. Denn es ist nicht so, daß die Welt der Bilder und die der Wirklichkeit reinlich geschieden sind. Von Golo und den Kirchenfenstern ausgehend strahlt der Glanz des Objekts auf die Familie der Guermantes, ein Glanz, den nicht einmal die Enttäuschung über den durchschnittlichen Charakter der Herzogin je wird ganz zum Erlöschen bringen können. Die Kraft der Literatur verwandelt auch – auf dem Weg über den Schriftsteller Bergotte – Swanns Tochter Gilberte in eine rothaarige Mädchengottheit. Der Gegensatz zwischen der Welt der Bilder und der banalen Realität ist in die Geographie Combrays eingeschrieben. Wie sich das geheimnisvolle Leben auf der Bühne eines Theaters von den umgebenden Gassen unterscheidet, so hat gegenüber den banalen Straßen von Combray der Vater die beiden Spazierwege (die *Côté de chez Swann* und die *Côté de Guermantes*) in den Rang von Bildern erhoben, indem er sie als »schönsten Blick auf die Ebene« und als den »Typ einer Flußlandschaft« bezeichnet hat (I, S. 135). Selbst die beiden Kramläden des Ortes sind nach ihrer Position zum Objekt unterschieden: der weiter entferntere ist ihm um vieles näher, weil in ihm Bücher mit geheimnisvollen Titelbildern ausliegen. Was gibt den Bildern diese nie begründete selbstverständliche Nähe zum verborgenen Objekt des Begehrens? An einer

Stelle begründet der Erzähler die Überlegenheit des Romans über die Wirklichkeit (I, S. 84 f.). Alle Gefühle, die wir für andere (reale) Menschen haben, brauchen die Vermittlung von Bildern, wir reagieren nur auf das, was von dem Innenleben für uns sichtbar wird; aber nur ein kleiner Teil dessen, was man erlebt, nimmt diese Bildqualität an; der viel größere Teil bleibt undurchsichtig, totes Gewicht. Die Entdeckung des ersten Romanciers hat darin bestanden, daß er erkannt hat, daß das Bild das einzige Wesentliche ist, daß er den dunklen Rest einfach weggelassen und eine vollständig durchsichtige Welt geschaffen hat. Das Privileg der Romanperson besteht darin, sichtbar zu sein, und d. h. auch gesehen zu werden, unter einem Blick zu leben.[9]

Wo ein Term gesetzt ist, ist der entgegengesetzte mitgesetzt. Die semantische Achse, die so entsteht, ist eine Grundachse von Prousts Welt, es geht um das Problem des Seins-für-andere und der Namen. Bei Sartre dreht sich alles um die Beziehung zu dem bösen Blick des anderen, der mich als das sieht, was ich »bin«, aber nicht sein will, Jude, Dieb, Voyeur. Für Proust ist das, was die Ausgangslage bestimmt, die Unsichtbakeit für den anderen; *er ist nicht angeschaut*. Man kann die *Recherche* unter diesem Gesichtspunkt durchgehen, man sieht sofort, daß Marcel immer als der Schauende erscheint, es gibt nur ganz wenige Stellen, wo er als vom Blick getroffen dargestellt wird.[10]

Das Objekt im Sozialen

Proust, der die Ordnung liebt und nichts lieber tut als klassifizieren, unterscheidet vier Bereiche, in denen das verborgene Objekt die Zeichen seiner Anwesenheit verstreut: die Natur, das Soziale, die Liebe und die Kunst. Natur und Kunst haben gemeinsam, daß es unschuldige Bereiche sind, weil in ihnen das Subjekt der Natur der Sache nach als kontemplatives auftritt. Es ist Blick, vor anderen Blicken sicher (bis auf die wenige Momente, wo Blicke sich in den Vorhängen und Zimmerdecken einnisten). Combray hat als Ganzes an dieser Unschuld teil. Aber sobald das Subjekt hereingezogen wird in dieselbe Welt, in der auch das Objekt seine Spuren hinterläßt, dann zeigen sich die bösen Seiten des Begehrens nach dem Begehren, die Seiten, denen wir schon im *Saint-Genet* begegnet sind.

Ebenso wie die interessanteste Form der Liebe für Proust die Homosexualität ist, weil sich in ihr die Liebe am meisten von allen Formen des kollektiv Anerkannten und Geschätzten gelöst hat und die *chimère amoureuse* ihr Gesicht am wenigsten verhüllt, so interessiert Proust das Soziale da, wo die Realität von Macht und Geld die geringste Rolle spielt, die Welt der Pariser Salons, wo die Tautologie des sozialen Begehrens fast uneingeschränkt herrscht: begehrt wird, die Position zu erreichen, die am meisten begehrt wird.

Die Herrin eines Salons, in den jeder eingeladen werden möchte, hat dieselbe Position wie der Held eines Romans oder die Figuren in den Kirchenfenstern von Combray: sie sind sichtbar, sie leben unter dem begehrenden und bewundernden Blick. Aber der Wunsch nach dem Begehrtwerden ist es nicht allein, was diese Welt in Bewegung setzt. Das sieht man z. B. an folgendem: Zu den Gesetzen, die Proust beschreibt, gehört, daß diejenigen, die ganz oben sind, unweigerlich anfangen, sich in der Welt, in der sie herrschen, zu langweilen; das Objekt legt sich für sie in andere Bereiche, für eine Dame der aristokratischen Gesellschaft z. B. in literarische oder Theatermilieus, die viel weniger exklusiv sind als die ursprüngliche Welt. Die *Recherche* beschreibt im wesentlichen zwei Salons, den am Anfang herrschenden der Herzogin von Guermantes und den erfolgreichen Aufstiegskampf des großbürgerlichen Salons von Mme. Verdurin. Die ganze Anstrengung der Mme. Verdurin geht darauf, Begehren zu erwecken, obwohl sie nicht begehrt ist, in der Hierarchie der Salons sozusagen keinen Platz einnimmt, und sie hat damit Erfolg. Hier wird also sichtbar, was in dem sozialen Begehren über die reine Tautologie des Begehrens begehrt zu werden hinausgeht. Was tut Mme. Verdurin? Sie spielt, daß sie das Objekt gefunden hat, das Objekt, das für die, die es erkennen können, mehr wert ist als alles andere – nämlich, den wirklich großen Maler, den wirklich großen Musiker. Sie spielt die Szene des befriedigten Begehrens. Und eine fundamentale Art, diese Befriedigung zu spielen, ist die Demonstration der Verachtung, Verachtung für das, was die anderen begehren, aber vor allem für die Hierarchie der Salons.[11]

Dieses Spiel hat einen Adressaten, einen Blick, der immer gegenwärtig ist, den es braucht, um die Art Befriedigung zu erzeugen, dank derer es so lange durchgehalten werden kann. Es ist der Blick, mit dem der Erzähler die Herzogin sieht, in einem Salon, zu dem er Zugang hat, wo die Herzogin außerhalb ihres Lebenselements ist. Ihr Rocksaum markiert mit einem glühenden Kreis die Grenzen der anderen Welt, die sie mit sich trägt; und ihr Auge, das auf einen Horizont anderer Art gerichtet ist, registriert die Gegenwart des Erzählers mit einer beiläufigen Mißbilligung, als wenn es auf einen fettigen Fleck im Sessel oder eine Schicht Staub gefallen wäre (II, S. 206). In der Tat, das ist es genau, was mit dem Subjekt bei der Suche nach dem Begehren geschieht, wenn es unter den Blick des anderen gerät. Es wird zu einem, der nichts begehrt als das Begehren selbst, für den die Welt leer ist, der also selbst leer ist und der nichts zu bieten hat als den widerwärtig bettelnden Blick dessen, der unbedingt aufgenommen werden möchte (vgl. II, S. 919), III, S. 820). Das Begehren nach dem Begehren im Bereich des Sozialen nennt Proust Snobismus. Dieser Snobismus ist eine Krankheit, ein Leiden; das Bild dessen, was für den Snob das befriedigte Begehren ist, schneidet sich in seine Augen ein und läßt ihn sich in verdeckten Schmerzen winden wie einen heiligen Sebastian unter dem Regen der Pfeile (I, S. 127). Man hat schon oft festgestellt, daß in der Welt der Salons (wie übrigens auch in der Welt der Liebe) die Regel gilt, daß gelogen werden *muß*. Das ist eine notwendige Konsequenz dieser Struktur: das Subjekt des Begehrens weiß, daß, wenn es etwas von dem, was es sich wünscht, erreichen will, es sein eigenes Begehren, d. h. seine Leere verstecken und das Begehren des anderen erwecken muß, indem es die Befriedigung spielt, die es beim anderen sucht.

Der Snobismus realisiert die vollständige Gestalt des Objekts im sozialen Bereich. Man kann diese Gestalt auf eine Formel bringen:

$$s \rightarrow \begin{array}{c} S \\ | \\ O \end{array}$$

wobei s das leere Subjekt des Begehrens nach dem Begehren bezeichnet, O das (scheinbar) gefundene Objekt des Begehrens, S das Subjekt, von dem angenommen wird, daß es das Objekt gefunden hat. Daher müssen beide Bedingungen erfüllt sein: eine Welt, die in sich zufrieden scheint und frei von dem Begehren nach dem Begehren, und die Tatsache, daß diese Welt »Bild« macht, den Blick auf sich zieht. Diese beiden Bedingungen sind innerlich miteinander verbunden. Das Subjekt des Begehrens nach dem Begehren weiß sich als unsichtbar und nicht begehrenswert[12]; daher funktioniert der ausgestellte Charakter des Begehrenswerten als *Beweis* des Besitzes des Objekts.

Diese Struktur hat den Charakter eines kollektiven Phantasmas: das Begehren nach dem Begehren braucht das Spiel der Befriedigung, wie umgekehrt das Spiel der Befriedigung den hungrigen Blick des Snobs braucht, weil es nur durch ihn hindurch sein Spiel genießen kann.[13]

Im Verlauf des Romans bricht die Differenz, die das Phantasma trägt, zusammen; sobald Marcel zu den Salons Zugang hat, sind sie nicht mehr das ganz andere, er nicht mehr das Nichts. Es gibt nichts mehr zu begehren, und die gewöhnliche Langeweile stellt sich wieder ein. Unter dem Gesichtspunkt der Suche ist der Bereich des Sozialen eine Sackgasse; es ist die Liebe, die Marcel zu der Begegnung mit dem Objekt führen wird.

Die Abwehr des Begehrens nach dem Begehren

Ein guter Teil der *Recherche* dreht sich um die Problematik, deren Zentrum der Snobismus ist. Einer der roten Fäden, der den Balbec-Teil organisiert, ist die Abwehr gegen die Faszination, die von den fremden Welten ausgeht, den »trouble délicieux de se mêler à une vie inconnue« (I, S. 678)[14], eine Verwirrung, deren Gefahr darin liegt, daß sie die eigene Welt zerstört. Der einfachste Weg: man hält sich an die, die man kennt, ohne sich durch das Bild der unbekannten Frau auf der Straße irre machen zu lassen, die die gefährliche Verwirrung des Begehrens auslöst. Der Preis dafür ist, nach des Erzählers Urteil, »öde Langeweile« (I, S. 874). In der Tat gibt es *einen* ethischen Imperativ im Werke Prousts: um jeden Preis auf das Begehren zu hören, dem Begehren zu folgen. Auch die asketische Kunst-Ethik ist nichts anderes: Askese ist für den Künstler der einzige Weg, das Begehren zu erhalten. Je weiter jemand auf diesem Wege geht, je mehr findet er das Interesse Prousts. Swann geht relativ weit, der von der Liebe zu jungen Männern besessene Charlus geht so weit, wie man außerhalb der Kunst gehen kann.

Die Gruppe der Habitués im Hotel von Balbec hat die vulgärste Form, mit der Faszination des Fremden umzugehen. Sie reden ohne Unterlaß von den Leuten, die sie nicht kennen, aber in dauernden Herabsetzungen, um sich ein fiktives Selbstbild der Befriedigung zu verschaffen und den Stachel des Begehrens nicht fühlen zu müssen. Es gibt feinere Formen, z. B. die Gruppe, die aus einer Schauspielerin, ihrem Geliebten und einem reichen Freund besteht. Sie haben sich eine Sonderwelt geschaffen, einen ganz bestimmten Geschmack bezüglich der Restaurants, die sie besuchen, der Zeiten, zu denen sie essen, bezüglich des Stils der Möbel und der Kleider, der Gespräche. Aber mit ihren erlesenen Schals tut die junge Frau doch nichts anderes, als sich vor ihrem eigenen Begehren zu schützen, das die eigene Person so schmerzhaft abwertet, das Fremde so wunderbar erscheinen läßt.

Marcel zieht den »trouble délicieux«, die Faszination des Fremden der Sicherheit der Welt vor. Er will sich nicht schützen vor den Blicken, die wie die der antiken Totenrichter die nackte Seele durchdringen (I, S. 663), ist offen für die quälende Bewunderung für jeden angeberischen jungen Mann. Er folgt dem Begehren – und er bekommt auch fast immer, was er will. Das ist für den Gesamtaufbau der *Recherche* wichtig. Während für diejenigen, die in der Abwehr leben, wie für die, die immer von den Orten des Glanzes ausgeschlossen bleiben, der Glaube an das Abgewehrte oder Unzugängliche erhalten bleibt, führt Marcels Lebensstil zu der sich immer wiederholenden Desillusionierung, die die Suche von einem Gegenstand zum nächsten treibt und die Enthüllung der Wahrheit hervorbringt.

Das Objekt in der Liebe: Die Szene

In derselben Dreieckskonfiguration, in der das Objekt im Sozialen erscheint, erscheint es auch in der Liebe. Der Unterschied besteht darin, daß mit der Annäherung von s an das Bild der Befriedigung die Differenz nicht zusammenbricht, sondern nach einem ersten Zusammenbruch sich wiederherstellt, allerdings nicht in der Weise, wie Marcel sich das gewünscht hat. Sein Traum hatte ja darin bestanden, die Schranke zu überspringen, vom Zuschauerraum auf die Bühne zu kommen und in der großen Szene der Liebe mitzuspielen. Im Sozialen hat er die Schranke überschritten, und das Bild dahinter hat sich als der Realität davor gleichartig gezeigt. In der Liebe aber erweist sich die Schranke als stabil. Das Bild der Befriedigung bleibt in seiner zerstörenden Schönheit erhalten; er selbst bleibt Zuschauer, gefesselt und ausgeschlossen. Und das Objekt existiert, aber es bleibt, was es immer war, das Bild der Befriedigung der anderen. Das ist es, was der Erzähler die »schmerzlichen Dilemmata« nennt, »vor die die Liebe uns stellt ... und die uns schrittweise die Materie enthüllen, aus der wir gemacht sind« (III, S. 909).

Ein Mädchen, das bei einem Halt des Zuges ganz früh am Morgen dem Reisenden Milch anbietet (I, S. 656f.); der Beginn einer Liebe, die nicht zustande gekommen ist. Auf einer Seite notiert der Erzähler all die notwendigen und hinreichenden Bedingungen dafür, daß er der *chimère amoureuse* begegnen kann: Ein Tal, das zwischen tiefen Bergen eingeschlossen liegt – eine notwendige Bedingung; nur ein abgegrenzter Bereich kann eine andere Welt sein. Die Bildhaftigkeit: das von der Sonne erleuchtete Gesicht, das aussieht wie *hinter einem Kirchenfenster*. Eine Welt, in der die Frau befriedigt ist: der Wildbach, die Kühe, der Reiz der ersten Stunde des Tages; sie hätte ihn eingeführt als »Mitspieler in das unbekannte und unendlich interessante Universum«. Das ist der erste freudige Takt, die Kurzfassung eines Motivs, das sich in der *Recherche* in unzähligen Varianten wiederholt. Die Erzählung geht hier aber noch einen Takt weiter, das Mädchen schaut ihn an, mit einem *durchbohrenden* Blick (elle posa sur moi son regard perçant); dann fährt der Zug weiter. Das »Durchbohren« ist nicht gerade das, was die Idylle hätte erwarten lassen. Wir wissen, das Angeschautwerden ist für Marcel der gefährlichste Moment. Auch wenn die Darstellung humoristisch war, so hat es doch etwas zu bedeuten, daß der Blick der Herzogin ihn in einen Fettfleck verwandelt. Die allgemeine und immer wieder variierte Problematik, auf die der »durchbohrende Blick« verweist, ist die der Aufrichtigkeit und Heuchelei in der Liebe. Marcels eigentlicher Wunsch wäre es, die Liebe offen auszudrücken. Aber die Erfahrung hat ihm gezeigt, daß der Ausdruck dieser Gefühle keineswegs ansteckend ist. Aus folgendem Grunde: »nous ne voyons pas notre corps que les autres voient, et nous ›suivons‹ notre pensée, l'objet qui est devant nous, invisible aux autres...« (III, S. 345)[15]. Die Anführungszeichen und der besondere Sinn des »suivons« erklärt sich aus dem Vorhergehenden: Charlus, in der Phantasie ganz mit einem schönen jungen Mann beschäftigt, glaubt selbst zu sein, was ihn innerlich erfüllt: jung und schön, wie er natürlich in keiner Weise gesehen wird. Wir haben früher gezeigt, wie die Identifikation mit dem Platz die normale Lösung des Problemes ist, wie man das Begehren des anderen erweckt: man zeigt, was man zu bieten hat, in den schönsten Farben. Im Vergleich dazu wird das Besondere an der Liebe auf der Grundlage des Begehrens nach dem Begehren sichtbar. Marcel will ja mit Hilfe der Liebe in die Welt der Geliebten hinüberwechseln; nie käme er auf die Idee vorzuführen, was er besitzt, denn seine Welt insgesamt hält er für nichts, will sie gerade verlassen, und außerdem betrachtet er sie keineswegs wirklich als *seine* Welt. Mit dem Ausdruck *dieser* Liebe hat er schlechte Erfahrungen gemacht, verständlicherweise.[16] Denn der andere sucht ja in der Liebe die Differenz, jemanden, der eine eigene Welt, etwas zu geben hat, nicht eine Person, die werden will wie er, die erst durch ihn zu jemandem werden möchte. Wenn der Geliebte es genießt, ein und alles für den Liebenden zu sein, heißt das, er will wichtiger sein als alles, was der Liebende hat, aber nicht, er will das *einzige* sein, was dieser besitzt. Marcel liebt nur solche Personen, deren Blick alles, was er besitzt, auflöst, ihn völlig entleert – und ihm damit jede Liebenswürdigkeit raubt. Die Liebe, wie der Snobismus und überhaupt jede Form des Begehrens nach dem Begehren, bringt Marcel in den Bereich des beschämenden Blicks, den wir von Sartre her kennen. Für Sartre ist allerdings das Gegenüber nur der Besitzer der Gestalt; das Objekt, das Marcel sucht, ist für ihn ein für allemal verschwunden. Daher ist auch die Reaktion, die Sartre am nächsten liegt, das allmächtige Gegenüber zu entzaubern, der Kampf der Blicke, Marcel ganz fremd. Er ist zu allem bereit, um zu bekommen, was er sich wünscht; es geht ihm um den Sieg, nicht um den Kampf. Seine Strategie ist eine Umkehrung dessen, was er spontan tun möchte. Nachdem er gelernt hat, daß weder möglich noch wirkungsvoll ist, sich dem anderen als das zu zeigen, was man sein möchte, will er sich jetzt dem anderen so vorstellen, wie *dieser* ihn gern haben will – und wie die ganze *Recherche* zeigt – ist er im Erraten der verborgenen Wünsche der anderen von einer fast teuflischen Schlauheit.[17]

Als Beispiel nehme man z. B. eine Unterhaltung mit Mme. de Cambremer:

> »A cause du niveau de simple ›médium‹ où nous abaisse la conversation mondaine, et aussi notre désir de plaire non à l'aide de nos qualités ignorées de nous-mêmes, mais de ce que nous croyons devoir être prisé par ceux qui sont avec nous, je me mis instinctivement à parler à Mme. Cambremer, née Legradin, de la façon qu'eût pu faire son frère« (II, S. 808),[18]

Die Dame antwortet nach demselben Verfahren:

> ». . . car si, pour causer avec elle, j'employais les expressions de Legrandin, par une suggestion inverse elle me répondait dans le dialecte de Robert«, (II, S. 819f.)[19]

Diese Strategie, sich in das *Medium* – der absolut treffende Ausdruck – der

Wünsche der anderen zu verwandeln – ganz im Gegenteil zu der Sartres –, entzieht sich vollständig der Begegnung mit dem Blick des anderen, der immer nur auf das Spiegelbild seiner eigenen Wünsche trifft – Marcel ist jedenfalls woanders, vor Blicken sicher. So gilt für Marcel, wie wir es für Jean-Jacques gesehen hatten, daß er nicht beleidigt werden kann. Wenn er verspottet wird, ist es sein erster Impuls, freundlich zu lächeln. Er lächelt, weil er den Angegriffenen schon lange verlassen hat und sich auf der Seite des Beleidigers befindet; dieses Einverständnis drückt das Lächeln aus. Die Bedrohlichkeit der Blicke ist auf diese Weise aus der Welt geschafft, so erfolgreich, daß davon in der ganzen *Recherche* nur bei sehr sorgfältiger Lektüre noch etwas zu finden ist.

Diese Strategie darf man sich allerdings nicht nur als eine frei gewählte und beherrschte vorstellen. Ein Beispiel (I, S. 852 f.): In einer Situation, wo jemandem, der Marcel gleichgültig ist, dem er aber Zuneigung vorgespielt hat, eine Unannehmlichkeit widerfährt, während Marcel selbst in einer ernsten Gefahr ist, würde Marcel die Unannehmlichkeit als wichtig, seine eigene Gefahr als belanglos hinstellen, vielleicht sogar reale Risiken eingehen; aus keinem anderen Grunde, als weil er unfähig ist, sich der Anziehungskraft zu entziehen, die das Bild, die der andere von ihm hat, auf ihn ausübt.

Dieser Zwang oder diese Strategie sind kostspielig. Wenn Marcel als der andere begehrt, kann er nicht mehr als er selbst begehren. Es ist ein Leitmotiv der *Recherche*, daß man, wenn man nicht allein ist, weder denken noch fühlen noch wünschen kann, man ist für sich tot (z. B. I, S. 871). Das ist einer der Gründe, warum Liebe unmöglich ist; lieben kann man nur Abwesende; oder allenfalls eine Frau, deren Augen geschlossen sind:

> »Par là, son sommeil réalisait, dans une certaine mesure, la possibilité de l'amour: seul, je pouvais penser à elle, mais elle me manquait, je ne la possédais pas; présente, je lui parlais, mais étais trop absent de moi-même pour pouvoir penser. Quand elle dormait, je n'avais plus à parler, je savais que je n'étais plus regardé par elle, je n'avais plus besoin de vivre à la surface de moi-même.« (III, S. 70)[20]

In dem Muster, das alle Liebesbeziehungen Marcels bestimmt, ist dieser Moment des Blicks der zweite Takt. Dieser Moment ist meist übersehen worden.[21] Im Gegensatz zur sonstigen Ausführlichkeit Prousts ist dieser Takt immer sehr knapp und manchmal nur in verschobener

Form dargestellt. Der Erzähler interessiert sich nicht für diesen Blick; dem Appell an das Subjekt, sich dorthin zu begeben, wo der Blick es sieht, ist Marcel verschlossen. Aber immer ganz sichtbar ist die Konsequenz dieses Blicks: der Umschlag; vorher das begehrende Subjekt, nachher das das Begehren des anderen spielende.

In der Proustkritik hat die Analyse der Liebe, soweit man überhaupt auf sie eingeht, Verlegenheit produziert. Man empfindet als sehr eigenartig oder geradezu pathologisch, was Proust mit großem Nachdruck als universale Wahrheit hinstellt.[22]

Der Widerspruch löst sich leicht. Proust beschreibt die allgemeine Logik der Liebe, wie sie sich im Feld des Begehrens nach dem Begehren entfaltet.[23] Für Proust ist das die Logik der Liebe überhaupt, was für unseren Blick die eines Feldes ist. Der Betrachter, der das Feld nicht als solches wahrnehmen kann, sieht nur einen pathologischen Einzelfall.

Auf dem Weg, den ich hier skizziert habe, entwickelt sich die Beziehung zu den Frauen wie die zu den Salons. Wenn die Frauen näherkommen, werden sie in die gewöhnliche Welt hineingezogen, sie verlieren die Kraft, auf eine Landschaft, eine Welt zu verweisen, »sie sind nur noch sie selbst, d. h. fast nichts« (III, S. 94). Die Differenz löst sich auf: »... je sentais le néant qu'elle était pour moi, que je devais être pour elle« (III, S. 28).[24] Aber im Gegensatz zu den Salons ist diese Phase der Desillusion nicht die abschließende. Die große vollständige Liebe, die von Swann zu Odette, die des Erzählers zu Albertine, beginnt jetzt erst eigentlich. In dem Moment, wo Marcel sich gerade überlegt, wie er Albertine loswerden kann, erzählt sie ihm Dinge, die ihm die Sicherheit geben, daß sie lesbische Beziehungen hat, was ihn in einen Zustand unerträglicher Eifersucht versetzt. Er kann Albertine nicht alleine lassen und bringt sie mit einer eigens erfundenen dramatischen Geschichte dazu, ihn spät in der Nacht noch in sein Hotel in Balbec zu begleiten, wo die Wiederaufrichtung des Objekts beschrieben wird, die uns hier interessiert.

Dieser Moment wird dadurch als der – neben der Offenbarung der *mémoire involontaire* – eigentliche Höhepunkt der *Recherche* hervorgehoben, daß in ihm zwei Szenen wiederaufgenommen werden, die der Erzähler in Combray beschrieben hat und die sich an wichtigen Stellen wiederholen. Diese Szenen verbinden sich jetzt untereinander und mit dem aktuellen Geschehen, dadurch wird nun erst ihre eigentliche Bedeutung sichtbar, wie sich umgekehrt die Bedeutung des Aktuellen enthüllt. Die erste Szene steht ganz am Anfang der *Recherche*; es ist das einzige Stück Erinnerung an seine frühe Kindheit, das der Erzähler nie verloren hat. Beschrieben wird die unerträgliche Angst, die der kleine Marcel am Abend empfindet, wenn er ins Bett geschickt wird und die Mutter mit den Gästen lachen hört, vor allem, wenn ihm der Trost des Gute-Nacht-Kusses vorenthalten wird. An dem Abend, der in seiner Erinnerung besonders lebendig ist, erzwingt er diesen Kuß, indem er die Mutter auf der Treppe überrascht, und erreicht sogar, daß sie ihn mit Vorlesen tröstet und bei ihm schläft. Die zweite Szene beschreibt eine lesbische Beziehung, es geht um die krankhaft wohlerzogene Tochter eines alten Klavierlehrers, (des M. Vinteuil, der nach seinem Tod als großer Komponist entdeckt werden wird), die von ihrem Vater abgöttisch geliebt wird. Der junge Marcel sieht zufällig durch ein Fenster, wie nach dem Tod des Vaters das Mädchen ihre Freundin zu lesbischen Spielen herausfordert, wobei sie die Fotografie des Vaters beschimpft und bespuckt. Diese Freundin und Mlle. Vinteuil, so hat Albertine erzählt, waren seit ihrer Kindheit ihre besten Freundinnen. Diese Bemerkung war es gewesen, die Marcel Albertines Neigung hatte entdecken lassen und seine Eifersucht erweckt hatte.

Damals hatte die Szene keine besondere Bedeutung für ihn gehabt. Jetzt nimmt in seiner Phantasie Albertine den Platz der Freundin ein, er hört ihr lustvolles Lachen, fühlt sich selbst als den ausgeschlossenen Zuschauer. Er hat die unerklärlich feindselige Atmosphäre (II, S. 1121) wiedergefunden, die ihn umgab, wie er von seinem Bett aus seine Mutter lachen hörte. Und er weiß, daß dieses Bild seine ganze Zukunft beherrschen wird.

Man muß die Beschreibung des ersten Morgens nach der Entdeckung des Objekts ausführlicher zitieren.

»Je n'avais jamais vu commencer une matinée si belle ni si douloureuse. En pensant à tous les paysages indifférents qui allaient s'illuminer et qui, la veille encore, ne m'eussent rempli que du désir de les visiter, je ne pus retenir un sanglot quand, dans un geste d'offertoire mécaniquement accompli et qui me parut symboliser le sanglant sacrifice que j'allais avoir à faire de toute joie, chaque matin, jusqu'à la fin de ma vie, renouvellement solennellement célébré à chaque aurore de mon chagrin quotidien et du sang de ma plaie, l'oeuf d'or du soleil, comme propulsé par la rupture d'équilibre qu'amènerait au moment de la coagulation un changement de densité, barbelé de flammes comme dans les tableaux, creva d'un bond le rideaux derrière lequel on le sentait depuis un moment frémissant et prêt à entrer en scène et à s'élancer, et dont il effaça sous des flots de lumière la pourpre mystérieuse et figée. Je m'entendis moi-même pleurer.« (II, S. 1128).[25]

Mais derrière la plage de Balbec, la mer, le lever du soleil, que maman me montrait, je voyais, avec des mouvements de désespoir qui ne lui échappaient pas, la chambre de Montjouvain où Albertine, rose, pelotonnée comme une grosse chatte, le nez mutin, avait pris la place de l'amie de Mlle. Vinteuil et disait avec des éclats de son rire voluptueux: »Hé bien! si on nous voit, ce n'en sera que meilleur. Moi! je n'oserais pas cracher sur ce vieux singe?« C'est cette scène que je voyais derrière celle qui s'étendait dans la fenêtre et qui n'était sur l'autre qu'un voile morne, superposé comme un reflet. Elle semblait elle-même, en effet, presque irréelle, comme une vue peinte. (II, S. 1129f.)[26]

Wenn bisher für Marcel alle Bilder sich als Illusionen herausgestellt hatten, alle Differenzen zusammengeschmolzen waren, hier ist es gefunden, das Bild, das in dem wunderbaren Abstand verharrt, der das Schauspiel auf der Bühne von der gewöhnlichen Wirklichkeit trennt, in einem Glanz, der die aufgehende Sonne zu einem grauen Schleier herabsetzt; und doch ist es ein Bild in der Wirklichkeit von wirklichen Menschen bewohnt, ein Bild, in das er, Marcel, einbezogen ist. Denn er ist doppelt einbezogen, in dem Bild durch die rätselhafte Beziehung zu dem Mädchen, das er schmerzhaft als etwas im Innern seines Körpers empfindet (II, S. 1116, 1128), und als an die Szene gefesselter Zuschauer. Vorher war es der Glaube an das Vorhandensein des verborgenen und Glück verheißenden Objekts gewesen, das den Dingen der Welt Leben und Bedeutung verlieh, und mit dem Verlust dieses Glaubens hatte die Welt jede Farbe und jedes Interesse verloren. Dieses neue Objekt hat dieselbe Kraft, wenn auch mit einer »interversion des signes« (»Verkehrung der Zeichen«), im Bereich des Schrecklichen (II, S. 1119). Wie früher die Mädchen den Landschaften Zauber verliehen, so gibt jetzt Albertine den Schauplätzen der vermuteten Lust eine schreckliche Schönheit (III, S. 391, vgl. III, S. 472). Die Szene macht sich zum Herrn der Welt, hebt alles Alltägliche auf, ordnet es sich unter, ihr opfert Marcel große Teile seines Vermögens und seiner Gesundheit.

Im erotischen Bereich bleibt die absolute Differenz erhalten; Albertine, anders als die Herzogin von Guermantes, kann gleichzeitig die leuchtende Welt der Bilder und die Realität bewohnen. Im Sozialen konnte Marcel den Platz einnehmen, wo dem gierigen Blick des Snobs das Spektakel der Befriedigung vorgespielt wird; die Analyse des Salons der Mme. Verdurin ist genau die Beschreibung dieses Spektakels. Im Sexuellen ist ihm der Zugang zur Szene versperrt; daher ist, im Gegensatz zu der sozialen Szene, die sexuelle nicht eigentlich darstellbar; die typische Bewegung zwischen Identifikation und Analyse, mit der der Erzähler die Welt erfaßt, versagt ihr gegenüber. Gelegentlich wird er getroffen von etwas, was ein momentanes Bild der Szene ist – seine Eifersucht hängt, wie er bemerkt, nicht an einem Wissen, an Informationen, sondern an Bildern – und die eindrucksvollsten dieser Bilder sind nicht solche von erotischen Szenen, sondern von leeren Schauplätzen, eine Wohnung mit abgedeckten Möbeln (III, S. 391), ein Hangar (III, S. 472), die sich mit schrecklichem Glanz erfüllen. Die immer bewegten, Marcel verschlossenen Augen Albertines sind eigentlich das, was die Szene für ihn wirklich ist. Er vergleicht sie mit den Fenstern einer Glastür, die zu einem Theaterraum führt, sich selbst mit dem Zuschauer, den man nicht hat eintreten lassen und der nichts von dem erkennen kann, was auf der Bühne gespielt wird.[27]

Der Erzähler ist sehr verwirrt über die Tatsache, daß die »Frauen, die er am meisten geliebt hat, nicht koinzidieren mit seiner Liebe für sie« (II, S. 1126), d. h. daß Marcel nichts in ihnen entdeckt, was sich auf seine Liebe bezieht oder was sie erklären könnte. Er, der ja so außerordentlich interessiert ist, sich gegenwärtig zu machen und zu verstehen, was ihm geschieht, muß zugeben, daß es ihm nie gelungen ist, seine Lieben zu »sehen oder zu verstehen« (II, S. 1127). Er ist von ihnen geschüttelt worden wie von einem elektrischen Strom. Die Frauen sind nur die Trägerinnen der »unsichtbaren Kräfte« oder »dunklen Gottheiten«, denen er unterworfen ist und seine Opfer bringt. Tatsächlich gibt es nicht eine irgendwie faßbare Eigenschaft der Frauen, die die Liebe erzeugt; ihre Macht hängt an einer Konstellation, die Marcel in sich hineinzieht.

Man versteht besser, worum es in dieser Szene geht, wenn man den der *Recherche* zeitgenössischen Text heranzieht, der dem Begriff der Urszene die uns geläufige Bedeutung gegeben hat, Freuds Analyse des Wolfsmanns.[28] An den Anfang der sexuellen Entwicklung des Patienten und in den Mittelpunkt der Analyse stellt Freud die Beobachtung des elterlichen Geschlechtsverkehrs durch das anderthalbjährige Kind. Die Beobachtung war zuerst ohne Bedeutung und Folgen geblieben, aber doch nicht vergessen worden (ebenso wie das Schauspiel von Montjouvain für den jungen Marcel). Aber alle sexuellen Erfahrungen, die das Kind machen wird, beleben diese Szene wieder und bekommen ihren Sinn dadurch, daß sie in sie eingefügt werden, so daß auch die Szene immer neue Bedeutungen erhält. Wenn ein Kindermädchen in dem Jungen sexuelle Gefühle weckt, so weil sie eine Haltung einnimmt, die an die erinnert, die das Kind an der Mutter gesehen hatte. Und der sexuelle Wunsch richtet sich nicht zuerst auf einen Gegenstand, sondern auf eine Identifikation, und durch diese hindurch auf den Gegenstand: das Kind möchte für das Mädchen sein, was der Vater für die Mutter war.[29] Durch die Wirkung der Urszene wird das Begehren zu einer Verwandlung, in der das Subjekt des Begehrens erst entsteht.

Gewöhnlich, so etwa in der Darstellung der ödipalen Beziehung, beschreibt Freud sexuelles Begehren in der geläufigen zweigliedrigen Subjekt-Objekt-Beziehung: der Junge begehrt die Mutter, der Vater tritt als übermächtiger Rivale dazwischen. Im *Wolfsmann* ist das dreigliedrige Schema

$$\begin{array}{cc} & S \\ s \rightarrow & | \\ & O \end{array}$$

impliziert. Die Urszene ist ein objektives Wissen, das die *vorher* gestaltlose Beziehung artikuliert, das Subjekt in eine bestimmte Position hereinzieht und identifiziert.[30] Jede Identifikation hat aber, wie wir wissen, ihren Preis; und die Schwierigkeiten, die das Kind schließlich in die Analyse führen werden, entstehen daraus, daß der Preis zu hoch war. Die Konstellation, die Freud herstellt, ist im einzelnen folgende. Die Verführung durch eine ältere Schwester hat das Kind in eine passive Rolle gebracht. In dem Moment, wo die sexuelle Reifung die Urszene wieder belebt und das Kind dazu drängt, sich in dem Raum, den diese schafft, zu situieren, sucht es den Zugang in der Position der Frau; dabei begegnet es dem Schreckensbild der Kastration, die der Preis dieser Identifikation ist. Damit ist der Eintritt in die Szene jetzt und für die Zukunft versperrt.

Die Geschichte, die auf dieser Bühne gespielt werden soll und in die der Wolfsmann nie eintritt, ist das Drama des Ödipus. Das Kind hat die Bühne in der Gestalt des allmächtigen Vaters und Phallusträgers betreten, und so begehrt es die Mutter. In dieser Gestalt begegnet es der Frage nach dem Recht zu begehren, nach dem Begehrenswerten in der Dimension des Vergleichs; und diese Frage führt es in den Bereich der Namen, des medialen Dritten, und in die durch diesen festgehaltene

Welt.[31] Es ist als dieses ödipalisierte Subjekt (als das S in dem Schema), daß wir auf die Welt schauen und in dieser *Gegenstände* sehen, begehrenswerte oder langweilige. Die *Recherche* wird nicht müde, diese Einstellung zu denunzieren: als das träge Verfallensein an die Gewohnheit, die den wahren, eigenen Blick auf das Wirkliche verstellt. Um ein berühmtes Beispiel zu zitieren: wenn Marcel zwischen zwei Zweigen des Busches, vor dem er sitzt, in der Ferne ein Schiff vorbeifahren sieht, dann löst der Erzähler die räumliche Gliederung, in der sich uns die Welt ordnet, auf und verwandelt das Schiff in ein feines Spielzeug, das unmittelbar vor den Augen des Zuschauers unendlich langsam von einem Zweig zum anderen gleitet. Die didaktische Rhetorik, die den Roman durchzieht, fordert uns auf, diese Bewegung nachzuahmen. Es ist aber irreführend, das, was der Wirklichkeit ihre normale Artikulation gibt, als Gewohnheit zu bezeichnen; dieser Irrtum verweist darauf, daß Proust dieses eine nicht versteht: was eine normale Welt ausmacht. Wenn man den Appell, den die *Recherche* ausspricht, in die richtigen Koordinaten stellt, so verlangt er, daß der Leser den Ort wechseln soll; er soll die Position S verlassen und sich in das leere Subjekt verwandeln, das in der Wirklichkeit nicht Gegenstände sieht, sondern Differenzen, von denen es ergriffen wird. Das hat nichts mit Regression zu tun. Wenn wir den Fernseher anstellen, ein Buch aufschlagen oder über unsere Kollegen klatschen, immer folgen wir der Lust, zu vergessen, wer wir sind, und uns in das proteusförmige s zu verwandeln. Wenn wir allerdings nicht mehr nur schauen, sondern angeschaut werden, dann versammeln wir uns wieder in unseren Identifikationen, und wir nennen (aus guten Gründen) Wirklichkeit nur, was wir von hier aus sehen. Die *Recherche* verlangt vom Leser, daß er für wirklich nimmt, was er sieht, bevor er sich sichtbar gemacht hat.

Wir können die drei Positionen zur Urszene, die wir kennengelernt haben, schematisch nebeneinanderstellen. Sartre wendet sich von der Szene ab und verwickelt sich in einen endlosen Kampf mit dem allmächtigen Vater, seine persönliche Urszene beschreibt den Moment der Benennung. Rousseau fürchtet die Szene, weil er die benennende Kraft der Mutter und die Welt, die der Blick der Liebe erzeugt, retten will. Die *Recherche* sieht die Szene in dem Moment, wo sie dem leeren Subjekt als die Versprechung zu leben erscheint; Marcel nimmt hin, daß diese Begegnung die Macht der Mutter, ohne die er doch nicht leben kann, zum Einsturz bringt.

Alles, was wir bisher über die *Recherche* gesagt haben, haben wir auf die eine Achse, Leere versus Fülle, eingetragen. Es gibt aber eine zweite semantische Dimension, die die erste trägt, die der Angst: wenn die Mutter mit anderen lacht, wenn Albertines Wünsche anderswohin gehen, die unerträgliche Angst vor fremden Zimmern, die den ganzen Roman durchzieht.

Was nötig ist, um die Angst aufzulösen, ist so etwas wie Anwesenheit; der erste Wunsch heißt: die Frauen sollen dableiben; aber natürlich durch eine Anwesenheit auch der Gedanken: sie sollen für Marcel dableiben.

Diese Anwesenheit, die die Fähigkeit zu begehren und überhaupt die Vertrautheit der Welt trägt, hat nichts mit physischer Anwesenheit zu tun. In der Periode, wo er Albertine in seiner Wohnung unter Kontrolle hat, ist er am glücklichsten, wenn sie mit einer vertrauenswürdigen Freundin ausgeht und er allein bleibt und den Vormittag in seinem Bett verbringt. Dann entsteht ein Glückszustand, eine Beweglichkeit der Wünsche und Erinnerungen, wie er sie seit den Tagen von Combray nicht mehr gekannt hat. Er weiß nicht, daß dies Glück von der abwesenden Anwesenheit seiner Freundin getragen ist; er würde sich am liebsten von Albertine trennen. Aber später, als sie wirklich geflohen ist, merkt er, daß, während sie ihm als Hindernis für die Verwirklichung seiner Wünsche erschienen war, sie tatsächlich das *Gefäß* war, das alle Dinge enthielt und aus dem er sie empfing (III, S. 483). In Combray unterscheidet Marcel zwei Zonen, zwei Erscheinungsweisen der Welt, und zwar nach der Uhrzeit: am Tag ist er voller Lust nach diesem und jenem, zu reisen, mit dem Boot zu fahren, von Mädchen zu träumen; wenn der Abend kommt, legt sich die Abwesenheit der Mutter über alles; die Wünsche sind tot. Auch am Ende des Romans ist es noch so: In Venedig streitet er sich mit seiner Mutter; und sofort verwandelt sich die Stadt, die er so liebt, in eine Ansammlung von Steinen und Wasser, die auf eine unerträgliche Weise jede Beziehung zu seiner Mutter, zu ihrem, sogar zu den eigenen Namen verloren haben.

Die Anwesenheit ist etwas von der Art einer unbemerkten Voraussetzung, die alles trägt, aber unter gewissen Umständen kann sie auch genossen werden; der wirksamste dieser Umstände ist die Bewegung des Verlierens und Wiederfindens. Als gleichmäßig gegenwärtige verschwindet die Anwesenheit, aber als verlorene und wiedergefundene ist sie gegenwärtig. Wenn die Gegenwart der gefangenen Albertine und vor allem Combray so eine außerordentliche Atmosphäre von Fülle erzeugen, dann offenbar weil hier die Angst immer belebt und besänftigt wird. Die tiefste Bewegung der *Recherche* ist, wie wir noch sehen werden, die Wiederholung einer Geburt. Hinter der mißglückten Geburt für das Begehren liegt die andere durch die Liebe der Mutter; auch diese andere Geburt macht der Roman wiederholbar.

Wir haben schon andeutungsweise gesehen – und werden darauf zurückkommen –, daß die Achse Leere/Langeweile vs. Fülle nicht nur den Gesamtaufbau, sondern auch das scheinbare Chaos der unzähligen Abschweifungen innerhalb der *Recherche* organisiert. Das gilt genauso auch für die zweite Achse, Angst vs. Anwesenheit; einer der berühmtesten Texte aus *Combray*, der den Weiß- und Rotdorn zum Gegenstand hat, beschreibt das Verhältnis der beiden semantischen Achsen. Die Blüten begegnen zuerst in der Kirche als Frühlingsschmuck, wo sie mit den mutwilligen Kopfbewegungen eines kokett schauenden Mädchens, als Teil des Mysteriums, das Marcel nur von ferne betrachten darf, den Altar schmücken (I, S. 112). Der Altar, der zum Bereich der Bilder, des Heiligen und Verehrten gehört, wo sich die Blicke versammeln, das Mädchen, das das Begehrtwerden genießt – man braucht nicht zu sagen, daß hier die Szene sich andeutet, natürlich noch ganz in Weiß, vor der *Verkehrung der Zeichen.*[32] Daher ist der Weißdorn für Marcel einer der Orte, wo die Wahrheit ihm deutliche, wenn auch unverständliche Zeichen gibt. Als er ihnen wiederbegegnet, in einer Hecke bei einem Spaziergang, nimmt er seine ganze Kraft zusammen, um den Blumen ihr Geheimnis zu entlocken; aber er kommt nicht weiter, als daß die immer noch rätselhaften Blüten ihre ermüdende Gleichförmigkeit verlieren und sich aufteilen, in die roten geschmückten Mädchen, die zum Feste gehen, und in die einfachen weißen, die zu Hause bleiben müssen (I, S. 140f.). Zwischen zwei Anläufen entfernt sich Marcel, um neue Kraft zu schöpfen. Wo holt er sich diese Kraft? Beim Anblick einer Mohnblume, die ihm die unendliche Weite der Kornfelder ankündigt; ebenso wie ein umgekipptes Boot den Reisenden mit Freude erfüllt, weil es ihn überraschend die Nähe des noch nicht sichtbaren Meeres fühlen läßt. Mohn und Kornfelder enthalten auch etwas Freudebringendes, aber sie sind offensichtlich dem Weißdorn entgegengesetzt und weisen in eine ganz andere Richtung. Die Struktur – ein Zeichenobjekt, das auf etwas Großes, Umfassendes verweist – findet sich unzählige Male in der *Recherche*. So ist es das Licht eines schönen Sonntags, das einen Spaziergang trägt und belebt; aber erlebbar ist dieses Licht nur im verdunkelten Zimmer, auf dem Umweg über die besondere Klangfarbe, die es den Schlägen eines Handwerkers im Nachbarhaus verleiht oder durch das Summen der Fliegen (I, S. 83). Die Anwesenheit ist etwas, was nur durch Abwesenheit zum Gegenstand wird, sie ist weder Gegenstand einer Welt noch weltartikulierend, aber doch bricht, wenn sie sich zurückzieht, die Welt zusammen; das Summen der Fliegen bezeichnet die absolute ideale Existenzform dieser Anwesenheit; abwesend genug, um erfaßt werden zu können, aber dennoch bezeugt das Summen (im Gegensatz zu einem auf Ähnlichkeit beruhenden Zeichen, etwa einem Gemälde) die effektive, unmittelbar zugängliche Gegenwart, eine Abwesenheit ohne Angst, wie in Balbec die der nur durch eine sehr dünne Zwischenwand von Marcel getrennten und immer auf sein Klopfen aufmerksamen Großmutter.

Was findet man als Gegenpol der Anwesenheit auf der Seite der Angst? Die durch den Streit mit der Mutter ausgelöste Angst löst Venedig auf in Marmorbrocken, Wasserstoff und Sauerstoff (III, S. 652 ff.). Marcel hat nicht mehr den Mut, diesen Steinen ihren Namen, ihre Persönlichkeit einzubleuen. Dieses Konglomerat entwickelt aber doch eine eigene *Aktivität*, der Ort *kennt* ihn nicht oder hat ihn schon wieder *vergessen*; in der Angstnacht in dem fremden Hotelzimmer in Balbec (III, S. 666 ff.) ist die feindselige Aktivität drastischer; die Möbel kennen Marcel nicht nur nicht, sie lassen sich auch in ihrem Leben nicht stören, führen ihre Unterhaltung fort und haben nur mißbilligende Blicke für ihn. Wenn man das liest, dann merkt man, daß, wenn wir auch nicht mehr an Baumgötter und Nymphen glauben, wir doch nicht umhin können, der Welt eine gewisse Intentionalität, meistens ein gewisses Wohlwollen uns gegenüber zu unterstellen; die vertraute Straße darf sich dem Bild gegenüber, das wir von ihr haben, nicht massiv widerspenstig zeigen; wir wollen uns auch von ihr gekannt wissen. Wenn wir darauf achten, wissen wir auch, daß da Schwankungen bestehen, daß an manchen Orten die Welt uns angelacht, daß sie sich an anderen Orten verschlossen hat. Rousseau hat diese Dimension wohl als erster gesehen und benannt; Proust macht aus ihr eine das ganze Werk tragende semantische Achse.

Das Wohlwollen der Welt ist, oft ohne daß Marcel das merkt, an die Beziehung zu gewissen Personen gebunden. Die Bilder der Welt in unseren Köpfen sind ja bekanntlich nicht reine Abbilder eines Außen, sondern subjektive Synthesen. Diese Personen sind die Voraussetzungen dieser Synthese. Aus Backsteinen, Marmor, Wasser, Erinnerungen, Namen, Büchern synthetisiert die Anwesenheit der Mutter »Venedig«. In einer milderen Form erkennt man diese synthetisierende Funktion wieder, wenn Marcel jeden Abend der Großmutter die Eindrücke des Tages berichtet, die, wie er sagt, ohne ihre Ratifikation keine Existenz haben (I, S. 727). Umgekehrt sind es diese Personen, die der Welt *bekannt* und in ihr aufgenommen sind; dieses Kennen und Aufnehmen bezieht sich auf Marcel genau in dem Maße, wie er ein Freund dieser Personen ist. Sobald er mit seiner Mutter zerstritten ist, kennt Venedig Marcel nicht mehr und weist ihn ab; ist er mit der Mutter zusammen, wird er freundlich aufgenommen. In dem Sinn, wie wir oben die Gestalt bestimmt haben als das, was *gesehen* wird, schenken diese Personen Marcel die Gestalt, die er als feste und verläßliche nicht besitzt. Daher empfindet Marcel den Körper Albertines, obwohl er für einen außenstehenden Beobachter sich einige Meter von ihm entfernt befindet, doch als etwas in seinem Innern, so daß er das Gefühl hat, eine Trennung würde ihn zerreißen. Und wenn der Erzähler sagt, daß er seine Lieben nie hat »sehen« und verstehen können, so sicher auch deswegen, weil diese Eigenschaft an den Personen in keiner Weise kenntlich ist, und weil sie ihm ganz unsichtbar bleibt, bis zu dem Moment, wo die Person ihr Interesse anderswo hinwendet.

Die Mutter trägt, was wir bei Rousseau den Blick der Liebe genannt haben; sie ist einerseits diejenige, die den Dingen Namen und Bedeutung gibt, Herrin der Welt, zugleich ist sie Liebe – was ein anderes Wort für »Anwesenheit« ist; sie gibt Marcel die Gestalt und sorgt dafür, daß er in der Welt aufgenommen wird. Diese mütterliche Ordnung ist im Roman ausführlich beschrieben. Vater und Mutter stehen sich ähnlich gegenüber, wie politische und spirituelle Macht im Mittelalter, mit dem Unterschied, daß die Gewalt des Spirituellen ungleich größer ist. Dem Vater muß letztlich gehorcht werden; aber die eigentlich wirksamen, den Alltag beherrschenden, zuverlässigen, auf dem Verständnis Marcels beruhenden und für ihn verständlichen Gesetze gehen von der Mutter aus. Sie ist die eigentliche Gesetzgeberin, die die Gesetze durchsetzt, Lohn und Strafe verteilt; dabei ist sie selbst – ihre volle Anwesenheit – der wesentliche Lohn, die wesentliche Strafe. Ohne ihre Bestätigung ist sich Marcel keiner eigenen Meinung sicher – sie ist die Herrin.

Welcher Art ist das Gesetz, das die Mutter aufrichtet? Es ist bestimmt kein Privatgesetz ihrer subjektiven Willkür; sie will Marcel zu einem tüchtigen Mann im üblichen Sinn des Wortes erziehen – allerdings unter Bedingungen, die genau das unmöglich machen. Aber es hat doch eine private Seite, es stützt sich auf eine genaue Kenntnis seiner Eigenart, seiner »Nervosität«, dessen, was für ihn Freuden und Leiden sind – eine Kenntnis, die dem Vater abgeht. Jedes öffentliche Gesetz dagegen geht nie auf das Individuum ein; es schafft einen Standard, durch den sich die Individuen zu definieren haben. Die Privatheit geht aber noch weiter: sich einem Gesetz unterwerfen heißt erst einmal das zu tun und zu unterlassen, was das Gesetz vorschreibt; es heißt auch, die Instanz wichtig zu nehmen, die über Gut und Schlecht urteilt. Hier gibt es einen feinen, aber wesentlichen Unterschied. Die Mutter kann Herrin sein, indem sie die kollektive Instanz *vertritt* (die sie auch in ihrem eigenen Leben über Richtigkeit und Wert ihrer Handlungen entscheiden läßt); sie kann aber auch umgekehrt erwarten, daß das Kind sich der kollektiven Instanz nur unterwirft, um schließlich den Wert, den es dort gewinnt, ihr, der Mutter, zum Geschenk zu machen. Im ersten Fall ist sie dem Gesetz unterworfen; im zweiten ist die Unterwerfung nur ein Mittel zum Zweck, eigentlich ist sie Herrin. Mutter und Kind bilden ein Paar, das dem Außen gegenübersteht als eine Welt, als Szene, als Ort der Befriedigung. Dieses Paar, durchaus vergleichbar dem höfischen Ritter und seiner Dame, ist dem Außen gegenüber nicht feindlich; die Mutter will die sozialen Tugenden ihres kleinen Ritters entwickeln. Aber die Außenwelt ist nur notwendiger Umweg, Ort, durch den man gehen muß; die wesentliche Befriedigung zieht das Paar aus sich, aus ihrer Liebe. Auf eine Beziehung dieser Art verweist alles, was die *Recherche* über die Beziehung zwischen Marcel und seiner Mutter, zwischen der Mutter und der Großmutter sagt. Im *Jean Santeuil*[33] ist sie am klarsten beschrieben. In einem Streit zerschlägt der Erzähler aus Wut eine venezianische Vase, die ihm seine Mutter geschenkt hatte; bei der darauf folgenden Versöhnung verweist die Mutter auf eine jüdische Sitte, auf einen durch Scherben besiegelten Pakt zwischen Mann und Frau.[34]

So wie der Erzähler die Bahn von Marcels Begehren beschreibt, geht dessen ganzes Bestreben darauf, die beiden Achsen, die des Begehrens und der Sexualität, die der Anwesenheit und des Wohlwollens der Welt getrennt zu halten. Auf dieser Trennung beruht das Glück der Tage von Combray; auf ihr beruht Marcels Weltentwurf: was er vom Leben erwartet, Reisen, Frauen, Schriftstellerei, und was ihm außerhalb seiner Erwartungen an Verheißungsvollem begegnet, auch seine dauernde Suche nach dem wahrhaft Begehrenswerten. Schon in Combray treffen sich die Achsen jeden Abend; aber Nacht und Tag sind getrennt, am Tag ist die Nacht vergessen, und die Welt ist ein Produkt des Tages. Es ist im Schutze – sagen wir einmal – der Mutter, daß er in den Mädchen die Szene begehrt. In Albertine kreuzen sich schließlich beide Achsen, sie ist nicht mehr nur das begehrte Mädchen, sondern die Frau, ohne deren Anwesenheit er nicht leben kann. Wenn aber die »Mutter« als Begehrende/Begehrte in die Szene gerät, dann findet er in der Welt des Tages wieder, was die Angst seiner Kindernächte gewesen war. Es erweist sich, daß die beiden Zeiten nicht getrennt werden können, als Ziel seiner Suche findet er die nächtliche Szene von Combray wieder. In der Welt des kleinen Marcel hat es unbetretbare Orte gegeben: die Quellen der Vivonne, wo sich seiner Meinung nach Welt und Unterwelt treffen, oder das unerreichbare Guermantes. Dieser unbetretbare Ort ist jetzt in der Wirklichkeit gefunden worden.

Der Roman sagt es unzweideutig: die Annäherung an das sexuelle Begehren zerstört die Macht der Mutter und läßt die Welt zusammenfallen. Es wird nichts darüber mitgeteilt, warum das so ist; nur von außen kann man diese Frage stellen. Die Antwort ist in dem, was wir wissen, schon gegeben. Wenn die Mutter in der Szene erscheint, so als die, die den Phallus beim Vater begehrt; die benennende Macht geht zuerst an den Vater und im nächsten Schritt an den Dritten über.[35] Wenn die Mutter in den Bereich der genitalen Sexualität gestellt wird, verliert sie ihre Macht an die Ordnung des Tauschs.[36] Man kann vermuten, daß es die Unerträglichkeit dieses Verlusts ist, die den Zugang zur Szene versperrt.

Dem mütterlichen Gesetz sind wir schon mehrfach begegnet. Die Tatsache, daß die Initiation zur einen Hälfte als Trennung von der Mutter verstanden werden muß, hat nahegelegt, daß in die Welt des Tauschs eine anders artikulierte mütterliche Welt eingelassen ist. Bei Rousseau haben wir die Struktur dieser Welt kennengelernt: die Gestalt, für die nichts bezahlt zu werden braucht und die außerhalb der Sphäre des Vergleichs liegt, die Freiheit von der Bindung an mediale

Objekte, von den in diesen gegebenen Wünschen und Pflichten, die Fähigkeit, in unendlich vielen Gestalten zu leben und schließlich die Täuschung, die mit dem Festhalten an der Mutter als Instanz der Benennung gegeben ist, die immer durchscheinende Zerbrechlichkeit der Welt. Bei Proust finden wir das alles sehr viel deutlicher ausgeführt wieder. An diesen Befund kann man einige Spekulationen anschließen.[37] In den vorbürgerlichen Gesellschaften ist die mütterliche Welt – wie immer sie ausgesehen haben mag – nur eine begrenzte Phase. Ihre Emanzipation aus der Sphäre des Tauschs – für die der Erfolg des Rousseauismus als Beleg gelten kann – ist sicher ein Symptom der Krise des Tauschsystems und ein allgemeiner Zug der bürgerlichen Artikulation des Wirklichen; und es ist evident, wenn auch im einzelnen schwer überschaubar, daß die Freisetzung der Identifikationen, die Ablehnung der ödipalen Bornierungen eine grundsätzliche Nähe zwischen der mütterlichen Welt und dem Bereich der Kunst schafft.

Man kann vermuten, daß die Entwicklung des Geschlechterverhältnisses eine solche Entwicklung unterstützt. Wir wissen – wenn wir eine komplexe Entwicklung extrem schematisieren –, daß im 19. Jahrhundert die Position der bürgerlichen Frau real noch als Tauschobjekt zwischen Familien (Familienvermögen) bestimmt war, während die Legitimität dieses Verhältnisses durch die Durchsetzung des Warentauschs sich schon weitgehend aufgelöst hatte. Es liegt nahe, die viktorianische Sexualfeindlichkeit (die ja zuerst einmal eine der Frauen war) als Rebellion gegen den immer schon erniedrigenden und jetzt illegitim gewordenen Status des Tauschobjekts zu verstehen. Die Frau, die ihre Rolle als Frau verachtet, findet eine Entschädigung in der Identifikation mit dem mütterlichen Gesetz. Wenn wir Lacans Interpretation des Ödipus folgen, so ist es die Bindung der Wünsche der Mutter an die Welt des Tauschs, die das Kind in diese Welt hereinführen. Eine Mutter, die ihre Stellung im System des Tauschs haßt, kann in ihrer Bildung einen Bereich finden, in dem sie ihr eigenes Gesetz dem anderen, wo sie nur Objekt ist, entgegenstellen kann. So kann es nicht überraschen, daß es in der *Recherche* statt einer männlichen eine weibliche Genealogie gibt: die Kette, die von Marcel über die Mutter und die Großmutter zu der großen Stifterfigur führt, Madame de Sévigné.

Die Psychologie der *Recherche* ist in sich einheitlich und in ihrem Kern systematisch. Diese Psychologie leitet sich aus einer Ontologie ab; die Wirklichkeit ist artikuliert durch zwei Gegensätze: auf der einen Seite das Bild der Befriedigung, auf der anderen Seite diejenigen, die von ihm ausgeschlossen sind und keinen anderen Wunsch haben, als in es aufgenommen zu werden; dahinter liegt der verborgene Gegensatz von Gegenwart und Abwesenheit. Die Recherche ist die Geschichte der Bahnen, auf die das Begehren Marcel (und die anderen Personen des Romans) zieht. Da dieses Bild zwar existiert, aber unfaßbar ist, führen diese Bahnen in die Leere. Aber die *Recherche* ist gleichzeitig auch die Geschichte einer Suche und einer Berufung, die in der Entdeckung der Literatur als des wahren Lebens (III, S. 895) ihr Ziel auch wirklich findet; der Roman selbst ist das dreieinige Objekt, das Freude und Gewißheit schenkt und vor dem Tode schützt. Damit stellt sich die Frage, in welchem Verhältnis das täuschende Begehren und die zur Gewißheit führende Suche stehen. Es ist, das möchte ich im folgenden zeigen, eine Umstellung in der das Begehren artikulierenden Konstellation (die wir durch das Dreiecksschema beschrieben haben), die bewirkt, daß sich Täuschung in Wahrheit und Leere in Fülle verwandeln und daß man die *Recherche* gleichzeitig als einen Weg, der seinen Sinn in seinem Ziel hat, und als die reine Gegenwart des Schönen lesen kann.

Der Erzähler hat in den Roman immer wieder Episoden eingebaut, in denen das Ziel der Suche, das nur in der Kunst mögliche Verhältnis zu den Dingen, sich anzeigt, von Marcel gesehen und verpaßt wird. Nehmen wir noch einmal, was wir schon kennen, die Weißdornblüten, die koketten Mädchen mit den etwas verwirrten Bewegungen, die zum Schmuck des Allerheiligsten ausgewählt sind. Ein stilistisches Meisterwerk, eine wunderbare Beschreibung der Sicht eines jungen Mannes, in dem Alter, wo man Mädchen überall sieht – so wird dieses Anthologiestück meist gelesen. Der Erzähler sagt aber mit Nachdruck: es ist die Wahrheit, die Marcel in den Weißdornblüten sucht und nicht findet, und wenn man die großen Achsen verstanden hat, ist klar, daß hier die Szene sich ankündigt. Aber es geht uns nicht darum, in der Metapher (die bis zum ausgeführten Vergleich geht), noch einen verborgenen und eigentlichen Vergleichsgegenstand zu entdecken; sondern es geht um die Funktion der metaphorischen Struktur. Vergegenwärtigen wir uns die wesentlichen Funktionen, in denen Metaphern eingesetzt werden: traditionell als »abgekürzter Vergleich«, der über das nicht genannte Gemeinsame das Wesen einer Sache in einer sinnlichen Sprache benennt; seit der Romantik, als die Entdeckung der geheimen, der wahren Beziehungen zwischen den Dingen, bis hin (im Surrealismus) zu solchen Beziehungen, die in Alltagssprache nicht mehr zu übersetzen sind. Daneben liegt das metaphorische Sprechen immer noch in einer anderen Dimension des Aussagens; es verweist auf das die Metapher produzierende Subjekt: die Metapher zeugt vom Dichter als dem, der das Wahre oder das Interessante oder das Witzige im Gegebenen entdeckt. Ich möchte zeigen, daß die *Recherche* eine ihr eigentümliche *Funktion* der Metapher entwickelt, die eng mit dem Konzept der Szene verbunden ist und die die eigentliche Bedeutung dieses Konzepts erst sichtbar macht. Schauen wir uns ein Stück aus der Beschreibung an.

> »Plus haut s'ouvraient leurs corolles çà et là avec une grâce insouciante, retenant si négligemment, comme un dernier et vaporeux atour, le bouquet d'étamines, fines comme des fils de la Vierge, qui les embrumait tout entières, qu'en suivant, qu'en essayant de mimer au fond de moi le geste de leur efflorescence, je l'imaginais comme si ç'avait été le mouvement de tête étourdi et rapide, au regard coquet, aux pupilles diminuées, d'une blanche jeune fille, distraite et vive.« (I, S. 112)[38]

Marcel ist berührt von etwas, was er wie eine Geste empfindet, die Verbindung eines anmutigen Sichöffnens und eines leichten Zurückhaltens, diese Geste mimt er in seinem Inneren und findet sie in sich als die eines zerstreuten und lebhaften jungen Mädchens. Diese Tätigkeit des *Mimens* findet man später wieder in dem Ausdruck: »s'unir au rhythme«, sich mit dem Rhythmus der Bewegung der Blume vereinigen. Diese Worte weisen auf einen ganz fundamentalen Zug von Prousts Stil hin. Ihre Bedeutung wird klarer, wenn man Prousts eigene Überlegung über seine Art, die Welt zu beschreiben, heranzieht. Über die ganze *Recherche* hinweg findet man Aussagen über den Kummer Marcels (der ja von Anfang an den Plan hat, Schriftsteller zu werden) darüber, daß er keine *Beobachtungsgabe* besitzt. Von Anfang an wird aber auch angedeutet, daß er nicht weniger, sondern anders sieht (z. B. I, S. 178f.) als die Leute mit Beobachtungsgabe, bis schließlich sich die Einsicht durchsetzt, daß *seine* Art zu sehen es ist, die ihn zum Künstler von der Art und vom Rang eines Elstir oder Vinteuil macht und die ihm die Sicht auf die wahre Wirklichkeit ermöglicht. Swann ist ein Mann, mit dessen spezifischem Typ von Beobachtungsgabe sich Marcel oft auseinandersetzt, nämlich seiner Fähigkeit, Ähnlichkeiten zwischen Wirklichkeit und Kunst (meist zwischen Frauen und Gemälden) aufzuspüren. Marcel überlegt sich z. B. einmal (III, S. 383 f.): Wenn Swann Albertine am Klavier sähe, würde er bestimmt Ähnlichkeiten finden, etwa mit einem musizierenden Engel, wie er auf italienischen Bildern oft dargestellt wurde. Und nie könnte Marcel Albertine in dieser Weise sehen – es würde ihn außerdem langweilen, weil er sie liebt; lieben heißt aber, daß er in ihren Augen etwas Unzugängliches sieht, was ihn anzieht – hier schließt sich der schon zitierte Vergleich mit dem Zuschauer an, der durch das Türfenster die Bühne nicht erkennen kann. Folgende sind die wesentlichen Unterschiede zwischen den beiden Arten, die Welt zu sehen: eine im Bereich der Affekte liegende gegenüber einer rationalen Erkenntnis; eine passive – das Subjekt folgt immer einer Anziehungskraft, die von der Sache ausgeht – gegenüber einer aktiven, zugreifenden Erkenntnis; und schließlich beschreibt sich Marcel als »ne sachant jamais ce qu'était ce que je voyais«, (III, S. 383)[39] Swann hat eine Welt vor sich, die er *überblickt*, die Welt der Kunst, der Gesellschaft, und in dieser Welt stellt er originelle Beziehungen her, die sonst niemand sehen würde, und er benützt sie, um eine Konversation zu beleben oder einer Dame ein Kompliment zu machen. Marcel dagegen läßt sich erfassen und in das hereinziehen, was die Augen Albertines andeuten und verbergen. Der wesentliche Punkt ist: *wer* läßt sich hereinziehen? Nicht der gesellige Marcel; wir wissen, er muß unbedingt alleine sein, um auf seine Art sehen zu können, um die Einladung anzunehmen, die von den Gegenständen ausgeht, um das zu entdecken, was sie verbergen (I, S. 178); auch nicht der Gebildete – *wenn er sieht, weiß er nicht* –, die Bildung verwendet er erst hinterher, um darzustellen, was er gesehen hat. Ein entleertes Subjekt, passive Offenheit, gierige Leere... Was ich eben beschrieben habe, kennen wir schon lange; Marcel, der das Milchfräulein sieht, ist ein Nichts, ein Weltloser, der mit dem Mädchen in deren Bergwelt ein ganz anderer Mensch oder eher endlich ein Mensch werden möchte, oder das Nichts, das hofft in dem Salon der Herzogin von Guermantes aufgenommen zu werden. Die Weißdornblüten funktionieren genauso. Zuerst einmal baut sich in der alltäglichen Welt der Gewohnheit, wo Marcel sich auskennt und langweilt, die geheimnisvolle Anordnung der Szene auf: die Bühne ist der Ort der

Bilder und der Zuschauer außerhalb – hier Altar und Marcel im Kirchenraum. Bis zu einem gewissen Grad kann Marcel erfassen, was sich auf der Bühne abspielt, er kann die Geste der Mädchen mimen, die, kokett auf ihre eigene Schönheit zurückgewendet, sich angeschaut und begehrt wissen. Aber nur bis zu einem gewissen Grad; die Frage bleibt rätselhaft: wie ist es möglich, begehrt zu werden? Auf der anderen Seite gibt es den Mohn als die Ankündigung der unendlichen Felder, wo Marcel die Kraft schöpft, um den Zugang zur Szene zu suchen, die Ankündigung, Versicherung der Gegenwart des umhüllenden, endlosen Wohlwollens der Welt.

Gewöhnlich sieht man den Sinn der metaphorischen Bewegung darin, zwischen zwei Termen Gemeinsames sehen zu lassen. Aber hier geht es nicht um Terme, sondern um Differenzen; in diesem Beispiel sind es die Mädchen, die sich aufspalten in die anmutige Erscheinung und in den koketten Blick, der in dieser Erscheinung seine Befriedigung findet. Diese Differenz hat ihr Gewicht nicht als eine Bedeutung, die auf andere Bedeutungen verweist, und schließlich auf eine letzte, die das Ganze trägt (so wie in vielen Texten des 19. Jahrhunderts); es ist eine Differenz, die dadurch bedeutungsvoll wird, daß sie die fundierende Dreiecksstruktur wiederholt, daß das weltlose Subjekt, das nicht markiert und in kein Differenzsystem eingeschrieben ist, sich in sie hereinziehen läßt, indem es einen der Pole mimt.

Jede Szene ist Weltanfang. Die sozialen und noch mehr die sexuellen Szenen setzen eine Bewegung in Gang, die die ganze *Recherche* durchzieht; die in der Natur entdeckten Szenen sind Anfänge ohne Folgen. Gerade deswegen, das werden wir noch sehen, verweisen sie auf die Sphäre der Kunst.[40]

Diese Dreiecksstruktur (verbunden mit der zweiten Achse, die durch die Pole der Angst und der Anwesenheit bezeichnet ist) ist es, die die *Recherche* wie im ganzen so auch im kleinen ununterbrochen produziert. Am Anfang steht das leere Subjekt des Begehrens nach dem Begehren, leer, aber auch offen und frei für alles, dem die Welt Differenzen anbietet, das sich fassen läßt, Platz nimmt, für eine Weile spielt, sich zurückzieht oder zurückgestoßen wird.

Der Anfang der *Recherche*, die lange Beschreibung des Aufwachens des noch unbekannten Protagonisten, legt diese Struktur mit aller Deutlichkeit dar. Um das leere Subjekt, im Zwischenraum zwischen Traum und Wachsein, das nicht weiß, was es ist, nur ein Gefühl seiner Existenz hat, wie Tiere es haben mögen, nackter als ein Höhlenmensch, kreisen die Welten, die es aus seinem Nichts ziehen, in denen es Gestalt finden kann, aber ohne in einer festgelegt zu werden, bis der Anblick der Wirklichkeit sein Ich wieder zusammensetzt.[41] Dieser Anfang über das Erwachen war bekanntlich einer der Gründe, warum Proust auf der Suche nach Verlegern keinen Erfolg hatte: man verstand nicht, warum man so viele Seiten nur über das Erwachen schrieb. Dieser Anfang ist tatsächlich hart, er führt sehr direkt die grundsätzliche Neuerung von Prousts Kunst ein: die Unterscheidung von dem leeren Subjekt, das in der Wirklichkeit unendlich viele Gestalten findet, aber keiner notwendig verbunden ist, und dem einer bestimmten Welt zugeordneten Ich, dessen *ursprüngliche* Züge (wie der Erzähler ironisch feststellt) sich beim Anblick der Petroleumlampe und der umgeschlagenen Hemdenkragen wiederherstellen. Damit ist klar, daß das leere Subjekt des Begehrens nach dem Begehren der wirkliche Protagonist des Romans ist. In der *Wiedergefundenen Zeit* sagt Proust, ein großes Kunstwerk sei immer dasselbe und immer ganz neu – wie Kierkegaard die Wiederholung definiert. Aber Wiederholung von was? Das große Kunstwerk in der *Recherche*, Vinteuils Septuor, beschreibt der Erzähler als »ewigen Morgen, der aus einer unendlichen Leere auftaucht« (III, S. 250). Die Welt muß jeden Morgen neu geschaffen werden, erklärt Marcel Charlus.[42] Deleuze betont mit Recht, daß, was in Prousts Kunsttheorie Essenz heißt, immer Weltanfang ist.[43] Der *Weltanfang* ist es, was in der *Recherche* immer wiederholt wird. Die drei Seiten über den Weißdorn stellen dar, wie eine Welt entstehen will und nicht zur Existenz kommt. In einer preziösen Formel könnte man sagen: die *Recherche* ist die Darstellung einer Welt, die nicht aufhört anzufangen.

Man mag den Eindruck einer Übertreibung haben: Wie kann etwas so Unscheinbares, etwas so bruchlos in die Welt Eingebettetes wie Zweige als Altarschmuck oder an einer Hecke, wie kann so etwas der Anfang einer ganz anderen Welt sein? Jeder, der die *Recherche* kennt, wird auch zugeben, daß in diesem Paradox etwas von dem liegt, worin das Unnachahmbare von Prousts Stil seinen Grund hat: eine ganz eigene Art zu übertreiben. Der Vorwurf einer Übertreibung ist Proust oft gemacht worden. Seine Kunst sei wie ein Mikroskop, sie stelle Winziges riesig da. Proust hat sich dagegen gewehrt, er hat das Bild umgekehrt und gesagt, er betrachte große Dinge durch ein Teleskop. Ursache dieses Mißverständnisses über die Größenordnung ist die Tatsache, daß

Proust ein ungewöhnliches Verfahren der »Übertreibung« entwickelt hat. Normalerweise vergrößert Literatur, nicht unbedingt im Positiven, aber doch im Sichtbaren, im Schönen wie im Häßlichen, im Sexuellen, in der Impotenz, in der Farbigkeit oder im Grau. Proust »übertreibt« auf der (fast) unsichtbaren Seite der semantischen Achse, die seine Welt begründet, nicht auf der Seite des Begehrenswerten oder Interessanten, sondern beim Nichts, beim Fehlen. Gegen alle Plausibilität ist er, der reiche, begabte, gebildete, in sehr feinen Salons hochgeschätzte Mann, entschlossen, daran festzuhalten, nichts zu sein, ein Nichts, das alles, was es je bekommt, in sich aufsaugt und zu nichts macht. Dieses Nichts ist ein so intensives Fehlen, daß sich auf einen Weißdornstrauch der Glanz eines Weltenmorgens legen kann. Die Extravaganz und Übertreibung von Proust liegt in der Wahl der Position s. Sie rechtfertigt das Bild des Teleskops; sein Blick kommt von außerhalb der Welt.[44]

Zum Lohn für seine Leere lebt das Subjekt in einer Welt, die von den Liebesspielen feiner Gottheiten belebt ist, an denen der Erzähler uns teilnehmen läßt. Eine alte Gartenhütte vor einem Teich, bei windigem und zwischen Regen und Sonne schnell wechselndem Wetter, Gräser an der Hausmauer und die Federn eines Huhns auf dem Dachfirst, Gräser und Federn, die willig und so weit es geht von dem scharfen Wind sich mitziehen lassen; das Lächeln, mit dem das rosige Bild des Hauses im Teich dem Lächeln des plötzlich übersonnten Himmels antwortet – das macht Marcel so glücklich, daß er »Zut, zut, zut, zut« rufend zum Ärger eines vorbeigehenden Bauern mit dem Regenschirm auf die nassen Gräser einschlägt (I, S. 155). Genug Differenz für das Begehren nach dem Begehren, um einen Körper zu finden: als Feder begehrt das Subjekt den Wind, als Teich das rosig strahlende Haus, das sich in ihm spiegelt, als Spiegelbild im Wasser die blauen Lücken im grauen Himmel. In der körperlichen Abfuhr der Lust ist allerdings, wie der Erzähler notiert, der Appell, der von der Szene ausgeht, verpaßt, der Appell, dem was nur erscheinen aber nicht zur Existenz kommen kann, in der Kunst eine dauerhafte Gestalt zu geben.

Oder der Besuch einer dicht mit Efeu zugewachsenen Kirche (I, S. 714). Die Großmutter, die ihren Enkel kennt, schenkt ihm die Anwesenheit ihrer Abwesenheit, läßt ihn allein und geht mit ihrer Freundin in eine Konditorei. Zuerst genießt es Marcel, aus der Umhüllung der Bögen, Kapitelle, Tore die Idee der Kirche herauszuschälen, die in der Verhüllung durch den Efeu um so klarer hervortritt; ebenso wie man einen Text besser versteht, wenn man gezwungen ist, ihn zu übersetzen. Schließlich kann Marcel auch sehr gut beobachten im Stile Swanns. Ein Windstoß bringt die Formen der Kirche zum Verschwinden, verwandelt die Blätter in ein Meer, die grünen Pfeiler in Wellen, vor dem Wind fliehend und von ihm gestreichelt. Der anfängliche Blick auf die Kirche ist der des besitzergreifenden Ichs, des Ichs der Beobachtungsgabe, dem eine Welt von beherrschten Objekten entgegentritt. Im Augenblick, wo die grüne Kirche sich zu einem windgestreichelten Meer verflüssigt, löst sich dieses Ich, diese Subjekt-Objekt-Perspektive auf; es bleibt die Polarität von Meer und Wind, die miteinander spielen; das Ich verschwindet, weil das Subjekt – Efeu für den Wind oder Wind für den Efeu – in dem Spiel gefangen ist.

Wenn ich in den Mittelpunkt der metaphorischen Bewegung die identifizierende Differenz gestellt habe, so scheint dabei, was man gewöhnlich betont, die Verbindung zweier Terme über ein gemeinsames Drittes, vergessen zu sein. An einem berühmten Beispiel will ich zeigen, wie sich die beiden Bestimmungen zueinander verhalten:

> »Je m'amusais à regarder les carafes que les gamins mettaient dans la Vivonne pour prendre les petits poissons, et qui, remplies par la rivière où elles sont à leur tour encloses, à la fois ›contenant‹ aux flancs transparents comme une eau durcie et ›contenu‹ plongé dans un plus grand contenant de cristal liquide et courant, évoquaient l'image de la fraîcheur d'une façon plus délicieuse et plus irritante qu'elles n'eussent fait sur une table servie, en ne la montrant qu'en fuite dans cette allitération perpétuelle entre l'eau sans consistance où les mains ne pouvaient la capter et le verre sans fluidité où le palais ne pourrait en jouir.« (I, S. 168)[45]

Der erste Gegensatz, den der Text in komplizierten Variationen zur Geltung bringt, ist der von Umhüllen und Umhülltsein – darauf werden wir noch kommen. Dazu tritt ein zweiter: zwischen der Erscheinung der Gegenstände (Karaffe und Wasser), wie sie nur dem Blick zugänglich sind, und ihrer »normalen« Erscheinung als Objekte auf einem Tisch, wo die Karaffe berührt und das Wasser getrunken werden kann. Hier ist leise, aber deutlich eine Problematik ausgesprochen, die vor allem die euphorischen Teile der *Recherche* durchzieht. Bei der Besprechung des Objekts in der Liebe haben wir sehr schnell den Schritt getan zu dem Moment, wo Marcel in die Nähe der Mädchen gerät, d. h. wo einerseits der Blick ihn bedroht und verwandelt, andererseits die

Mädchen sich der Bedeutung entleeren. Der Erzähler läßt sich viel Zeit und beschäftigt sich lange mit den Mädchen und anderen Dingen in der Periode, wo sie noch reine Versprechung sind. Die Mädchen aus der Ferne sind auch schon deswegen begehrenswert, weil Marcel nicht weiß, wohin ihr Blick geht, also weil sie die *Szene* in sich tragen. Aber solange sie sie verhüllt tragen, sind sie wirklich *Gegenstände* des Begehrens: es sieht so aus, als genüge es, sie zu besitzen, um das Objekt zu besitzen. Ganze Teile der *Recherche* sind von solchen Gegenständen bevölkert. Die Suche des jungen Marcel nach dem richtigen Weltzugang, deren Phasen der Erzähler analysiert, dreht sich zu einem großen Teil um das Problem, was die richtige Art ist, Objekte zu besitzen. Im Kontext des Tausches genießt man bei allen wertvollen Dingen das Tauschobjekt, den Tauschwert; und, wohl oder übel, genießt man mit dem Blick des Dritten; selten kann man das Tauschobjekt in der Weise genießen, daß es von den Bedürfnissen für einen Moment aufgezehrt wird.[46] Die Tauschform des Besitzes ist für Marcel nicht zugänglich; und schaut man, nach welchem Modell in der *Recherche* Besitz gedacht wird, so findet man den Verzehr, das Essen, Trinken, Beißen. Die *Recherche* ist durchzogen von dem Bedauern, daß die Welt, und vor allem die Mädchen, nicht eßbar sind.[47] Auch in unserer Stelle liegt der reale Besitz des Gegenstandes auf dieser Ebene.[48] Der Satz stellt zwei Konstruktionsprinzipien der Wirklichkeit und zwei Formen des Wirklichkeitszugangs gegenüber: die Konstruktion durch Differenzen, den Zugang über das lustvolle und irritierende Bild, über die *Szene* und das Mimen; die Welt der Objekte, der Zugang über die Sinne, Schmecken und Berühren. Wobei der erste, obwohl es aussieht, als faßte er nichts – nichts für den Gaumen, nichts für die Hand – die Wirklichkeit besser faßt. Die Position der Kunst, des wiedergefundenen Objekts wird ja auch, das werden wir noch sehen, nichts anderes sein als die Verdopplung der Position des Mimens.

Von diesen Gesichtspunkten her versteht man auch eine der großen Bewegungen der *Recherche*, die wir noch nicht angesprochen haben. *Die wiedergefundene Zeit* bezieht sich auf das ganze Leben, aber doch mit einem gewissen Vorrang auf Combray. Die Position des Kindes ist der des Künstlers viel näher als die des jungen Mannes. Warum? Der Erzähler vergleicht sich als Kind mit einem in einem Gefängnis oder Krankenhaus aufgewachsenen Jungen, der lange Zeit glaubte, der menschliche Organismus könne nur Medikamente und trockenes Brot verdauen, und plötzlich erfährt, daß Pfirsiche und Trauben nicht nur Schmuck sind, sondern wohlschmeckende und assimilierbare Nahrungsmittel. Diese Revolution in seiner Weltanschauung wurde für den jungen Marcel durch die Information bewirkt, daß Frauen sexuell zugänglich sind (I, S. 711 f.). In Wahrheit hat aber das kranke Kind recht; die Welt ist nicht eßbar; was man in den Frauen begehrt, kann man nicht sexuell besitzen. Das kranke Kind, dessen Unkenntnis nur die Unkenntnis eines verbreiteten Irrtums ist und der Künstler, der diesen Irrtum durchschaut, haben das gemeinsam, daß für sie die Welt keinen anderen Zugang hat als den des Mimens, während der junge Mann den Besitz der Objekte verfolgt.

Die *Szene* entsteht, wenn das Subjekt des Begehrens nach dem Begehren von den Differenzen erfaßt wird, denen es in der Wirklichkeit begegnet. Was ist diese Wirklichkeit? Wir wissen, daß es keine Welt von Objekten sein kann. Anders als in der Szene mit den dem Wind nachgebenden Gräsern, wo eine Reihe von Gegensätzen verschiedener Natur nebeneinanderstehen, ist die zitierte Szene auf *einem* Gegensatz aufgebaut, der variiert wird – daher wohl die spezifische Faszination; die Beziehung des Umhüllens ist verdoppelt, wobei einmal das Flüssige und das andere Mal das Feste das Umhüllende ist; einmal ist es ein ruhiges Verhältnis, das andere Mal ein bewegtes: das Wasser umströmt die ruhende Flasche. Der Text verfährt mit dem Gegenstand genauso wie der Phonologe mit dem Lautmaterial. Die Laute (z. B. t und b) werden bekanntlich in einzelne Grundoppositionen aufgelöst (labial vs. dental, stimmlos vs. stimmhaft), aus denen sie dann rekonstruiert werden können. So löst der Erzähler Karaffe und Wasser in die Oppositionen umfassend vs. umfaßt, fest vs. flüssig und ruhend vs. bewegt auf, wobei das Merkmal durchsichtig allen Elementen gemeinsam ist (wie oben das Merkmal Konsonant). Auf der Grundlage dieser Abstraktion – die durch die Verwendung der »abstrakten«, in Anführungszeichen gesetzten Merkmale *contenant* und *contenu* unterstrichen wird – kann der Erzähler seine Paradoxe entwickeln, indem er die Dinge jeweils durch die Abwesenheit der Merkmale bestimmt, die den ihnen zukommenden entgegengesetzt sind: Wasser durch das Fehlen des Festen, Glas durch das Fehlen des Flüssigen. Dasselbe Verfahren beschreibt der Erzähler in der berühmten Analyse von Elstirs Bild des Hafens von Carquethuit (I, S. 836). Elstir gibt das Land mit »Ausdrücken des Meeres«, das Meer mit »Landausdrücken« wieder. Der Gegensatz von Meer und Land ist durch unsere gesamte Geschichte hindurch die Grundlage einer Unzahl von metaphorischen Gebilden. Die ursprüngliche Anziehungskraft, die Balbec auf Marcel ausübt, hat in einem solchen (romantisch geprägten) Gegensatz seinen Ursprung: er stellt sich Balbec als verlassenes Fischerdorf vor, ein letzter Ausläufer menschlicher Kultur, in ständigem Kampf der Naturkraft Meer verbunden. Der Einfluß von Elstirs Malerei führt Marcel nicht nur dahin, die romantische Besetzung dieses Gegensatzes durch eine andere zu ersetzen – so daß er Balbec nicht mehr im Zeichen des Sturms, sondern im Zeichen der Sonne sieht. Es handelt sich um eine tiefergehende Revolution. Auf der einen Seite geht es um eine Subjektivierung oder Relativierung. Für den Erzähler gibt es überhaupt keine *feste* Beziehung zwischen Gegenstandswelt und Bedeutung. Die Bedeutungen entstehen, unvorhersehbar und vergänglich, aus den Begegnungen zwischen Subjekt und Wirklichkeit; daher sind *die Häuser und die Straßen flüchtig wie die Jahre* – gerade wenn sie als Gegenstände die Jahre überdauert haben (I, S. 427). Das ist eines der bekanntesten Themen von Prousts Kunsttheorie; ein Thema, das in den Begriff des Mimens voll aufgenommen ist. Die andere Seite, die Seite der Wirklichkeit in dieser Beziehung hat man weniger beachtet. Zuerst einmal ist, für Marcel wie für jeden, eine Welt der Objekte gegeben, die als Objekte feste Bedeutung haben – für die Karaffe in der Vivonne etwa die Bedeutung, ein Mittel zu sein, Fische zu fangen. Diese Bedeutungen löst die Kunst auf. Aber das führt nicht in die Willkür von etwas nur subjektiv Erlebbarem, sondern in die Entdeckung der in der Wirklichkeit gegebenen abstrakten Gegensätze; aus ihnen baut der Künstler die Gegenstände wieder auf.

Der Vergleich mit der Phonologie weist darauf hin: hier begegnen wir, auf dem spezifischen Wege Prousts, etwas, was bekanntlich für die Modernität überhaupt grundlegend ist. Man hat immer die Bedeutungen als in die Objekte eingelassen angesehen. Wenn eine Welt gegeben ist, dann ist diese Sicht richtig; in einer konstituierten Welt sind die Objekte bedeutungsvoll – das ist ein tautologischer Satz. Proust sieht in der Welt bedeutungsvoller Objekte – für ihn die leere Welt der Gewohnheit – ein Universum von Differenzen. Er sieht diese nicht als ein System – wie ein Semiologe es versuchen könnte[49] –, sondern er begegnet bestimmten Differenzen in dem Moment, wo sie sich anschicken, zur Welt zu werden, wo sie Bedeutungen an sich ziehen. Sobald s in eine Szene hereingezogen ist, bedeuten die Objekte; aber den

Erzähler interessieren nicht diese Weltfragmente an sich, ihn interessiert die Bewegung, die in der Struktur

$$\begin{array}{cc} & S \\ s \rightarrow & | \\ & O \end{array}$$

der horizontale Pfeil bezeichnet, die Geburt und der Tod der Welt. Eine der Aufgaben des Erzählers gegenüber dem Erlebnismaterial besteht darin – was in der *Recherche* »recréer [une impression] en nous-même« (I, S. 658)[50] heißt –, zu beschreiben, was die Grundlage dieser Weltgeburten ist, nämlich aus den Gegenständen (den Karaffen in der Vivonne) die Differenzen herauszuschälen, auf die die Welten sich stützen. Früher ging es um fertige Welten, jetzt um deren Konstitution und die Bedingungen, die diese ermöglichen. Man kann gewiß die *Recherche* nicht auf die miniaturisierten Weltgeburten reduzieren, die wir Szenen nennen; die *Recherche* wäre nicht, was sie ist, wenn sie sich nicht auf die außen real gegebene Welt der Salons, den mit ihr verbundenen Umgang mit Vermögen, Liebe, Kunst stützen könnte. Aber die Salons sind nicht irgend etwas wie ein Teil der Realität, sondern ein Versuch, eine Welt zu schaffen, ein mißlungener Versuch. Auch dort geht es nicht um die Darstellung einer fertigen Welt, sondern um die Realisierung einer möglichen Welt, eine kollektive Realisierung der Dreiecksstruktur.

Proust ist nicht der erste, dem es Freude gemacht hat, sich in fremde Welten hineinzuversetzen. Ein Schäferpaar in einer barocken Landschaft, geheimnisvoller eine nackte Frau vor einem heraufziehenden Unwetter (in Giorgiones berühmtem Bild) haben Ähnlichkeit mit den »Szenen«, sind Bilder von Beziehungen, in die sich der Zuschauer gerne hineinversetzt. Im Barock etwa ist die Realität umgeben von metaphorischen Systemen; Bibel und antike Mythologie bilden ihren Kern, aber die ganze Natur ist auf diese Weise organisiert. Auch diese Welten funktionieren über etwas der Position s zumindest Verwandtes;[51] wären die Personen distanzlos und unlösbar sie selbst, könnte ein barocker Prinz es nicht genießen, sich auf einem Bild als Meeresgottheit oder Schäfer wiederzufinden. Man darf solche metaphorischen Welten auch nicht als Ausschmückung und »Überhöhung« der realen ansehen. Der Prinz ist dadurch, daß er sich als antiker Gott oder als Schäfer sieht, auch ein anderer Prinz; dadurch, daß sie durch zwei Welten eingefaßt wird, ist die Wirklichkeit selbst eine andere. Aber das ganze System bleibt doch verankert in der Welt der Plätze und des Kreislaufs mit der Natur. Für Proust ist die Wirklichkeit eine Fiktion, der Wirklichkeitseffekt ist, wie wir noch sehen werden, das Produkt einer fundamentalen Täuschung. Combray ist genauso ein metaphorisch-metonymisches System wie der Weißdorn.[52] Von dem Standpunkt aus, den die *Recherche* den Leser einzunehmen auffordert, gibt es keine Verankerung des Metaphorischen im Wirklichen, keine Unterscheidung zwischen »eigentlicher« und »übertragener« Bedeutung. Aber nicht weil die *Recherche* »absolut und im vollen Sinn des Worts der Text (d. h. ein autonomes Gebilde)« ist, wie Genette meint[53], sondern weil sie uns lehren will, daß die Wirklichkeit – die Heiraten, die Tode, die Kriege – wie ein Text strukturiert sind, und sie entsprechend zu »lesen«.

Die Position der Kunst

Die Suche, die die *Recherche* beschreibt, findet ihr Ziel; die Erfahrung der *mémoire involontaire*, der spontanen Erinnerung, die an einem Geschmack, Geruch, einer Bewegung einen Bereich der Vergangenheit in voller Gegenwärtigkeit wiedererstehen läßt, führt zur Entdeckung, daß die Literatur das ist, was immer gesucht worden war, daß die Kunst – im Gegensatz zu allem intellektuellen Wissen – den einzigen Zugang bietet zu der »Wirklichkeit ... die ganz einfach unser Leben ist«, daß sie dieses Leben selbst ist und in allen Menschen wohnt (III, S. 895). Der Text, der diese Entdeckung beschreibt, enthält eine naive Philosophie im alten Sinn des Worts; er sagt, was in der Wirklichkeit täuscht, was Bestand hat und wie man leben muß. Ihre Substanz erhält diese Philosophie daraus, daß sie die ganze Dechiffrierungsarbeit aufnimmt, die im Roman geleistet worden ist. Die Kunsttheorie, die der Text auch ist, ist nur ein Teil dieses Ganzen. Dieser totale Anspruch wird in aller Regel nicht beachtet[54]; der Text wird auf eine theoretische Reflexion Prousts über seinen Roman reduziert. Unser Zusammenhang verlangt, daß wir den Anspruch ernst nehmen, aber situieren. Wir lesen die *Recherche* als die Ausarbeitung des Wissens, das mit der Artikulation des Wirklichen, wie sie die Ablehnung der Benennung produziert, gegeben ist. Die Entdeckung des Romans als das wahre Leben sehen wir als eine privilegierte Position auf einer Bahn innerhalb dieser Artikulation.

Es ist wichtig, daß der Band, dem Proust den Titel »Die wiedergefundene Zeit« gibt, mit der Beschreibung der vollständigen Desillusionierung beginnt. Enttäuschung ist zuerst ein negativer Begriff; aber sie ist doch auch etwas Positives: der Verlust einer Täuschung; der Enttäuschte ist der Wahrheit näher als der nicht Enttäuschte. Man hat oft betont, daß Marcel in der *Recherche* eine recht blasse Person ist. Aber in *einem* Sinn hat er doch den Sonderstatus des Romanhelden, ist jemand, der etwas leistet, was (mit der einen Ausnahme von Vinteuil) niemand sonst tut: er entscheidet sich immer dafür, seinem Begehren zu folgen. Die meisten Personen in der *Recherche* verleugnen das Begehren nach dem Begehren, aus Eigenliebe, wie der Erzähler es abgekürzt nennt: sei es aus Angst um ihre Welt oder wegen der Demütigungen, die es herbeiführt; sie spielen sich eine Befriedigung vor, die sie nicht haben, und vor allem genießen sie das Begehren, das sie bei den anderen erzeugen können. Marcel ist immer derjenige, der nichts hat und der sich auf andere bezieht, die (in seinen Augen) alles haben. Der Roman schildert Marcel als erfolgreich: er bekommt fast immer, was er will; aber er läßt sich nie dazu verführen zu glauben, daß er damit besitzt, was er gesucht hatte.[55] Die dauernden Desillusionierungen, zu denen dieser Stil des Lebens führt, sind zuerst einmal nur Verschiebungen. Die Verzauberung wandert, von den Salons zur Freundschaft, von dieser zu den Frauen, von einem Mädchen zum nächsten. Aber wenn auch die Hoffnung, je zu erlangen, was ihm fehlt, allmählich schwindet, so bleibt doch der fundamentalere Glaube erhalten, daß andere das Gesuchte besitzen und daß es also, wenn auch für ihn unzugänglich, existiert. Schließlich wird auch dieser Glaube selbst angegriffen. Die beiden »Seiten«, von Guermantes und von Swann, deren Differenz die Welt von Combray organisierte, gleiten ineinander (III, S. 693); der unüberbrückbare Abgrund, den Marcel zwischen sich und einem bestimmten Typ von Mädchen mit goldenen Haaren empfunden hatte – der Abgrund, aus dem der Glanz und der Schrecken seiner Lieben erwachsen war –, erweist sich als imaginär (III, S. 696); anstelle der Verzweiflung darüber, daß ihm das Talent zum Schriftsteller fehlt, tritt die Erkenntnis, daß die Literatur selbst nur eine Kunst der Täuschung ist (III, S. 708 ff.). Die Enttäuschung ist vollständig: es gibt nichts Begehrenswertes.

Wenn die unebenen Platten im Hof des Herzogs von Guermantes in Marcel die Atmosphäre von Venedig wiedererwecken und er beschließt, diesmal nicht der Macht des Gegenwärtigen, sondern der der Vergangenheit zu folgen – und das für den Rest seines Lebens –, so setzt diese Entscheidung die Gewißheit voraus, daß die Zukunft nichts mehr verspricht. Aber das ist doch nur eine negative Bedingung. Um zu verstehen, was die *spontane Erinnerung (la mémoire involontaire)* im positiven Sinn zu sehen gibt, muß man die in sich banale Erfahrung in die Koordinaten einzeichnen, die der Roman entwickelt hat.

In der *Recherche* sind die Welten sterblich, die normale Erinnerung tut nichts anderes, als diesen Tod zu verdecken; die spontane Erinnerung und der Roman, der ihren Wegen folgt, ist der einzige Weg zu retten, was sonst unwiederbringlich verloren wäre. In der umfangreichen Literatur über Lebenswelt erscheint diese immer im Singular; und damit ist auch die Frage, ob Welten sterblich sind, ausgeschlossen. Wenn man das Alltagsbewußtsein befragt, so findet man die Gewißheit von der Unsterblichkeit der Welt. Das sagt auch die *Recherche*, aber sie sagt zugleich, daß diese Gewißheit täuscht. Wenn man Welt durch die Bedeutung bestimmt, die Menschen und Dinge, Gedanken und Handlungen in ihr haben, dann sind Welten nicht nur vergänglich, sie sterben, ohne daß der Tod bemerkt würde und ohne daß eine Erinnerung bliebe.[56] Was überdauert, ist nur das leere Produkt der Gewohnheiten und eines Intellekts, der keine Beziehung zur Wirklichkeit hat. Das ist bekanntlich eines der großen Themen der *Recherche*. Das Leben besteht aus Phasen, in sich abgeschlossenen Bedeutungswelten, die keine Beziehung zueinander haben, die untergehen, ohne Spuren zu hinterlassen, außer eben für die spontane Erinnerung. Einer solchen Welt entspricht jeweils ein Ich, das mit der Welt stirbt, und das, in Momenten der Klarsicht, wissen kann, daß es bald nie gelebt haben wird. Diese Erfahrung hat z. B. folgende Gestalt: 1. Marcel denkt sich einen Brief aus, in dem er Gilberte mitteilt, wie außerordentlich gleichgültig sie ihm ist. 2. Er schickt diesen Brief nicht ab, weil er weiß, seine Absicht (sich damit begehrenswert zu machen) wäre sofort durchschaut, aber er malt sich das Vergnügen aus, den Brief in einer Zukunft abzuschicken, wo sein Inhalt wirklich der Wahrheit entspräche, in der er die Frau nicht mehr liebt. 3. Er erkennt, daß er dann (wenn er wirklich nicht mehr liebte) überhaupt kein Interesse mehr hätte, den Brief abzuschicken; und wenn er sich jetzt diese Zukunft ausdenkt, so kommt die Lust daran wieder aus seiner Liebe; er kann nichts denken, was sich nicht auf seine Liebe bezöge; jeder Gedanke ist im geheimen adressiert. Trotzdem weiß er, daß die ganz andere Zukunft, die er nicht denken kann (wo alle seine Gedanken einen anderen Adressaten haben werden), doch kommen wird. Und sie wird die Gegenwart so verdrängen, daß er sich nicht mehr an sie wird erinnern können – erinnern hieße ja gerade, die alte Adresse aller seiner Gedanken für einen Moment wiederherstellen. 4. Diese Erkenntnis erfüllt ihn mit dem Gefühl der grundsätzlichen Vergeblichkeit aller seiner Bemühungen (vgl. II, S. 45). Alles was er tut, ist ganz und gar an etwas gebunden, was ganz und gar untergehen wird. Aber das ist noch nicht alles: das Objekt in der Welt ist zerstörerisch und am meisten das Objekt in der Liebe. Das heißt, um weniger zu leiden, um leben zu können, muß Marcel selbst auf die Zerstörung seiner Liebe, auf den Untergang seiner Welt hinarbeiten.

Bei aller Verschiedenheit der Ausgestaltung ist uns die Grundform dieser Konstellation von Sartre bekannt. In der Aufgabe, die Weltbedeutungen zu tragen, treten an die Stelle des medialen Dritten reale Personen, bei Sartre die Besitzer der Namen, bei Proust die Träger der Szene des Begehrens. Wenn man genügend oft durch den Machtbereich solcher »Herren« gegangen ist, so stellt sich unabweisbar die Erkenntnis ein, daß sie der Ursprung aller Bedeutungen sind und daß diese mit ihrer Macht vergehen. Der Bestand der Welt, soweit diese mehr ist als eine leere Befolgung von Regeln, ist eine unzulänglich verhüllte Täuschung.

Man versteht, daß es Marcel ziemlich leichtfällt, das wirkliche Leben der Kunst zu opfern und sich in seine korkgepolsterte Zelle zurückzuziehen. Noch nicht versteht man, was es hier eigentlich zu retten gibt; oder, anders ausgedrückt, wie die spontane Erinnerung und die Kunst, die Vergangenheit, die ja nie etwas anderes war als Täuschung, in den Gegenstand verwandelt, der für immer Freude und Gewißheit schenkt. Ich will an drei Beispielen das Verfahren dieser Verwandlung darstellen; in ihnen hat Marcel gegenüber den Personen, die er beschreibt, die Position, in der sonst der Erzähler gegenüber Marcel steht.[57]

In der ersten Hälfte von *Sodome et Gomorrhe* findet man ein Kapitel, das in der Hauptlinie die Wiederaufnahme der Beziehungen Marcels zu Albertine und den Beginn der Eifersucht beschreibt. Diese Erzählung ist überwachsen von einer Fülle von Abschweifungen, z. B. wird ausführlich das Verhalten eines Liftboys beschrieben, das für die Gesamthandlung völlig belanglos ist (II, S. 790ff.). Es sind einige Eigentümlichkeiten, von denen Marcel sich zuerst beeindrucken läßt: der Liftboy nennt den Concierge *meinen* Concierge; er schließt auch auf mehrfache Aufforderung nie die Türe, er hat bei der Beschreibung von Arbeitskollegen oder eigenen Tätigkeiten die Tendenz, ausgefallene Ausdrücke zu verwenden, er sagt immer: »Ich verstehe«, mit einem überzeugenden Ausdruck von Intelligenz und Einverständnis, obwohl er nichts verstanden hat etc. Natürlich entdeckt Marcel hinter all dem die panische Angst dessen, der sich seine Gestalt auf die ungeschickteste Art, ohne Rücksicht auf die geringste Glaubhaftigkeit aus heterogenen Einzelteilen zusammenbaut, so wie jemand sich bei einem Hotelbrand das erste beste an Kleidung überzieht, was ihm in die Hände fällt. Die Konstellation ist klar: hier ist es Marcel selbst, der reiche junge Mann, der zu jeder Tages- und Nachtzeit einem jungen Mädchen Botschaften schickt, der für den Liftboy in der Szene steht, das Begehren nach dem Begehren erzeugt und die Panik auslöst. Aber das wird kaum angedeutet; was interessiert, ist das möglichst genaue Mimen der Auffälligkeiten und der Bruchstellen in der Welt des Liftboys, die die Anwesenheit der Szene effektiv bezeugen.

Marcel bemerkt, daß, wenn von der Dreyfusaffaire die Rede ist, der Herzog von Guermantes den banalen und sonst in seinem Sprachschatz nicht vorhandenen Ausdruck *bel et bien* verwendet, eine Formel, die ungefähr wie *kurz und gut* dazu dient, etwas Aufgebauschtes auf seinen Kern zu reduzieren (III, S. 39f.). Was den Erzähler interessiert, ist zuerst die Geste, die in diesem Ausdruck steckt. Dann die Frage, was dahintersteht: Die Dreyfusaffaire hatte als Grund gedient, dem Herzog die Präsidentschaft im Jockeyclub zu verweigern, die ihm normalerweise zugekommen wäre. Eine Ablehnung ist etwas, was das Objekt des Begehrens nach dem Begehren herbeiruft; was das *bel et bien* sagt, ist einfach, daß das eigentlich Schlimme, die schreiende Ungerechtigkeit in der Dreyfusaffaire darin liegt, daß ihm, dem Herzog, diese Präsidentschaft vorenthalten wurde. Der Ausdruck verrät also, welches Objekt bezüglich der Dreyfusaffaire tatsächlich die Welt des Herzogs organisiert (und dann natürlich auch seine Parteinahmen bestimmt).

Oder dem Erzähler fällt auf, daß Albertine oft auf irgendeine Bemerkung sehr unnützerweise zurückfragt: »Ist das wahr, wirklich wahr?« Schließlich fällt ihm ein, daß dieses Verhalten sehr gut paßt als kokette Reaktion auf Sätze von der Art: »Sie sind das hübscheste Mädchen, das ich je gesehen habe.« Sätze, die Albertine genießt und die für sie weltorganisierend sind, wie für den Herzog die Ablehnung im Jockeyclub.

Dieses Interesse für die Punkte der Angst und des Begehrens, die die Orientierungspunkte einer Welt sind, hat bei Proust einen fast ethnologischen Charakter. Besonders interessiert ihn ein Phänomen, das die Geschichtswissenschaft mit dem Wort *Ungleichzeitigkeit* bezeichnet; die Tatsache, daß Phänomene, die einer vergangenen Epoche angehören, als Enklaven in einer späteren noch zu beobachten sind. Gleichzeitig geht es Proust um Strukturunterschiede in der Produktion der Wünsche. In der zeitgenössischen Welt ist das Begehren nach dem Begehren etwas, das man verstecken muß; in früheren Zeiten (wie übrigens in der Kindheit und im Prinzip überall, wo die Unterschiede im Begehrenswerten festgelegt sind und akzeptiert werden) war es möglich, die Überlegenheit eines anderen, den man bewundert, hinzunehmen und an dem Schauspiel seiner Befriedigung zu partizipieren.[58] Diese Personen liefern dann die Leitlinien, die die Welt des Bewundernden organisieren. Auch der Teenager Albertine folgt dieser Struktur mit der Eigentümlichkeit, daß die bewunderten Modelle schnell wechseln. So kommt Marcel aufgrund des veränderten Vokabulars von Albertine zur Erkenntnis, daß ein neuer Herr ihr Leben beherrscht und daß seine sexuellen Wünsche kaum mehr auf den Widerstand stoßen würden, der ihn vorher so sehr enttäuscht hatte (II, S. 353 f.). Nach dem Austausch von Zärtlichkeiten, dem Marcel wenig Gewicht beimißt, findet er Albertine plötzlich einem ganz anderen Herrn untertan, archaischen Regeln, die einen bestimmten Respekt vor sexuellen Akten diktieren, und die es Albertine unmöglich machen, gleich zu ihrer Verabredung zu gehen, wie sie es vorgehabt hatte; ebenso wie es Françoise, wenn sie zu Gast ist, unmöglich wäre, sofort aufzubrechen, nachdem sie das angebotene Glas leergetrunken hat.

Der Gegenstand der *Recherche* ist, was wir Welten nennen, der Raum, wo Dinge zu Gestaltelementen werden und Subjekte sich von Differenzen fassen lassen. Die Verwandlung der Vergangenheit durch die spontane Erinnerung und die Literatur betrifft nicht die Objekte, aber auch nicht das Subjekt; es ist eine neue Konstellation der Wirklichkeit, in der die Gegenstände und das Ich Effekte der Konstellation sind, in einem Zug Verwandlung der Gegenständlichkeit (»la vraie vie, la vie enfin découverte«, III, S. 895[59]) und des Ich (»une portion de notre âme, plus durable que les moi divers qui meurent successivement«, III, S. 897[60]). Da die Kunst in der Dimension der Konstitution von Gestalten und bedeutungsvollen Gegenständen liegt, ist die Sprache Marcels objektivistisch, wenn er sich gegen eine rein subjektivistische Auffassung wendet, subjektivistisch, wenn er, was häufiger ist, ein realistisches Verständnis der Kunst angreift.[61]

Die spontane Erinnerung spaltet das Subjekt auf in den »dauerhaften Seelenteil«, das Subjekt der Kunst, und in die jeweiligen sterblichen »Ich«; es ist dieselbe Aufspaltung, die in unseren Beispielen Marcel als einen (im Sinn der Wirklichkeit) desinteressierten Betrachter – also etwa in der Position des Erzählers – den drei beobachteten Personen gegenüberstellt. Das jeweilige Ich ist beherrscht von einer Szene der Befriedigung, für den Liftboy inkarniert in Marcel, in dem Jockeyclub für den Herzog, in der unbekannten, sexuell freizügigen Idealfigur für Albertine; ebenso ist Marcel als Person *in* der Erzählung (dem gegenüber der Erzähler in der Position der Kunst steht) als Kind beherrscht von den Bildern in den Kirchen, von den Sätzen seines Vaters, später von den Salons und den Frauen, die er liebt. Von diesen Zentren strahlen die Bedeutungen aus, die in dem Kraftfeld, das Ich und Szene verbindet, die Welten organisieren. Diese Welten beruhen auf Schichten von Täuschungen, die Täuschungen verdecken. Die fundamentale liegt in dem Glauben, es gäbe tatsächlich diesen Anderen, der das Objekt besäße; die nächste liegt in der Abwehr der Angst und der Demütigung, die in der Beziehung zwischen dem der alles und dem der nichts besitzt, enthalten ist. Darüber liegt die Sprache des Alltags, die die ganze Sphäre des Begehrens überhaupt verdeckt. Der Spürsinn des Kunstsubjekts durchdringt diese Täuschungen; er löst das zerbrechliche Selbstbild des Liftboys und das massige des Herzogs auf, er zerlegt Albertine in ein Bündel von Identifizierungen, in der sich – ohne daß in ihr jemand wäre, der das wüßte – die Herrschaft ganz verschiedener Gesetze abwechseln. Was im kleinen gilt, gilt auch im großen: die Liebesgeschichte mit Albertine wird von allen, z. B. den naheliegenden moralisierenden Rationalisierungen befreit und hat ihr Zentrum in der nackten Begegnung mit der Szene des Schreckens.

Diese Dechiffrierung produziert ein vielfältiges Wissen. In dem Einzelfall zeigt sie, was eigentlich begehrt wird; sie löst das Begehrenswerte (die Ideen, wie Proust in diesem Zusammenhang oft sagt) aus seiner Verankerung in der Wirklichkeit; damit verweist sie auf die fundamentale Wahrheit, daß es überhaupt keine notwendige Beziehung zwischen Dingen in der Wirklichkeit und Begehrenswertem gibt, daß die Welten ohne Wahrheit sind, und daß, wer an der Wahrheit, dem Dauerhaften interessiert ist, auf das Leben verzichtet haben muß. Und schließlich führt sie zu der Formulierung der allgemeinen Gesetze (der sozialen Sphäre, der Liebe, der Psychologie), die die verzweigten Wege erhellen, auf denen Täuschungen Wirklichkeit produzieren.

Diese Erkenntnisse sind ein Ziel der *Recherche*; sie lösen das Subjekt aus den Imperativen und Verlockungen der Wirklichkeit und schenken ihm Sicherheit. Aber gewiß ist damit nicht die wesentliche Bewegung der *Recherche* beschrieben. Wenn man dieses Wissen auf der fundamentalen Achse von Leere und Fülle einträgt, so ist es ein – in den beiden Bedeutungen des Wortes – enttäuschendes, d. h. ein leeres Wissen. Was die Kunst sehen läßt, ist aber ein Wissen, das Fülle und Freude vermittelt. Die Lösung dieses Widerspruchs liegt in dem zwiespältigen Charakter der Welten. Was in deren Zentrum verborgen ist und sie erzeugt, ist eine Täuschung. Aber deswegen ist dieses Zentrum doch nicht leer, oder genauer, es ist leer nur für denjenigen, der wirkliche Gegenstände zu besitzen sucht; in dem Mittelpunkt wohnt die Szene, und die Szene existiert, auch wenn ihre Inkarnationen im Wirklichen immer willkürlich und flüchtig (und in dieser Hinsicht täuschend) sind. Vom Standpunkt der Kunst sind die Szenen – selbst die, die leiden machen – freudebringende Gottheiten (S. 899), sie sind eine Quelle von Bedeutungen und verbreiten ihren Glanz über alle Dinge, die sie berühren. Aber die wirklichen Ich, die die Gottheit in ihrer jeweiligen Inkarnation produziert, sind gegenüber diesem Glanz blind: die Dümmeren wegen der Täuschungen durch die Gewohnheit und die Eigenliebe; die Klügeren, wie Swann oder Elstir, weil sie die Objekte besitzen wollen, in denen sich die Gottheiten niedergelassen haben. Das Subjekt der Kunst hat diese Suche aufgegeben; es weiß, daß das Begehrenswerte nur flüchtige Verbindungen mit dem Wirklichen eingeht; daher genießt es seine Erscheinung in allen ihren Formen.

Diese Darstellung erfaßt den Roman, soweit er Konstruktion und um die »großen Gottheiten«, die Salons und die geliebten Frauen und Männer, organisiert ist. So gesehen, ist die *Recherche* den Romanen des 19. Jahrhunderts ähnlich; wie diese ist sie um zentrale Bedeutungen herum geordnet, wenn auch diese Zentren eben gerade nichts Faßbares mehr bedeuten, sondern als unfaßbare ein Netz flüchtiger Bedeutungen begründen. Tatsächlich ist aber die *Recherche* nicht nur eine Konstruktion, sondern auch ein wucherndes Gebilde (Proust sieht in ihr eine zweite *Tausend und eine Nacht*), wo das einzelne sich nicht als Teil einem

Ganzen eingliedert und wo die Einheit daraus entsteht, daß dieselbe Kraft in immer wiederholten Neuanfängen in den unterschiedlichsten Zusammenhängen Formen schafft, die gleichzeitig ganz verschieden und immer dieselben sind.

Eine modernere Lesart, die dieser Seite des Romans gerecht wird, muß von der Funktion der Zeichen ausgehen. Ein Zeichen bedeutet, indem es auf andere Zeichen verweist. Es sind diese Verweisungszusammenhänge, die der Intellekt erfaßt. Wie wir wissen, schätzt Proust den Intellekt und die Klarheit, die er schafft, gering ein, weil dieser nur die leere Oberfläche der Zeichen wahrnimmt. Für die Kunst verweisen die Zeichen nicht, sie locken, ohne zu sagen wohin; womit sie locken, kann ein Gefühl der Freude sein, eine Atmosphäre, die Auffälligkeit eines Sprachgebrauchs. Sie werden nicht willentlich gewählt, sondern sie ergreifen den, der sie, meist ohne ihnen Aufmerksamkeit zu schenken, wahrnimmt, oder der sie benützt ohne zu wissen, was sie sagen. Was ihnen die Macht über die von ihnen Ergriffenen gibt und die Faszination des Künstlers weckt, ist die Gegenwart der Szene in ihnen. Sie verweisen nicht auf Referenten oder andere Zeichen, sie sind Träger von Gestalten, die durch die Szene entstehen, entweder Gestalten des Objekts oder solche, in denen das Subjekt sich selbst sehen möchte oder zu sehen befürchtet. Die Dechiffrierungsarbeit der Kunst folgt diesem Zusammenhang (der, obwohl nicht codifiziert, doch keineswegs subjektiv ist), der entweder durch die vielfältigen Manifestationen des Objekts hergestellt wird oder durch die Anstrengungen des Subjekts, in der Szene oder ihr gegenüber eine Gestalt zu finden (so wie der in Gilberte Swann verliebte Marcel die Ausspracheticks der Familie Swann übernimmt).

Nun wissen wir, daß die *Recherche* zwei ganz verschiedene Formen kennt, in denen sich die Szene in der Wirklichkeit verankert. Einerseits ist sie inkarniert in Objekten (Salons oder Frauen), die das Versprechen auf die begehrte Gestalt enthalten und die man besitzen kann. Dieses Versprechen verschafft der Szene eine ungeheure Macht; es produziert ein relativ dauerhaftes Ich, das ihm in Wunsch oder Abwehr völlig verfallen ist. In dieser Form wirkt die Szene wie ein Zentrum, das einen großen Bereich des Wirklichen organisiert. Aber die Szene ist keineswegs immer mit diesem Versprechen verbunden. Für das Kind (das Kind, das dem Ödipus entgangen ist, träumt und liest, nicht in Wettspielen seinen Namen sucht) liegt das Begehrenswerte in einer absoluten Distanz, in den Sätzen seines Vaters, in den Kirchenfenstern; er hat noch nicht das trügerische Wissen, daß Pfirsiche und Frauen verzehrbar sind. Auch wenn Combray durch die große Opposition der beiden Seiten organisiert ist, so ist es doch nicht eine einzige Szene, die alles beherrscht und von der alle Bedeutungen ausstrahlen. Die Episoden, die ich beschrieben habe, sind nur Beispiele dafür, daß unzählige Differenzen die Fähigkeit haben, die Szene des Begehrens vorzuführen und dem Subjekt eine flüchtige, aber in dieser Flüchtigkeit vollständige Gestalt zu geben. Das Dreiecksschema, das noch nicht an die Zwänge der Verwirklichung in der Welt der Erwachsenen gebunden ist, entfaltet seine generative Kraft in jedem Moment neu. Die Wirklichkeit besteht aus einer Abfolge von flüchtigen Weltanfängen, die sich immer gleich und immer ganz anders wiederholen.

Auch wenn Marcel ein junger Mann geworden ist, der von der Gier nach Verwirklichung besessen ist, so folgt der Erzähler zwar dieser Gier, aber er teilt sie nicht. Der Erzähler bleibt in der Position des s; für ihn ist, was er darstellt, Material der Szene, in der er als Erzähler seine immer nur flüchtigen Gestalten findet. Daher ist auch in diesen Teilen der *Recherche* das Organisationsprinzip der wuchernden Wiederholungen das fundamentale. Es wäre falsch zu sagen, daß die Wucherungen sich in die Zwischenräume einer um Zentren geordneten Struktur legen; es ist umgekehrt: überall entstehen Neuanfänge, in die die Gottheiten gewissermaßen nachträglich ihre großen Muster zeichnen.

Als Geschichte einer Suche ist die *Recherche* auch Geschichte der Positionen des Subjekts zur Szene. Dieses besondere Kind, Marcel, ist das leere Subjekt des Begehrens nach dem Begehren, das nichts in sich hat, worauf eine Gestalt sich aufbauen könnte; dabei glaubt es, daß die Erwachsenen, oder jedenfalls manche von ihnen, in der Szene zu Hause sind; es glaubt an die Wirklichkeit der Welt, die ihm noch verschlossen ist und von der er nicht weiß, wo der Zugang liegt. Der junge Mann steht unter der Herrschaft der Versprechen auf Verwirklichung; das s, die reine Öffnung für alle Inkarnationen der Szene, ist verdeckt von den Gestalten, die der Wunsch zu besitzen und etwas zu sein, aufzwingt, und schließlich von diesem Wunsch selbst. Der Schriftsteller hat den Glauben an die Wirklichkeit der Welt aufgegeben, er findet das reine Begehren nach dem Begehren als Beziehung zu der Szene als »Idee«. Dieser Glaube, der die Szene an das Wirkliche heftet, hatte auch die Welten erzeugt; der Künstler lebt im Leeren, außerhalb jeder Welt.[62]

Wenn der junge Marcel auf dem Weg gewesen war, der zur Kunst führt, dann hatte ihn etwas in der Wirklichkeit, wie etwa die Bewegung der Kirchtürme von Martinville, dazu verlockt. Der Künstler bezieht sich nicht mehr auf Zeichen, die vom Wirklichen her ihn selbst ansprechen; das *bel et bien* verweist auf die Welt des Herzogs, die Madeleine auf die des Kindes in Combray. Das Dreiecksschema hat sich verdoppelt: das Begehren des Künstlers läßt sich fassen von den Zeichen, die ihre Fülle daraus beziehen, daß sich in ihnen für ein anderes Subjekt die Szene inkarniert. Es ist in der Welt der anderen, daß es seine flüchtigen, und als flüchtig gewußten, Gestalten findet. Dadurch findet es sein grenzenloses Material, und dadurch, in einem Umschlag, den wir ähnlich schon vom *Saint-Genet* her kennen, verwandelt sich die Leere in die Kraft, ohne Beschränkungen Welten zu beleben. Für das Subjekt ohne Welt und ohne Hoffnung ist jede Welt als Welt schön.[63] Wenn der junge Marcel vor den Kirchtürmen erfassen will, was ihn erfaßt, dann kommt er nur zu einem Stück poetischer Prosa. Die Verdoppelung, in der das Subjekt sich auf den anderen bezieht, der an die Wirklichkeit der Welt glaubt, gibt den Zugang zum Roman.

Fassen wir zusammen. Die Kunstposition muß man verstehen als einen Ort in einer Bahn, die aus der Ablehnung der Namen entstanden ist. Was die Enttäuschung in erfüllte Anwesenheit umschlagen läßt, ist die Entdeckung, daß das Subjekt, das alle Hoffnung auf Verwirklichung aufgegeben hat, die Gestalten des Begehrens in den verlorenen Welten der Vergangenheit oder der anderen *mimen*, d. h. in ihnen eine flüchtige Inkarnation im Kraftfeld der Szene finden kann. So genießt es die »Mutter« als Abwesenheit und Aufhebung der Abwesenheit, und es genießt die Szene, die in allen Zeichen als unerreichbare gegenwärtig ist. Die Dechiffrierung der Zeichen löst den täuschenden und zerstörerischen Zusammenhang, der aus ihnen eine Welt macht, auf und ordnet sie im Kunstwerk zu etwas Wirklichem, das der Enttäuschung und dem Tod widersteht.

Die Salons: Die sichtbare Pluralität der Welten und die Weltengeschichte

Die *Recherche* gibt dem Wissen von je einzelnen Welten, das in dem Mimen des Begehrens eines anderen entsteht, eine systematische Form; sie gibt eine Klassifikation von Welttypen. Das grundlegende Einteilungsprinzip ist die Distanz der Subjekte zu den Objekten des Begehrens. Dieses Prinzip wird einmal auf die Geschichte projiziert und erzeugt dort die Einteilung in die traditionelle Welt von Combray und die moderne Welt der Salons; auf die Lebensgeschichte angewandt, erzeugt sie die strukturelle Differenz von kindlicher und Erwachsenenwelt. Diese Welten stehen in verschiedenen Verhältnissen zu der am Ende enthüllten Wahrheit. Die als unverrückbar erlebte soziale Hierarchie erzeugt in Combray den festen Abstand zu dem, was dem Begehren seine Form gibt, ebenso wie in der Kindheit der Abstand des Kindes zu den Bildern und den Erwachsenen, die an deren Glanz teilhaben. Dieser Abstand sichert die Macht des Objekts, erzeugt den totalen Glauben an die Wirklichkeit der Welt und macht diese für den Erzähler unendlich anziehend. Da er die Enttäuschung verhindert, versperrt er damit auch den Weg zur Wahrheit, der nur über die Enttäuschung gehen kann. In den Salons ist diese Distanz reduziert; da die Orte des Zaubers zugänglich sind, erzeugen sie viel heftigere Leidenschaften; aber dadurch machen sie auch die Enttäuschung möglich und lassen die Prinzipien sichtbar werden, auf denen ihre Macht beruht. Daher hat die Analyse der Salons, die in der *Recherche* einen so breiten Raum einnimmt, nicht nur einen abgegrenzten sozialen Bereich zum Gegenstand; die Salons stehen für die zeitgenössische Welt; und die Gegenwart wiederum für die Epoche, in der der täuschende Kern aller Welten durchsichtig wird.

Eine Bahn dieser Analyse kennen wir schon, es ist der eigene Weg Marcels. Nachdem er in den Salon Guermantes aufgenommen ist, sieht er, daß es das snobistische Begehren selbst war, das den Glanz des ganz Anderen und der Fülle über die ausgewählten Orte legt; das einzige, was an diesen Orten tatsächlich genossen wird, ist das Begehrtwerden durch den Snob. Über dieses Spiegelverhältnis legt sich eine zweite Täuschung. Das Leben der Salons besteht in dem Kampf um Positionen. Einzelpersonen wie Marcel oder Swann kämpfen um eine individuelle Stellung, die sich danach bemißt, zu welchen Orten sie Zutritt haben. Die Salons unter sich sind in einer Hierarchie gegliedert, die jedem genau bekannt ist; zwischen ihnen besteht eine beständige Rivalität um den Platz in dieser Rangordnung. Dabei werden Werte, die von außen kommen, als Kampfmittel eingesetzt, das sind aristokratische Titel, Stile der Konversation und der Lebensführung, künstlerische Strömungen, mit minderer Wirksamkeit finanziell aufwendige Feste; während der Dreyfusaffaire spielen auch politische Parteinahmen eine Rolle. Die Bedeutung, die diese Dinge haben, wird aber im System der Salons selbst erzeugt; sie dienen dazu, den Schein dessen herzustellen, was allein interessiert, das Begehren zu binden und Gestalten zu schaffen. Diese Instrumentalisierung dessen, was man ernst zu nehmen vorgeben muß, ist eine zweite Ebene der Täuschung. Was das ganze System trägt, seine wahre Substanz, ist das snobistische Begehren. Dieses Begehren ist aber gerade der Beweis dafür, daß man nicht besitzt, was begehrenswert macht; es in Anderen zu erzeugen, ist das große Ziel, es zu empfinden, die Todsünde; dieses Begehren zu verhüllen, ist der allererste Imperativ des Systems. Daher sind die Salons ein Kampf um die geglückte Täuschung der Anderen.

In der Beschreibung einer mondänen Matinée versammelt das Ende des Romans einen großen Teil der nun alt gewordenen Personen um Marcel. Die Erfahrung der Umwälzungen, die eine vieljährige Abwesenheit fühlbar macht, führt zu einer zweiten Analyse der Salons, nun von der Kunstposition aus, deren Zentralbegriffe Zeit und Erinnerung sind. Für Marcel vor seiner Abreise waren die Salons in einer unverrückbaren Weise geordnet. Die aristokratischen Salons, an deren Spitze die Herzogin von Guermantes steht, trennen Abgründe von dem bürgerlichen, dessen Position sich auf die Zelebrierung der zeitgenössischen Kunst stützt. Inzwischen ist der Herzogin ihre Überlegenheit fade geworden, sie interessiert sich für die Gesellschaft der Künstler und Schauspieler, ein Bereich, wo ihr altes Prestige nicht zählt. Umgekehrt ist Madame Verdurin über einige Umwege Prinzessin von Guermantes geworden und an die Spitze der Welt gelangt, die sie früher verachtet hatte. Das sind nicht nur lokale Verschiebungen, in denen in einem gleichbleibenden Rahmen ein Element das andere ersetzt; es ist ein Umbau des Rahmens, von dem aus die Elemente ihre Bedeutung erhalten. Als Marcel einer jungen Frau erklären will, wer Swann gewesen ist, so erweist sich das als unmöglich (III, S. 964). Wenn eine Person die Totalität der Bedeutungen ist, die sie in den verschiedenen Welten, in denen sie gelebt hat, besessen hat, dann ist Swann mit den Koordinaten seiner Welt spurlos verschwunden; an seine Stelle ist eine ganz andere Person getreten, indem einige seiner Gewohnheiten in einem neuen Zusammenhang eine Bedeutung bekommen, die sie nie besessen hatten (III, S. 964).

Der Erzähler sagt es selbst: das scheinen banale Wahrheiten zu sein; wir wissen alle, daß Königreiche untergehen und daß der Ruhm verfliegt. Aber die wirkliche Macht der Zeit zeigt sich nicht darin, daß Königreiche untergehen, nicht einmal darin, daß die Erinnerung an sie vergeht – es bleibt ja immer noch der Ort, wo man sie lokalisieren könnte, wenn man mehr wüßte; sondern darin, daß der Raum verschwindet, in dem sie lokalisierbar waren. Und gleichzeitig entdeckt Marcel, daß es einen solchen Raum nie gegeben hatte. In den früheren Teilen der *Recherche*, als Marcel noch der Snob war, war die ganze soziale Welt von einem Blick zusammengefaßt gewesen, der seinen Sitz im Salon Guermantes hatte. Sicher wußte man, daß es Leute gab, die die Bedeutung des Namens Guermantes nicht einschätzen konnten oder ihn nicht einmal kannten, aber sie waren schnell zusammengefaßt unter der großen Kategorie derer, die nicht zählten. Jetzt ist Marcel nicht mehr der Snob, dessen ganze Leidenschaft an einer Versprechung hängt, sondern das leere Subjekt; es gibt keinen Blick mehr, der die Welt organisiert; alle Welten sind im Prinzip gleichberechtigt. Die Herzogin ist nicht mehr nur, was sie für die ist, die für sie im System der Salons zählen; sie erscheint in vielen Welten in ganz verschiedenen Bedeutungen, die dieselbe Gültigkeit haben, und das gilt für alle Personen. So entsteht eine schwindelerregend komplizierte in sich verflochtene Architektur von Welten, in der zudem die einzelnen Komplexe sich dauernd verschieben, auflösen und neu bilden.

Auch davon kann man sagen, was der Erzähler von der Vergänglichkeit sagt: wir wissen es, aber wir glauben nicht wirklich daran (III, S. 964). Der Blick, von dem aus sich die Welt organisiert und der das Ich schafft, das wir jeweils sind – der Erzähler demonstriert das im Kontext der Analysen der Liebe –, ist für uns unfaßbar. Das allgemeine Wissen von der Vergänglichkeit der Dinge können wir auf ihn nicht anwenden; umgekehrt faßt er die Sterblichkeit der Welten der anderen zu einer Tatsache zusammen und nimmt sich eben dadurch aus. Wir können wissen, daß alles, was wir fühlen, denken, tun, seine Bedeutung verlieren wird, aber mit jeder Handlung, in die wir uns einlassen, dementieren wir dieses Wissen und behandeln die Bedeutung, die uns motiviert, als etwas, das nicht in Frage steht. Ein wirklicher Zweifel an der Bedeutung würde jedes Vorhaben im Keim ersticken. Das Auge Marcels in der Matinée ist nicht von einem solchen unsichtbaren perspektivierenden Blick gelenkt; jeder Weltzusammenhang, dem er begegnet, steht gleichberechtigt neben jedem anderen. Das bedeutet auch, daß jede Welt auf eine Weise, die es normalerweise zu denken verboten ist, schon tot ist. »Diese Idee des Todes hat sich in mir eingerichtet wie eine Liebe«, sagt er (III, S. 1042). Der Gedanke des Todes tritt an die Stelle, die früher die Salons oder die Geliebten besetzt hatten; er ersetzt das verschwundene Weltzentrum. Er kann sich »mit keinem Gegenstand beschäftigen, ohne daß dieser Gegenstand durch die Idee des Todes hindurchgeht« (III, S. 1042). Durch das Vergessen des Todes, nicht des eigenen, sondern der Welt, kann sich Wirklichkeit zur Welt formen. Und nur wenn man vom Tod her schaut, kann man Welten als Welten sehen. Weil Marcel an diesem Ort lebt, ist es auch eine Anstrengung, von der er sich acht Tage erholen muß, wenn er aus der unbegrenzten Beweglichkeit des Schreibens in eine Gestalt zurückkehren muß, die er nicht mehr besitzt und ein höfliches Beileidsschreiben abzufassen gezwungen ist (III, S. 1040).

Die Ablehnung der Namen stellt die Welt unter das Gesetz der Täuschung; damit wird sie als Welt zum Problem und gerät – die Welt selbst und nicht ein Verhalten in ihr – unter die Unterscheidung von wahr und falsch. Rousseau hat sich in diesen Täuschungen, die ihm teils wohltätig, teils rätselhaft und schrecklich waren, auf seine Weise eingerichtet, Sartre hat nie die Anstrengung aufgegeben, dieses unlösbare Problem zu lösen. Einzig Proust hat akzeptieren können, was unter dieser Voraussetzung die Wahrheit ist, daß die Welt eine Täuschung *ist*. Den Wunsch nach einer Welt, in der er selbst vorkommt, hat er ersetzt durch den unendlichen Genuß des Mimens der Welt der anderen. Dadurch, daß sie die Bewegung des Wissens zum Objekt des Begehrens macht – und sicher auch, weil Proust ein großer systematischer Denker ist –, produziert diese Position ein ganz eigenartiges Wissen von der Welt als Welt. Das ist zuerst ein Wissen über die Artikulation des Wirklichen, die sich in der Ablehnung der Namen herstellt. Aber doch nicht nur das. Die Täuschung, die daraus entsteht, daß das organisierende Zentrum seine Begrenztheit verdeckt, ist für den Bestand jeder Welt notwendig. Die Auflösung dieser Täuschung und ein Verständnis für die Konstellation, in der sich Wirkliches als Welt artikuliert, gibt es nur von einem Punkt außerhalb der Welt. Indem sie einen solchen Ort schafft, kann die Ablehung der Namen, trotz der Blindheit, die in ihr mitgegeben ist, doch ein allgemeines Wissen schaffen. Der zentrale Blick, der das Wirkliche in Bedeutungen organisiert und von dem aus das Subjekt sich als Gestalt sieht, die Unterscheidung zwischen dem Subjekt und seinen Gestalten, die Auffassung der Weltdinge als Gestaltelemente, die durch das Begehren nach der Gestalt in der Szene in Beziehung gesetzt werden, die Idee der Pluralität der Welten, die Vorstellung, daß Welten gleichzeitig nicht hintergehbare konstituierende Systeme sind und empirisch beschrieben und verglichen werden können, das Projekt einer Welt*en*geschichte – diese Grammatik, mit der wir in diesem Buch gearbeitet haben, wird in der *Recherche* entwickelt.

Rousseau, Proust und Sartre sind hier nicht Gegenstände gewesen, wir haben *mit* ihnen gesehen, ihr eigenes Wissen in eine aktuelle Sprache gebracht und geordnet. Das ist die eine Seite. Wir haben zugleich auch etwas ganz anderes gesehen als sie: wir haben sie *sehen sehen*; eine Welt sehen, heißt aber immer: sie töten. Wenn man nach dem Gemeinsamen fragt und zugleich danach, für was die drei Namen stehen, so ist das sicher der *Wunsch nach einer ganz anderen Welt*. Das Bürgertum hat dem vielfältigen Begehren *innerhalb* der medialen Welt seine Größe und seine Ordnung genommen und hat diesen *einen* neuen großen Wunsch erfunden, ihm in der Politik, in der Kunst, in den Formen des Lebens Gestalten gegeben. Weil das auch der tiefste Wunsch ihres Herzens ist, sind die drei Autoren Heilige und Heroen der bürgerlichen Kultur geworden. Wünsche haben eine Geschichte und sind vergänglich. Wenn man sie *sehen kann*, beschreiben, was sie begründet, wie sie sich Ziele und Welt schaffen, zeigt das deutlicher als alles andere das Ende ihrer Herrschaft.

ANMERKUNGEN

1 Das Unbehagen, das man empfindet, wenn man den Wahn, der das Gefühl absoluter Gewißheit erzeugt, als Täuschung bezeichnet, löst sich, wenn man die zeitliche Struktur der Täuschung bedenkt. Es gibt Momente, wo ein wirklicher

Mensch tatsächlich die Rolle des Dritten übernimmt und zum Herren der Welt wird; nur von hinten her wird deutlich, daß er es nie war. Rousseau scheint an dem Punkt zu verharren, wo die Täuschung wahr ist, in dem immer wiederholten und immer unentschiedenen Kampf zwischen der Macht der »Mutter« und der des Dritten.

2 Es wird nach folgender Ausgabe zitiert: Marcel Proust, *A la recherche du temps perdu*. Hrsg. von Pierre Clarac und André Ferré, Paris 1954. Für die deutsche Fassung der Zitate ist verwendet: Marcel Proust, *Auf der Suche nach der verlorenen Zeit*. Übersetzung von Eva Rechel-Mertens, 10 Bde., Frankfurt a. M. 1983. Wenn der Zusammenhang es erfordert, habe ich die Übersetzung ohne weiteren Hinweis dem Original angenähert. Im Text beziehen sich die den Seitenangaben vorangestellten römischen Ziffern auf den jeweiligen Band der französischen Ausgabe.

3 Peter von Zima hat das Werk Prousts unter diesem Gesichtspunkt des Begehrens nach dem Begehren in die romantische Tradition gestellt (*Le désir du mythe. Une lecture sociologique de Marcel Proust*, Paris 1973).

4 Gilles Deleuze hat nachgewiesen, daß die verbreitete subjektivistische Lektüre von Prousts Kunsttheorien nicht haltbar ist (*Proust et les signes*, Paris 1971).

5 In diesen Gedanken mischen sich zwei Überlegungen: 1. Der ganz wesentliche Gedanke, daß nur Abwesendes erkennbar ist auf dem Weg über Zeichen (»une chose... dans une autre« III, S. 889, »einer Sache... in einer anderen«, S. 396). Hier ist die Madeleine als Zeichen gesehen, wie Gérard Genette (»Métonymie chez Proust«, in: ders., *Figures III*, Paris 1972.) gezeigt hat, im wesentlichen als ein metonymisches Zeichen, nach dem Muster: Rauch als Zeichen für Feuer. 2. Das Gemeinsame, das der *mémoire involontaire* als Brücke dient, benützt Proust, um den Gedanken der Essenz einzuführen (über das Dritte des Vergleichs in der Metapher); diese Hilfskonstruktion ist wahrscheinlich für ihn nötig, da er eine richtig begründete Einführung nicht geben kann.

6 Dafür müßte nicht nur die Madeleine in ihrer Materialität wichtig sein, sondern auch die Madeleine in dem gegenwärtigen Zusammenhang. Aber dieser Zusammenhang ist fast gleichgültig, die Erinnerungserlebnisse erscheinen als Einbrüche der Vergangenheit, die sich nicht mit dem Gegenwärtigen verbinden, sondern es zu verdrängen versuchen.

7 »Die Liebeschimäre«.

8 Man darf auch das Gewicht an Schuld nicht übersehen, die der Preis dieser Entdeckung ist, den qualvollen Tod, den Marcel sich zur Wiedergutmachung wünscht.

9 Aber im Bild ist noch etwas enthalten, was diese Analyse nicht ausspricht. Die wesentlichen Bilder in Combray finden sich an heiligen Stellen, die im Zentrum der Blicke stehen; aber auch die anderen Bilder, Literatur, die laterna magica, die »typische Flußlandschaft« haben an sich, daß man sie zeigt, daß sie mit Bewunderung angeschaut werden. Diese Überlegungen liegen ganz nahe an der Tautologie: Bilder sind Objekte des Begehrens, weil sie begehrt werden. Darauf werden

wir noch kommen. Es bleibt schließlich der Inhalt, der nicht gleichgültig, aber für die Welt der Bilder nicht spezifisch ist.

10 Man kann in diesem Zusammenhang darauf verweisen, daß der Kernbegriff der sehr streng und bewußt ausgearbeiteten Ethik der Mutter die Authentizität ist: die Unterscheidung zwischen der Empfindung und der Empfindelei (deutsch im Text III, S. 107), d. h. das systematische Mißtrauen geht gegen die Bilder im Sinne des Erzählers, d. h. solche Bilder, die man von sich produziert, um auf das Gefühl der anderen zu wirken, und der Haß der Mutter wendet sich gegen Frauen, die sich zu Bildern machen – so sehr, daß sie die Beziehungen zu einer Nichte fast völlig abbricht, weil diese sich schminkt.

11 Man würde Proust mißverstehen, wenn man nicht beide Seiten betonen würde: die Befriedigung ist gespielt, für die Blicke der anderen; aber die Künstler, die Mme Verdurin für dieses Spiel entdeckt, sind wirklich bedeutende Künstler.

12 Über die ganze *Recherche* verstreut finden sich immer wieder Bemerkungen über die *indignité originelle* (I, S. 417) des Erzählers, ein Gefühl, auf das kein realer Erfolg die mindeste Wirkung hat, die Überzeugung, daß er nicht begehrt, nicht geliebt werden kann; Marcel bezahlt ja auch für die Liebe. Nur an wenigen Stellen (II, S. 919, III, S. 820) wird die Rückseite der Medaille ausgesprochen: daß der Erzähler die nicht ertragen kann, die ihn lieben.

13 Das erklärt, warum Mme Verdurin von Zeit zu Zeit ein Mitglied ihres Salons hinauswerfen muß. Der Ausgeschlossene (wenn er richtig ausgewählt war) ist durch den Ausschluß zum Snob geworden, für den der Salon das verlorene Paradies ist. Diese ganze Struktur ist zum ersten Mal ausgezeichnet analysiert worden von René Girard, *Mensonge romantique et vérité romanesque*, Paris 1961.

14 »... das köstliche Beben ... das man fühlt, wenn man sich mit der Sphäre eines unbekannten Daseins vermischt.« (S. 892)

15 »... wir sehen an uns nicht den Leib, den die anderen sehen, und ›folgen‹ unserer Vorstellung, dem Objekt, das uns vorschwebt, den anderen aber unsichtbar bleibt ...« (S. 3215 f.)

16 Wenn Marcel selbst der Gegenstand einer solchen Liebe wird, findet er sie auch unerträglich; von einer Frau, die ihn so liebt, sagt er: »elle nous cramponne« (»sie klammert sich an uns«) (II, S. 919).

17 Es ist extrem selten, daß in der *Recherche* Marcel so dargestellt wird, wie andere ihn sehen. Das interessanteste dieser Bilder stammt von dem genialen Kammermädchen Céleste. Für sie ist Marcel u. a. eine Art Vogelteufel (II, S. 846).

18 »Da die gesellschaftliche Konversation wie auch unser Wunsch, nicht mit Hilfe uns selbst unbekannter Eigenschaften zu gefallen, sondern durch das, wovon wir annehmen, daß unsere Umgebung es schätzen wird, uns auf das Niveau eines einfachen ›Mediums‹ herabdrückt, begann ich unwillkürlich mit Madame de Cambremer, geborene Legrandin, in der Art zu reden, wie ihr Bruder es hätte tun können« (S. 2310/2320).

19 »... denn wenn ich, um mit ihr zu sprechen, die Ausdrücke Legrandins verwendete, so antwortete sie mir unter dem Einfluß einer umgekehrten Suggestion in

der Redeweise Roberts ...« (S. 2335). Proust wäre nicht Proust, wenn diese Stelle eindeutig in dem genannten Sinn aufzulösen wäre. Auch im Spiel mit den Wünschen der anderen gibt es Meister und Pfuscher, Marcel ist hinterhältig, weil die Dame an ihren Bruder Legrandin gerade *nicht* erinnert werden will; Mme. de Cambremer blamiert sich, indem sie, ohne es zu wissen, die Prostituierte Rachel kopiert, die Saint-Loups Geliebte ist und von der dieser sich im Moment seine Sprache ausleiht.

20 »Dadurch verwirklichte ihr Schlummer in gewissem Maße, was die Liebe als Möglichkeit enthielt. Wenn ich allein war, konnte ich an sie denken, aber sie fehlte mir, ich besaß sie nicht; wenn sie da war, sprach ich zu ihr, aber war zu fern von mir selbst, um zugleich denken zu können. Wenn sie schlief, brauchte ich nicht mehr zu sprechen, ich wußte, daß ihr Blick nicht länger auf mir ruhte, ich hatte nicht mehr nötig, an meiner eigenen Oberfläche zu leben« (S. 2841).

21 Auf die Bedeutung des Blicks hat hingewiesen: Ginette Michaux, »Das Feld des Blicks und die verfehlte Begegnung: Psychoanalytische Lektüre einer Passage aus Prousts ›Combray‹«, in: *Psychoanalytische und psychopathologische Literaturinterpretation*. Hrsg. von B. Urban und W. Kudszus, Darmstadt 1981, S. 371–397.

22 Vgl. Germaine Brée, *Du temps perdu au temps retrouvé. Introduction à l'œuvre de Marcel Proust*, Paris 1969, und Jean Rousset, »Proust. A la recherche du temps perdu«, in: ders., *Forme et signification. Essais sur les structures littéraires de Corneille à Claudel*, Paris 1962, S. 166f.

Die marxistisch inspirierte Kritik löst das Problem, indem sie die Darstellung der Liebe als Allegorie der gesamtgesellschaftlichen Entfremdung liest. So etwa Erich Köhler, Marcel Proust, Göttingen 1958, S. 34ff.

23 Mit Rousseau, Proust und Sartre gewinnt man sicher schon ein recht deutliches Bild davon, wie sich Liebesbeziehungen im Bereich vor den Namen artikulieren können. Als Beispiel für Versuche, Prousts Analyse aus psychologischer Sicht ernst zu nehmen, vgl. I. A. Van Krogten, *Proustian Love. In Search of a Theory of the Nature of Love*. Bristol 1992, und Hendrika Halberstadt-Freud, *Freud, Proust and Perversion*, Bristol 1991.

24 »... welches Nichts sie für mich und welches ich selbst gewiß auch in ihren Augen war« (S. 2784).

25 »Nie hatte ich einen Morgen so schön und so schmerzlich aufgehen sehen. Bei dem Gedanken an alle die gleichgültigen Landschaften, die nun bald im Lichte aufschimmern würden und die in mir gestern noch einzig den Wunsch geweckt hätten, sie aufzusuchen, hielt ich ein Aufschluchzen nicht zurück, als mit mechanisch vollzogener Opfergebärde – für mich das Symbol der blutigen Darbringung aller Freuden, die ich von nun an jeden Morgen bis ans Ende meiner Tage würde wiederholen müssen, der in jeglicher Tagesfrühe feierlich zelebrierten Erneuerung meines täglichen Grams und meiner blutenden Wunde – das goldene Sonnenei, als werde es durch ein Schwanken hervorgestoßen, das aus der veränderten Dichtigkeit im Moment des Gerinnens sich ergab, flammenbewehrt wie auf Bildern jäh den Vorhang zerriß, hinter dem man es kurz zuvor schon in Bereitschaft

hervorzustürmen und in bebender Erwartung seines Auftritts ahnte und dessen geheimnisvollen, wie geronnenen Purpur es unter Fluten von Licht begrub. Ich hörte mich selber weinen.« (S. 2752)

26 »Doch hinter dem Strand von Balbec, dem Meer, dem Sonnenaufgang, den Mama mir zeigte, sah ich mit steigender Verzweiflung, die ihr nicht entging, das Bild des Zimmers in Montjouvain, in dem eine rosige Albertine mit keckem Näschen, zusammengerollt wie eine mollige Katze, den Platz der Freundin von Mademoiselle Vinteuil einnahm und mit wollüstigem Girren in ihrer Stimme sagte: ›Und wenn schon! Das macht doch nichts, wenn man uns sieht. Wie? Ich sollte nicht wagen, dem alten Affen da ins Gesicht zu spucken?‹ Das war die Szene, die ich hinter der anderen sah, die jetzt vor meinem Fenster lag und wie ein trüber Schleier, eine bloße Projektion sich über sie breitete.« (S. 2753f.)

27 An die Unerkennbarkeit Albertines, ihrem Charakter als *être de fuite* hat sich eine umfangreiche Rhetorik angelagert, die das Thema umspinnt, daß in der Moderne die Menschen sich fremd und unkenntlich geworden sind. Es ist richtig, daß früher die Menschen sich kennen konnten. Aber wenn man das Problem richtig stellen will, muß man sehen, daß das nicht ein Naturzustand war, von dem die Moderne abfällt. Wenn die Menschen früher kenntlich waren, dann deswegen, weil sie sich »entschlossen« hatten, *das zu sein, als was sie erkannt wurden*.

28 Sigmund Freud, »Aus der Geschichte einer infantilen Neurose«, in: *Gesammelte Werke* Bd. XII, Frankfurt a. M. 1947.

29 Ebd., S. 126.

30 Die Auffassung der Urszene als ein objektives Wissen wird besonders deutlich, wenn Freud von »phylogenetisch mitgebrachten Schemata« spricht, »die wie ›philosophische Kategorien‹ die Unterbringung der Lebenseindrücke besorgen.« Er versteht dieses Wissen (mit Vorbehalten) als »Niederschläge der menschlichen Kulturgeschichte« (ebd., S. 155). An diese Stelle hakt Lacan seine Theorie des Signifikanten ein.

31 Das sind grobe Vereinfachungen. Hier reichen sie aus, da es nicht um die Rekonstruktion einer Geschichte, sondern nur um die Bestimmung von Orten in einer Konstellation geht. Man kann hinter sie die ganze Theorie Lacans zum Phantasma, zur väterlichen Metapher, zur Kastration und zum Symbolischen legen.

32 Das »davor« verweist allerdings schon auf das »danach«. Die Begegnung mit dem Weißdorn ist verschlungen mit derjenigen mit Vintueil und seiner Tochter; die blonden Flecken auf den Blüten vergleicht Marcel mit den Leberflecken der Mlle. Vintueil, die Blüten duften wie die Wangen des Mädchens.

33 Marcel Proust, *Jean Santeuil*, Paris 1971, S. 414.

34 Es ist naheliegend, aber irreführend, hier auf die Inzestthematik zu verweisen, irreführend jedenfalls, wenn man den Inzest in der ödipalen Dimension sieht.

35 Vgl. Jacques Lacan, *Le séminaire. Livre 3. Les psychoses*, Paris 1981, S. 358f.

36 Die sexuelle Beziehung, in der das Gesetz der Mutter bewahrt werden kann, ist

der Masochismus. Das ist auch die These von Gilles Deleuze (»Sacher-Masoch und der Masochismus«, in: Leopold von Sacher Masoch, *Venus im Pelz*, Frankfurt a. M. 1980).

37 Wollte man diese Gedanken ausführen, müßte man sie sicher mit den bekannten Untersuchungen zur Entstehung der Kindheit verbinden.

38 »Weiter oben öffneten sich hier und da die Blütenblätter mit unbekümmerter Grazie und trugen so nachlässig als einen letzten, duftigen Schmuck das Bündel der Staubgefäße, die, fein wie Marienfäden, sie rundum umwehten, daß ich, als ich im Innern die Gebärde ihres Aufblühens nachzuleben (wörtlich: zu mimen) versuchte, zu der Vorstellung kam, es läge die rasche, übermütige Kopfbewegung eines fahrigen, munteren jungen Mädchens in Weiß samt ihrem koketten Blick aus den schmalen Pupillen darin.« (S. 151 f.)

39 Jemand, der »... niemals wußte, was ich eigentlich sah« (S. 3267).

40 Paul de Man (»Reading Proust«, in: *Allegories of Reading. Figural Language in Rousseau, Nietzsche, Rilke, and Proust*, New Haven und London 1979) diskutiert das Verhältnis von Metapher und Metonymie als das Verhältnis von Produktion und Dekonstruktion von Bedeutung. Eine Schwäche dieser Diskussion liegt darin, daß die Metapher in traditioneller Weise als Mittel der Hierarchisierung von Bedeutungen unter der Herrschaft einer als Bedeutung gefaßten Wahrheit verstanden wird. Prousts Metapher muß aber mit den Kategorien des Anfangs und der Wiederholung, der Weltproduktion durch die Besetzung einer Differenz durch das weltlose Subjekt gesehen werden. Wahrheit ist in der *Recherche* nicht eine Bedeutung, sondern eine bestimmte Position des Subjekts zu den in der Wirklichkeit angelegten Bedeutungen. Die Dekonstruktion wäre interessanter, wenn sie nicht eine *Recherche* zum Gegenstand nähme, die ins 19. Jahrhundert geschoben ist. Auch Gérard Genette (»Métonymie chez Proust«, in: ders., *Figures III*, Paris 1972) bleibt bei einer traditionellen Auffassung der Metapher. Bei Deleuze ist viel von der Lektüre, die ich hier vorschlage, in einer anderen Richtung entwickelt: die Interpretation der Essenz als *point de vue*, seine Betonung des Gedankens des Weltanfangs, der Hinweis auf das leere Traumsubjekt als ein »reines Interpretieren«.

41 »... quand je m'éveillais au milieu de la nuit, comme j'ignorais où je me trouvais, je ne savais même pas au premier instant qui j'étais; j'avais seulement dans sa simplicité première le sentiment de l'existence comme il peut frémir au fond d'un animal; j'étais plus dénué que l'homme des cavernes; mais alors le souvenir – non encore du lieu où j'étais, mais de quelques-uns de ceux que j'avais habités et où j'aurais pu être – venait à moi comme un secours d'en haut pour me tirer du néant d'où je n'aurais pu sortir tout seul; je passais en une seconde par dessus des siècles de civilisation, et l'image confusément entrevue de lampes à pétrole, puis de chemises à col rabattu, recomposaient peu à peu les traits originaux de mon moi.« (I, S. 5 f.)

42 Vgl. Jean Pierre Richard, *Proust et le Monde sensible*, Paris 1974, S. 50.

43 Deleuze, a. a. O., S. 118.

44 Über diese Wahl einer exzessiven Position legt die vorliegende Arbeit die traditionelle Übertreibung durch eine Interpretationssprache. Es wäre mir aber lieb, wenn der Leser diesem Aspekt nicht allzu viel Gewicht beimessen würde.

45 »Es machte mir Spaß, die Flaschen anzuschauen, die die Dorfbuben in die Vivonne hängten, um kleine Fische zu fangen; sie waren gleichzeitig vom Fluß erfüllt und von ihm umgeben, dadurch in ihrem durchsichtigen Rund ein gleichsam fest gewordenes Wasser ›enthaltend‹ und selbst in einem größeren Gefäß aus flüssigem, fließendem Kristall ›enthalten‹; sie riefen die Vorstellung von kühler Frische auf eine weit köstlichere und aufregendere Weise wach, als wenn sie auf einer Tafel stünden, indem sie diese nur im Verschwinden zeigten in der dauernden Alliteration zwischen dem Wasser ohne Festigkeit und dem Glase, das nicht flüssig war und den Gaumen nicht zu laben vermochte.« (S. 224)

46 Siehe oben S. 103.

47 Ich zitiere nur einige Stellen. Die Unmöglichkeit einer *connaissance par les lèvres*, also durch den Kuß, wird dargestellt in II, 364f. Die Priorität des Blickes über die anderen Sinne leitet sich meistens durch die Beziehung des Blicks zum Mimen, manchmal aber auch davon ab, daß der Blick etwas von der Art einer »Kenntnis durch die Lippen« noch am ehesten ermöglicht (vgl. I, S. 892 f.). Besonders schön ist der Vergleich Marcels mit dem kranken Kind, das nicht weiß, daß Pfirsiche eßbar sind (I, S. 711 f.).

48 Das gilt nicht nur für das Wasser, sondern in verdeckter Form auch für das Glas, wie die Vorgeschichte des Textes zeigt. In der Gesellschaft der Karaffe findet man nämlich ein dickes, feinbeschlagenes Mostglas, das wie eine feste Mädchenhaut zum Beißen einlädt. Vgl. die sehr sorgfältige Analyse dieser Stelle durch Philippe Lejeune, *Les carafes de la Vivonne*, in: Poétique, 8 (1977), S. 285–305, der wir auch sonst in vielen Punkten folgen.

49 Man kann dabei an den Versuch von Algirdas J. Greimas denken, eine allgemeine Semiologie zu entwickeln.

50 »[einen Eindruck] in uns selbst wiederzuschaffen.«

51 Das Wort, das die Zeitgenossen hier verwenden, ist das der Seele. Die Seele ist nicht identisch mit dem Ort der Einschreibung in das Tauschsystem; sie ist aber auch nicht wie s nur als Leere oder Negation faßbar; sie ist sichtbar zumindest dem Blick Gottes.

52 In *Combray*, das man ja auch als »Pubertätsroman« lesen kann, findet man einen Durchlauf durch den Prozeß der Identifikation, der einem »normalen« Verlauf relativ nahe kommt: die von Träumen und Lebensprojekten umgebene Begegnung mit der Herzogin von Guermantes (I, S. 171–182). Die wesentlichen Phasen sind folgende: 1. träumerische Verliebtheit. 2. In den Träumen taucht das Problem der Gestalt auf: Was kann Marcel für die Herzogin sein? Die Lösung wird gesucht in Richtung des Schriftstellerberufs, wird aber durch ein Gefühl der »Leere im Gehirn« versperrt. 3. Die Hilfe wird beim allmächtigen Vater gesucht. Aber diese Allmacht löst sich auf. Es erscheint ein anderer Blick, für den Marcel ein Mensch ist wie alle in einer normalen Realität, in der er keinen Platz hat und

die nichts bedeutet; in die man gerät, wenn man nicht schreiben kann. 4. Dieses innere Gefühl des *néant de ma pensée* (I, S. 174) bringt Marcel dazu, auf alle literarischen Projekte zu verzichten. 5. Marcel sieht die Herzogin tatsächlich in der Kirche von Combray. Diese Begegnung bedeutet einerseits die Begegnung mit dem bedrohenden Blick des anderen, anderseits Enttäuschung, Entleerung des Objekts. In der anschließenden Gedankentätigkeit wird der Blick entschärft, das Prestige der Herzogin wiederhergestellt. 6. Trotzdem wird durch diese Begegnung der Schmerz über die innere Überzeugung, nie etwas schreiben zu können, so stark, daß Marcel alle Vorhaben in diese Richtung aufgibt. 7. Dadurch wird er zu den Interessen gedrängt, die für niemanden etwas bedeuten (keinen Namen bilden), zu den Dingen, die ein besonderes Vergnügen erzeugen und eine Versprechung enthalten: zu den Szenen. Daran schließt sich die erste wirkliche schriftstellerische Leistung des Erzählers, die lange isoliert bleibt, die Beschreibung der Türme von Martinville. Man erkennt hier ziemlich genau (mit der Verdoppelung eines Moments) die für den Tausch typische Bewegung der Identifikation, wo die Lösung, die Identifikation mit dem von dem Vater versprochenen Platz, verfehlt ist. Von den zahllosen sich wiederholenden identifikatorischen Bahnen, die die *Recherche* ausmachen, ist dies aber auch nur eine – wenn sie sich auch einer »Normalbahn« (die aus der Welt der *Recherche* herausführen würde), am meisten annähert.

53 Genette, »Métonymie chez Proust«, a. a. O., S. 61.

54 Es gibt gewichtige Ausnahmen; in den schon zitierten Arbeiten von Girard, Deleuze, De Man und bei Vincent Descombes (*Proust, Philosophie du roman*, Paris 1987) wird das Wissen, das die *Recherche* ausarbeitet, in jeweils sehr unterschiedlichen Zusammenhängen als Wissen ernst genommen.

55 Wenn man genau hinsieht, erkennt man, daß der Erzähler Marcel gegenüber Begehrenden sich nicht ungern als der Besitzer der phantasmatischen Befriedigung darstellt, z. B. gegenüber dem Liftboy, gegenüber Françoise (die die Familie des Erzählers verachtet, um nicht von ihr verachtet zu werden), gegenüber Mme. de Cambremer, Charlus. Aber die Befriedigung darüber bewirkt nie, daß er an diesen Besitz glaubt.

56 Das gilt im starken Sinn für die Welten vor der Benennung. Für die durch das Gesetz des Symbolischen konstituierten Welten gilt es nur in einem jeweils konkret einzuschränkenden Sinn.

57 Das komplexe Spiel der Erzählperspektiven, die Wege, auf denen sich Marcel zwischen der Person in der Erzählung und dem Träger des Erzählstandpunkts bewegt, hat Hans Robert Jauss herausgearbeitet (*Zeit und Erinnerung in Marcel Prousts »A la Recherche du temps perdu«*, Heidelberg 1955).

58 Davon lebt die epische Dichtung und auch noch die barocke Zurschaustellung der Lust des Herrschers.

59 »Das wahre Leben, das endlich entdeckte ... Leben« (S. 3975).

60 »ein Teil unserer Seele, unzerstörbarer als die verschiedenen Ichs, die nacheinander in uns sterben« (S. 3977).

61 Deleuze verwendet, um die Essenzen, die die spontane Erinnerung enthüllt, zu bezeichnen, den Ausdruck »point de vue supérieur au sujet« (*Proust et les signes*, a.a.O., S. 176), der ebenfalls die beiden Seiten in einem konstitutiven Akt umfaßt.

62 Das ist eine Stilisierung; der Roman ist differenzierter. Auch der Künstler lebt noch weiter, verliebt sich wieder. Dann hat er allerdings die Kunstposition verlassen; das Werk ist nichts anderes als eine unglückliche Liebe (III, S. 904). Aber es ist natürlich doch der Standpunkt der Kunst, der sich durchsetzt.

63 Das ist der Grund, warum die Welt der anderen »poetisch« (d.h. eben in ihrem Charakter als Welt sichtbar) sein kann, die eigene nie (oder nur im Moment des Abschieds). Diesen Charakter des Poetischen, den wir schon in den ersten Büchern der *Confessions* gefunden hatten, bringt die *Recherche* zur Vollendung. Die Liebe für die Welten der anderen ist sicher ein wesentliches Element der bürgerlichen Kunst, aber nicht nur der Kunst. Sie ist auch eines der Motive, das den Bürger auf Reisen schickt oder ihn veranlaßt, in Möbeln zu wohnen, die Zeichen einer vergangenen Welt sind.

Fischer Wissenschaft

Eine Auswahl

Erich Auerbach
Philologie der Weltliteratur
Sechs Versuche über Stil und Wirklichkeitswahrnehmung
Band 11474

Michail M. Bachtin
Formen der Zeit im Roman
Untersuchungen zur historischen Poetik
Band 7418
Literatur und Karneval
Zur Romantheorie und Lachkultur
Band 7434

Pierre Bourdieu
Satz und Gegensatz
Über die Verantwortung des Intellektuellen
Band 11007

Ernst Cassirer
Der Mythus des Staates
Band 7351

Ernst Robert Curtius
Balzac
Band 7358
Kritische Essays zur europäischen Literatur
Band 7350

Enrico Castelnuovo
Das künstlerische Portrait
Das Bildnis und seine Geschichte in Italien von 1300 bis heute
Band 11005

Mary Douglas
Ritual, Tabu und Körpersymbolik
Sozialanthropologische Studien in Industriegesellschaft und Stammeskultur. Band 7365

Vilém Flusser
Die Schrift
Hat Schreiben Zukunft?
Band 10906

Clifforg Geertz
Die künstlichen Wilden
Der Anthropologe als Schriftsteller. Band 11279

Friedrich Gundolf
Anfänge deutscher Geschichtsschreibung von Tschudi bis Winckelmann
Band 11241

Herbert Heckmann/
Gerhard Dette (Hg.)
Erfahrung und Fiktion
Arbeitswelt in der deutschen Literatur der Gegenwart
Band 11714

Fischer Wissenschaft

Eine Auswahl

Inge Habig/Kurt Jauslin
Der Auftritt des Ästhetischen
Zur Theorie der architektonischen Ordnung
Band 10251

Maurice Halbwachs
Das kollektive Gedächtnis
Band 7359

D. Harth/ J. Assmann (Hg.)
Revolution und Mythos
Band 10964

Kultur-Analysen
Beiträge von Hans-Dieter König, Alfred Lorenzer, Heinz Lüdde, Søren Nagbøl, Ulrike Prokop, Gunzelin Schmid Noerr, Annelind Eggert. Band 7334

Ralf Konersmann
Lebendige Spiegel
Die Metapher des Subjekts
Band 10726
Der Schleier des Timanthes
Perspektiven der historischen Semantik. Band 11923

Wolfgang Küttler/Jörn Rüsen/ Ernst Schulin (Hg.)
Geschichtsdiskurs
Band 1: Grundlagen und Methoden der Historiographiegeschichte. Band 11475

Jacques LeGoff/Roger Chartier/ Jacques Revel (Hg.)
Die Rückeroberung des historischen Denkens
Band 12033

Hans Medick
Mikro-Historie
Band 11065 (*in Vorbereitung*)

Charles William Morris
Grundlagen der Zeichentheorie. Ästhetik der Zeichentheorie
Band 7406

Ulrich K. Preuß
Revolution, Fortschritt und Verfassung
Band 11921

Thorstein Veblen
Theorie der feinen Leute
Band 7362

Paul Veyne
Die Originalität des Unbekannten
Für eine andere Geschichtsschreibung
Band 7408

Lew Semjonowitsch Wygotski
Denken und Sprechen
Band 7368

Sozialwissenschaften

Eine Auswahl

Rolf Kloepfer/
Hanne Landbeck
Ästhetik der Werbung
Der Fernsehspot in Europa als Symptom neuer Macht
Band 10720

Rolf Knieper
Nationale Souveränität
Versuch über Ende und Anfang einer Weltordnung
Band 10719

Dieter Lenzen
Krankheit als Erfindung
Medizinische Eingriffe in die Kultur
Band 10559

Judith LeSoldat
Freiwillige Knechtschaft
Masochismus und Moral
Band 6640
Eine Theorie menschlichen Unglücks
Trieb, Schuld, Phantasie
Band 11707

Françoise Loux
Das Kind und sein Körper in der Volksmedizin
Eine historisch-ethnographische Studie
Band 10269

Horst Petri
Erziehungsgewalt
Zum Verhältnis von persönlicher und gesellschaftlicher Gewaltausübung in der Erziehung. Band 6639

Wolf Schäfer
Ungleichzeitigkeit als Ideologie
Beiträge zur historischen Aufklärung
Band 11927

Heinz Steinert
Adorno in Wien
Über die (Un-)Möglichkeit von Kunst, Kultur und Befreiung
Band 11468

Paul Virilio
Krieg und Kino. Logistik der Wahrnehmung
Band 6645

Carl Friedrich von Weizsäcker
Der Garten des Menschlichen
Beiträge zur geschichtlichen Anthropologie
Band 6543